개·정·판

컴퓨터구조

Computer Architecture

김성철 저

도서출판 그린

머리말

이 책은 컴퓨터 구조에 관한 것으로 컴퓨터 시스템의 전반적인 구성과 구성 요소들의 특성 및 동작에 대한 상세한 것을 다루고 있다. 이를 위하여 컴퓨터의 게이트 레벨에서부터 프로세서 레벨까지 차례로 다루어진다.

컴퓨터 구조는 IT 분야에 관련된 대부분의 학과에서 필수과목으로 채택되어지는데, 이는 컴퓨터 구조를 이해함으로 프로그래밍이나 통신, 그 밖의 분야에서 꼭 필요한 기초 지식이라고 여겨지기 때문이다. 따라서 이 책은 IT 관련 학과에서 한학기의 컴퓨터 구조 강의에 맞도록 1장에서 8장까지 적절히 구성되어 있다. 특별히 컴퓨터 구조에서 다루어지는 많은 양의 내용으로부터 한학기 강의에 적합하도록 불필요한 사항들은 가능한 제외하고, 학생들이 꼭 알아야 할 내용들을 중심으로 대학 교재 성격으로 이 책을 구성하였다. 그러나 IT 분야에 종사하는 분들이 이 책을 통하여 컴퓨터 시스템을 이해하는데 많은 도움이 되리라 생각한다.

이 책의 구성은 다음과 같다.

제1장에서는 컴퓨터의 기본 구성과 그의 동작에 대하여 설명하고, 컴퓨터 발전의 역사, 기술의 발달, 그리고 컴퓨터의 성능에 대한 것에 대하여 설명한다. 특히 컴퓨터의 성능에서는 CPU 시간, 효율, 지연, 암달의 법칙 등에 대한 설명이 이루어진다.

제2장에서는 컴퓨터 구성의 기본인 논리회로에 대한 설명이 이루어진다. 여기서는 수의 표현, 부울 대수, 논리게이트, 부울 함수의 간략화, 조합논리회로, 순차논리회로 등에 대하여 설명한다.

제3장에서는 CPU의 조직과 기증에 대하여 설명하는데, 여기서는 CPU의 기본 구성과 기능, 그리고 CPU 내에서의 명령어 실행에 대한 것이 다루어진다. 또한 컴퓨터의 성능향상을 위한 파이프라인의 동작과 성능향상, 그리고 분기 예측 방식에 대하여 설명한다.

제4장에서는 명령어 세트 구조에 대하여 설명한다. 이 장에서는 특히 명령어의 형식과 CPU의 구조에 따른 컴퓨터의 구분, 그리고 프로세서가 데이터를 읽거나 쓰기 위해 메모리에 접근할 때 필요한 주소지정 방식에 대하여 설명한다. 또한 현재 많이 쓰이고 있는 Power PC와 펜티엄 컴퓨터에서의 명령어 형식과 주소 지정 방식에 대해서도 다루어 진다.

제5장에서는 CPU 내의 구성요소인 제어유니트의 구성과 동작에 대하여 설명한다. 여기에서는 특별히 제어유니트를 구현하는 방법인 마이크로프로그램 방식에 대하여 설명이 이루어진다.

제6장에서는 컴퓨터 연산에 대한 전반적인 사항들이 다루어진다. 여기서는 ALU의 구성과 동작, 음수와 양수의 표현, 그리고 컴퓨터에서의 산술, 논리 연산 등이 컴퓨터에서 어떻게 이루어지는가에 대해 살펴본다. 이러한 컴퓨터의 연산은 일반적인 정수 이 외에도 부동소수에 대한 것도 설명한다.

제7장에서는 기억장치 시스템에 대하여 설명되어 진다. 여기서는 메모리의 특성과 계층화 구조, 그리고 반도체 메모리의 특성과 동작에 대하여 설명한다. 특히 컴퓨터의 성능을 향상시키는 캐쉬 메모리의 동작과 특성에 대한 것이 자세히 다루어진다. 뿐 만 아니라 외부 메모리 장치인 디스크의 특성과 RAID 구조에 대하여도 설명한다.

제8장에서는 CPU, 메모리, 입출력 장치 등을 연결하는 버스와 입출력 장치들에 대해 설명한다. 특히 버스 중재 방식과 입출력 장치들의 특성과 동작, 그리고 현재 컴퓨터 시스템에서 많이 사용되어지는 입출력 장치에 대하려 설명한다.

이 책은 특별히 대학교에서 한학기의 컴퓨터 구조 강의에 맞도록 구성되어 있을 뿐만 아니라, 기사시험 및 각종 자격 시험의 준비에도 유용하도록 구성되었다. 또한 각 장의 끝에 그 장의 주요 요점들과 연습문제가 포함되기 때문에 독자들이 배운 개념을 확고히 하는데 도움을 준다. 앞으로도 계속해서 새로운 내용들을 포함하여 더욱 더 알찬 책으로 거듭날 것을 약속 드린다. 끝으로 책의 그림 편집에 도움을 준 대학원 졸업생 정주연, 세상에서 가장 사랑하는 두 아들 지우와 지수, 그리고 늘 뒤에서 묵묵히 도와주는 사랑하는 아내에게 감사를 표한다. 또한 이 책이 출간되도록 협조를 아끼지 아니하신 도서출판 그린의 윤덕우 사장님과 관계자 여러분께 감사를 드린다.

2008년 8월

저자 김성철

차 례

제1장 컴퓨터 시스템 개론

제2장 디지털 논리회로

제3장 CPU의 조직과 기능

제4장 명령어 세트 구조

제5장 CPU의 제어 유니트

제6장 컴퓨터 연산

제7장 기억장치 시스템

제8장 버스와 입출력 장치

chapter

1

컴퓨터 시스템 개론

컴퓨터는 아래의 그림 1－1과 같이 기본적으로 **CPU**, 메모리, 그리고 버스가 이들을 연결하는 형태로 이루어진다. 여기서 **CPU**는 데이터를 임시 저장하며 매우 빠른 속도로 동작할 뿐 아니라 작은 용량을 가지는 여러 개의 레지스터와 명령어를 실행하며 산술 연산기능을 수행하는 **ALU** 그리고 이들 사이에 데이터 전송의 순서 등을 제어하는 제어 유니트를 포함한다.

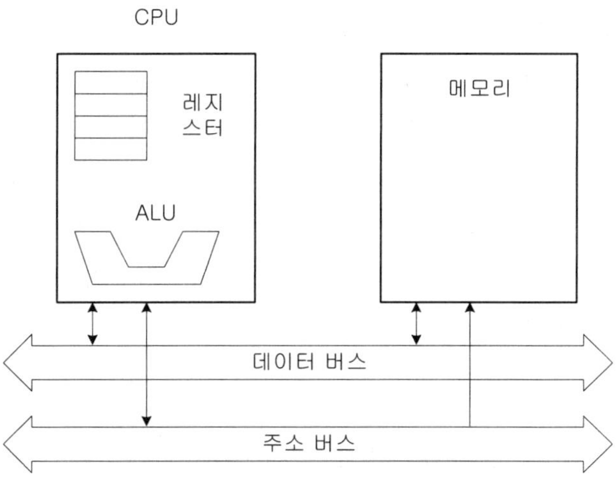

그림 1－1 간단한 컴퓨터 구성

또한 위의 컴퓨터 구성에서 메모리는 데이터, 명령어 등을 저장하는 기능을 수행한다. 즉, **CPU**는 메모리로부터 데이터 혹은 명령어를 읽고 그 명령어가 나타내는 일을 수행한 후에 그 결과를 다시 메모리에 저장한다.

그림에서 보는 바와 같이 **CPU**와 메모리 **RAM**은 버스에 의해 연결되어지며, 버스는 기본적으로 여러 개의 선으로 이루어져 있는데, 데이터 버스, 제어 버스, 주소 버스 등으로 구분된다.

본 장에서는 이러한 컴퓨터 시스템이 발전되어 온 과정과 컴퓨터의 성능에 대하여 설명한다.

1.1 컴퓨터의 역사

다음은 컴퓨터의 역사에 대해 간단히 설명함으로, 과거의 이해를 통하여 미래의 컴퓨터가 어떤 모습으로 발전해 나갈 것이라는 상상을 함으로써 좀 더 쉽게 컴퓨터에 대하여 이해를 돕고자 한다.

1) 제1세대 컴퓨터

① ENIAC 컴퓨터

1세대 컴퓨터는 진공관을 사용한 컴퓨터이다. 최초로 널리 알려진 범용 전자식 컴퓨터는 펜실베니아 대학의 John W. Mauchly(1907~1980)와 Presper Eckert(1919~1995)가 만든 ENIAC(Electronic Numerical Integrator And Computer)이다. 이 ENIAC 컴퓨터는 1943년에 시작되었고 1946년에 완성되었는데, 무게가 약 30톤이나 되었으며, 크기는 15,000 평방 피트, 그리고 18,000개 이상의 진공관들이 사용되었다. 뿐 만 아니라 140 kw의 전력을 필요로 하였다. ENIAC은 2 진 기계가 아니라 십진 기계였다. 즉, 숫자들은 십진수의 형태로 표현되었으며, 산술 계산도 십진수 체계에서 수행되었다. 기억 장치는 20개의 누산기(accumulators)로 구성된 누산기 구조의 컴퓨터였다. 계산 능력에 있어서 ENIAC은 현대의 휴대용 계산기와 거의 비슷하다.

② 폰 노이만(von Neumann) 컴퓨터

이 컴퓨터는 기존의 하드와이어(Hard−wired) 컴퓨터와는 다른 저장 프로그램 개념(stored−program concept)을 가지는 컴퓨터로서 ENIAC 컴퓨터 개발의 고문이었던 폰 노이만(John von Neumann)에 의해 제안된 컴퓨터이다. 폰 노이만 기계는 기억 장치, 연산논리 장치, 프로그램 제어장치, 그리고 입력과 출력 장치로 구성되었다. 아래의 그림이 초기의 폰 노이만 컴퓨터의 구성을 보여 주고 있다. 1946년에 폰 노이만과 그의 동료들은 ISA 컴퓨터라고 불린 새로운 저장−프로그램 방식의 컴퓨터를 개발하기 시작하였다. 아래의 그림 1−2은 ISA 컴퓨터의 조직을 보여 주고 있다.

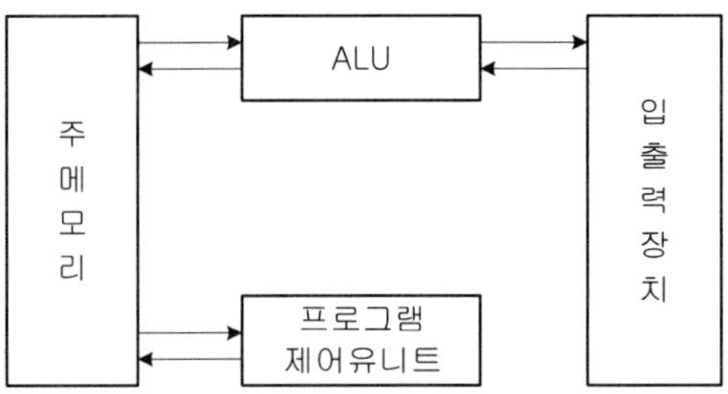

그림 1−2 ISA 컴퓨터의 조직

이 ISA 컴퓨터 조직에는 그림에서 보는 바와 같이 다음과 같은 구성 요소들로 이루어져 있다.

- 주기억장치(main memory)
- 2진수 데이터를 처리할 수 있는 산술논리연산장치(Arithmetic Logic Unit : ALU)
- 기억장치에 있는 명령어들을 해석하고 수행시키는 제어유니트(control unit)
- 입출력 장치

이 구조에서는 주기억장치로부터 한 번에 읽어 오는 명령어의 수가 두 개씩이다. 그 중에 하나는 즉시 프로그램 제어 유니트로 보내어져 실행되고, 다른 하나의 명령어는 일단 명령어 버퍼에 저장되어지고 후에 다음 명령어 실행 사이클에서 실행된다. 따라서 명령어 인출을 위한 기억 장치 액세스 시간이 단축되므로 성능이 향상된다. 이러한 방식은 현재 사용되고 있는 마이크로프로세서에서 명령어 선인출(instruction prefetch)과 유사하다.

폰 노이만(Von Neumann) 컴퓨터에서 프로그램을 실행하는 동작을 설명하면 아래의 그림 1-3과 같다.

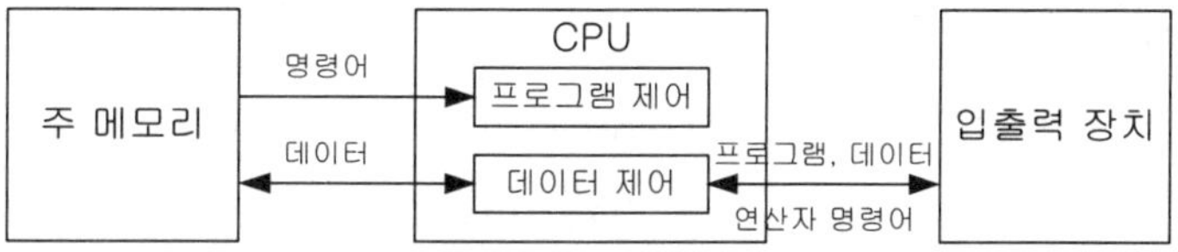

그림 1-3 폰 노이만(Von Neumann) 컴퓨터에서의 프로그램 실행

그림에서 보는 바와 같이 명령어와 메모리는 주 메모리에 저장되어 있고, 명령어의 실행을 위하여 CPU로 이동된다. 또한 CPU는 프로그램의 제어와 데이터의 제어 및 입출력 장치와의 제어를 담당한다.

폰 노이만(Von Neumann) 컴퓨터의 특성을 요약하면 다음과 같다.

- 데이터와 명령어가 RAM 메모리에 저장된다.
- 기억장치의 내용은 데이터의 형식과 관계없이 위치에 따라 주소에 의해 액세스 된다.

• 명령어의 실행은 한 개씩 순서대로 실행된다.

이러한 특성을 가진 폰 노이만(Von Neumann) 컴퓨터에서 명령어의 실행은 다음과 같은 과정을 통하여 이루어진다.

① 다음에 실행될 명령어의 주소를 결정한다.
② 메모리로부터 명령어를 인출한다.
③ 명령어가 무엇을 수행하는 것인가를 디코드(해독)한다.
④ 필요한 오퍼랜드의 주소를 계산하고 그 오퍼랜드를 메모리로부터 가져온다.
⑤ 그 연산에 따른 동작을 수행한다.
⑥ 실행 결과를 저장한다
⑦ 미결정의 인터럽트를 체크하여 서비스한다.

위에서 살펴 본 폰 노이만에 의해 설계된 컴퓨터의 기본 설계 개념이 현대의 컴퓨터에 그대로 적용되어 사용되어지고 있다. 즉, 수행되어질 프로그램이 기억장치에 저장되고, 저장된 순서대로 실행된다. 이 때 실행되어질 명령어가 위치하고 있는 기억장치의 주소가 프로그램 카운터(Program Counter : PC)에 의해 지정된다.

2) 제2세대 컴퓨터

제2세대 컴퓨터는 트랜지스터를 사용하는 컴퓨터이다. 트랜지스터는 진공관 보다 싸고 더 적은 열을 발산하는 특성을 가진다. 이러한 트랜지스터는 1947년에 벨(Bell) 연구소에서 발명되었고, 1950년대의 전자혁명을 불러 일으켰다.

2세대 컴퓨터는 1세대 컴퓨터에 비하여 더 고속화되었고, 기억 용량이 증가되었으며, 크기가 줄어들었다. 뿐 만 아니라, 이 시기에 더 복잡한 산술논리 연산장치와 제어유니트, 그리고 고급 프로그래밍 언어의 사용 및 시스템 프로그램이 등장하였다. 2세대 컴퓨터를 대표하는 컴퓨터의 예로는 IBM의 7000 계열을 들 수 있다. 1 세대 컴퓨터인 ISA 컴퓨터와의 차이점 중에 두드러진 것은 데이터 채널(data channel)의 사용이다. 데이터 채널은 자체 프로세서와 명령어를 가진 독립적인 입출력 모듈(I/O module)이다. 이런 장치를 가지는 컴퓨터 시스템에서는 CPU가 입출력 명령어들을 직접 실행하지 않는다. 그 명령어들은 주기억장치에 저장되어 있으며, 데이터 채널 내의 프로세서에 의해 실행된다. CPU는 단지 제어 신호를 데이터 채널에 보내어 기억장치에 있는 일련의 명령어들을 실행하도록 지시함으로써 입출력 전송을 수행한다. 또한 데이터 채널은 CPU와는 독립적으로 일을 수행하며, 수행이 끝나면 CPU로 신호를 보냄으로써, CPU의 부담을 덜어 준다.

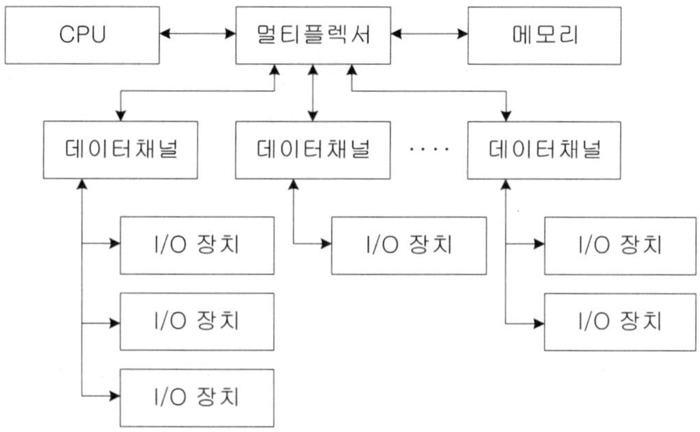

그림 1-4 IBM 7094 시스템의 구성도

또 다른 특징으로는 데이터 채널과 CPU 및 기억장치 사이를 연결해 주는 멀티플렉서의 사용이다. 이 멀티플렉서는 CPU와 데이터 채널이 기억장치를 액세스하는 절차를 수립하여 그들이 독립적으로 동작할 수 있도록 도와준다. 그림 1-4는 2 세대 컴퓨터의 대표적 컴퓨터인 IBM 7094 시스템의 구성도를 보여 준다.

3) 제3세대 컴퓨터

제3세대 컴퓨터는 **집적회로**(Integrated Circuit : IC)를 사용하는 컴퓨터이다. 집적회로 기술은 여러 개의 실리콘 조각들로 만들어 전 부품을 하나의 회로 속으로 통합하는 것이 아니라, 전체 회로를 하나의 실리콘 조각 위에 제조하는 기술이다. 처음에는 적은 수의 게이트들 또는 기억 소자들을 포함하는 칩들만 제조되고 패키징 되었다. 이러한 집적회로를 소규모집적회로(Small Scale Integration : SSI)라 불렸고, 그 이후로 MSI, LSI, VLSI 등의 대규모 집적회로로 발전되었다. IC를 이용한 컴퓨터의 제작으로 인하여 컴퓨터의 논리 및 기억소자 가격이 급격히 하락하였으며, 이들 소자들이 근접한 곳에 위치함으로써, 전기적 통로의 길이가 짧아져 동작 속도가 상승되었다. 뿐 만 아니라, 컴퓨터의 크기가 작아짐으로 어떤 환경에서도 설치가 용이하게 되었고, 전력 소모가 줄어들어 냉각장치가 간단해 졌다. 또한 신뢰성의 향상도 빠질 수 없는 발전이었다.

제3세대 컴퓨터의 예로써 IBM 시스템/360, DEC PDP−8을 들 수 있다.

4) 그 이후의 컴퓨터들

제3세대 이후에는 특별한 세대에 대한 정의가 분명치 않다. 다만 대규모 집적회로가 나타나 기억 용량이나 CPU의 속도에 괄목할 만한 성장이 이루어졌다. 이 후의 컴퓨터에서 발견될 수 있는 특성으로 다음의 두 가지를 들 수 있다.

- 반도체 기억장치
- 마이크로 프로세서

또한 현대에는 컴퓨터의 크기, 가격, 용량, 성능 등이 다양한 컴퓨터들이 등장하였는데, 일반적으로 다음의 네 가지로 분류된다.

- 마이크로컴퓨터
- 미니컴퓨터
- 메인프레임
- 슈퍼컴퓨터

이러한 구분은 다음과 같은 여러 요소들에 따라 다양한 특성을 가진다.

- 속도
- 명령어 종류
- CPU 레지스터들의 수
- 단어 길이
- 주기억장치 용량
- 입출력 모듈의 복잡성
- 운영체제의 복잡성
- 가격
- 다중 프로그래밍 정도

① 마이크로컴퓨터

마이크로컴퓨터는 CPU가 마이크로프로세서인 컴퓨터를 말한다. 이 마이크로프로세서는 모든 요소들이 한 개의 집적회로 칩 안에 들어있는 프로세서이다.

② 미니컴퓨터

초기의 미니컴퓨터들에서 한 단어의 길이는 보통 8 비트 혹은 12비트 정도였다. 그러나 후에 대부분의 미니컴퓨터의 단어 길이는 16 비트가 되었다. 또한 기술의 발전으로 속도와 기억장치 용량의 향상됨에 따라 미니 컴퓨터의 영역이 마이크로컴퓨터에 의해 잠식되었다. 이와 더불어 미니 컴퓨터는 다수 사용자(multi-user) 시스템으로 발전하였다.

③ 메인프레임

메인프레임이 미니컴퓨터와 가장 큰 차이점은 시스템의 속도와 가격에 있다. 그러나 점차 속도 면에서는 미니 컴퓨터나 메인프레임이 별로 차이가 나지 않게 되었다. 오늘날 메인 프레임의 주요 기능은 대규모 데이터베이스를 지원하는 것이다.

④ 슈퍼컴퓨터

슈퍼컴퓨터는 메인프레임으로 처리할 수 없는 응용분야인 항공 역학, 지진학, 천문학, 원자핵 및 플라즈마 물리학 분야에 주로 쓰인다. 이러한 슈퍼 컴퓨터는 일반적으로 1초에 부동소수점 연산을 수십억 회 처리할 수 있다. 슈퍼 컴퓨터의 가장 큰 문제는 가격이 비싸다는 것이다. 그러나 기술의 계속적인 발전으로 인하여 더 큰 용량과 더 고속의 컴퓨터가 더욱 낮은 가격으로 시장에 나타나고 있는 실정이다.

1.2 컴퓨터 시스템의 개요

컴퓨터 구조란 컴퓨터 시스템의 기본적인 특성들 중에서 프로그래머에게 보이는 부분들, 즉 프로그램의 논리적 수행에 직접적인 영향을 주는 컴퓨터 시스템의 특성을 말한다. 이러한 기본적인 컴퓨터 특성들은 다음의 네 가지 기능들을 위하여 상호 연결되어 수행된다.

- 데이터 처리(Data Processing)
- 데이터 저장(Data Storage)
- 데이터 이동(Data Movement)
- 제어(Control)

이러한 기본적인 기능들을 수행하기 위한 컴퓨터 시스템은 크게 다음의 네 가지 요소들로 이루어진다.

- **중앙처리연산장치**(Central Processing Unit : CPU) : 이 부분의 주요 기능은 데이터를 처리하는 것이다
- **기억장치**(Memory) : 기억장치는 데이터를 저장하는 기능을 수행한다.
- **입출력 장치**(Input/Output) : 입출력 장치는 컴퓨터와 외부장치 사이에 데이터를 교환하는 기능을 수행한다.
- **시스템 버스**(System Bus) : 시스템 버스는 위의 모든 컴퓨터 시스템 구성 요소들을 연결하여 데이터 전송을 수행한다.

아래의 그림 1－5는 이들 구성 요소들을 연결한 컴퓨터 시스템의 구조를 보여 준다.

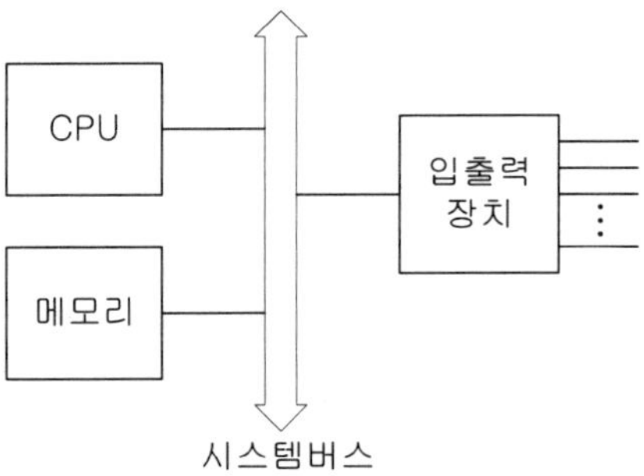

그림 1－5 기본적인 컴퓨터 시스템 구조

이들 구성요소들에 대하여 간단히 살펴보면 다음과 같다.

1) 중앙처리연산장치(Central Processing Unit : CPU)

CPU는 명령어들을 메모리로부터 차례로 인출하여, 해독하고 실행하는 기능을 수행한다. 이러한 기능을 위하여 CPU는 다음과 같은 구성 요소들로 이루어진다.

- ALU : 산술논리연산 기능을 수행한다.
- 레지스터들(registers) : 데이터 처리를 위한 고속의 임시 저장 장소이다.
- 제어 유니트(Control Unit) : 명령어를 해독하고, 그것을 실행하기 위한 제어 신호들을 순차적으로 발생한다.

2) 기억장치(Memory)

기억장치는 데이터를 저장하는 기능을 수행한다. 컴퓨터 시스템이 데이터를 처리하기 위하여 CPU는 주기억장치에 저장되어 있는 명령어와 데이터를 인출하여 수행한 후에 그 결과를 다시 기억장치에 저장한다. 그러나 이러한 명령어 처리가 CPU에서 처리되어질 때, CPU의 처리 속도와 주기억장치를 액세스하여 데이터를 가져오는 속도의 차이가 너무 크기 때문에, 데이터를 인출하는 동안에 CPU는 다른 일을 수행하지 못하고 기다려야 하는 경우가 생긴다. 이 때문에 CPU의 처리속도가 빠르게 향상될지라도 전체 컴퓨터의 시스템의 성능 저하를 가져오게 될 수 있다.. 이러한 문제를 해결하기 위하여 기억장치는 계층화 구조를 가진다. 기억장치 계층화 구조는 레지스터, 캐쉬, 주메모리, 그리고 외부 메모리로 자기디스크, 광 디스크, 테이프 등으로 구성된다. 기억장치의 구성 및 특성은 이 책의 7장에서 다시 자세히 다루어질 예정이다.

3) 입출력 장치(Input/Output)

입출력 장치들은 CPU 및 기억 장치들과 시스템 버스로 연결되어 있으며, 하나의 컴퓨터 시스템에 여러 장치들이 연결되어 사용된다. 이들 장치들의 예로써 디스크 드라이브, 디스플레이, 프린터 등이 있는데, 이들 장치들의 동작 및 특성이 다르기 때문에 제어하는 방식도 다르다. 이에 대한 자세한 것은 이 책의 8장에서 다루기로 한다.

1.3 컴퓨터 구조(Computer Architecture)

컴퓨터 구조란 명령어 세트 구조, 프로세서, 메모리, I/O 등의 시스템 구성(system organization), 그리고 마이크로구조(micro architecture) 들을 포함한 전반적인 것을 지칭한다. 따라서 컴퓨터 구조를 공부한다는 것은 구성 요소들의 동작원리와 특성들 외에도 다음과 같은 많은 것들을 고려하는 것이라 볼 수 있다.

- 각 구성 요소들 및 시스템의 성능(Performance)
- 가격(Price) 혹은 가격에 대한 성능
- 신뢰성(Reliability) : 고장없이 동작할 수 있는 기간
- 확장성 : 기존 시스템의 성능 향상 및 구성 요소의 추가
- 상호운용성 : 다른 시스템 혹은 구성 요소들간의 데이터의 전송 및 처리
- 전력 소모(Power Consumption) 등

컴퓨터 구조를 공부하는 목적은 다음과 같이 기술되어질 수 있다. 무엇보다 먼저 컴퓨터 구조를 공부함으로써 프로그램 언어가 실행되어지는 방식을 이해하는데 많은 도움을 얻을 수 있다. 즉, 소스 코드를 컴파일하면 어떤 일이 일어나는지, 혹은 왜 연산에 있어서 오류가 발생하는지 등에 대한 이해를 쉽게 할 수 있다. 뿐 만 아니라 우리가 만든 코드를 어떻게 하면 빠르게 수행할 수 있는가에 대한 이해를 하는데 도움을 얻을 수 있다. 따라서 소프트웨어 개발자들은 다음과 같은 이유들로 인하여 컴퓨터 구조를 알 필요가 있다.

- 컴파일러는 특정 프로세서를 위하여 최적화된 코드를 만든다.
- 운영체제(OS)는 응용(applications)을 위하여 하드웨어 자원을 관리한다.
- 좋은 I/O 시스템은 데이터베이스와 네트워킹에 있어서 매우 중요하다.

명령어 세트(Instruction Set) 구조는 어떤 프로세서가 수행할 수 있는 기본적인 기능을 기술하며, 하드웨어와 소프트웨어의 인터페이스를 제공한다. 따라서 명령어 세트는 컴퓨터 구조의 하나의 구성 요소로서 다음과 같은 기능들을 포함한다.

- 명령어의 형식
- 사용가능한 레지스터의 종류와 수
- 데이터의 종류와 구조
- 어드레싱 모드와 데이터의 액세스 등

명령어 세트에 대해서는 4장에서 자세히 다루어질 예정이다.

컴퓨터 구성이란 레지스터, ALU, 논리 게이트 등과 같은 기본적인 구성 요소들의 성능 특성에 대한 것과 이들 구성 요소들을 어떻게 연결하는가, 이들 구성 요소들간의 데이터가 어떻게 이동되는가 등에 대한 문제를 다루는 것이다.

컴퓨터 구성을 이해한다는 것은 다음과 같은 것들을 이해하는 것이라고 요약되어질 수 있다.

① 기본 기능적 원리를 수행하는 능력과 성능을 가진 요소들의 이해(예; 레지스터들, ALU, 쉬프터기(Shifters), 논리 유니트들)
② 여러 구성 요소들의 상호 연결되어지는 방법의 이해
③ 구성 요소들 간의 정보 흐름의 이해
④ 데이터가 처리되어지는 동안 정보 흐름들이 제어되어지는 논리와 수단의 이해
⑤ 레지스터 레벨에서의 전송에 대한 기술의 이해

따라서 이 책 전반에 걸쳐 위에서 기술되어진 다섯 가지의 사항들에 대하여 설명된다.

앞에서 살펴본 바와 같이 컴퓨터가 처음 상용화되기 시작한 1960년 대까지 컴퓨터는 프로세서(제어, 데이터 경로), 메모리, 입력, 출력, 그리고 버스의 5개의 구성요소로 이루어졌다. 아래의 그림 1−6은 이들 구성요소들을 보여 준다.

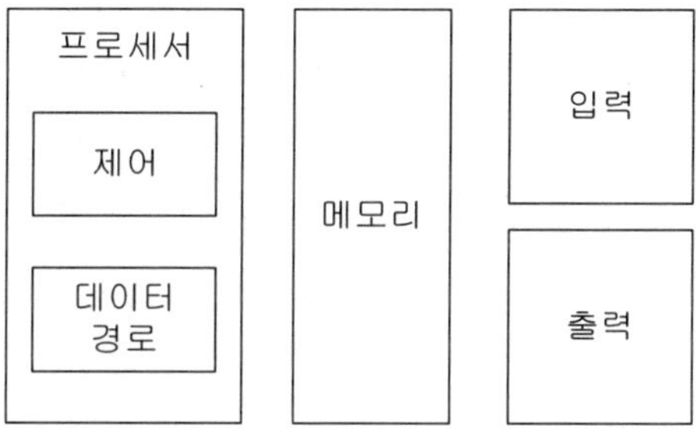

그림 1−6 컴퓨터 구성 요소

위의 그림에서 볼 수 있듯이 일반적으로 컴퓨터 구조는 간단하지만 컴퓨터 시스템을 이루는 모든 구성요소들간에 통신(communication)으로 이루어진다고 볼 수 있다. 아래의 그림 1−7은 펜티엄III 컴퓨터의 내부 구성을 보여 주고 있다.

그림에서 프로세서인 CPU와 캐쉬 그리고 주 메모리가 버스에 직접 연결되어져 있고, 또한 디스크, 디스플래이, 키보드 등의 입출력 장치는 I/O 제어기를 통하여 연결되어져 있다. 마지막으로 이 컴퓨터 시스템은 어댑터를 통하여 다른 네트워크에 연결된다. 이러한 여러 연결을 통하여 데이터들의 이동이 이루어진다.

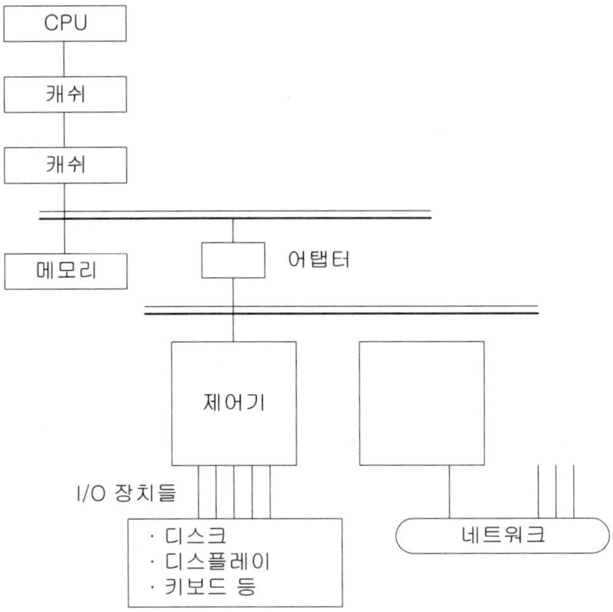

그림 1-7 펜티엄III 컴퓨터의 내부 구성 블록도

또한 컴퓨터 시스템은 이들 구성 요소들간의 상호 인터페이스를 통하여 연결되어지는데 아래 그림 1-8에서는 앞에서 기술한 컴퓨터 시스템의 구성요소들 뿐 만 아니라, 컴파일러, 운영체제 등의 프로그램과의 인터페이스를 보여 준다. 이 그림에서 보여 주는 여러 인터페이스에 대한 자세한 설명은 이 책의 4장에서 다루어질 예정이다.

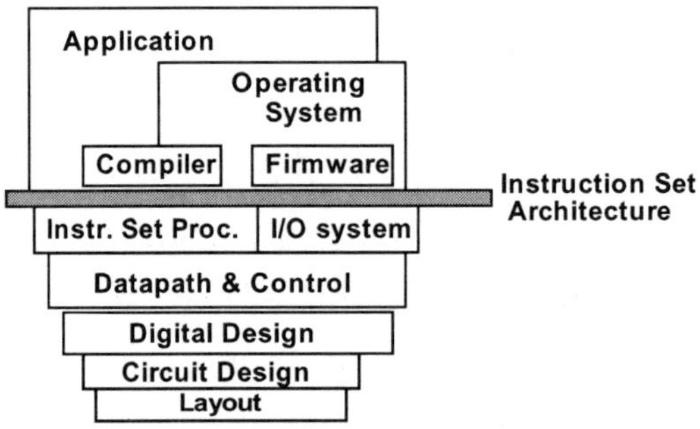

그림 1-8 컴퓨터 구성 요소들간의 인터페이스

1.4 컴퓨터 기술의 발전

1.4.1 컴퓨터 기술의 발전

아래의 그림 1－9는 컴퓨터 구조의 발전에 있어서 영향을 미치는 요소들을 보여 준다. 그림에서 볼 수 있듯이 컴퓨터 구조의 발전은 기술과 응용들, 그리고 운영체제, 프로그램 언어, 또한 컴퓨터가 발전해 온 과정이 담긴 역사가 영향을 미침을 알 수 있다.

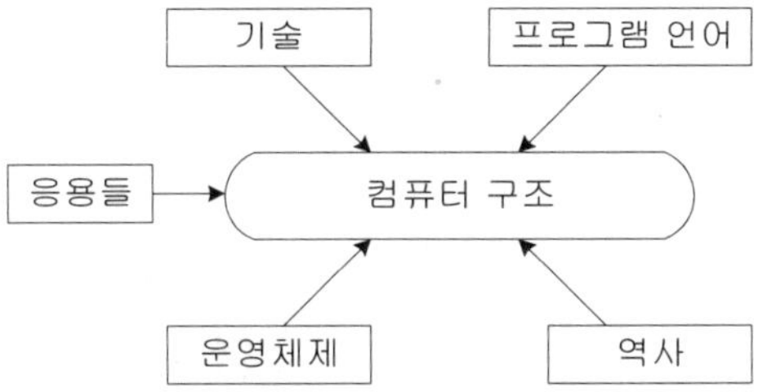

그림 1－9 컴퓨터 구조 발달에 영향을 미치는 요소들

이 절에서는 컴퓨터가 처음으로 소개된 이후로 기술의 발전으로 인한 컴퓨터 구성 요소들의 변화에 대하여 간단히 살펴보기로 한다.

1) DRAM 칩 용량의 변화

컴퓨터 시스템의 구성 요소 중에 기억장치는 프로그램과 데이터의 저장 기능을 수행한다. 이 기억장치 중에서 주메모리는 DRAM으로 이루어진다. 아래의 표 1－1은 연도별 DRAM 칩 용량 변화를 보여 준다.

표 1－1 DRAM 칩 용량의 연도별 변화

연 도	크 기
1980	64 KB
1983	256 KB
1986	1 MB
1989	4 MB
1992	16 MB
1996	64 MB
1999	256 MB
2002	16 GB

2) 마이크로프로세서의 논리소자 집적도의 변화

또한 DRAM 칩의 용량 변화와 더불어 마이크로프로세서의 속도 및 용량의 변화도 이루어졌다. 아래의 그림 1-10을 통해서 제조 회사별 상용화되어진 마이크로프로세서의 집적도 혹은 트랜지스터의 수의 변화를 알 수 있다. 특별히 이 그림에서는 인텔사의 i80x86 계열의 프로세서와 모토롤라의 68000 시리즈, 그리고 MIPS 컴퓨터와 알파(Alpha) 프로세서들에 대한 비교를 보여 준다.

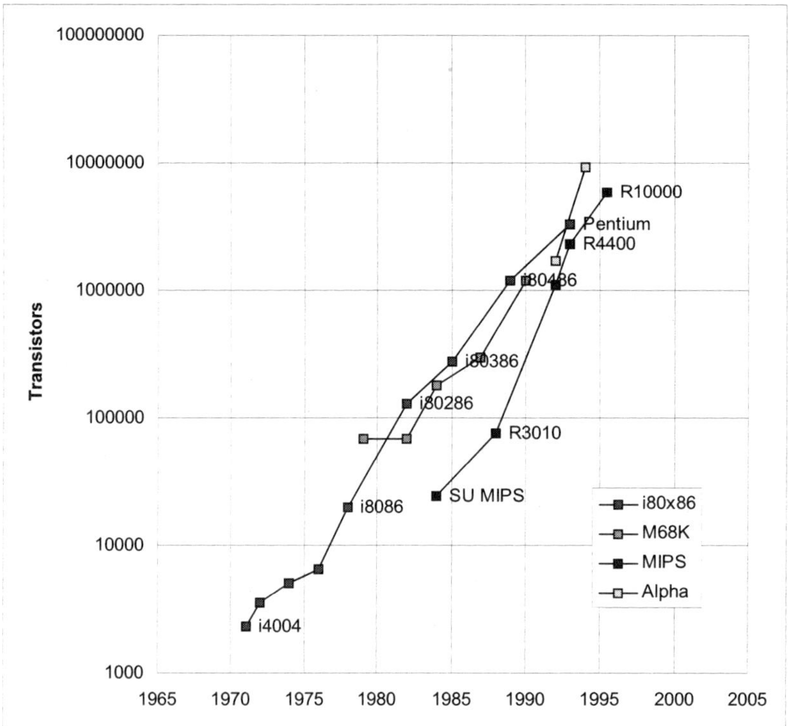

그림 1-10 마이크로프로세서 내의 트랜지스터 수의 변화 비교

DRAM의 용량과 마이크로프로세서의 집적도의 연도별 변화에서 볼 수 있듯이 컴퓨터 기술의 발달은 매우 빠르게 이루어졌다. 이러한 컴퓨터 기술의 발달을 각 구성 요소별로 구분하여 요약 설명하면 다음과 같다.

① 마이크로프로세서(Microprocessor)
- 논리 용량 즉, 집적도는 매년 약 30%씩 증가하였다.
- 클럭 속도는 매년 약 20%씩 증가하였다.

② 메모리(Memory)
- DRAM 용량은 매년 약 60%씩 증가하였다(3년에 4배).
- 메모리 속도는 매년 약 10%씩 증가하였다.
- 비트당 가격은 매년 약 25%씩 감소하였다.

③ 디스크(Disc) 메모리
- 용량은 매년 약 60%씩 증가하였다.
- 데이터의 총 사용은 9 개월만에 약 100%씩 증가하였다.

④ 네트워크 대역폭(Network Bandwidth)
- 대역폭은 매년 약 100%씩 증가하였다.

한편 컴퓨터의 핵심이라 할 수 있는 마이크로프로세서의 집적도에 대한 변화는 무어의 법칙(Moore's Law)을 통하여 설명된다. 미국의 인텔사가 처음으로 마이크로 프로세서를 개발한 이 후 지난 25년 동안, 인텔사의 공동 창업자인 고든 무어(Gordon Moore)는 다음과 같이 미래 마이크로프로세서의 집적도에 대해 예측하였다.

"마이크로프로세서 내의 트랜지스터의 수는 매 18개월 마다 두 배씩 증가한다."

그런데 이 후 계속된 마이크로프로세서의 발전을 통해 알 수 있었던 사실은 놀랍게도 그의 예측이 오늘날까지 계속해서 맞았다는 것이다. 그러나 이러한 사실은 2002년 2월 미국 샌프란시스코에서 열린 국제반도체회로 학술대회에서 "반도체 집적도는 1년에 두 배씩 증가하며 그 성장을 주도하는 것은 모바일 기기와 디지털 가전 등 이른바 비 PC이다" 라고 밝힌 한국 삼성전자의 황창규 사장의 이른바 황의 법칙(Hwoang's Law)에 의해 깨졌다. 아래의 그림 1-11과 표 1-2는 무어의 법칙에 따르는 연도별 마이크로프로세서의 트랜지스터 수를 보여 준다.

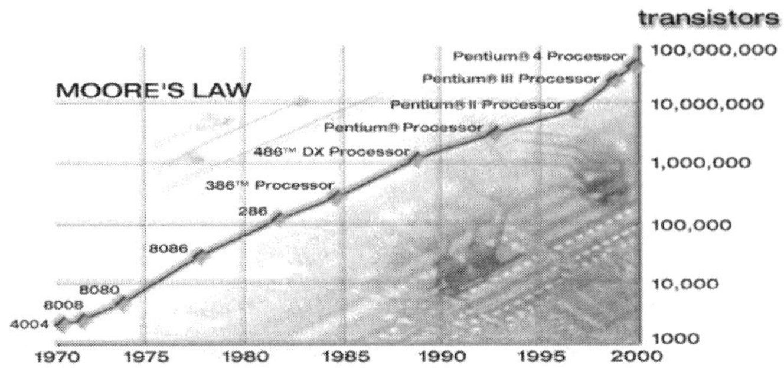

그림 1-11 무어의 법칙에 따르는 집적도의 비교

표 1-2 무어 법칙에 따르는 프로세서내의 트랜지스터의 수

프로세서	연 도	트랜지스터의 수
4004	1971	2,250
8008	1972	2,500
8080	1974	5,000
8086	1978	29,000
80286	1982	120,000
80386	1985	275,000
80486DX	1989	1,180,000
Pentium	1993	3,100,000
Pentium II	1997	7,500,000
Pentium III	1999	24,000,000
Pentium IV	2000	42,000,000

1.4.2 컴퓨터 시스템의 기본 기능

앞에서 살펴보았듯이 현재 사용되어지고 있는 컴퓨터 시스템 구조의 전형적인 동작을 살펴보면 다음과 같다. 여기에서 기술되어지는 컴퓨터 시스템의 동작은 1960년대 이후로 거의 변하지 않고 있다.

① 데이터의 이동

컴퓨터에서 프로그램이 처리되어지는 동안에 명령어 혹은 데이터가 프로세서,

메모리, 입출력 장치 등의 여러 구성 요소들간에 통신 혹은 이동을 통하여 전달된다. 이와 같은 컴퓨터 시스템 내에서의 데이터 이동의 종류는 다음과 같이 구분된다.

- 데이터 적재(LOAD) : 메모리로부터 CPU로의 데이터 이동
- 저장(STORE) : CPU로부터 연산결과를 메모리로 이동
- 주 메모리와 캐쉬, 혹은 캐쉬와 레지스터들 사이의 데이터 이동
- CPU 내에 있는 임시 고속 저장 장치인 레지스터들 사이의 이동
- 입출력 장치로부터의 혹은 장치로의 이동
- PUSH, POP : 스택으로(부터) 메모리 혹은 메모리로부터 스택으로의 데이터 이동

② 산술연산 : 정수 혹은 부동 소수의 더하기, 빼기, 곱하기, 나누기 연산
③ 쉬프트 : 왼쪽 혹은 오른쪽으로 쉬프트(SHIFT), 왼쪽 혹은 오른쪽으로 로테이트(ROTATE)
④ 논리연산 : NOT, AND, OR, SET, CLEAR 등
⑤ 제어(JUMP/분기) : 조건적 혹은 무조건적 분기 혹은 점프
⑥ 서브루틴 링크 : 콜(CALL), 리턴(RETURN)의 동작을 수행
⑦ 동기화(Synchronization) : 테스트(Test), 셋(Set) 등
⑧ 스트링(String) : 찾기(Search), 변환하기(Translate)

컴퓨터 시스템 기술은 일반적으로 다음의 4 단계로 구분하여 설명되어질 수 있다.

1) 전체시스템 구조(Global System Structure)

이 단계에서는 전체 시스템 구조가 정의되어지는데, 이 단계에서의 다루어지는 주요 구성 요소들은 다음과 같다.

- 프로세서(processor)
- 제어 모듈(control module)
- 메모리 모듈(memory module)
- 상호연결 구조(interconnection)

2) 프로세서 레벨(processor level)

이 레벨에서는 구조적 특성을 명시하게 되는데 인터페이스(interface), 명령어 세트(instruction set), 데이터 표현 등 전체 시스템 구조에서 더 자세한 각각의 구성 요소들을 명시한다.

3) 레지스터 레벨

이 단계에서는 프로세서 레벨의 요소들 간의 내적 동작을 명시하게 되는데, 이 단계에서 고려하는 사항들은 레지스터(registers), 카운터(counter), 메모리(memory), ALU, 클럭, 그리고 조합논리회로(combinatorial logic) 등이 있다.

4) 게이트 레벨(Gate level)

게이트(Gate) 단계에서는 비트(bit) 레벨에서의 동작을 명시한다. 게이트는 컴퓨터 구성에서 가장 작은 단위의 구성 요소로서 AND, OR, NOT, XOR 게이트 등이 있다.

1.5 컴퓨터 시스템의 성능

어떤 컴퓨터 시스템의 성능을 측정하는 것은 결코 쉬운 일이 아니다. 이는 현대의 소프트웨어의 규모가 매우 크고 복잡할 뿐 만 아니라, 하드웨어는 성능 향상을 위하여 여러 가지 기법을 사용하고 있기 때문이다. 또한 성능에 대한 정의도 여러 가지로 다르게 표현되어질 수 있기 때문이다.

일을 빨리 처리하는 컴퓨터가 성능이 항상 좋다고 말할 수 없다. 왜냐하면, 어떤 컴퓨터는 하나의 일을 수행하는데 걸리는 시간이 비록 느리지만 한꺼번에 여러 일을 동시에 처리함으로 처리량에 있어서는 더 성능이 좋을 수 있기 때문이다. 예를 들어, 똑같은 프로그램을 A라는 컴퓨터는 10초에 처리하고, B라는 컴퓨터는 15초에 처리하지만 동시에 비슷한 프로그램을 2개 실행할 수 있다고 하자. 이 경우에 A라는 컴퓨터는 같은 프로그램을 실행함에 있어서 분명히 컴퓨터 B보다 빠르지만, 컴퓨터 B는 동시에 비슷한 다른 프로그램을 2개 더 수행하였으므로 컴퓨터 A가 더 성능이 좋다고 말할 수는 없다. 따라서 컴퓨터의 성능은 처리 시간과 처리 효율 모두를 고려해야 하는데, 다음에 설명되어지는 바와 같이 시간과 처리 효율은 밀접한 관계를 가진다. 시간과 효율의 관계는 다음과 같이 기술되어 질 수 있다.

1) 시간과 효율(Throughput)과의 관계

컴퓨터 시스템에서 실행 시간(Time)은 하나의 일(job)을 수행하는데 걸리는 시간(times /job)을 말한다. 반면에 효율은 단위 시간당 수행되어진 일(jobs/sec)로 정의할 수 있다. 위의 정의에 따르면 시간과 효율 사이에는 "시간 = 1/효율"로 생각할 수 있다. 그러나 엄격한 의미에서 시간과 효율과의 관계는 이처럼 반드시 역의 관계를 가지는 것은 아니다. 예를 들어, 감자 하나를 수확하는데 3달이 걸린다면 효율은 1/3달 이라고 말할 수 없다. 왜냐하면 3 달 동안에 하나의 감자만을 재배하는 것이 아니기 때문이다. 따라서 시간과 효율과의 관계가 역의 관계를 가지기 위해서는 한 번에 하나의 일만 하는 경우에는 성립한다.

컴퓨터 시스템의 실행 시간을 측정하는데 다음과 같은 용어에 대한 설명이 필요하다.

- 사용자 CPU 시간 : 사용자의 프로그램을 수행하는데 소요된 CPU 시간을 말한다.
- 전체 CPU 시간 : 운영체제(OS)가 수행한 시간과 사용자 CPU 시간을 합한 것이다.
- 벽시계(Wallclock) 시간 : 일을 하는데 걸린 소요 시간으로 이것은 입출력 장치에서 소요된 모든 시간을 포함한다.

따라서 컴퓨터 시스템의 실행 시간을 말할 경우에서는 보다 정확한 정의가 필요하다.

2) 컴퓨터 시스템의 성능

컴퓨터 시스템의 성능이란 어떤 프로그램을 수행함에 있어서 수행 시간의 길고 짧음으로 정의될 수 있다. 즉, 성능이 좋다는 것은 실행시간이 짧다는 것을 의미하고, 성능이 나쁘다는 것은 실행시간이 오래 걸리는 것을 의미할 수 있다. 따라서 컴퓨터 시스템의 성능과 프로그램 실행시간 사이에는 다음과 같은 관계가 성립함을 알 수 있다.

$$\text{컴퓨터 시스템의 성능} = 1/(\text{프로그램 실행 시간}) \quad (1)$$

일반적으로 시스템의 성능을 다음과 관점에서 고려할 수 있다.

$$\begin{aligned} \text{CPU의 성능} &= 1/(\text{전체 CPU 시간}) \\ \text{시스템의 성능} &= 1/(\text{전체 벽시계 시간}) \end{aligned} \quad (2)$$

그러나 위에서 정의된 성능을 위하여서는 어떤 프로그램이 수행되었는지를 알아야만 한다. 여기서 CPU의 실행시간은 다음과 같이 정의되어질 수 있다.

$$\text{CPU 시간} = \text{수행되어진 CPU 사이클의 수} \times \text{사이클 시간} \quad (3)$$

위의 식에서 수행되어진 "CPU 사이클의 수"란 다음과 같이 설명되어질 수 있다. 일반적으로 원하는 일을 수행하기 위한 프로그램은 여러 명령어들로 구성된다. 그런데 이 책의 뒷부분에서 다루어질 예정이지만, 명령어들이 수행되어지기 위하여서는 클럭(clock)과 동기되어 실행된다. 즉, 어떤 명령어가 수행되기 위하여 적어도 1개 이상의 클럭을 필요로 한다. 물론 모든 명령어가 실행됨에 있어서 같은 클럭 수를 필요로 하지 않는다. 어떤 명령어는 실행을 위하여 3 클럭 사이클을 필요로 하지만 다른 명령어는 5 사이클을 필요로 할 수 있다. 따라서 주어진 프로그램을 구성하는 각 명령어의 수에 각 명령어를 실행하기에 필요한 클럭 수를 곱하여 이들을 다 더하면 전체 CPU의 클럭 수를 얻을 수 있다.

또한 사이클 시간(cycle time)이란 하나의 **클럭 주기**(clock period)를 말한다. 사이클 시간 혹은 **클럭률**(clock rate)은 컴퓨터 CPU에서 헤르츠(Hz)로 표현된다. 앞에서 언급했듯이 모든 프로세서들은 일정한 율(rate)로 동작하고 있는 내부 클럭을 가지고 있으며, 이러한 내부 클럭을 통하여 하드웨어 내에서 언제 이벤트가 발생하는지를 결정한다. 이러한 내부 클럭은 헤르츠(Hz)로 표현된다. 최근의 프로세서들은 초당 10^9 사이클 혹은 1 GHz 이상에서 동작한다. 흔히 메가(Mega) 헤르츠는 10^6 헤르츠이고, 기가헤르츠는 10^9 헤르츠를 말한다. 이러한 헤르츠를 또한 클럭 주파수(clock frequency)라 부른다. 헤르츠와 사이클 시간과는 다음과 같이 역의 관계를 가진다.

$$\text{Hz} = 1/(\text{클럭 시간})$$

즉, 1 GHz CPU의 사이클 시간은 $1/1\times10^9 = 1$ [ns]이다.

위의 관계식에서 볼 수 있듯이 CPU의 클럭률이 높다는 것은 1 초 동안에 클럭 수가 많다는 것을 의미하며, 동시에 클럭 주기가 짧다는 것을 말한다. 따라서 같은 클럭 수를 필요로 하더라도 클럭 주기가 짧은 컴퓨터가 더 빨리 같은 일을 수행한다. 아래의 예제를 통하여 CPU의 실행시간, 클럭 수, 그리고 클럭 주기의 관계에 대하여 좀더 명확히 설명이 이루어진다.

[예제 1.1]

어떤 CPU의 클럭 주파수가 100 Hz라는 것은 클럭 사이클 시간이 0.01 초를 의미한다. 따라서 어떤 프로그램을 수행하는데 200 사이클이 필요하다면 전체 CPU 시간은 다음과 같다.

CPU 시간 = 프로그램 클럭 수 × 클럭 사이클 시간
= 200 cycles x sec/cycle = 2 [sec]

[예제 1.2]

CPU 클럭 주파수가 1 MHz이고, 어떤 프로그램을 수행하는데 사백오십만 사이클이 필요하다면 이 때 CPU 시간은 4,500,000 cycles x (1/1,000,000) sec/cycle = 4.5 [sec]이다.

[예제 1.3]

CPU 클럭 주파수가 500 MHz이고, 어떤 프로그램을 수행하는데 4천5백만 사이클이 필요하다면 이 때 CPU 시간은 45,000,000 cycles x (1/500,000,000) sec/cycle = 0.09 [sec]이다.

3) 성능 비교

두 컴퓨터 시스템의 성능 비교에서 다음과 같이 말할 수 있다.

"어떤 컴퓨터 시스템 A가 B 보다 n% 더 빠르다."

이것은 두 컴퓨터 시스템의 상대적인 성능 비교 방식이다. 예를 들어, 만약 시스템 A가 시스템 B 보다 두 배 빠르다면 시스템 A가 시스템 B 보다 두 배 빨리 일을 끝낸다는 것을 나타낸다. 즉, 시스템 B의 응답시간은 시스템 A의 응답시간의 두 배이다. 이를 수식으로 다음과 같이 표현할 수 있다.

(컴퓨터 시스템 B의 응답시간)/(컴퓨터 시스템 A의 응답시간) = 2

따라서 만약 컴퓨터 시스템 A가 컴퓨터 시스템 B 보다 10% 빠르다면

(컴퓨터 시스템 B의 응답시간)/(컴퓨터 시스템 A의 응답시간) = 1.1

혹은 (컴퓨터 시스템 B의 응답시간)/(컴퓨터 시스템 A의 응답시간) = 1+ 10/100 으로 표현된다.

[예제 1.4]

어떤 컴퓨터 시스템 A가 컴퓨터 시스템 B보다 10% 빠르다고 할 때, 어떤 응용 프로그램을 처리하는데 컴퓨터 시스템 B가 100초 걸렸다면, 컴퓨터 시스템 A는 동일한 프로그램을 수행하는데 얼마나 걸리는가?

<풀이>

(B의 응답시간)/(A의 응답시간) = 1.1의 관계식으로부터 구할 수 있다.

A의 응답 시간 = B의 응답시간/1.1 = 100/1.1 = 90.901 초

[예제 1.5]

어떤 응용 프로그램을 처리하는데 알파 칩은 50 [msec], 펜티엄 Ⅲ는 75 [msec]가 걸린다면 알파 칩이 얼마나 더 빠른가?

<풀이>

(펜티엄 III 처리시간)/(알파 칩 처리시간) = 75 [msec]/50 [msec] = 1 + 50/100
따라서 알파칩이 50 % 빠르게 동작한다.

4) CPI(Cycle Per Instruction)

하나의 프로그램은 많은 명령어들로 이루어져 있다. 또한 하나하나의 명령어들은 실행되어지기 위하여 하나 이상의 클럭을 필요로 한다는 것을 위에서 살펴보았다. 그러나 모든 명령어들이 실행되어지는데 있어서 똑 같은 시간을 필요로 하지 않는다. 예를 들어, ADD와 같은 산술 명령어를 수행하기 위하여서는 명령어 이외에도 메모리로부터 연산에 필요한 오퍼랜드를 가져오는 과정이 필요하지만, 어느 레지스터에 적재되어 있는 값에 대한 부호를 바꾸는 명령어인 NEG나 혹은 비교를 위한 CMP와 같은 명령어의 실행에는 메모리를 액세스하는 과정이 필요하지 않는다. 따라서 ADD와 같

은 산술 연산이 CMP 혹은 NEG와 같은 명령어의 실행보다 더 많은 시간을 필요로 한다. 뿐 만 아니라 실재로 사용되어지는 명령어의 사용 빈도수도 명령어에 따라 많은 차이를 가진다. 예를 들어, 인텔사의 마이크로프로세서인 80×86 프로세서의 명령어에서 사용되어지는 각 명령어의 사용빈도에 따른 구분은 아래의 표 1−3과 같다.

표 1−3 80×86 프로세서의 명령어 사용 빈도수 비교

명령어	빈도수
Load	22%
조건분기	20%
비교(CMP)	16%
Store	12%
ADD	8%
AND	6%
SUB	5%
레지스터간 이동	4%
CALL	1%
RETURN	1%

앞에서 설명되었듯이 위의 각 명령어들을 실행하는데 필요한 클럭 수는 각기 다르다. 뿐 만 아니라, 산술 및 논리 연산에 있어서도 정수의 연산과 부동소수의 연산 수행에 서로 다른 시간이 필요하다. 따라서 어떤 프로그램을 실행함에 있어서 컴퓨터의 성능을 비교하기 위하여서는 그 프로그램의 명령어 당 평균 사이클 수(Cycle per Instruction : CPI)를 사용하는 것이 바람직한 방법이다. 명령어 당 평균 사이클 CPI는 다음과 같이 구한다.

CPI = (실행하려는 프로그램의 전체 클럭 사이클 수)/ 명령어의 수 (4)

위의 식에서 실행하려는 프로그램의 전체 클럭 사이클 수는 다음과 같은 관계식을 가진다.

$$cycles = \sum_{i=1}^{\#types} CPI_i \times inst_i \qquad (5)$$

여기서 CPI_i 와 $inst_i$ 는 각각 명령어 i의 명령어 당 평균 사이클 수와 명령어 수를 말한다. 따라서 어떤 프로그램을 실행하는데 걸리는 전체 시간은 다음과 같다.

$$\text{전체 시간} = \text{명령어의 수} \times (\text{사이클 수})/\text{명령어} \times \text{초}/\text{사이클}$$
$$= \frac{\text{명령어 수}}{\text{프로그램}} \times \frac{\text{클럭 수}}{\text{명령어}} \times \frac{\text{secs}}{\text{클럭 사이클}} \qquad (6)$$

위의 식에서 볼 수 있듯이 CPU 시간은 다음의 세 가지 요소에 의하여 영향을 받는다.

- 클럭 사이클 시간(clock cycle time) : 이 시간은 하드웨어 기술과 구성에 따른다.
- CPI : 이것은 컴퓨터 시스템의 구성과 명령어 세트 구조에 영향을 받는다.
- 명령어 수 : 이것은 명령어 세트 구조와 컴파일러 기술에 영향을 받는다.

위의 세 가지 요소 중에서 컴퓨터 구조 설계자 입장에서 볼 때에 명령어 세트의 구조를 최적화하는 것에 많은 관심을 보일 수 있다. 따라서 이 책의 뒤에서 명령어 세트 구조에 대하여 다루어진다.

[예제 1.6]

1,000,000,000 개의 명령어로 이루어진 프로그램을 실행하는데 다음의 두 컴퓨터 A와 B에서 걸리는 CPU 시간을 비교하여라. 단, 컴퓨터 A의 CPI는 1.2, 클럭 시간은 2 [ns]이고, B 컴퓨터의 CPI는 2.5이고, 클럭 시간은 1 [ns]이라고 가정한다.

<풀이>

전체 시간 = 명령어의 수 × (사이클 수)/명령어 × 초/사이클이므로

A 컴퓨터의 전체 시간 = $1{,}000{,}000{,}000 \times 1.2 \times 2\times10^{-9} = 2.4$ [초]

A 컴퓨터의 전체 시간 = $1{,}000{,}000{,}000 \times 2.5 \times 1\times10^{-9} = 2.5$ [초]

따라서 컴퓨터 A가 더 빠르며, 2.5/2.4 = 1.04 배 빠르다.

[예제 1.7]

어떤 프로그램을 실행하는데 1 GHz 클럭 속도를 가지는 컴퓨터 A는 10 초 걸린다고 한다. 여기서 이 프로그램을 5초 동안에 실행할 수 있는 컴퓨터 B를 설계하려고 한다고 하자. 이를 위하여 컴퓨터 B를 빠르게 설계함으로 이룰 수 있는데, 이렇게 B의 클럭 속도를 빠르게 하면, 같은 프로그램에 대해 컴퓨터 A보다 1.2 배 많은 클럭 사이클이 필요

하다고 한다. 이 때 컴퓨터 B를 위하여 얼마나 빠른 클럭 속도를 가지는 CPU를 써야 하는지를 구하라.

<풀이>

위의 식에서와 같이

A의 CPU 시간 = (A의 CPU 클럭 사이클 수)/(A의 클럭속도)

이다. 따라서 다음과 같은 관계식을 얻을 수 있다.

$$10 \text{ 초} = (\text{A의 CPU 클럭 사이클 수})/(1 \times 10^9)$$

위의 식으로부터 다음 식을 얻을 수 있다.

$$\text{A의 CPU 클럭 사이클 수} = 10 \text{ 초} \times 1 \times 10^9 = 10^{10} \text{ 사이클}$$

한편 (B의 CPU 클럭 사이클 수) = 1.2 × (A의 CPU 클럭 사이클 수)이므로 위의 관계식을 사용하여 다음과 같이 구할 수 있다.

B의 CPU 시간 = (B의 CPU 클럭 사이클 수)/(B의 클럭속도)
= (1.2 × A의 CPU 클럭 사이클 수)/(B의 클럭속도)

따라서

$$5 \text{ 초} = (1.2 \times 10^{10} \text{ 사이클})/(\text{B의 클럭속도})$$

의 관계식으로부터 컴퓨터 B의 클럭속도를 구할 수 있다.

B의 클럭속도 = 2.4 GHz이다.

따라서 컴퓨터 B의 클럭 속도는 컴퓨터 A의 클럭 속도 보다 2.4 배 빨라야 함을 알 수 있다.

5) 암달의 법칙(Amdahl's Law)

지금까지는 두 컴퓨터 시스템의 성능비교 방법에 대하여 살펴보았다. 다음은 컴퓨터 시스템의 성능 향상에 대하여 살펴보기로 한다. 이 절에서는 특별히 성능이 향상된 일부 컴퓨터 시스템의 모듈을 사용하였을 경우 얻을 수 있는 전체 시스템의 성능향상에 대한 것을 고려하기로 한다.

암달의 법칙(Amdahl's Law)은 어느 컴퓨터 시스템의 전체 성능이 일부 성능 향상되어진 부품을 사용함으로 얼마만큼 얻어질 수 있는가를 계산하는데 널리 사용된다. 즉, 암달의 법칙을 통하여 알 수 있는 것은 "성능 향상된 부품을 사용하여 얻어질 수 있는 전체 시스템 성능 향상분은 그 성능 향상된 부품이 전체 실행시간 중에 얼마만큼 사용되어 졌는가에 제한을 받는다."는 것이다. 암달의 법칙(Amdahl's Law)을 설명하기 위하여 성능향상분(Speedup)을 다음과 같이 정의한다.

어느 부품의 성능향상분 SP^은 다음과 같다.

$$SP\hat{} = \frac{\text{향상된 부품을 사용하였을 경우의 성능}}{\text{기존의 부품을 사용하였을 경우의 성능}}$$

$$= \frac{\text{향상된 부품을 사용하였을 경우의 수행 시간}}{\text{기존의 부품을 사용하였을 경우의 수행 시간}}$$

따라서 어떤 성능 향상된 부품을 사용하여 얻을 수 있는 전체 시스템의 성능향상분(SP)는 다음과 같이 얻을 수 있다.

$$SP = \frac{1}{(1-x) + \frac{x}{SP\hat{}}}$$

위의 식에서 x는 [0,1] 사이에 값을 가지는데, 이는 전체 시간 중에서 새로운 부품이 사용되어진 시간의 부분을 나타낸다. 따라서 위의 식에서 만약 향상된 부품이 프로그램의 실행 동안에 100% 사용되었다면 x=1이므로 SP = SP^가 된다. 즉, 전체 시스템의 성능향상은 교체되어진 부품의 향상과 같다. 또한 비록 부품을 성능 향상된 것으로 바꾸었어도 프로그램의 실행동안 전혀 사용하지 않았으면 x=0이므로 SP = 1이다.

[예제 1.8]

어느 컴퓨터 시스템의 전체 성능향상을 위하여 원래의 것보다 10 배나 빠른 CPU로 교체하였다. 그런데 전체 프로그램의 실행 동안에 교체된 CPU는 40% 사용되어졌다고 한다. 이 때 새로운 부품을 교체함으로 얻을 수 있는 성능향상분(Speedup)을 구하라.

<풀이>

부품의 성능향상분 SP^=10이고, 프로그램을 수행함에 있어서 향상된 CPU가 전체의 40% 동안 사용되어졌으므로 x=0.4이다. 따라서

$$SP = \frac{1}{(1-0.4)+\dfrac{0.4}{10}} = \frac{1}{0.64} \approx 1.56$$

전체 시스템의 성능은 56% 향상되었다.

위에서 살펴보았듯이 암달의 법칙은 어떤 부품의 성능향상이 전체 시스템에 얼마나 많은 영향을 미쳤는지를 판단하는 것과 어느 부품을 얼마만큼 유효 적절히 향상시키는 것이 비용(cost)대 성능향상 비율을 높일 수 있는가를 나타내는데 적절히 사용되어 질 수 있다.

Summary Check 요약정리

1. 컴퓨터는 기본적으로 CPU, 메모리, 입출력 장치, 그리고 버스가 이들을 연결하는 형태로 이루어진다.

2. 1 세대 컴퓨터는 진공관을 사용한 컴퓨터로서 최초로 널리 알려진 범용 전자식 컴퓨터는 ENIAC(Electronic Numerical Integrator And Computer)이다.

3. 폰 노이만(Von Neumann) 컴퓨터에서 명령어의 실행은 다음과 같은 순서에 의해 순차적으로 실행된다.
   - 다음에 실행될 명령어의 주소를 결정한다.
   - 메모리로부터 명령어를 인출한다.
   - 명령어가 무엇을 실행하는 것인가를 디코드(해독)한다.
   - 필요한 오퍼랜드의 주소를 계산하고 그 오퍼랜드를 메모리로부터 가져온다.
   - 그 연산에 따른 동작을 수행한다.
   - 실행 결과를 저장한다
   - 미결정의 인터럽트를 체크하여 서비스 한다.

4. 제 2세대 컴퓨터는 트랜지스터를 사용하는 컴퓨터이다.

5. 제 3세대 컴퓨터는 집적회로(Integrated Circuit : IC)를 사용하는 컴퓨터이다.

6. 컴퓨터의 기본적인 특성들은 데이터 처리(Data Processing), 데이터 저장(Data Storage),데이터 이동(Data Movement), 그리고 제어(Control)이다.

7. 컴퓨터 구조란 명령어 세트 구조, 프로세서, 메모리, I/O 등의 시스템 구성(system organization), 그리고 마이크로 구조(micro architecture) 들을 포함한 전반적인 것을 지칭한다.

8. 프로세서의 클럭 속도는 매년 약 20% 씩 증가하였다.

9. 무어의 법칙에 따르면 마이크로프로세서 내의 트랜지스터의 수는 매 18 개월 마다 두 배씩 증가한다.

10. 컴퓨터의 성능 비교에 있어서 시간(Time)은 하나의 일(job)을 실행하는데 걸리는 시간(times/job)을 말하며, 효율은 단위 시간당 실행한 일(jobs/sec)로 정의할 수 있다.

11. 어느 컴퓨터 시스템의 성능 = 1/(프로그램 실행 시간)으로 표현되어질 수 있다.

12. 어떤 프로그램을 실행함에 있어서 컴퓨터의 성능을 비교하기 위하여서는 그 프로그램의 명령어 당 평균 사이클 수(Cycle Per Instruction : CPI)를 사용하는데, CPI는 실행하려는 프로그램의 전체 클럭 사이클 수를 명령어의 수로 나누어 얻을 수 있다.

13. 암달의 법칙(Amdahl's Law)은 어떤 부품의 성능향상이 전체 시스템에 얼마나 많은 영향을 미쳤는지를 판단하는 것과 그 부품을 얼마만큼 유효 적절히 향상시키는 것이 비용(cost)대 성능향상 비율을 높일 수 있는가를 나타내는데 적절히 사용되어질 수 있다.

Summary Check 연습문제

1. 폰 노이만 컴퓨터의 특성에 대하여 설명하라.

2. 폰 노이만 컴퓨터에서 명령어 실행 순서에 대하여 설명하라.

3. 제1세대 컴퓨터의 특성에 대하여 설명하라.

4. 컴퓨터 시스템의 기본 요소에 대한 구성을 그림으로 표현하고, 그 기본 요소들에 대하여 설명하라.

5. 컴퓨터 구조 발달에 영향을 미치는 요소들을 나열하고 이들에 대하여 간단히 설명하라.

6. 컴퓨터의 기술 발달에 있어서 프로세서의 발달과 메모리 용량의 발달에 대하여 비교 설명하라.

7. 무어의 법칙에 대하여 설명하라.

8. 2 GHz 속도의 컴퓨터에서 하나의 클럭 사이클의 주기를 구하라.

9. 컴퓨터의 성능에서 "시간"과 "효율"의 관계에 대하여 설명하라.

10. CPU 클럭 주파수가 2 GHz 인 컴퓨터를 사용하여 어떤 프로그램을 수행하는데 4천5백만 사이클이 필요하다면 이 경우의 CPU 시간을 구하라.

11. 어떤 프로그램이 다음과 같은 명령어들로 이루어졌다고 한다.

- 데이터 이동(Load/Store) : 3000 개
- 조건부 분기(branch) : 2000 개

- 산술/논리 연산 : 2000 개

이들 명령어 중에 데이터 이동에 관한 명령어는 실행을 위하여 5 클럭 사이클을, 조건부 분기(branch) 명령어는 3 클럭 사이클을, 그리고 산술/논리 연산 명령어들은 각각 4 클럭 사이클을 필요로 한다고 한다. 또한 컴퓨터의 클럭률(clock rate)는 1 GHz이다.

1) 이 프로그램의 CPI를 구하라.
2) 이 프로그램을 실행하는데 필요한 CPU 시간을 구하라.
3) 만약 위의 데이터 이동에 관한 명령어의 실행 시간을 2 클럭 사이클로 향상시킬 경우에 전체 프로그램의 실행시간을 구하라.

12. 전체 1000 개의 명령어들로 이루어진 어떤 프로그램의 명령어 중에 30%가 점프(Jump) 등과 같은 분기(branches) 명령어이고, 나머지는 기타 여러 명령어들로 이루어 졌다고 한다. 이 중 분기 명령어 각각을 실행하는데 3 사이클을 필요로 하지만, 나머지 다른 명령어들은 1 사이클만 필요로 한다고 한다. 다음의 물음에 답하라.

1) 평균 CPI를 구하라
2) 이 프로그램을 클럭률(clock rate)이 1 GHz를 가진 컴퓨터를 사용하여 실행할 때에, 이 프로그램을 수행하는데 걸리는 전체 시간을 구하라.
3) 위의 컴퓨터로 프로그램을 수행하였을 경우 평균 초당 몇 개의 명령어가 실행되는지를 구하라.

13. 어떤 컴파일러 설계자가 같은 고급언어 문장에 대하여 생성된 두 가지 코드 A과 B 중에 하나를 선택하려 한다. 하드웨어 설계자가 제공한 CPI 관련 데이터는 다음과 같다.

명령어 유형	CPI
x	1
y	2
z	3

코드	실행 명령어 개수		
	x	y	z
A	2	1	2
B	4	1	1

각 코드는 위와 같은 명령어 x, y, z로 이루어졌다.

1) A와 B 각 코드의 CPI를 구하라.

2) 같은 프로그램을 두 가지 컴파일러로 번역한 결과 아래와 같은 데이터를 얻었다.

사용 컴파일러	명령어 유형별 명령어 개수(단위: 10^9)		
	x	y	z
컴파일러1	5	1	1
컴파일러2	10	1	1

위의 프로그램을 클럭속도가 500 MHz인 컴퓨터를 사용하여 실행할 경우, 두 컴파일러의 실행시간을 구하라.

14. 어느 프로그램의 구성은 다음과 같다.

명령어 유형	CPI	프로그램 전체 중 %
메모리	5	30
조건부 분기	3	30
산술연산	2	40

또한 이 프로그램은 모두 2000 개의 명령어로 이루어졌으며, 500 MHz 컴퓨터를 사용하여 실행한다고 한다.

1) 이 프로그램의 전체 CPI를 구하라.

2) 이 컴퓨터의 하나의 클럭 주기를 구하라.

3) 이 프로그램을 실행하는데 걸리는 전체 시간을 구하라.

4) 만약 메모리 유형 명령어의 실행을 3 사이클에 실행하는 메커니즘을 사용하였을 경우 전체 시스템의 실행 속도는 몇 % 향상되는가?

15. 어떤 프로그램을 실행하는데 2 GHz 클럭 속도를 가지는 컴퓨터 A는 20 초 걸린다고 한다. 여기서 이 프로그램을 10초 동안에 실행할 수 있는 컴퓨터 B를 설계하려고 한다고 하자. 이를 위하여 컴퓨터 B를 빠르게 설계함으로 이룰 수 있는데, 이렇게 B의 클럭 속도를 빠르게 하면, 같은 프로그램에 대해 컴퓨터 A보다 1.5배 많은 클럭 사이클이 필요하다고 한다. 이 때 컴퓨터 B를 위하여 얼마나 빠른 클럭 속도를 가지는 CPU를 써야 하는지를 구하라.

16. 어느 컴퓨터 시스템의 전체 성능향상을 위하여 원래의 것보다 5 배나 빠른 CPU로 교체하였다. 그런데 전체 프로그램의 실행 동안에 교체된 CPU는 50% 사용되어졌다고 한다. 이 때 새로운 부품을 교체함으로 얻을 수 있는 성능향상분(Speedup)을 구하라.

chapter

2

디지털 논리회로

컴퓨터는 디지털 논리회로로 구성되어 있다. 따라서 컴퓨터 구조에 대하여 이해하기 위하여서는 컴퓨터를 구성하고 있는 디지털 논리회로를 이해하는 것이 매우 중요하다. 이 장에서는 디지털 논리 회로에 대해 2 단계로 다룰 예정인데. 그 첫 번째가 조합논리회로(combinational logic circuit)이고, 그 다음이 순차논리회로(sequential logic circuit)이다. 이러한 논리회로의 이해에 앞서 데이터의 표현 및 진수 등 수의 표현에 대하여 살펴보기로 한다.

2.1 데이터의 표현

컴퓨터는 0's과 1's로 이루어진 2진 수로 표현되어진 정보를 사용한다. 여러 값으로 표현하는 경우에 발생하는 구현의 어려움 때문에 2진 표현은 10진 표현보다 많은 장점을 가진다. 예를 들어, 곱셈과 덧셈 등의 연산에서 2진 계산이 10진 계산에 비해 훨씬 쉽다. 그러나 2진 표현을 통하여 어떤 것을 표현하는 경우에 부호화(encoding) 과정이 필요하다. 어느 대학의 학생들 각각을 2진으로 표현하기 위하여서는 학생 수에 맞는 2진 수로 인코딩하는 작업이 필요하다. 예를 들어, 1000명의 학생들에게 고유의 2진 코드로 이루어진 ID를 부여하기 위해서는 각 코드는 적어도 10 비트로 이루어진다. 이처럼 표현하고자 하는 것의 개수 M과 2진 코드의 비트 n사이에는 다음과 같은 관계식을 가진다.

$$2^n \geq M$$

우리가 원하는 최적의 n 값은 위의 식을 만족하는 가장 작은 값이다. 이러한 인코딩은 정수나 부동 소수 혹은 문자 등의 표현에도 당연히 적용된다. 따라서 컴퓨터를 통하여 처리되어지는 모든 것은 인코딩 과정을 거쳐야 하는데, 특별히 다음과 같은 것에 대한 2진 표현이 중요하다.

- 부호없는 정수
- 부호 있는 정수(음수, 양수, 제로)
- 부동 소수
- 문자

따라서 컴퓨터 구조를 이해함에 있어서 이러한 데이터의 표현을 이해하는 것이 가장 기본적인 일이다.

2.1.1 진수의 변환

컴퓨터 구조를 배움에 있어서 2진 표현 이외에도 16진(Hexadecimal) 표현을 아는 것이 매우 중요하다. 뿐 만 아니라 컴퓨터를 제외한 대부분 우리의 삶 속에서 10 진 표현을 주로 사용하기 때문에 10진 표현과 2진 표현 사이의 관련성에 대한 이해를 필요로 한다. 즉, 10진을 2진으로 혹은 2진을 10진으로, 10진을 16진으로 16진을 10진으로 바꾸는 과정을 이해해야 한다.

먼저 r진수의 일반적인 표현은 다음과 같다.

$$a_n \cdot r^n + a_{n-1} \cdot r^{n-1} + \ldots\ldots + a^2 \cdot r^2 + a \cdot r + a_0 + a_{-1} \cdot r^{-1} + a_{-2} \cdot r^{-2} + \ldots\ldots + a_{-m} \cdot r^{-m} \quad (1)$$

위의 표현대로 $(1234.2)_7$을 십진수로 표현하면 다음과 같다.

$$\begin{aligned}(1234.2)_7 &= 1\times7^3 + 2\times7^2 + 3\times7^1 + 4 + 2\times7^{-1} \\ &= (462.285714285)_{10}\end{aligned}$$

위의 예는 7진수의 수에 대한 10진수로의 변환을 보여 주고 있다. 7진수의 수에서 계수의 값은 0, 1, 2, 3, 4, 5, 6 만을 가질 수 있다. 일반적으로 r 진수의 표현에서 계수 a_n 값의 범위는 다음과 같다.

$$0 \le a_n \le (r-1) \quad (2)$$

K진수(K≥2)를 10진으로 혹은 10진수를 K 진수로 바꾸는 과정은 다음과 같다.

1) K 진수를 10진수로 바꾸는 방법

N 개의 수(digit)를 가진 K 진수로 표현된 수를 생각해 보자. 여기서 디지트(digit)란 K 진수에서 어떤 값을 표현하는데 사용되어진 하나의 심볼을 나타낸다. 10진수에서 디지트는 0~9의 값을 가진다.

따라서 N개의 수를 가진 K 진수는 다음과 같이 표현될 수 있다.

$$d_{N-1}\, d_{N-2}\, d_{N-3}\, \cdots\, d_1\, d_0$$

예를 들어, 10진수의 수 526에서 $d_2 = 5$, $d_1 = 2$, $d_0 = 6$이다.

위에서 볼 수 있듯이 K 진수로 표현되어진 수의 각 디지트는 0~(K−1)의 수를 가진다. 2진수에서 각 디지트는 0과 1이다.

또한 위에서 예를 든 N 개의 수(digit)를 가진 K 진수의 수가 가질 수 있는 값의 범위는 다음과 같다.

$$0 \leq \text{값의 범위} \leq K^N{}_{-1} \tag{3}$$

예를 들어, 3 디지트의 2 진수가 가질 수 있는 수의 범위는 $[0,\ 2^3-1] = [0,\ 7]$이다.

수의 표현은 여러 가지 방법으로 이루어지는데, 10진수의 수는 또한 다음과 같은 방법으로 표현되어질 수 있다.

10진수 1234를 예로 들어 표현해 보자.

$$\begin{aligned} 1234_{10} &= 1 \times 1000 + 2 \times 100 + 3 \times 10 + 4 \\ &= 1 \times 10^3 + 2 \times 10^2 + 3 \times 10^1 + 4 \times 10^0 \end{aligned}$$

위의 예에서 $d_3=1$, $d_2=2$, $d_1=3$, $d_0=4$이다.

따라서 위의 표현방식을 통하여 10진수는 다음과 같이 표현된다.

$$\sum_{i=0}^{N-1} d_i \times 10^i \tag{4}$$

이러한 10진수의 일반적인 표현을 K 진수에 적용하면 다음과 같이 표현할 수 있다.

$$\sum_{i=0}^{N-1} d_i \times K^i \tag{5}$$

위의 두 식을 비교하면 진수 10과 K만 다름을 알 수 있다.

따라서 위의 표현 방식을 통하여 123_4을 10진수로 표현하여 보면 다음과 같다.

$$123_4 = 1 \times 4^2 + 2 \times 4^1 + 3 \times 4^0$$
$$= 16 + 8 + 3$$
$$= 27_{10}$$

2) 소수 K진수를 10진수로 표현하는 방법

2진수 111.101_2를 10진으로 바꾸어 보면 위의 식 (1)으로부터 다음을 얻을 수 있다.

$$111.101_2 = 1 \times 2^2 + 1 \times 2^1 + 1 \times 2^0 + 1 \times 2^{-1} + 1 \times 2^{-3}$$
$$= 4 + 2 + 1 + 0.5 + 0.125$$
$$= 7.625$$

3) 10진수로부터 K진수로 바꾸는 방법

10진수로부터 K진수로 바꾸는 방법은 다음과 같은 순서로 이루어진다.

① 정수 부분을 바꾼다.
② 소수점 이하 부분을 바꾼다.
③ 소수점을 사용하여 위에서 얻은 결과를 합한다.

정수 부분을 바꾸는 방법은 다음과 같다.

- 바꾸려는 수의 정수 부분을 원하는 진수로 나누어 나머지를 저장한다.
- 계속해서 나누는 과정을 반복하여 더 이상 나누어지지 않을 때까지 계속하며, 나머지를 저장한다.
- 저장된 나머지를 역순으로 정리하면 원하는 진수의 수를 얻는다.

또한 소수점 이하 부분을 바꾸는 방법은 다음과 같다.

- 소수점 이하 부분을 원하는 진수로 곱한다.
- 정수 부분이 생기면 저장하고, 곱하기 과정을 계속한다.
- 얻어진 정수값을 얻은 순서대로 정리하면 원하는 진수의 소수부분을 얻는다.

[예제 2.1]

23.125_{10}를 2진수로 바꾸어라.

<풀이>

정수부분에 대한 2진수는 다음과 같이 얻을 수 있다.

23 ÷ 2 = 11... 나머지 1
11 ÷ 2 = 5... 나머지 1
5 ÷ 2 = 2... 나머지 1
2 ÷ 2 = 1... 나머지 0
1 ÷ 2 = 0... 나머지 1

따라서 $23_{10} = 10111_2$ 를 얻는다.
소수부분의 2진수는 다음과 같이 얻을 수 있다.

0.125 × 2 = 0.25 ... 정수부분 0
0.25 × 2 = 0.5 ... 정수부분 0
0.5 × 2 = 1.0 ... 정수부분 1

따라서 $0.125_{10} = 001_2$
위의 두 결과를 합하면

$23.125_{10} = 10111.001_2$이다.

위에서 구한 2진수를 10진수로 바꾸면 다음과 같다.

$$\begin{aligned}10111.001_2 &= 1 \times 2^4 + 1 \times 2^2 + 1 \times 2^1 + 1 \times 2^0 + 1 \times 2^{-3} \\ &= 16 + 4 + 2 + 1 + 0.125 \\ &= 23.125\end{aligned}$$

4) 2진수를 16진수로 혹은 16진수를 2진수로 고치는 방법

16진의 수는 정보통신에서 많이 사용되어 지는 수의 표현이다. 예를 들어, 현재 인터넷에서 가장 많이 사용되어지고 있는 이더넷 네트워크 기술에서 사용되어지고 있는 랜 주소는 바로 16진수로 표현된다. 여기서 10진수와 16진수, 그리고 이진수 간의 변환은 다음과 같다.

표 2.1 10진수, 2진수, 16진수의 변환표

10 진수	2 진수	16 진수
0	0000	0
1	0001	1
2	0010	2
3	0011	3
4	0100	4
5	0101	5
6	0110	6
7	0111	7
8	1000	8
9	1001	9
10	1010	A
11	1011	B
12	1100	C
13	1101	D
14	1110	E
15	1111	F

2진수를 16진수로 고치는 방법은 2진수의 4 비트를 묶어서 하나의 16진 비트로 바꾸면 된다. 비트를 묶을 때에는 하위 비트부터 묶는다. 만약에 4 비트씩 묶다가 디지트의 수가 부족한 경우에는 0 비트를 추가하여서 4 비트로 만들어 변환한다. 역으로 16진수를 2진수로 바꿀 경우에는 16진수의 한 디지트를 4 비트의 2진수로 바꾼다.

[예제 2.2]

다음의 2진수를 16진수로 표현하라.

a) 1010100000111100_2 = 1010 1000 0011 1100 = $A83C_{16}$

b) 00101101001_2 = 0001 0110 1001 = 169_{16}

[예제 2.3]

다음의 16진수를 2진수로 표현하라.

a) $1AFE_{16}$ = 0001 1010 1111 1110_2

b) $12A_{16}$ = 0001 0010 1010_2

5) 2진수를 8진수로 혹은 8진수를 2진수로 고치는 방법

2진수를 8진수로 고치는 방법은 2진수의 3 비트를 묶어서 하나의 8진 디지트로 바꾸면 된다. 또한 8진수를 2진수로 바꾸기 위하여서는 8진수의 한 디지트를 3 비트의 2진수로 바꾼다. 3비트를 묶을 때에는 하위 비트부터 묶는다. 16진수를 변환할 때와 마찬가지로 디지트의 수가 부족한 경우에는 0를 넣어서 변환한다.

[예제 2.4]

다음의 2진 수를 8진수로, 8진 수를 2진 수로 표현하라.

1010100000111100_2 = 001 010 100 000 111 100 = 124074_8

723_8 = 111 010 011_2

2.1.2 부호를 가진 정수의 표현

일반적으로 부호가 없는 정수는 N 비트로 이루어진 수의 경우 0부터 $(2^N - 1)$값을 가진다. 그러나 컴퓨터의 연산에서 A－B와 같은 뺄셈을 수행할 경우 A－B 대신에 A+(－B) 연산을 수행한다. 따라서 2진 수 혹은 다른 진수의 부호를 가진, 즉, 음수 표현에 대한 이해를 필요로 한다. 이러한 부호 있는 수의 표현에 있어서 보수(complement)에 대해 먼저 이해해야 한다. 보수(complement)는 디지털 컴퓨터에서 뺄셈 연산을 간편하게 하고 논리적 조작을 쉽게 하기 위하여 사용된다. 2진수에서는 1의 보수(1′s complement)와 2의 보수(2′s complement)를 사용한다.

1) 보수의 표현법

2진수에서 1의 보수(1's complement)를 구하는 것은 매우 쉽다. 즉, 2진수에서 1의 보수(1's complement)는 원래의 수의 각 디지트를 1은 0으로, 그리고 0은 1로 바꾼다.

[예제 2.5]

다음의 2진수에 대한 1의 보수를 구하라.
10001000100011

<풀이>

위의 2진수에 대한 1의 보수는 01110111011100이다.

한편 2진수에서 2의 보수(2's complement)는 다음과 같이 두 가지 방식으로 구할 수 있다.

① 1의 보수를 취한 값에 1을 더하여 구한다.
② 2진수에서 1의 보수를 구하려는 수의 오른쪽부터 시작하여 첫 번째 1이 나타나는 위치의 비트까지는 그대로, 그 이후의 모든 비트는 0은 1로 그리고 1은 0으로 바꾼다.

[예제 2.6]

다음의 2진수에 대한 1의 보수를 두 가지 방식을 사용하여 구하라.
10001000100011

<풀이>

1) 첫 번째 방식을 사용하는 경우
위의 예제에서 구한 것과 같이 주어진 2진수에 대한 1의 보수는 01110111011100이다. 따라서 2의 보수는 다음과 같다.

```
    01110111011100
  +              1
  ----------------
    01110111011101
```

2) 두 번째 방식을 사용할 경우
구하려는 수의 오른쪽에서 첫 번째 1은 처음 비트 위치에 나온다. 따라서 이 수의 2의 보수는 다음과 같이 구할 수 있다.

1000100010001**<u>1</u>**

위의 수에서 첫 번째 1이 나타날 때 까지는 그대로 유지하고 나머지 모든 비트는 1은 0으로 0은 1로 바꾼다.
따라서 01110111011101이 위의 수에 대한 2의 보수이다.

2) 음수의 표현법

2진수의 표현에서 음수, 즉, 부호를 가진 수의 표현에서 가장 왼쪽에 있는 비트인 MSB(Most Significant Bit)가 부호 비트로 사용된다. 2진수 부호를 가지는 수의 표현에 있어서 다음과 같이 3가지 형식이 있다.

- 부호 크기(Signed Magnitude) 형식
- 1의 보수 형식
- 2의 보수 형식

① 부호 크기(Signed Magnitude) 형식

이 형식에서는 N 비트의 수 중에서 맨 왼쪽의 부호 비트를 제외한 나머지 N−1 개의 비트가 양의 크기를 나타낸다. 예를 들어, -26_{10}을 부호크기(Signed Magnitude) 형식으로 고치면 다음과 같다.

$26_{10} = 11010_2$이므로 $-26_{10} = \underline{1}11010_2$이다.

② 1의 보수 형식

1의 보수 형식은 부호 비트를 제외한 나머지 N−1 비트를 1의 보수로 취한다. 따라서 위의 예 -26_{10}을 1의 보수 형식으로 고치면 다음과 같다.

$26_{10} = 11010_2$이므로 이것을 1의 보수로 취하면 00101_2이다. 따라서 1의 보수 형식에 의한 $-26_{10} = \underline{1}00101_2$이다.

③ 2의 보수 형식

2의 보수 형식은 부호 비트를 제외한 나머지 N−1 비트를 2의 보수로 취한다. 따라서 위의 예를 2의 보수 형식으로 고치면 다음과 같다.

$26_{10} = 11010_2$이므로 이것을 2의 보수로 취하면 00110_2이다. 따라서 1의 보수 형

식에 의한 $-26_{10} = \underline{1}00110_2$이다.

양의 수에 대한 표현은 위의 3가지 형식이 동일하다.

[예제 2.7]

다음의 수를 각각 8 비트의 부호 크기(Signed Magnitude) 형식, 1의 보수 형식, 2의 보수 형식으로 표현하라.

10 진수의 수	부호 크기	1의 보수	2의 보수
$(52)_{10}$	00110100	00110100	00110100
$(-35)_{10}$	10100011	11011100	11011101

2.2 부호를 가지는 수의 산술 연산

부호가 없는 수의 산술 연산은 더해지는 두 수를 그대로 더하면 되지만, 부호를 가지는 수들의 연산에서는 부호 비트를 가지기 때문에 주의해야 한다. 왜냐하면 부호를 고려하지 않고 그대로 덧셈 연산을 수행하였을 경우 캐리 비트로 인하여 부호가 바뀌는 수가 있기 때문이다.

부호를 가지는 수의 산술 연산은 위에서 살펴본 음수를 만드는 방법에 따라 약간의 차이를 가진다. 음수의 표현 방식에 따른 부호를 가지는 산술 연산은 다음과 같이 수행된다.

1) 부호 크기(Signed Magnitude) 형식에서의 연산

- 덧셈 연산의 경우
  - i) 두 수의 부호가 같을 때
    - 먼저 두 수의 크기를 더한다.
    - 오버플로우(overflow)를 검사한다.
    - 위에서 얻은 결과에 같은 부호를 부친다.
  - ii) 두 수의 부호가 다른 경우
    - 크기가 큰 수에서 작은 수를 뺀다.

– 결과 값에 큰 수의 부호를 사용한다.
– 이 경우에는 오버플로우가 일어나지 않는다.

- 뺄셈 연산의 경우
  – 뺄셈의 경우 빼는 수의 보수를 취하여 위의 덧셈 경우와 같이 계산한다.

[예제 2.8]

아래의 연산을 보여라

```
   7
+  9
-----
  16
```

<풀이>

```
   0111
+  1001
--------
  10000
```

위의 연산에서 볼 수 있듯이 위의 연산 결과에 오버플로우가 발생하였음을 알 수 있다. 따라서 **0**10000 와 같이 동일한 부호를 부친다.

2) 1의 보수 혹은 2의 보수 형식에서의 연산

- 덧셈 연산의 경우
  – 부호 비트를 포함한 모든 비트들을 더한다. 캐리(carry)가 생길 경우, 2의 보수인 경우 버리고 1의 보수의 경우에는 캐리를 더한다.
  – 두 수의 부호 비트가 같으나 결과가 다른 부호인 경우에는 오버플로우가 일어난 것이다.
  – 결과가 음수이면, 크기에 대해 보수를 취한다.

- 뺄셈 연산의 경우
  – 뺄셈의 경우 빼는 수의 보수를 취하여 위의 덧셈 경우와 같이 계산한다.

[예제 2.9]

아래의 연산을 1의 보수와 2의 보수를 이용하여 계산하라.

$$\begin{array}{r} +6 \\ -\ 3 \\ \hline +3 \end{array}$$

<풀이>

i) 1의 보수를 이용

$$\begin{array}{r} 00110 \\ +\ \ 11100 \\ \hline 100010 \end{array}$$

캐리가 발생하였으므로 캐리를 더한다. 따라서 연산결과는 00011이다. 연산 결과 부호가 플러스이므로 크기가 결과이다.

ii) 2의 보수를 이용

−3에 대한 2의 보수는 1101이므로

$$\begin{array}{r} 00110 \\ +\ \ 11101 \\ \hline 100011 \end{array}$$

2의 보수 연산에서 발생한 캐리는 버리므로, 연산 결과는 00011이다.

2.3 2진수의 코드

n 비트를 가지는 2진 코딩은 2^n개의 이진 수를 표현하고자 하는 요소에 대응(mapping)시키는 것이다. 이 때 어떤 표현하고자 하는 요소의 수 M과 최소 필요한 이진 비트 n과는 다음과 같은 관계를 가진다.

$$2^n \geq M$$

컴퓨터 연산에 많이 사용되어지는 코드는 다음과 같다.

표 2.2 2진수 코드들

십진 수	8 4 2 1 (BCD)	Excess 3	8 4 -2 -1	Gray
0	0 0 0 0	0 0 1 1	0 0 0 0	0 0 0 0
1	0 0 0 1	0 1 0 0	0 1 1 1	0 0 0 1
2	0 0 1 0	0 1 0 1	0 1 1 0	0 0 1 1
3	0 0 1 1	0 1 1 0	0 1 0 1	0 0 1 0
4	0 1 0 0	0 1 1 1	0 1 0 0	0 1 1 0
5	0 1 0 1	1 0 0 0	1 0 1 1	0 1 1 1
6	0 1 1 0	1 0 0 1	1 0 1 0	0 1 0 1
7	0 1 1 1	1 0 1 0	1 0 0 1	0 1 0 0
8	1 0 0 0	1 0 1 1	1 0 0 0	1 1 0 0
9	1 0 0 1	1 1 0 0	1 1 1 1	1 1 0 1

BCD 코드에서 한 자리 숫자를 표현하기 위하여서는 4 비트의 코드를 사용한다. 따라서 k 디지트의 BCD 코드를 위해서는 $4k$ 개의 비트가 필요하다. 예를 들어, 10 진수 428은 3 디지트의 수이므로 BCD 코드로 표현하면 0100 0010 1000처럼 12 비트가 사용된다.

Excess−3 코드에서 각 코드의 값은 2 진수의 값에서 3을 더해 얻어지는데, 이 코드는 예전의 컴퓨터에서 많이 사용되었다.

8, 4, −2, −1 코드 코드는 10 진식 코드에서 양(+)과 음(−)의 가중치를 배정하는 코드이다. 예를 들어, 0110의 값은 4 + (−2) = 2 처럼 십진수 2이다.

Gray 코드는 한 숫자에서 다른 숫자로 갈 때 오직 하나의 비트만이 바뀐다. 이러한 Gray 코드는 어떤 정보가 아날로그 형태에서 변형된 디지털 형태에서 많이 사용된다.

이 이외도 컴퓨터의 키보드 입력에 사용하는 알파 뉴메릭 문자의 규정은 ASCII (American Standard Code for Information Interchange)에 의해 규정되어 있는데, 이

ASCII 코드에는 128 개의 문자를 7 비트를 사용하여 나타낸다. 이 중에서 94 개는 출력이 되는 그림 문자이고, 나머지는 제어용으로 출력이 되지 않는 34 개의 문자이다. 아래의 표는 ASCII 코드를 보여 준다.

표 2.3 ASCII 코드

비트 위치 5, 6, 7

비트 위치 1, 2, 3, 4	000	100	010	110	001	101	011	111
0000	NUL	DLE	SP	0	@	P	'	p
1000	SOH	DC1	!	1	A	Q	a	q
0100	STX	DC2	"	2	B	R	b	r
1100	ETX	DC3	#	3	C	S	c	s
0010	EOT	DC4	$	4	D	T	d	t
1010	ENQ	NAK	%	5	E	U	e	u
0110	ACK	SYN	&	6	F	V	f	v
1110	BEL	ETB	`	7	G	W	g	q
0001	BS	CAN	(	8	H	X	h	x
1001	HT	EM	)	9	I	Y	i	y
0101	LF	SUB	*	:	J	Z	j	z
1101	VT	ESC	+	;	K	[	k	{
0011	FF	FS	,	<	L	\	l	|
1011	CR	GS	-	=	M	]	m	}
0111	SO	RS	.	>	N	^	n	~
1111	SI	US	/	?	O	-	o	DEL

2.4 부울 대수와 2진 논리(Binary Logic) 게이트(Gate)

2.4.1 부울 대수와 2진 논리

부울 대수란 2진 변수들의 조합을 실행시키는 일련의 논리적인 연산(AND, OR, NOT)으로 정의되는 하나의 수학적 표현법이다. 여기서 2진 변수란 그 값이 0과 1을 가지는 수를 말한다. 아래의 부울 대수에서 사용되어지는 2진 연산자 $*$은 모든 2진 변수 x, y, z에 대하여 다음과 같은 법칙들을 만족한다.

1) **결합법칙**(associative law)

$$(x*y)*z=x*(y*z)$$

2) **교환법칙**(commutative law)

$$x*y = y*x$$

3) **분배법칙**(distributive law)

$$x*(y \cdot z) = (x*y) \cdot (x*z)$$

이 외에 많이 사용되어지는 부울 대수의 공리적인 정의를 살펴보면 다음과 같다.

※ 많이 사용되어지는 2진 논리 연산 정리

1) $x + 0 = x$, $x \cdot 1 = x$

2) $x + x' = 1$, $x \cdot x' = 0$

3) $x + x = x$, $x \cdot x = x$

4) $x + 1 = 1$, $x \cdot 0 = 0$

5) $(x')' = x$

6) $x + y = y + x$

7) $x + (y + z) = (x + y) + z$

8) $x \cdot (y + z) = x \cdot y + x \cdot z$

9) 드모간의 법칙(DeMorgan's Law) $(x + y)' = x' \cdot y'$, $(x \cdot y)' = x' + y'$

10) $x + x \cdot y = x \cdot (1 + y) = x \cdot 1 = x$, $x \cdot (x + y) = x$

이들 부울 대수의 공리적인 정의를 사용하여 부울 함수를 최소화하는 방법을 아래의 예제를 통하여 살펴보기로 한다.

[예제 2.10]

아래의 함수들을 부울 대수의 공리적인 정의를 사용하여 최소화하라.

1) $xy + x'z + yz = xy + x'z + yz(x+x')$

$= xy + x'z + xyz + x'yz$

$= xy(1+z) + x'z(1+y)$

$= xy(1) + x'z(1)$

$= xy + x'z$

2) $x'y'z + x'yz + xy' = x'z(y'+y) + xy'$

$= x'z(1) + xy'$

$= x'z + xy'$

2.4.2 논리 게이트(Logic Gates)

다음과 같은 3가지 논리 게이트가 2진 논리 연산에 많이 사용된다. 즉, 아래의 3가지 연산은 모든 논리 설계를 가능하게 해주는 기본 함수들이다. 이들 기본 함수들을 통하여 다음에 설명되어질 XOR, NAND, NOR 게이트들을 얻을 수 있다.

- AND(* 또는 ·)
- OR(+)
- NOT(')

위의 2진 논리 연산은 AND는 (·)로, OR은 (+)로, 그리고 NOT은 (`) 심볼을 사용한다. 이들 연산의 진리표(Truth Table)는 다음과 같다.

표 2.4 논리연산의 진리표

AND

x	y	$x \cdot y$
0	0	0
0	1	0
1	0	0
1	1	1

OR

x	y	$x+y$
0	0	0
0	1	1
1	0	1
1	1	1

NOT

x	x'
0	1
1	0

게이트(Gate)는 논리함수를 실행하는 디지털 회로의 전형적인 표현 방법이다. 즉, AND 게이트는 AND 논리함수를 수행하고, OR 게이트는 OR 논리함수를 수행한다. 이러한 AND, OR, NOT 함수를 나타내기 위하여 특이한 모양의 논리기호가 사용된다. 일반적으로 논리함수는 두 개의 입력 변수만으로 제한되지 않는다. 많은 입력 변수가 요구되면 하나의 함수만으로 표시하기 위해 입력 모두를 AND 논리연산 할 수 있다. 예로써 3변수와 4변수의 표현식을 다음과 같이 쓸 수 있다.

$$a = x\,y\,z$$
$$b = w\,x\,y\,z$$

아래의 그림은 AND, OR, NOT 게이트들에 대한 논리 기호를 보여 주고 있다.

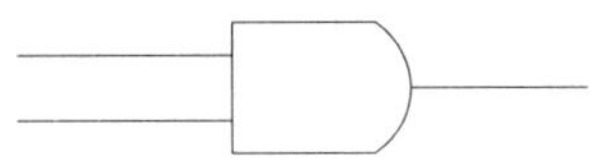

(a) AND 게이트

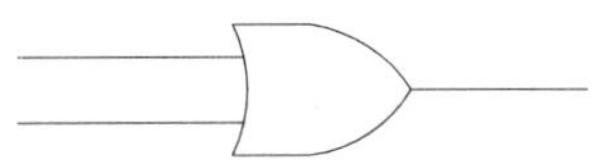

(b) OR 게이트

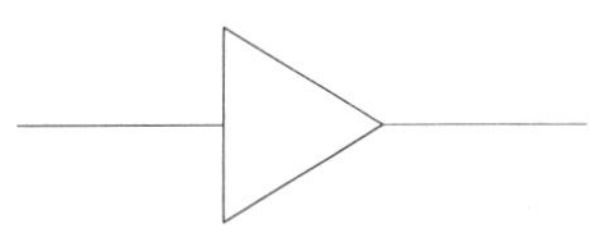

(c) NOT 게이트

그림 2.1 AND, OR, NOT 게이트의 논리기호 표현

위의 AND, OR, NOT 게이트 이외에도 다음의 NAND, NOR, XOR 게이트들이 이들 기본 게이트들로부터 유도되어질 수 있다.

① NAND

NAND 함수는 NOT과 AND로부터 유도된다. 즉, 두 입력 x, y에 대한 NAND 게이트의 출력 a는 다음과 같다.

$$a = (x \cdot y)'$$

NAND 게이트의 출력에 대한 진리표는 다음과 같다.

표 2.5 NAND 게이트 진리표

x	y	$a = (x \cdot y)'$
0	0	1
0	1	1
1	0	1
1	1	0

② NOR 게이트

NOR 함수는 NOT과 OR를 조합하여 만들어지며, 두 입력 x, y에 대한 NOR 게이트의 출력 b는 다음과 같다.

$$b = (x + y)'$$

NOR 게이트의 출력에 대한 진리표는 다음과 같다.

표 2.6 NOR 게이트 진리표

x	y	$b = (x + y)'$
0	0	1
0	1	0
1	0	0
1	1	0

③ XOR 게이트

XOR 함수는 입력변수 중에서 참인 개수가 홀수일 경우 그 출력이 참이거나, 두 개의 입력 변수일 경우 두 변수가 다르면 1, 같으면 0를 출력하는 함수이다. 두 입력 x, y에 대한 XOR 게이트의 출력 c는 다음과 같다.

$$c = x \oplus y$$

XOR 게이트의 출력에 대한 진리표는 다음과 같다.

표 2.7 XOR 게이트의 진리표

x	y	$c = x \oplus y$
0	0	0
0	1	1
1	0	1
1	1	0

아래의 그림 2-2는 NAND, NOR, XOR 게이트들에 대한 논리 기호를 보여 주고 있다.

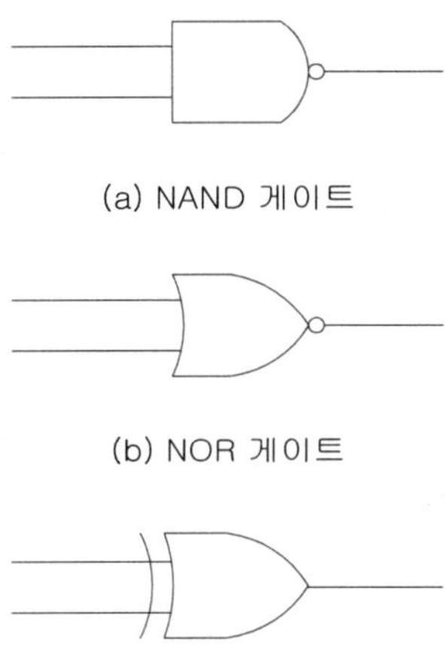

(a) NAND 게이트

(b) NOR 게이트

(c) XOR 게이트

그림 2.2 NAND, NOR, XOR 게이트의 논리기호 표현

위에서 살펴 본 NAND, NOR 게이트들에 대하여 앞에서 설명되었던 드몰간의 법칙을 적용하면 흥미로운 사실을 알 수 있다. 즉, 두 변수 x와 y에 대하여 OR 연산을 실행 한 후에 그 결과에 NOT 연산을 수행하면, 각 변수에 NOT 연산을 수행한 후에 AND 연산을 수행한 것과 같다. 또한 두 변수 x와 y에 대하여 AND 연산을 수행한 후에 그 결과에 NOT 연산을 수행한 것은 각각의 변수에 NOT 연산을 수행한 후에 OR 연산을 수행한 것과 같은 결과를 얻는다. 이를 수식과 기호로 표시하면 다음과 같다.

$$A = (x+y)' = x' \cdot y'$$
$$B = (x \cdot y)' = x' + y'$$

위의 식을 만족하는 출력 A와 B를 기호로 표현하면 다음과 같다.

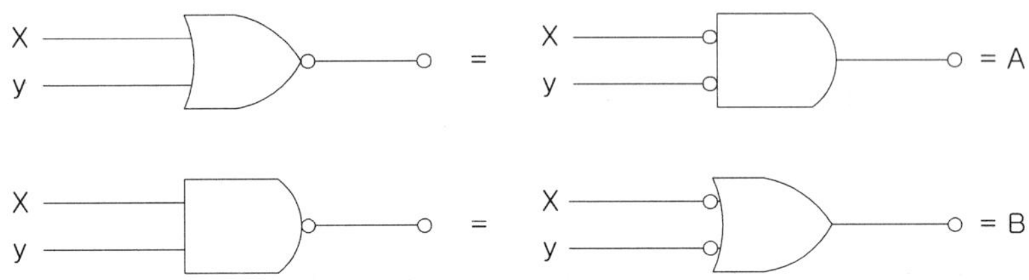

그림 2.3 NAND/NOR 게이트와의 관계

위의 관계를 통하여 NAND 게이트로 이루어진 논리회로를 NOR 게이트로, 혹은 NOR 게이트로 이루어진 논리회로를 NAND 게이트로 이루어진 논리회로로 바꿀 수 있다. 다음 절에서는 이와 같이 여러 게이트들을 이용한 부울 함수의 구현에 대하여 설명한다.

2.5 부울 함수의 구현

부울 함수는 위에서 살펴본 여러 게이트들을 사용함으로 구현되어질 수 있다. 구현되어지는 논리회로들은 단일 게이트로 구현되어질 수도 있고, 여러 게이트들의 조합으로도 구현되어질 수 있다. 앞 절에서 예를 들었던 2진 함수를 구현하는 것에 대하여 설명한다. 부울 함수 f_1, f_2를 위에서 설명되어진 논리 게이트를 사용하여 구현하면 다음과 같다.

$$f_1 = xy + x'z + yz$$

$$f_2 = x'y'z + x'yz + xy'$$

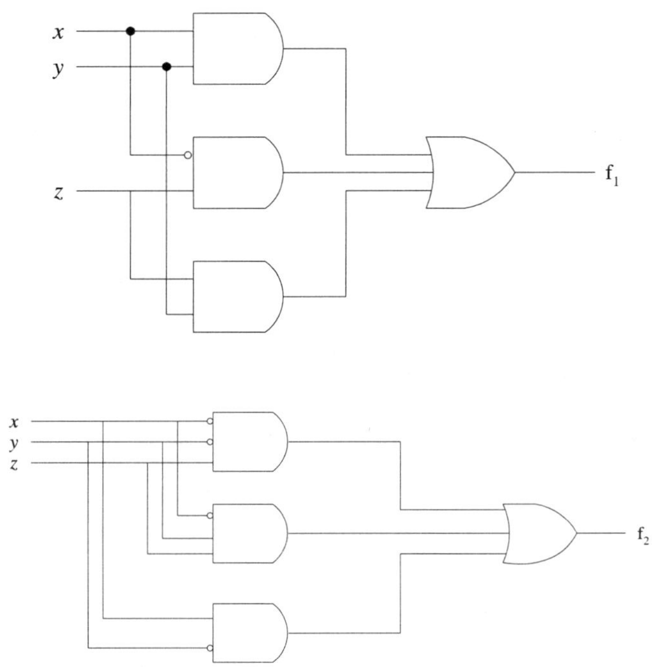

그림 2.4 부울 함수 f_1, f_2의 구현

위의 예제에서 볼 수 있듯이 두 함수 f_1, f_2를 구현함에 있어서 AND, OR, NOT 게이트들을 사용하였다. 마지막 출력 부분에서 OR 게이트는 세 개의 입력을 가진다. 만약 두 개의 입력만을 가지는 논리 게이트로 구현하기 위해서는 두 개의 입력으로 인한 출력을 다른 두 개의 입력을 가지는 OR 게이트를 사용하여 구현할 수 있다.

그러나 경우에 따라서는 NAND 게이트 혹은 NOR 게이트만으로 구현해야 할 필요성이 있을 수 있다. 이러한 이유는 NAND 게이트나 NOR 게이트는 제작이 용이하고, 대부분의 IC 칩들에서 기본 게이트로 쓰이기 때문이다. 앞의 그림에서 설명한 바와 같이 NAND는 역−OR(invert OR)과 같고, NOR는 역−AND(invert AND)와 등가(equivalent)이다. 이러한 성질과 함께 NAND 게이트와 NOR 게이트에서 단일 입력인 경우에 NOT 게이트로 동작한다는 원리를 합하면, NAND 게이트 혹은 NOR 게이트만으로 구현에 쉽게 적용되어질 수 있다. 아래의 그림은 단일 입력인 경우의 NOT 게이트로 동작하는 것을 기호로 표시한다.

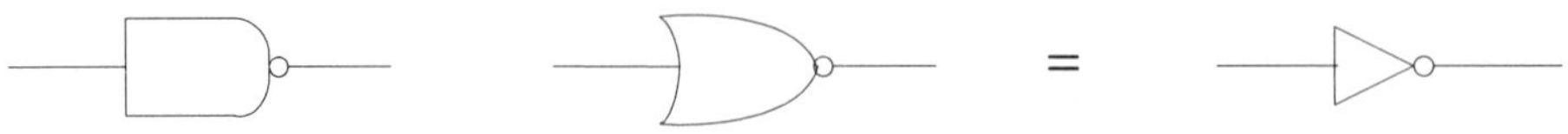

그림 2.5 단일 입력을 가지는 NAND 게이트와 NOR 게이트

다음은 부울 함수를 NAND 게이트로만 혹은 NOR 게이트들로만 구현하는 방법에 대하여 설명한다.

1) NAND 게이트로 구현하는 방법

앞에서는 논리 함수를 구현함에 있어서 AND, OR, NOT 등의 여러 논리 게이트들을 사용하였으나, 필요에 의해 하나의 게이트, 즉, NAND 혹은 NOR 게이트로만 구현할 필요가 있다. 여기서는 먼저 NAND 게이트로만 부울 함수를 구현하는 방법에 대하여 설명한다. NAND 게이트로만 구현하는 절차는 다음과 같다.

① 1단계 : 구현하고자 하는 부울 함수를 간단화된 곱의 합(Sum of Product : SOP) 형태로 표현한다. SOP 형태에서는 모든 항들이 민텀(minterm)으로 표현된다. xy 혹은 x'yz 등이 민텀의 예이다.

② 2단계 : 각각의 민텀들을 AND 게이트로 구현한다.

③ 3단계 : 모든 AND 게이트의 출력단을 모아 하나의 OR 게이트로 연결한다.

④ 4단계 : 모든 AND 게이트의 출력과 OR 게이트의 입력을 invert 시킨다. 이것은 어떤 변수의 역의 역은 자신 즉,

$$x = ((x'))'$$

이 성립하는 것에 기반을 둔다.

⑤ 5단계 : 마지막으로 앞에서 살펴보았던 invert−OR = NAND 임을 사용하여 NAND 게이트로 변환한다.

다음의 예를 통하여 NAND 게이트 회로로 부울 함수를 구현하는 것을 설명한다.

[예제 2.11]

아래의 함수 $F_1 = ab+cd+ef$ 와 $F_2 = F_1'$ 를 NAND 게이트로만 사용하여 구현하라.

<풀이>

함수 F_1은 3 개의 민텀 ab, cd, ef 으로 이루어졌다. 따라서 첫 번째 단계에서 각각의 민텀을 구현하는 3 개의 AND 게이트와 이들 3 개의 출력을 모으는 하나의 OR 게이트로 구현될 수 있다. 아래의 그림 2-6은 함수 F_1을 AND와 OR 게이트로 구현한 것이다.

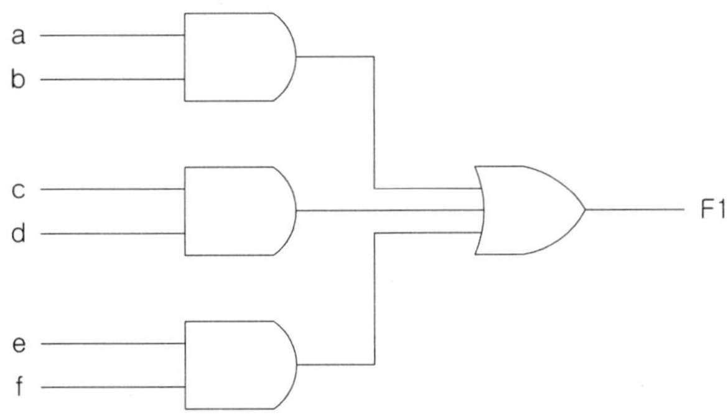

그림 2-6 부울 함수 F_1의 AND와 OR 게이트로의 구현

다음으로 위의 구현 방법 중 4 번째 단계를 통하여 AND 게이트의 출력을 invert 시킨다.

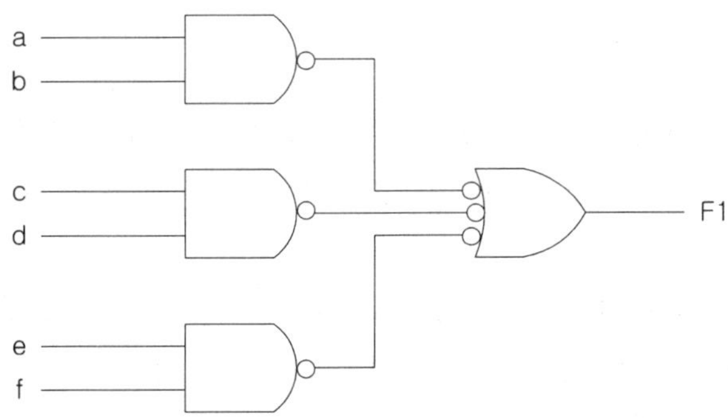

그림 2-7 부울 함수 F_1의 AND 게이트 출력을 invert시킴

끝으로 마지막 단계의 invert-OR를 NAND 게이트로 바꾸면 원하는 NAND 게이트로의 구현은 완성된다.

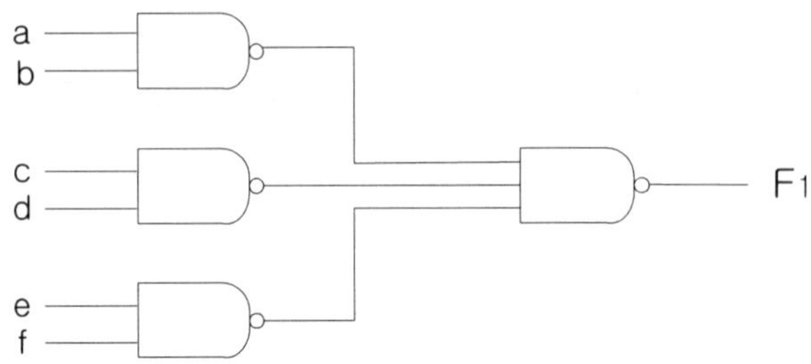

그림 2.8 함수 $F_1 = ab + cd + ef$ 의 NAND 게이트 구현

함수 F_2는 함수 F_1의 역(invert)이므로 F_1의 출력에 단일 입력을 가진 NAND 게이트를 더하면 된다. 따라서 함수 F_2는 다음과 같이 구현된다.

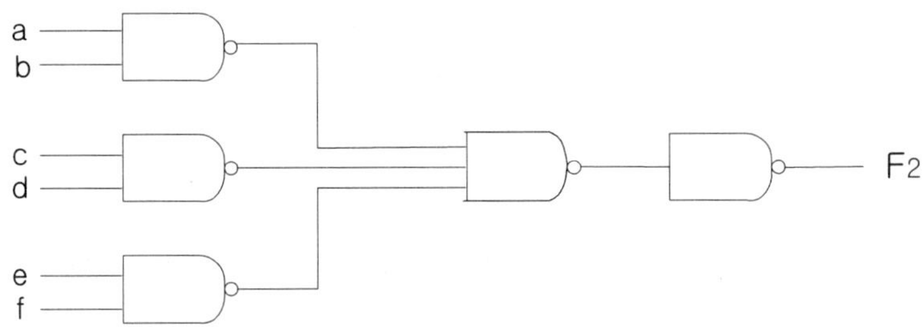

그림 2.9 함수 $F_2 = F_1'$ 의 NAND 게이트 구현

2) NOR 게이트로 구현하는 방법

부울 함수를 NOR 게이트로만 구현하는 것은 앞의 NAND 게이트로만 구현하는 것과 매우 비슷하다. NOR 게이트로만 부울 함수를 구현하는 절차는 다음과 같다.

① 1단계 : 구현하고자 하는 부울 함수를 간단화된 합의 곱(Product of Sum : POS) 형태로 표현한다. POS 형태로 표현된 각 항들은 맥스텀으로 표현된다. (x+y) 혹은 (x'+y+z') 등이 맥스텀의 예이다.
② 2단계 : 각각의 맥스텀들을 OR 게이트로 구현한다.
③ 3단계 : 모든 OR 게이트의 출력을 모아 하나의 AND 게이트로 연결한다.
④ 4단계 : 모든 OR 게이트의 출력과 AND 게이트의 입력을 invert 시킨다.
⑤ 5단계 : 마지막으로 앞에서 살펴보았던 invert－AND = NOR 임을 사용하여 마지

막 단의 invert−AND를 NOR 게이트로 바꿈으로 NOR 게이트로만 구현된다. 다음의 예를 통하여 NAND 게이트 회로로 함수를 구현하는 것을 설명한다.

[예제 2.12]

아래의 함수 $G_1 = (a+b)(c+d)(e+f)$ 와 $G_2 = G_1'$ 를 NOR 게이트로만 사용하여 구현하라.

<풀이>

함수 G_1 은 3 개의 맥스텀 *(a+b), (c+d),* 그리고 *(e+f)* 로 이루어졌다. 따라서 3 개의 OR 게이트와 하나의 AND 게이트로 구현될 수 있다. 아래의 그림은 부울 함수 G_1 의 NOR 게이트만으로 구현을 단계적으로 보여 준다.

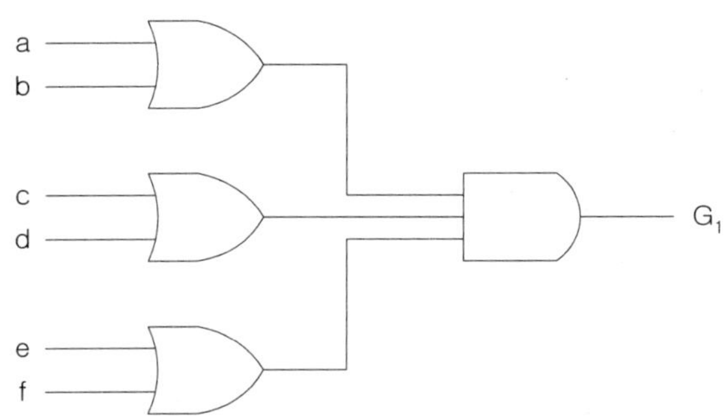

그림 2−10 부울함수 G_1 의 OR/AND 게이트로의 구현

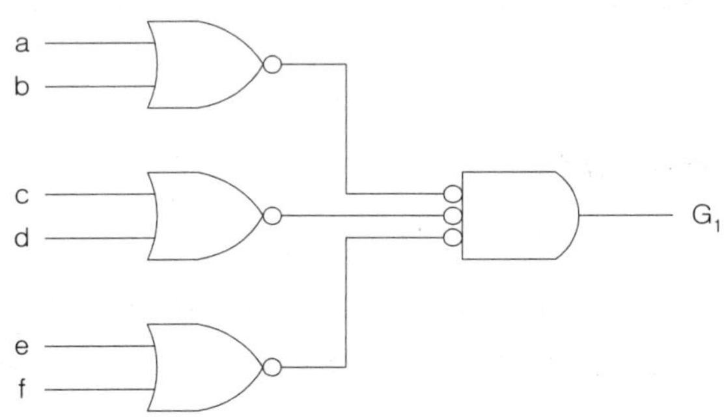

그림 2−11 부울함수 G_1 의 NOR 게이트로의 구현(1)

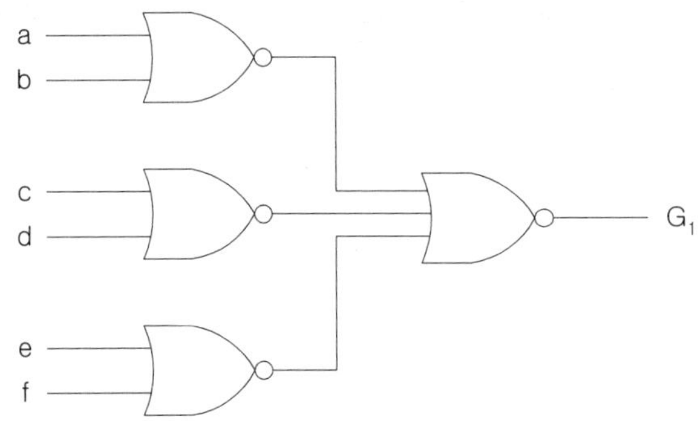

그림 2.12 함수 $G_1 = (a+b)(c+d)(e+f)$ 의 NOR 게이트 구현(2)

또한 함수 G_2는 함수 G_1의 역(invert)이므로 G_1의 출력에 단일 입력을 가진 NOR 게이트를 더하면 된다. 함수 G_2는 다음과 같이 구현된다.

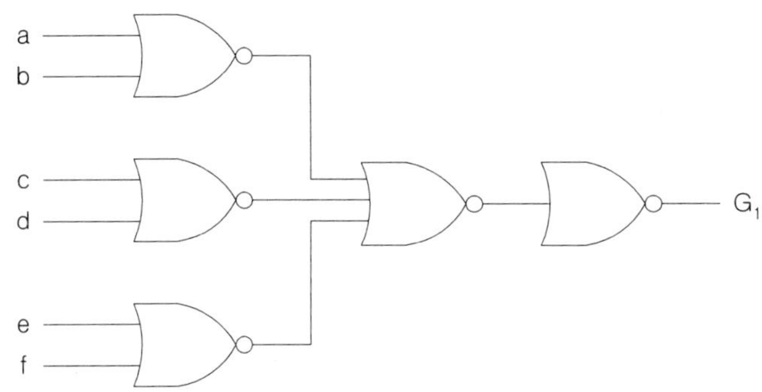

그림 2.13 함수 $G_2 = G_1'$ 의 NOR 게이트 구현

2.6 부울 함수의 표현

위에서 살펴 본 바와 같이 AND, OR, NOT 과 같은 논리 게이트들을 사용하여 부울 함수를 하드웨어로 구현할 수 있다. 그러나 주어진 부울 함수를 하드웨어로 구현하기 전에 먼저 함수를 간단히 한 후에 구현하면 동일한 기능을 가지는 부울 함수를 적은 수의 게이트로 구현할 수 있다. 이러한 하드웨어로의 구현을 간단하게 하기 위하여 부울 대수가 사용된다. 이처럼 함수를 간단히 하는 이유는 주어진 함수를 그대로 구현하

면 많은 게이트들이 필요하게 되고, 따라서 같은 함수를 구현함에 있어서 비용이 많이 들게 되기 때문이다. 앞에서 예로 들은 함수 f_1과 f_2를 그대로 구현하면 앞의 그림 2−4와 같다. 그러나 이들 함수를 미리 간략화하면 적은 게이트로 구현할 수 있다. 부울 함수 f_1과 f_2는 다음과 같이 간략화되어질 수 있다.

$$\begin{aligned} f_1 &= xy + x'z + yz = xy + x'z + yz(x+x') \\ &= xy + x'z + xyz + x'yz \\ &= xy(1+z) + x'z(1+y) \\ &= xy(1) + x'z(1) \\ &= xy + x'z \end{aligned}$$

$$\begin{aligned} f_2 &= x'y'z + x'yz + xy' = x'z(y'+y) + xy' \\ &= x'z(1) + xy' \\ &= x'z + xy' \end{aligned}$$

위의 간단화된 식으로부터 부울 함수 f_1과 f_2 모두 두 개의 민텀으로 구현되어짐을 알 수 있다. 따라서 간단화 되어지기 전에는 세 개의 AND 게이트와 하나의 OR 게이트로 구현되었지만, 함수의 간략화 이후에는 두 개의 AND 게이트와 하나의 OR 게이트로 구현이 가능하다. 따라서 하나의 AND 게이트를 절약할 수 있음을 알 수 있다. 간략화된 위의 함수 f_1과 f_2를 구현하면 다음과 같다.

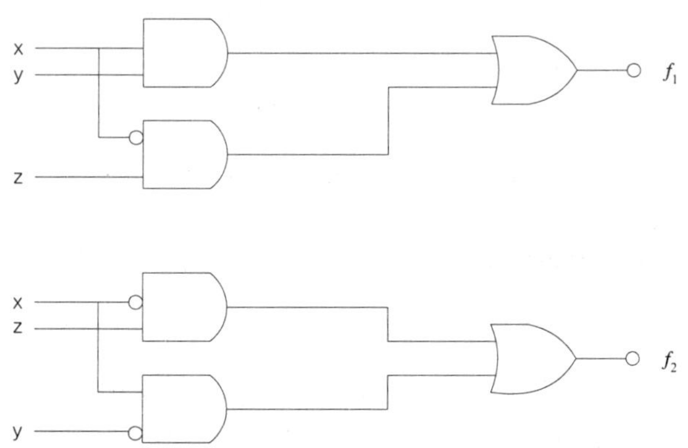

그림 2.14 간략화된 함수 f_1, f_2의 구현

그러나 부울 대수를 사용하여 부울 함수를 간략화 하는 과정에서 계산 오류 등으로 인한 휴먼 에러가 발생하기 쉽고, 또한 최종의 간략화 함수를 구하는데 어려움을 가질 수 있다. 따라서 부울 대수를 이용하여 간략화 하는 것보다 좀 더 간편하고 쉬운 함수 간략화 하는 방법이 요구된다. 따라서 이와 같은 부울 함수를 부울 대수를 이용하여 간략화 하는 방법이 아닌 좀 더 간단한 다른 방법인 K−MAP에 대하여 살펴보기로 한다.

1) 부울 함수의 표현

먼저 부울 함수의 필요에 따른 여러 가지 표현 방법에 대하여 설명하기로 한다.

이진 변수들은 두 개의 값 즉, 참인 "1"과 거짓인 "0" 값을 가진다. 예를 들어, 이진 변수 x는 참일 경우 *x*로 표현하고, 거짓인 경우 x'로 표현한다. 이러한 2진 변수들은 앞에서 살펴 본 바와 같이 AND 혹은 OR 연산 등으로 합할 수 있다. 앞에서도 설명되었지만 부울 함수를 간략히 하기 위한 몇 가지 용어 정의에 대하여 다시 한 번 살펴보면 다음과 같다.

- 곱항 혹은 민텀 : 곱항 혹은 민텀이란 2진 변수들의 논리곱을 말한다. xy, $xy'z$, $wxyz$ 등이 곱항의 예이다.
- 합항 혹은 맥스텀 : 합항 혹은 맥스텀이란 2진 변수들의 논리합을 말한다. $x+y$, $x+y'+z$, $w+x+y+z$ 등이 합항의 예이다.
- 곱의 합(Sum of Product : SOP) : 여러 곱항들의 논리합을 말한다. $xy + xy'z + wxyz$이 곱의 합 SOP의 예이다.
- 합의 곱(Product of Sum : POS) : 여러 합항들의 논리곱을 말한다. $(x+y)(x+y'+z)(w+x+y+z)$ 이 합의 곱 POS의 예이다.

n 개의 이진 변수들이 AND 혹은 OR 연산으로 합하여질 경우에 발생하는 경우의 수는 2^n 개가 된다. 이 때 AND 연산으로 이루어진 항들 즉, 곱항들을 **민텀**(minterm)이라 부르고, OR 연산으로 이루어진 항들 즉, 합항을 **맥스텀**(Maxterm)이라 부른다. 다음은 4개의 이진 변수 a, b, c, d로 이루어진 민텀들과 맥스텀들을 나타낸다.

표 2.8 4개의 2진 변수에 대한 민텀과 맥스텀

인덱스	이진 표현	민텀	맥스텀
0	0000	$a'b'c'd' = m_0$	$a+b+c+d = M_0$
1	0001	$a'b'c'd = m_1$	$a+b+c+d' = M_1$
2	0010	$a'b'cd' = m_2$	$a+b+c'+d = M_2$
3	0011	$a'b'cd = m_3$	$a+b+c'+d' = M_3$
4	0100	$a'bc'd' = m_4$	$a+b'+c+d = M_4$
5	0101	$a'bc'd = m_5$	$a+b'+c+d' = M_5$
6	0110	$a'bcd' = m_6$	$a+b'+c'+d = M_6$
7	0111	$a'bcd = m_7$	$a+b'+c'+d' = M_7$
8	1000	$ab'c'd' = m_8$	$a'+b+c+d = \mathrm{v}_8$
9	1001	$ab'c'd = m_9$	$a'+b+c+d' = M_9$
10	1010	$ab'cd' = m_{10}$	$a'+b+c'+d = M_{10}$
11	1011	$ab'cd = m_{11}$	$a'+b+c'+d' = M_{11}$
12	1100	$abc'd' = m_{12}$	$a'+b'+c+d = M_{12}$
13	1101	$abc'd = m_{13}$	$a'+b'+c+d' = M_{13}$
14	1110	$abcd' = m_{14}$	$a'+b'+c'+d = M_{14}$
15	1111	$abcd = m_{15}$	$a'+b'+c'+d' = M_{15}$

위의 표에서 보는 바와 같이 민텀을 표준곱(Standard product)이라고 부르며, m_0, m_1, m_2 등으로 표시한다. 즉,

$$a'b'c'd' = m_0,\ a'b'c'd = m_1,\ a'b'cd' = m_2 \text{ 이다.}$$

따라서 어떤 함수가 여러 개의 민텀의 합으로 표현되어질 때, 다음과 같이 간단히 표현될 수 있다.

$$f_1 = a'b'cd' + a'bcd + ab'cd' + abcd = m_2 + m_7 + m_{10} + m_{15}$$

한편, 맥스텀에 대한 표준합은 M_0, M_1, M_2 등으로 표시한다. 위의 테이블에서

$$a+b+c+d = M_0,\ a+b+c+d' = M_1,\ a+b+c'+d = M_2$$ 이다.

이러한 표현을 정형(canonical form)이라 부르는데, 정형 표현법으로 부울 함수는 다음과 같이 간단하게 표현될 수 있다.

$$f_1(a,b,c,d) = a'b'cd' + a'bcd + ab'cd' + abcd = m_2 + m_7 + m_{10} + m_{15} = \sum(2,7,10,15)$$
$$f_2(a, b, c, d) = (a+b+c+d')(a+b+c'+d)(a'+b'+c+d') = M_1 \cdot M_2 \cdot M_{13} = \prod(1, 2, 13)$$

이러한 정형의 표현법을 통하여 함수의 보수를 쉽게 구할 수 있다. 즉 드 모르간의 법칙에 따르면 민텀과 맥스텀은 다음과 같은 관계를 가짐을 알 수 있다.

$$m_i' = M_i$$

따라서 다음과 같은 관계식이 성립한다.

$$f_3 = (m_0 + m_3 + m_5)' = m_0' \cdot m_3' \cdot m_5' = M_0 \cdot M_3 \cdot M_5 = \Pi(0, 3, 5)$$
$$f_4 = \sum(2,4,5) = \Pi(0,1,3,6,7)$$

이처럼 정형을 사용하면 다음에 설명되어질 맵(Map) 방식에서 함수를 간략화 하는데 많은 편리함을 얻을 수 있을 뿐 만 아니라 보수 함수를 쉽게 구할 수 있다는 장점을 가진다.

다음에 설명되어질 맵(Map) 방식을 통한 부울 함수의 간략화 하는 목적과 그 원리를 이해하기 위하여 아래의 부울 함수를 살펴보기로 한다.

다음과 같은 3 개의 부울 함수 F_1, F_2, F_3에 대한 진리표(Truth Table)는 표 2.9와 같이 표현된다. 여기서 함수 F_1은 하나의 민텀으로, F_2과 F_3는 2 개의 민텀으로 이루어져 있다.

$$F_1 = xyz$$
$$F_2 = x + yz'$$
$$F_3 = x + z$$

표 2.9 함수 F_1 , F_2, F_3에 대한 진리표

x	y	z	F_1	F_2	F_3
0	0	0	0	0	0
0	0	1	0	0	1
0	1	0	0	1	0
0	1	1	0	0	1
1	0	0	0	1	1
1	0	1	0	1	1
1	1	0	0	1	1
1	1	1	1	1	1

위의 진리표에서 볼 수 있듯이 함수 F_1은 3 개의 변수 x, y, z가 참일 경우에만 출력 1의 값을 가지며, 다른 모든 경우에는 0 값을 가진다. 또한 함수 F_3는 3 변수의 값이 모두 0이거나, 혹은 $x=z=0$, $y=1$ 인 경우에만 0의 값을 가지고, 그 외의 모든 다른 경우에는 1의 값을 가진다. 또한 위의 진리표에서 볼 수 있듯이 함수 F_2는 이진변수 y와 z에 상관없이 x값이 1 인 경우에는 출력 1을 가진다. 즉, 이진 변수로 이루어진 네 개 민텀 대신에 하나의 민텀 x가 대신할 수 있다. 이러한 원리를 이용한 부울 함수의 간단화 하는 방법에 대하여 살펴보기로 한다.

2.7 부울 함수의 간략화

부울 함수의 간략화는 함수를 구현하는 논리 게이트의 사용을 줄이고, 간단히 하는데 매우 중요한 과정이다. 예를 들어, 어느 부울 함수 $x + xy$를 구현하려면 하나의 OR 게이트와 하나의 AND 게이트가 필요하다. 그러나 위의 함수를 간략화한 식 $x + xy = x(1+y) = x$은 게이트 사용이 필요없이 입력 x 하나로 출력함수를 대신할 수 있다.

이처럼 부울 함수를 간략화 하는 방법에는 앞에서 살펴본 부울 대수의 여러 공식에 의해 가능하지만, 계산 과정에 오류가 많이 발생할 수 있는 단점과 가장 간략화한 형태인지에 아는데 어려움을 가진다. 따라서 이러한 어려움을 없애고 시스템적으로 부울 함수를 간략화할 수 있는 방법에 대하여 고찰하기로 한다.

2.7.1 카노맵 방법(Kanaugh Map : K-Map)

1) 카노맵(K-Map)의 표현

카노맵 방식은 앞에서 구한 부울 대수의 공리적 정의에 따르지 않고 그래픽적으로 부울 함수를 간략화할 수 있는 방법이다. 이 방식은 카노맵(Karnaugh map) 방식이라고 부르는데, 여기서는 간단히 K-Map이라고 부르기로 한다.

K-Map에서 사용하는 여러 의미는 다음과 같다.

- K-Map에서 각 사각형(square)은 하나의 민텀(minterm)을 나타낸다.
- 이웃한 사각형은 하나의 변수만 다르다. 즉, xy 민텀과 xy' 민텀은 이웃한다.
- 패턴 인식을 통하여 그림을 통한 간략화를 구할 수 있다.

아래의 표는 2개의 이진 변수 x, y로 이루어진 K-Map에서의 각 민텀들을 나타낸다.

	y=0	y=1
x=0	x'y'	x'y
x=1	xy'	xy

그림 2-15 2변수의 K-Map

위의 2 변수 K-Map에 대한 10진수 인덱스는 아래의 그림과 같다.

	y=0	y=1
x=0	0	1
x=1	2	3

그림 2-16 2변수 K-Map에서의 인덱스

위의 그림에서 $x'y'$와 $x'y$는 y변수만 다르고, $x'y'$와 xy'는 x 변수만 다르다. 따라서 $x'y'$와 $x'y$ 두 항은 x'라는 하나의 항으로 묶여질 수 있다. 여기서 묶인다는 의미는 두 개의 민텀을 합한 것을 하나의 민텀으로 대표할 수 있다는 것을 말한다. 같은 방법으로 $x'y'$와 xy'은 y'라고 하는 하나의 항으로 묶여진다. 이처럼 K-Map에서는 서로 이웃한 항끼리 묶여져서 대표 항으로 표현할 수 있다. 위의 경우처럼 두 개의 항이 합하여 지는 경우에는 하나의 변수가 소거되어지고, 4개의 항이 합하여지면 3개의 변수가 소거된다.

아래의 그림은 3개의 변수와 4개의 변수로 이루어진 K－MAP을 보여 주고 있다.

	y=0 z=0	y=0 z=1	y=1 z=1	y=1 z=0
x=0	x'y'z'	x'y'z	x'yz	x'yz'
x=1	xy'z'	xy'z	xyz	xyz'

	y=0 z=0	y=0 z=1	y=1 z=1	y=1 z=0
w=0 x=0	w'x'y'z'	w'x'y'z	w'x'yz	w'x'yz
w=0 x=1	w'xy'z'	w'xy'z	w'xyz	w'xyz'
w=1 x=1	wxy'z'	wxy'z	wxyz	wxyz'
w=1 x=0	wx'y'z'	wx'y'z	wx'yz	wx'yz'

그림 2－17 3변수와 4변수의 K－Map

위의 4개의 변수로 이루어진 K－Map에서 다음을 알 수 있다.

- 하나의 변수로 이루어진 민텀은 8개의 민텀들의 합을 나타낸다.
- 두 개의 변수로 이루어진 민텀은 4개의 민텀들의 합을 나타낸다.
- 3 개의 변수로 이루어진 민텀은 2개의 민텀들의 합을 나타낸다.
- 4 개의 변수로 이루어진 민텀은 1개의 민텀을 나타낸다.

위에서의 설명을 다음의 예를 들어 보충 설명한다. 즉, 위의 4 개의 변수 w, x, y, z로 이루어진 함수에서 하나의 민텀 x의 의미는 다음과 같다.

$$x = w'xy'z' + w'xy'z + w'xyz' + w'xyz + wxy'z' + wxy'z + wxyz' + wxyz$$

즉, x 하나의 항은 위의 8개 민텀의 합을 나타낸다. 또한 민텀 xy는 다음과 같은 4개의 민텀 합으로 표현된다.

$$xy = w'xyz + w'xyz' + wxyz' + wxyz$$

따라서 K-Map에서 간략화 한다는 것은 인접한 민텀의 항들을 묶어서 변수를 소거하는 것이다.

K-Map을 이용하여 부울 함수를 간략화 하는 4단계는 다음과 같다.

2) K-Map을 이용한 부울 함수를 간략화 하는 4단계

① 1단계 : 진리표 혹은 민텀의 합으로 표현된 식으로부터 시작한다.

예) $f(x,y,z) = x'y'z' + x'y'z + xyz + xyz'$

② 2단계 : 위의 표현식을 K-Map 상에서 표현한다.

[예제 2.13]

위의 함수는 3 변수의 함수이므로, 세 변수의 K-Map을 만든다.

	y=0 z=0	y=0 z=1	y=1 z=1	y=1 z=0
x=0	1	1	0	0
x=1	0	0	1	1

③ 3단계 : 인접한 이웃 사각형 그룹으로 묶는다.

	y=0 z=0	y=0 z=1	y=1 z=1	y=1 z=0
x=0	1	1	0	0
x=1	0	0	1	1

위의 그림에서 두 개의 민텀을 묶을 수 있는 두 개의 그룹이 형성된다.

④ 4단계 : 각 그룹을 하나의 민텀으로 표현한다.

위의 두 개의 그룹은 각각 x'y'와 xy 두 개의 민텀으로 묶인다. 따라서 f(x,y,z)는 다음과 같이 간략화 된다.

$$f(x,y,z) = x'y' + xy$$

그러나 K−Map을 사용하여 부울 함수를 간략히 함에 있어 여러 가지 방법으로 인접한 민텀들에 대한 그룹을 만들 수 있다. 다음과 같은 사항을 고려하면 최선의 간략화된 함수를 얻을 수 있다.

- 하나의 그룹은 하나의 민텀을 나타내므로 가능한 한 가장 적은 수의 그룹이 나오도록 묶는다.
- 묶여지는 그룹을 가능한 한 크게 하여 민텀의 변수를 줄인다.

위의 방식을 통하여 가장 적절한 간략화된, 최소화된 부울 함수를 얻을 수 있다.

[예제 2.14]

다음의 함수를 K−Map을 이용하여 간단히 하라.

$$f_1 = f(x,y,z)=\Sigma(0,1,2,3)$$

<풀이>

위의 함수는 3변수의 함수이다. 이 함수에 대한 K−Map은 다음과 같다.

표 2−10 3 변수 K−Map의 예

	y=0 z=0	y=0 z=1	y=1 z=1	y=1 z=0
x=0	1	1	1	1
x=1				

위의 함수는 4 개의 인접 민텀들을 하나로 묶을 수가 있다.
따라서 $f_1 = x'$임을 알 수 있다.

[예제 2.15]

함수 $f_2(w,x,y,z) = \sum (0,2,5,7,8,10,13,15)$를 K−Map을 사용하여 간략화 하라.

<풀이>

위의 함수는 4 변수 함수이다. 이 함수에 대한 K−Map은 다음과 같다.

	y=0 z=0	y=0 z=1	y=1 z=1	y=1 z=0
w=0 x=0	1			1
w=0 x=1		1	1	
w=1 x=1		1	1	
w=1 x=0	1			1

그림 2−18 함수 f2(w,x,y,z)의 K−Map

따라서 위의 함수는 두 개의 민텀 xz와 $x'z'$으로 묶여질 수 있다.
$f_2 = xz + x'z'$ 임을 알 수 있다.

아래의 그림 2-19는 4 개의 민텀이 묶여지는 예를 보여 준다.

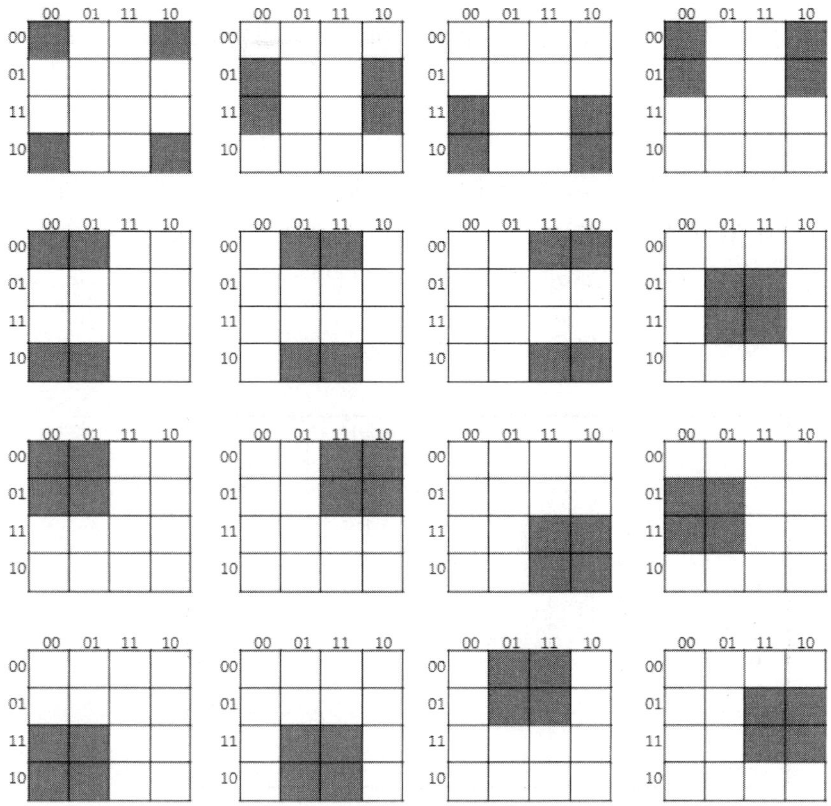

그림 2-19 4개의 민텀이 묶여지는 예

또한 아래의 그림 2-20은 8개의 민텀이 묶여지는 예를 보여 준다.

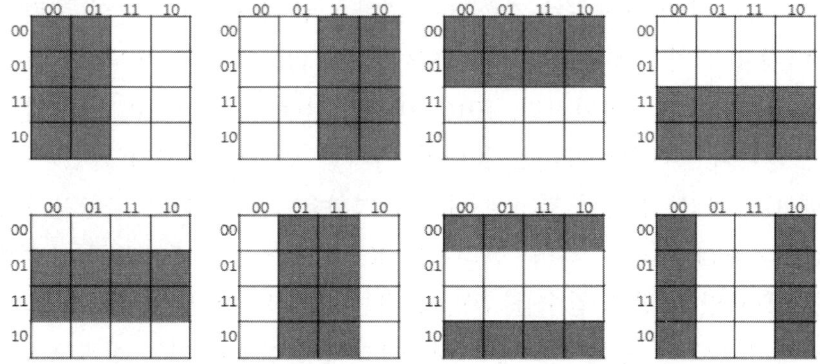

그림 2-20 8개의 민텀이 묶여지는 예

[예제 2.16]

함수 $f_1(w,x,y,z) = \sum(1,3,4,6,9,11,12,14)$을 K-map을 이용하여 간단히 하라.

<풀이>

위의 함수는 4 변수의 함수이므로 4 변수의 K-Map으로 표현하면 다음과 같다. 위의 함수는 그림과 같이 4 개의 민텀을 하나로 하는 두 개의 항으로 묶여질 수 있다. 따라서 간략화된 함수는 다음과 같이 표현된다.

$$f_1(w,x,y,z) = x'z + xz'$$

	y=0 z=0	y=0 z=1	y=1 z=1	y=1 z=0
w=0 x=0		1	1	
w=0 x=1	1			1
w=1 x=1	1			1
w=1 x=0		1	1	

xz′

x′z

그림 2-21 예제 함수 f(w,x,y,z)에 대한 K-Map의 표현

3) 무관조건(Don't Care)을 가지는 함수의 최소화 방식

어떤 회로나 진리표에서 입력변수가 결합되는 조합은 존재하지만 그들의 출력은 실재 출력 결과에 영향을 끼치지 못하거나 실재 일어날 수 없는 경우도 있다. 예를 들면, BCD 코드인 경우 4 비트로 표현되지만, 1010, 1011, 1100, 1101, 1110, 1111의 6 개 민텀은 존재하지 않는다. 따라서 이들은 출력에 어떠한 영향도 미치지 않는다. 이와 같이 입력 변수에 대하여 실재 출력 결과에 아무런 영향을 미치지 않는 조합을 **무관조건 항(don't care condition)**이라고 하며, 진리표나 K-Map에서 d 혹은 x로 표현한다. 이러한 무관조건 항이 있을 경우 함수를 간단히 하는 방법은 간단하다. 즉, 논리식을 간단히 하는 경우에 무관조건 항이 있으면 그것은 1이나 혹은 0의 어느 것과도 관계가 없으므로 유리한 쪽으로 사용한다. 예를 들어, 무관 항을 사용하여 다른 항과 묶여질

경우에는 1로 사용하고, 묶이지 않는 경우에는 0로 사용한다.

조합논리에서 무관항의 사용과 결정에 대한 절차는 다음과 같다.

① 입/출력 관계를 진리표로 만든다.

② 모든 입력의 조합이 출력을 산출하는데 사용되었는지를 확인한다.
   - 모두 사용되었다면, 무관 항은 존재하지 않는다.
   - 남는 입력변수의 조합이 있다면, 그것은 무관 항이 된다.

③ 무관 항이 확인되면, K-Map에 별도의 심볼(*x* 혹은 *d*)을 사용하여 다른 민텀 혹은 맥스텀과 혼동되지 않도록 한다.

④ 무관 항이 민텀을 포함하도록 하여, 가능한 한 큰 필수 항 그룹을 만든다.

⑤ 무관 항들은 출력함수에 사용되지 않으므로 따로 묶지 않는다.

[예제 2.17]

무관 항을 포함하는 다음 f(w,x,y,z)를 K-Map을 이용하여 간단히 하라.

$$f_2(w,x,y,z) = \Sigma(0,3,4,7,8) + \Sigma\, d(10,11,12,13,14,15)$$

<풀이>

무관 항을 포함하는 위의 함수 $f(w,x,y,z)$의 K-Map 표현은 아래의 그림과 같다.

	y=0 z=0	y=0 z=1	y=1 z=1	y=1 z=0
w=0 x=0	1		1	
w=0 x=1	1		1	
w=1 x=1	d	d	d	d
w=1 x=0	1		d	d

y'z' yz

그림 2-22 함수 f_2(w,x,y,z)의 K-Map 표현

따라서 무관 항을 포함하는 함수 $f_2(w,x,y,z)$의 간단화된 표현은 다음과 같다.

$$f_2(w,x,y,z) = yz + y'z'$$

2.7.2 퀸 맥클러스키(Quine-McCluskey) 방식

앞에서 살펴 본 K-Map 방식은 적은 변수를 가진 응용에서는 매우 효율적이나, 변수가 많은 경우에는 간략화 하는데 많은 어려움이 있다. 즉, K-Map은 패턴 인식을 통한 간략화 방식이므로 변수가 많아질 경우에는 쉽게 인식할 수가 없다. 따라서 변수가 많을 경우에 유용한, 테이블 방식(Table Method)이라고도 하는 퀸 맥클러스키(Quine-McCluskey) 방식에 대하여 살펴보기로 한다. 이후에는 이 방식을 Q-M 방식이라 명명하기로 한다.

Q-M 방식의 기본은 위의 K-Map 방식에서 설명하였듯이 인접한 이웃끼리는 하나의 비트만이 차이가 난다는 것에 기반을 둔다. 따라서 어떤 두 민텀의 1의 개수가 두 개 이상 차이가 나는 경우에 두 민텀은 합하여질 수 없다. 예를 들어, 두 변수의 민텀 xy와 $x'y$은 1의 개수가 각각 두 개와 한 개이므로 묶일 가능성이 있지만 xy와 $x'y'$는 1의 개수가 각각 두 개와 0 개이므로, 이 두 민텀은 묶여서 하나의 민텀으로 표현되어질 수 없다. 이러한 기본을 바탕으로 Q-M 방식에서의 부울 함수를 간략화 하는 순서는 다음과 같다.

① 민텀의 테이블로부터 시작한다. 즉, 모든 민텀들을 나열한다.
② 1의 개수에 따라 각 그룹으로 나눈다.
③ 그룹 중에 위의 그룹과 아래의 그룹에 속하는 모든 민텀끼리 비교한다.
④ 비교된 두 민텀들을 커버(cover)하는 민텀을 묶어서 다른 리스트를 만든다.
⑤ 새롭게 만들어진 리스트의 민텀끼리 비교하여 커버되는 민텀들로 또 다른 새로운 리스트를 만든다.
⑥ 위의 ③과 ④ 과정을 반복한다.

다음과 같은 예제를 통하여 Q-M 방법을 설명한다. 다음의 부울 함수식을 Q-M 방식을 통하여 간단히 하라.

$$f(\mathrm{w,x,y,z}) = \sum(0,1,2,3,6,7,8,9,14,15)$$

주어진 위의 함수의 민텀들을 1의 갯수대로 그룹으로 다시 정리하면 다음과 같다.

표 2-11 함수 $f(w,x,y,z)$에 대한 Q-M 테이블

그 룹	민텀	새로운 리스트	새로운 리스트	
0	0 √	(0,1)1 √ (0,2)2 √ (0,8)8 √	(0,1,2,3)1,2 (0,1,8,9)1,8	
1	1 √ 2 √ 8 √	(1,3)2 √ (1,9)8 √ (2,3)1 √ (2,6)4 √ (8,9)1 √	(2,3,6,7)1,4	
2	3 √ 6 √ 9 √	(3,7)4 √ (6,7)1 √ (6,14)8 √	(6,7,14,15) 1,8	
3	7 √ 14 √	(7,15)8 √ (14,15)1 √		
4	15 √			

위의 표에서 인접해 있는 두 그룹에 있는 민텀끼리 비교한다. 여기서 커버(cover) 한다는 말은 K-Map에서 서로 묶이는 것과 같은 이치이다. 두 민텀이 묶이기 위해서는 두 수의 차이가 1, 2, 4, 8, 16 이어야 한다. 이것은 이진수에서 각 비트들의 가중치가 바로 1, 2, 4, 8, 16이기 때문이다. 즉, 비교되는 두 수가 가장 하위 비트에서 차이가 나면, 두 수의 차이는 1이다. 또 하위 두 번째 비트에서 차이가 난다면 두 수의 차이는 2이다.

두 수의 비교에서 커버되어 오른쪽에 새로운 리스트를 만들게 되면, 커버되는 두 항의 오른쪽에 마크(√) 함으로 그 민텀들이 커버되었음을 확인한다. 최종까지 커버되지 않는 항은 더 이상 간략화되어지지 않는 항이다. 새로운 리스트를 만들 때 괄호 안에 커버되는 두 항과 괄호 밖에 두 수의 차이가 나는 비트의 위치를 써 넣는다.

새롭게 만들어진 리스트의 서로 다른 그룹끼리 앞에서와 같은 방법으로 비교하여 커버되는 항들을 선택하다. 이 때 괄호 밖의 수가 같은 항들만 비교한다. 괄호 밖의 수

가 다른 수는 적어도 두 개 이상 비트가 서로 다르다는 것을 의미한다.

이러한 방법으로 더 이상 커버되는 항이 없을 때까지 계속된다. 위의 예제에서 최종적으로 4 개의 항 (0,1,2,3), (0,1,8,9), (2,3,6,7), (6,7,14,15)을 얻는다. 이 4 개의 항이 나타내는 대표적인 민텀들은 다음과 같다.

- (0,1,2,3) → $w'x'$
- (0,1,8,9) → $x'y'$
- (2,3,6,7) → $w'y$
- (6,7,14,15) → xy

이러한 4 개의 항 각각이 커버하는 민텀들을 아래의 표 2−12에서 보여 준다. 아래의 표를 PI(Prime Implicants) 표라 하는데, 이는 간소화된 함수에 포함될 모든 항을 말한다.

표 2−12 함수 $f(w,x,y,z)$에 대한 PI 표

10진수	민텀									
	0	1	2	3	6	7	8	9	14	15
0, 1, 2, 3	x	x	x	x						
0, 1, 8, 9	x	x					x	x		
2, 3, 6, 7			x	x	x	x				
6, 7, 14, 15						x	x		x	x

위의 표에서 보면, 민텀 8, 9, 14, 15는 각각 (0,1,8,9) 항과 (6,7,14,15) 만이 커버한다. 따라서 이 두 항은 반드시 필요하다. 이 두 항에서 커버되지 않는 민텀들은 2와 3 인데 이 두 민텀은 (0,1,2,3) 혹은 (2,3,6,7) 두 항이 커버한다. 따라서 두 항 모두 필요하지 않고 두 항 중에 임으로 하나를 선택하면 된다.

따라서 위의 예제에서 최종적으로 간략화된 함수는 다음과 같다.

$$f(\mathrm{w,x,y,z}) = x'y' + xy + w'x' (\text{혹은 } w'y)$$

2.8 조합논리 회로

디지털 시스템 회로는 크게 조합논리(combinatorial Logic) 회로와 순차논리(Sequence Logic) 회로로 구분된다. 여기서 조합논리 회로란 현재 시스템의 상태와는 상관없이 현재 입력들의 조합으로만 출력이 결정되어지는 회로를 말한다. 이에 반해서 순차논리 회로란 현재 시스템의 상태와 입력 변수들의 조합에 의해 출력이 결정되어지는 회로를 말한다. 아래의 그림 2-23은 조합 논리회로의 블록도를 보여 준다.

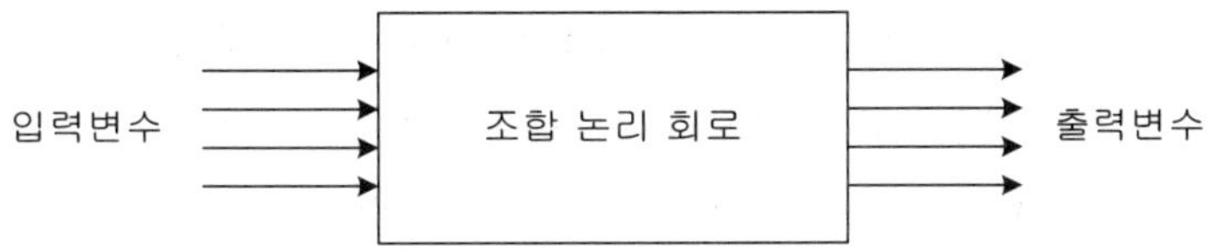

그림 2-23 조합논리 회로 블록도

조합논리회로는 앞에서 설명되었던 여러 논리 게이트들을 사용하여 구현할 수 있다. 조합논리 회로를 설계하는 과정은 다음과 같다.

① 구현하고자 하는 문제를 기술한다.
② 필요한 입력 변수와 출력 변수를 결정한다.
③ 입력변수와 출력변수를 사용하여 진리표를 만든다.
④ 각 출력 함수에 대한 간단화된 식을 구한다.
⑤ 필요한 게이트를 사용하여 함수를 구현한다.

뿐만 아니라, 이 외에도 논리회로를 설계하는데 있어서 다음과 같은 사항들을 고려해야 한다.

- 가장 적은 수의 게이트 사용
- 게이트의 가장 적은 입력
- 회로를 통과하는 최소의 전파지연 시간
- 가장 적은 수의 상호 연결하는 게이트
- 사용되어지는 각 게이트들의 동작 특성

본 절에서는 컴퓨터 시스템에서 많이 사용되어지고 있는 여러 조합논리회로들 중에서 가산기(adder), 복호기(decoder), 부호기(encoder), 멀티플렉서(multiplexer) 등에 대하여 설명한다.

2.8.1 가산기(adder)

가산기는 컴퓨터 시스템에서 가장 많이 사용되어지고 기본이 되는 조합논리 회로이다. 가산기에는 두 개의 입력 변수 뿐만 아니라 자리 올림수인 캐리(carry)를 고려한 세 개의 비트의 덧셈을 수행하는 전가산기(full adder)와 캐리를 생각하지 않고 두 개의 입력만을 더하는 반가산기(half adder)가 있다. 한편 가산기의 출력으로는 합(Sum)과 캐리(C)가 있다. 아래의 표는 반가산기의 진리표이다.

표 2-13 반가산기의 진리표

입 력		출 력	
x	y	S	C
0	0	0	0
0	1	1	0
1	0	1	0
1	1	0	1

위의 진리표에 볼 수 있듯이 두 개의 출력 합과 캐리는 다음과 같은 함수로 표현된다.

$$S = x'y + xy'$$
$$C = xy$$

위의 출력 합과 캐리에 대한 논리식은 아래의 여러 형식으로 표현되어질 수 있다.

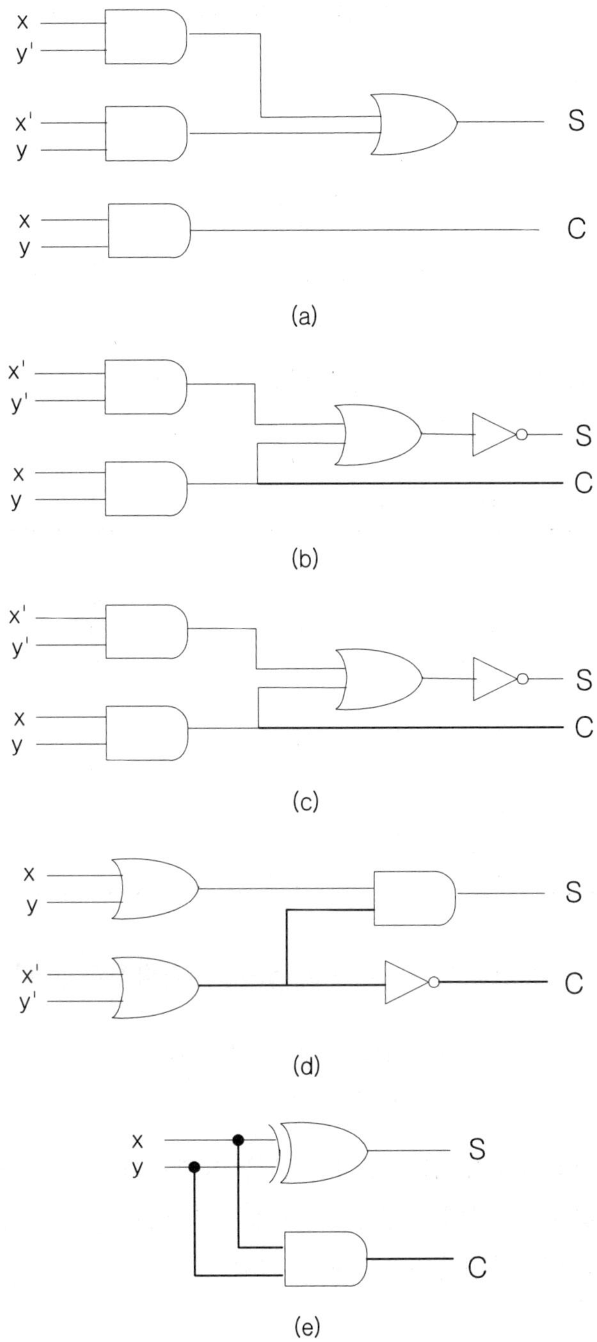

그림 2-24 반가산기의 여러 구현 방법들

위의 그림 2−24에서는 반가산기의 Sum과 Carry 에 대한 다음의 등가식들을 구현한 것이다.

(a) $S = x'y + xy'$, $C = xy$
(b) $S = (x+y)(x'+y')$, $C = (x'+y')'$
(c) $S = (C + x'y')'$, $C = xy$
(d) $S = (x+y)(x'+y')$, $C = (x'+y')'$
(e) $S = x \oplus y$, $C = xy$

한편 전가산기는 캐리 비트를 포함한 3 비트의 입력으로 이루어진다. 아래의 표 2−14는 전가산기의 진리표를 설명한다.

표 2−14 전가산기의 진리표

입 력			출 력	
x	y	z	C	S
0	0	0	0	0
0	0	1	0	1
0	1	0	0	1
0	1	1	1	0
1	0	0	0	1
1	0	1	1	0
1	1	0	1	0
1	1	1	1	1

전가산기의 출력 합과 캐리에 대한 부울 함수를 간략화하면 다음과 같다.

$$S = x'y'z + x'yz' + xy'z' + xyz$$
$$C = xy + xz + yz$$

위의 전가산기에 대한 부울 함수에 적절한 논리회로의 구현도 앞에서 설명되었던 반가산기의 경우처럼 여러 형태로 구현할 수 있지만, 아래의 그림 2−25은 XOR 게이트를 사용한 전가산기의 구현을 보여 주고 있다.

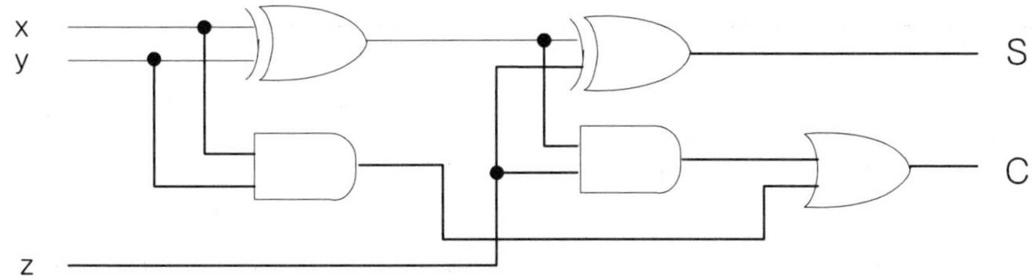

그림 2-25 XOR 게이트를 사용한 전가산기의 회로도

전가산기를 이용하여 비트로 이루어진 두 개의 2진수를 더하는 2진 병렬가산기를 구현할 수 있다. 아래의 그림 2-26는 4 개의 전가산기(Full Adder : FA) 회로로 구성된 4-비트 2진 병렬가산기이다. 가수 A의 비트들과 피가수 B의 비트, 그리고 오른쪽으로부터 들어오는 캐리가 FA의 입력이 되고, FA의 출력은 각각 C와 S이다.

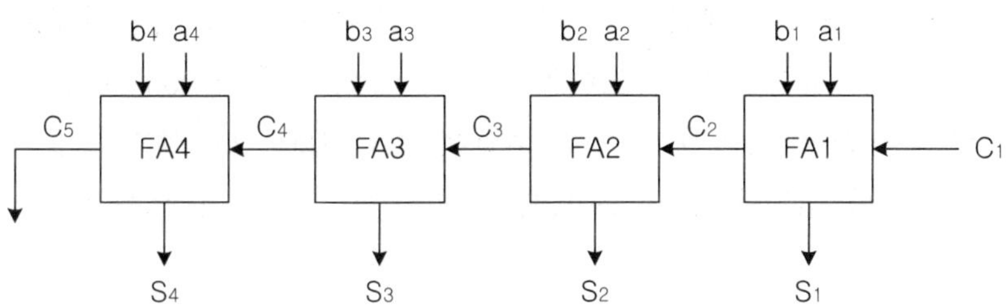

그림 2-26 FA로 구성된 4-비트 전가산기

따라서 n-비트 병렬가산기는 n개의 전가산기를 필요로 한다.

2.8.2 복호기(Decoder)

n 비트로 이루어진 2진 코드는 2^n개의 서로 다른 정보를 표현할 수 있음은 앞에서 설명되었다. 복호기 혹은 디코더(Decoder)는 입력선에 나타나는 n 비트의 2 진 코드를 최대 2^n개의 서로 다른 정보로 바꾸어 주는 조합논리 회로이다. n 개의 입력과 m 개의 출력선으로 이루어진 복호기를 $n \times m$ 복호기라 부른다. 아래의 표는 3×8 복호기에 대한 진리표를 보여 준다. 3×8 복호기는 3 개의 입력선과 8 개의 출력선으로 이루어진다.

표 2-15 3×8 복호기에 대한 진리표

입력			출력							
x	y	w	D_0	D_1	D_2	D_3	D_4	D_5	D_6	D_7
0	0	0	1	0	0	0	0	0	0	0
0	0	1	0	1	0	0	0	0	0	0
0	1	0	0	0	1	0	0	0	0	0
0	1	1	0	0	0	1	0	0	0	0
1	0	0	0	0	0	0	1	0	0	0
1	0	1	0	0	0	0	0	1	0	0
1	1	0	0	0	0	0	0	0	1	0
1	1	1	0	0	0	0	0	0	0	1

만약 적은 수의 입력을 가지는 디코더를 이용하여 더 큰 입력의 디코더를 구성하기 위해서는 추가적으로 Enable 선이 필요하다. 아래의 그림 2-27는 2×4 디코더를 이용해서 4×8 디코더를 구성한 예이다. 그림에서 볼 수 있듯이 w 입력이 Enable 선으로 동작하는데, w=0이면 위의 있는 디코더가 동작 가능하여 출력 000~011 까지 얻을 수 있고, w=1이면 아래의 디코더가 동작 가능하여 출력 100~111까지 얻을 수 있다. 이 예에서 볼 수 있듯이 입력은 x, y, w이고, 출력은 D_0~D_7까지 모두 8 개다.

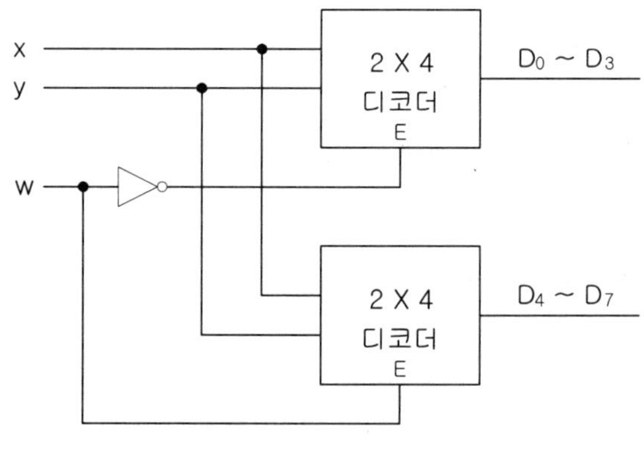

그림 2-27 2 개의 2x4 디코더로 구성된 3x8 디코더

2.8.3 인코더(부호기)

인코더(Encoder)는 디코더의 역연산을 수행하는 디지털 논리회로이다. 즉, 인코더는 디코더와는 반대로 2^n 개 이하의 입력선과 n 개의 출력선으로 이루어진 조합논리회로이다. 따라서 위의 복호기 진리표에서 입력 x, y, w는 출력선으로, 반대로 출력선 D_0~D_7 입력선으로 바꾸면 인코더 기능을 수행할 수 있다. 아래 그림 2-28은 전형적인 인코더를 보여 준다.

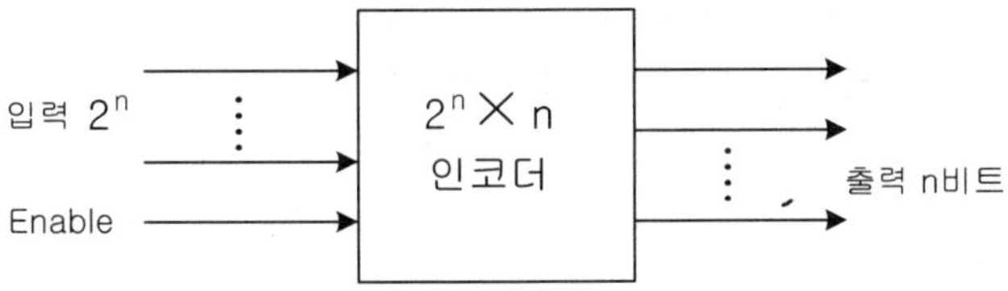

그림 2-28 전형적인 인코더

2.8.4 멀티플렉서(Multiplexer)

1) 멀티플렉서의 표현

멀티플렉서는 여러 개의 입력을 받아서 그 중에 하나를 선택하여 출력으로 내 보내는 회로를 말한다. 일반적으로 $2^n \times 1$ 멀티플렉서의 구성은 $n \times 2^n$ 디코더에 2^n 개의 입력선을 첨가하여 만든다. 아래의 그림 2-29은 2-to-1 멀티플렉서를 보여 준다.

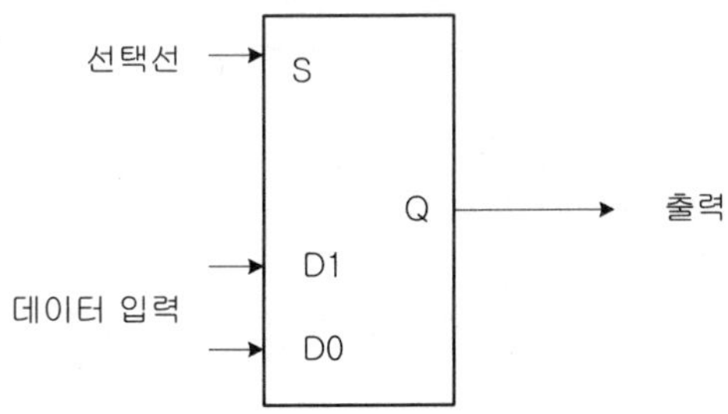

그림 2-29 2-to-1 멀티플렉서

위의 그림에 나타난 2-to-1 멀티플렉서는 다음과 같이 동작한다. 선택 입력 S의 값에 따라 출력은 다르게 된다. 즉,

- S가 0이면 출력은 입력인 D_0이다
- S가 1이면 출력은 입력인 D_1이다.

위의 2−to−1 멀티플렉서 출력에 대한 부울 함수는 다음과 같다.

$$Q = S'D_0 + SD_1$$

또한 위의 멀티플렉서에 대한 진리표를 구하면 아래의 표 2−16과 같다.

표 2−16 2−to−1 멀티플렉서의 진리표

S	D1	D0	Q
0	0	0	0
0	0	1	1
0	1	0	0
0	1	1	1
1	0	0	0
1	0	1	0
1	1	0	1
1	1	1	1

한편 위의 멀티플렉서에 “Enable” 입력을 사용하여 이 멀티플렉서를 동작시키거나 혹은 동작시키지 않을 수도 있게 구현할 수 있다. 아래의 그림 2−30에서 보는 바와 같이 “Enable” 입력이 0이면 멀티플렉서의 출력은 “0”이고, “Enable” 입력이 1이면 멀티플렉서의 출력은 원래의 멀티플렉서로 동작한다.

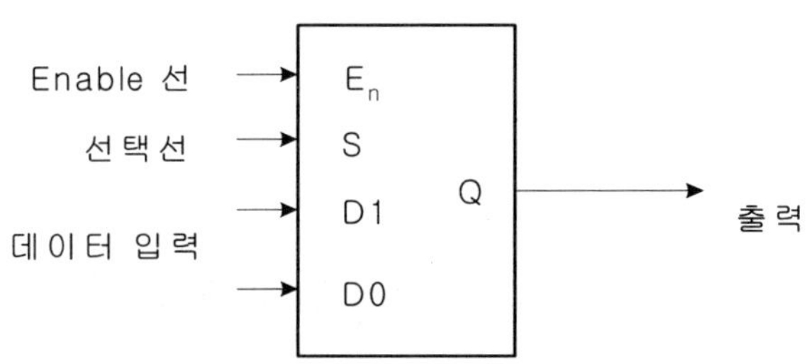

그림 2−30 Enable 입력을 가지는 2−to−1 멀티플렉서

아래의 그림 2−31은 4×1 멀티플렉서의 진리표와 블록선도를 보여 준다. 그림에서는 두 개의 선택 신호 S_1과 S_2를 사용하여 4 개의 입력 중에 하나의 출력을 선택한다. 즉, 두 선택 입력이 00이면 입력 I_0가 출력되어지고, 11이면 입력 I_3가 출력된다.

S_1	S_2	Q
0	0	I_0
0	1	I_1
1	0	I_2
1	1	I_3

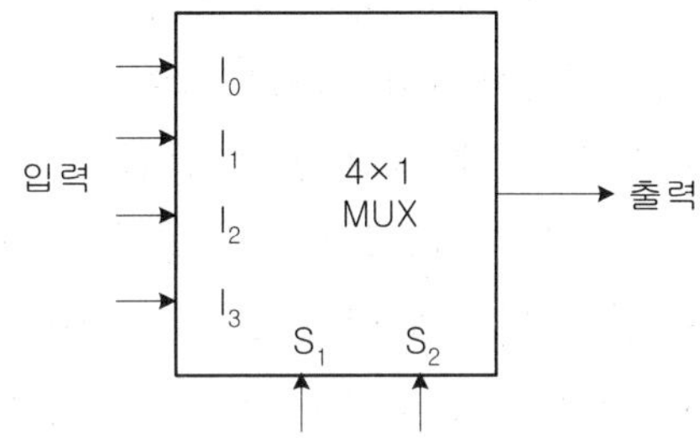

그림 2−31 4 × 1 멀티플렉서의 블록도와 진리표

2) 멀티플렉서를 사용한 부울 함수의 구현

멀티플렉서를 사용하여 부울 함수를 구현하는 것은 디코더나 혹은 다른 게이트들을 사용하여 구현하는 것과 같이 가능하다. 멀티플렉서를 사용하여 부울 함수를 구현하는 방법은 다음과 같다.

$n+1$개의 변수를 가진 부울 함수에서 n개의 변수는 멀티플렉서의 선택선과 연결하고, 나머지 하나의 변수는 멀티플렉서의 입력으로 사용한다. 이 나머지 하나의 변수가 A라면, 멀티플렉서의 입력은 A, A', 1, 0가 된다. 이 방법으로 $n+1$개의 변수를 가진 함수를 $2^n \times 1$ 멀티플렉서로 실현하는 것이 가능하다. 아래의 예를 통하여 부울 함수를 구현하는 방법에 대해 설명한다.

함수 $F(A,B,C,D) = \sum(0,1,3,4,5,10,11,15)$을 멀티플렉서를 이용하여 구현하는 절차는 다음과 같다.

① 위의 함수는 4 개의 변수로 이루어진 함수이므로, 3 개의 선택선과 8 개의 입력을 가진 멀티플렉서가 필요하다. 여기서 변수 B, C, D는 선택선으로, 나머지 변수 A는 멀티플렉서의 입력으로 사용한다. 그러나 입력 변수는 임의로 선택하여 사용할 수 있다.

② 구현 테이블(implementation table)을 만든다.
구현 테이블에서 입력 변수는 홀수 민텀에는 보수로 표현하고, 짝수 민텀에는 그대로 사용한다.

③ 구현하려는 민텀에 대하여 구현 테이블에서 O으로 표시한다. 이 때

- 만일 열에 속하는 두 민텀이 둘 다 원으로 표시되어 있으면, 그 열에 대응하는 멀티플렉서의 입력은 1이다.
- 만일 열에 속하는 두 민텀이 둘 다 원으로 표시되어 있지 않으면, 그 열에 대응하는 멀티플렉서의 입력은 0이다.
- 만일 위의 민텀만 원으로 되어 있으면, 대응하는 멀티플렉서의 입력은 *A*이다.
- 만일 아래의 민텀만 원으로 되어 있으면, 대응하는 멀티플렉서의 입력은 *A*'이다.

	I_0	I_1	I_2	I_3	I_4	I_5	I_6	I_7
A'	⓪	①	2	③	④	⑤	6	7
A	8	9	⑩	⑪	12	13	14	⑮
	A'	A'	A	1	A'	A'	0	A

그림 2-32 함수 $F(A,B,C,D)=\sum(0,1,3,4,5,10,11,15)$ **에 대한 구현 표(1)**

아래 그림 2-33은 위에서 구한 구현표에 따르는 회로이다.

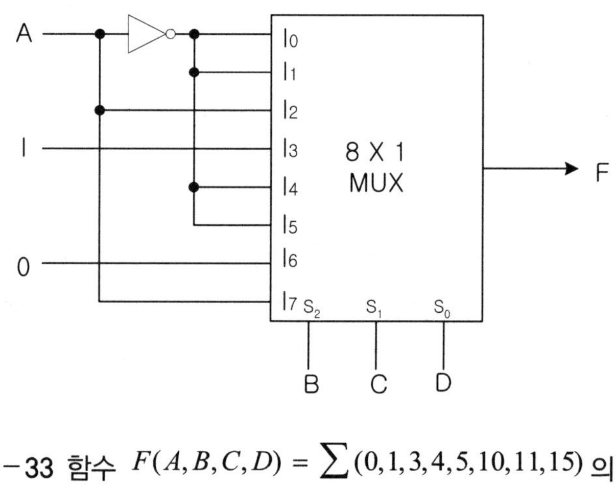

그림 2-33 함수 $F(A,B,C,D)=\sum(0,1,3,4,5,10,11,15)$ **의 구현(1)**

위의 예제에서는 선택선으로 *B*, *C*, *D*를 사용하였고, 멀티플렉서의 입력으로 변수 A를 사용하였다. 그러나 선택선과 입력 변수를 바꾸어 구현할 수 있다 그러나 이런 경우에 구현표는 다르게 구현된다. 예를 들어, 위의 함수 $F(A,B,C,D)$ 를 구현할 때, 입력 변수로 *D*를 사용하고, 나머지 *A*, *B*, *C*를 선택선으로 사용할 경우 구현표는 다음과 같다.

	I_0	I_1	I_2	I_3	I_4	I_5	I_6	I_7
D'	(0)	2	(4)	6	8	(10)	12	14
D	(1)	(3)	(5)	7	9	(11)	13	(15)
	1	D	1	0	0	1	0	D

그림 2-34 함수 $F(A,B,C,D)=\sum(0,1,3,4,5,10,11,15)$ 에 대한 구현 표(2)

아래 그림은 위에서 구한 구현표에 따르는 회로이다.

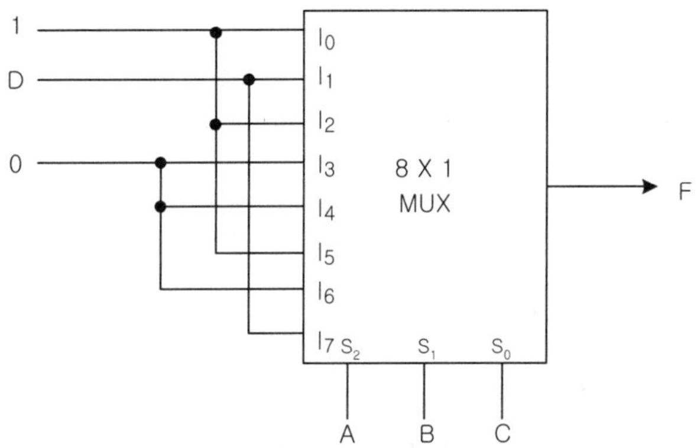

그림 2-35 함수 $F(A,B,C,D)=\sum(0,1,3,4,5,10,11,15)$ 의 구현(2)

2.9 순차(Sequential) 논리회로

순차 논리회로는 아래의 그림 2-36에서 볼 수 있듯이 조합 논리회로에 메모리가 합하여진 회로로, 외부의 입력과 더불어 현재의 시스템 상태가 피드백되어 다시 입력되어지는 회로이다. 즉, 조합논리 회로에서는 회로의 출력은 단지 입력 변수들의 조합에 의해 결정되어지지만, 순차 논리회로에서는 현재의 시스템의 출력과 입력의 조합에 의해 결정된다. 따라서 같은 입력의 조합일지라도 현재 시스템의 상태에 따라 출력이 다를 수 있다. 실재로 순차 논리가 사용되어지는 예는 우리 주변에서 흔히 볼 수 있다. 다음은 순차논리가 적용되어지는 예들이다.

- 다이얼 자물쇠에서 오른쪽으로 몇 번 째 번호
- 엘리베이터의 현재의 위치에서 오름/내림
- 교통 신호의 바뀜. 즉, 파랑 → 노랑 → 빨강

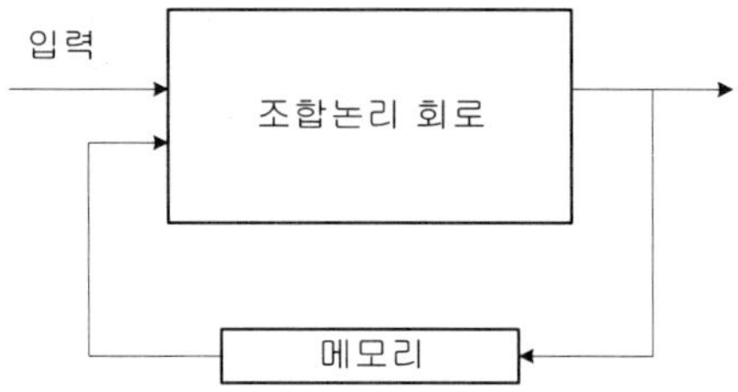

그림 2-36 순차논리 회로의 구성

위의 그림 2-36는 순차논리 회로의 구성을 보여 주고 있다. 조합논리회로는 앞에서 살펴 본 바와 같이 출력이 현재의 입력의 조합에 의해서만 결정되어지지만, 순차논리회로에서는 현재의 입력의 조합 이외에도 시스템의 현재 상태에 따라 출력이 다르게 된다. 시스템의 현재 상태는 위의 메모리 부분에 저장된다. 즉, 위의 그림에서 메모리는 다음과 같은 동작을 지원해야 한다.

- 1 혹은 0의 값을 저장한다.
- 1 혹은 0의 값을 읽을(read) 수 있어야 한다.
- 1 혹은 0의 값을 쓸(write) 수 있어야 한다.

위의 기능을 위하여 메모리는 래치(latch) 회로로 구성되어 질 수 있다. 래치는 아래의 그림 2-37과 같다.

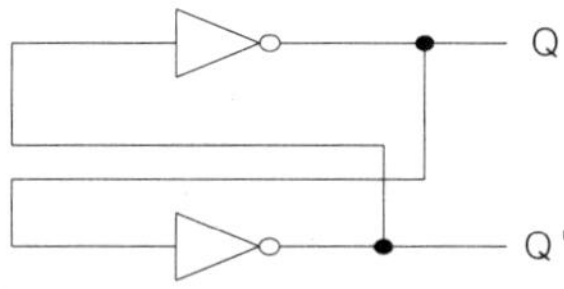

그림 2-37 래치(latch) 회로

위의 그림에서 Q와 Q'는 값이 변하지 않으므로 "기억" 된다. 또한 다른 회로를 통하여 Q 혹은 Q'의 값을 다른 곳으로 보낼 수 있다. 따라서 위의 래치 회로는 메모리로서의 기능을 수행한다. 다만 위의 래치 회로에서 외부로부터의 입력이 없으므로 그 출력값은 바꿀 수 없다는 단점을 가진다.

위의 래치 회로를 변형하여 다음과 같은 SR 래치 회로를 구성할 수 있다.

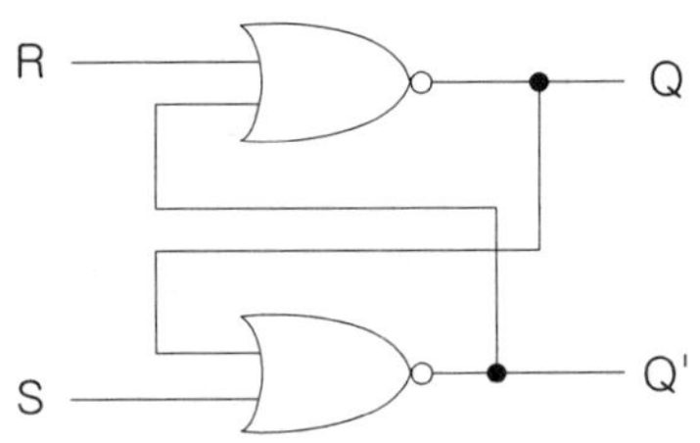

그림 2-38 RS 래치 회로

위의 SR 래치 회로의 출력은 다음과 같은 논리식을 가진다.

$$Q\_\text{next} = (R + Q'\_\text{current})'$$
$$Q'\_\text{next} = (S + Q\_\text{current})'$$

따라서 위의 RS 래치 회로의 상태 테이블(state table)을 구하면 다음과 같다.

표 2-17 RS 래치 회로의 상태 테이블

입 력		현재 상태		다음 상태	
S	R	Q	Q'	Q	Q'
0	0	0	1	0	1
0	0	1	0	1	0
0	1	0	1	0	1
0	1	1	0	0	1
1	0	0	1	1	0
1	0	1	0	1	0

위의 상태 테이블에서 보여 주는 것과 같이 같은 입력일지라도 현재의 상태가 무엇

이냐에 따라서 출력이 다르다. 따라서 위의 SR 래치 회로는 순차회로이다. 입력 *S*와 *R*에 대한 출력의 변화는 아래의 표 2-18과 같다.

표 2-18 SR 래치의 출력 변화표

S	R	Q
0	0	No change
0	1	0(reset)
1	0	1(set)

위의 SR 래치회로에 제어신호 C와 데이터 입력 D를 첨가시켜, SR 래치의 변형인 D 래치 회로를 구성할 수 있다.

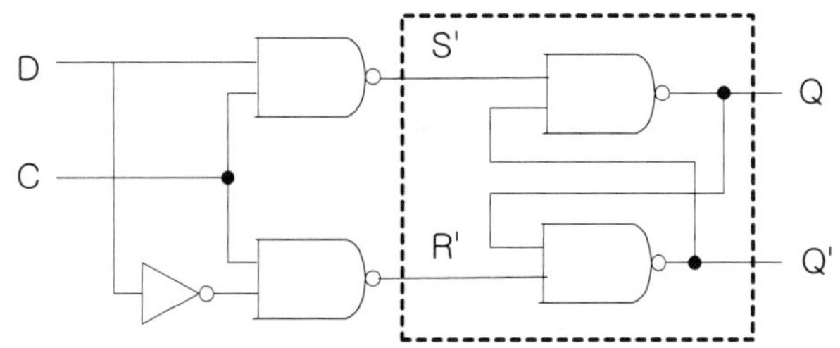

그림 2-39 제어신호와 입력 D를 가지는 D 래치회로와 특성

표 2-19 제어신호와 입력 D를 가지는 D 래치회로의 출력 변화표

C	D	Q
0	X	불 변
1	0	0(rest)
1	1	1(set)

D 래치 회로는 위에서 살펴 본 SR 래치 회로에 비해 하나의 입력을 사용하여 출력을 변화시킬 수 있다는 것과 *S*와 *R*이 11일 경우에 발생하는 문제점을 제거할 수 있다는 장점을 가진다.

그러나 위의 래치 회로를 사용한 순차논리 회로에서 적절한 동작을 위하여 타이밍을 통한 동기화가 매우 중요하다. 즉, 래치 회로의 출력이 언제 조합논리 회로의 입력에 인가되고, 그 순차 논리회로의 출력이 언제 래치 회로에 인가되는가가 매우 중요하다. 이러한 클럭 제어 신호가 첨가된 것을 **플립플롭**(Flip/flops)라고 부른다. 이러한 플립플롭은 또한 양쪽 안정회로(Bi−stable Device)라고 불리는데, 이는 플립플롭의 출력이 입력의 변화에 따라 "1" 혹은 "0"의 값을 가진 채 안정된 값을 유지한다는데 기인한다. 많이 사용되어지는 D, JK, T 플립플롭 회로와 그의 동작 테이블을 살펴보면 다음과 같다.

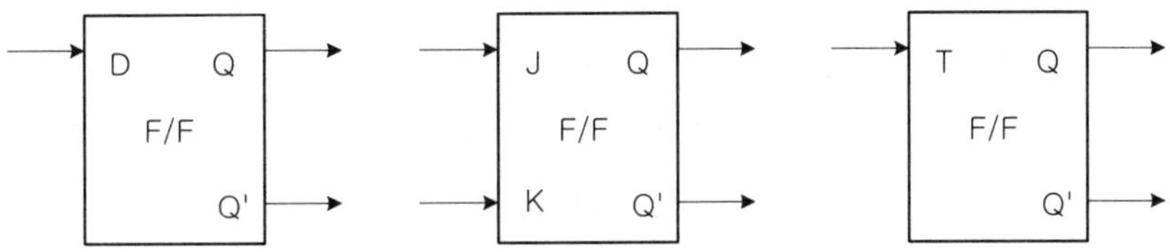

Q	D	Q(t+1)
0	0	0
0	1	1
1	0	0
1	1	1

(a) D 플립플롭

Q	J	K	Q(t+1)
0	0	0	0
0	0	1	0
0	1	0	1
0	1	1	1
1	0	0	1
1	0	1	0
1	1	0	1
1	1	1	0

(b) JK 플립플롭

Q	T	Q(t+1)
0	0	0
0	1	1
1	0	1
1	1	0

(c) T 플립플롭

그림 2−40 D, JK, T 플립플롭과 특성 테이블

위의 특성 테이블을 통하여 얻어진 각 플립플롭의 **특성방정식**(Characteristic Equation)은 다음과 같다.

- D 플립플롭 : $Q(t+1) = D$
- J/K 플립플롭 : $Q(t+1) = JQ' + K'Q$
- T 플립플롭 : $Q(t+1) = TQ' + T'Q$

2.10 순차 논리회로의 해석

아래의 그림 2-41은 일반적인 순차 논리 회로를 보여 준다. 그림에서 볼 수 있듯이 순차논리회로는 크게 시스템의 상태를 구현하는 플립플롭과 다음 상태와 출력을 구현하는 조합논리회로들로 구성된다.

그림 2-41에서 시스템의 현재 상태는 플립플롭에 저장되어 있고, 시스템의 다음상태는 외부 입력과 시스템의 현재 상태의 부울 함수이다. 그리고 출력은 현재 상태와 입력들의 부울 함수이다. 따라서 어떤 순차회로를 해석하기 위해서는 출력과 시스템의 각 다음 상태를 입력과 현재 상태의 조합회로를 통하여 얻을 수 있다. 아래의 그림 2-42에서 이러한 순차회로의 다음 상태와 출력 상태를 구하면 다음과 같다.

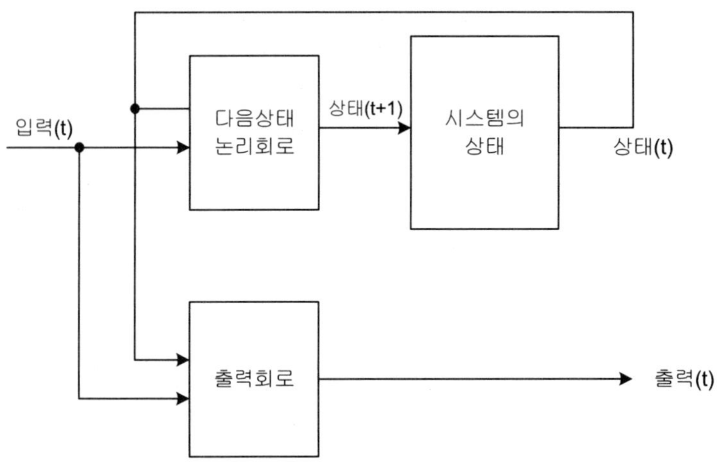

그림 2-41 일반적인 순차논리 회로

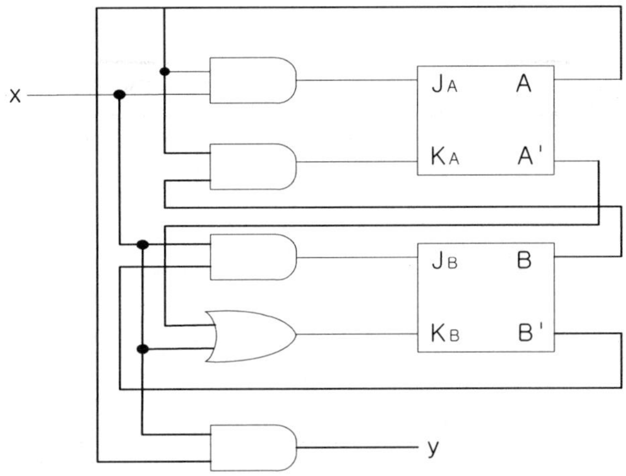

그림 2-42 순차논리회로의 예

$$y(t) = A(t) \cdot x(t)$$

$$A(t+1) = x \cdot A(t)$$

$$A'(t+1) = A(t) \cdot B(t)$$

$$B(t+1) = x \cdot B'(t)$$

$$B'(t+1) = A'(t) + x$$

위의 식에서 A(t+1)은 위에 있는 J/K 플립플롭의 다음 상태의 출력을 나타내며, B(t+1)은 아래에 있는 J/K 플립플롭의 다음 상태의 출력을 나타낸다.

2.11 플립플롭을 이용한 순차논리 회로 설계

다음은 플립플롭을 이용한 순차논리 회로 설계에 대하여 설명한다. 먼저 논리회로 설계에 앞서 중요한 상태표(state table), 상태도(state diagram), 상태지정, 상태축소 등에 대하여 알아보기로 한다.

1) 상태표(state table)

상태표는 시스템의 상태를 나타내는 것으로 현재 상태, 다음 상태, 그리고 출력의 3개 부분으로 되어 있다. 여기서 말한 다음 상태란 현재 상태에서 클럭이 가해진 이후의 플립플롭의 상태를 말한다.

표 2-20 상태표의 예

현재 상태	다음 상태		출 력	
	x = 0	x = 1	x = 0	x = 1
AB	AB	AB	z	z
00	00	01	0	0
01	10	11	0	0
10	00	00	0	1
11	11	11	0	0

위의 표에서 볼 수 있듯이 상태표의 입력은 시스템의 현재 상태(current state)와 외부 입력(input), 그리고 출력은 시스템의 다음 상태(next state)와 출력(output)이다. 위의 상태표는 다음과 같은 의미를 가진다. 위의 상태표에서 현재 상태 AB=00란 의미는 두 개의 플립플롭 A와 B의 현재 출력이 각각 0임을 나타낸다. 또한 현재 상태가 01 즉, A=0, B=1인 경우, 입력 x=0가 들어오면, 다음 상태는 10가 되며, 출력은 0이다. 반면에 같은 상태 AB=01에서 입력 x=1이 들어오면, 다음 상태는 AB=11이고, 출력은 0이다. 따라서 위의 4 개의 현재 상태에서 입력 x에 따라 다음 상태와 출력이 결정되어짐을 알 수 있다.

2) 상태도(state diagram)

상태표에 있는 정보는 상태도(state diagram)라하는 그림으로 표현할 수 있다. 상태도에서 상태는 원으로 표시하고 상태와 상태 사이의 천이(변환)은 화살표로 표시한다. 이 화살표의 옆에 사선(/)을 사용하여 입력과 출력을 나타낸다. 예를 들어, 화살표 옆에 1/1은 현재 상태에서 입력이 1이 들어오면, 출력은 1이란 의미이다. 또한 한 원에서 출발하여 다시 그 원으로 되돌아갈 때는 상태 변화가 일어나지 않은 것을 의미한다. 아래의 그림 2-43은 상태도의 한 예를 보여 준다. 모든 상태에서 입력이 두 개의 상태 0 혹은 1을 가지므로, 다음 상태로의 천이는 항상 두 개 일어난다. 상태표와 상태도는 같은 의미를 가지지만, 일반적으로 순차회로를 설계하는데 상태도가 많이 사용된다.

아래의 상태도의 의미를 간단히 살펴보면 다음과 같다.

상태 0에서 입력 0가 들어오면, 출력은 0이고 상태는 변하지 않고 그대로 상태 0에

머무른다. 그러나 상태 0에서 입력이 1이 들어오면 출력은 0지만, 다음상태는 상태 1로 넘어간다. 아래의 그림의 예에서 오직 상태 3에서 입력 0가 들어오는 경우에만 출력이 1이 되는 것을 알 수 있다.

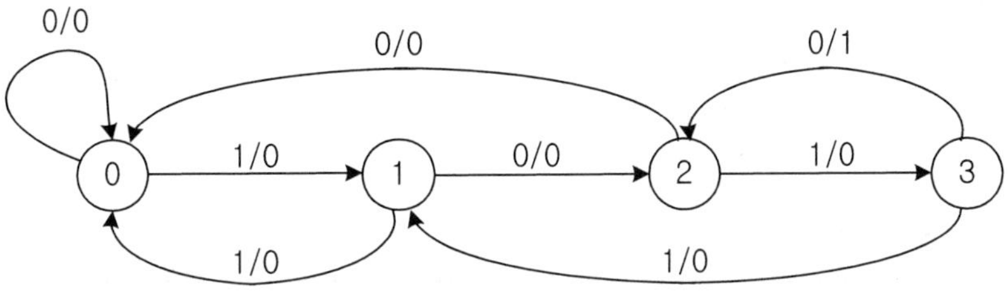

그림 2-43 상태도의 예

3) 상태의 축소

앞에서 여러 번 언급하였지만, 주어진 부울 함수에 대한 논리회로 설계에서 가장 중요한 것 중에 하나가 가능하면 비용을 최소화하는 것이다. 이를 위하여 앞에서 함수를 간략화 하는 방법에 대하여 설명하였다. 마찬가지로 순차논리 회로 설계에서도 플립플롭의 수와 게이트의 수를 줄이는 것이 필요하다. 순차회로에서 플립플롭의 수를 줄이는 것을 상태축소라고 부른다. 여기서 상태를 축소하기 위하여서는 축소되어지는 두 상태가 등가이어야 하는데, 이는 두 상태가 같은 출력을 내며, 똑 같은 상태 혹은 등가(equivalent)인 상태로 만들어 주면, 두 상태는 동등하기 때문에 하나를 제거하여 축소시킬 수 있다. 아래의 예제를 통해 상태축소 방법을 살펴보기로 한다.

표 2-21 상태표의 예

현재 상태	다음 상태		출 력	
	x = 0	x = 1	x = 0	x = 1
A	A	B	1	1
B	C	D	1	1
C	A	D	1	1
D	E	(F)	1	0
E	A	(F)	1	0
(F)	(G)	F	1	0
(G)	A	F	1	0

위의 상태 표에서 상태 E와 G는 동등이다. 왜냐하면, 상태 E와 G에서 x=0 일 경우에 다음 상태는 A, 그리고 x=1인 경우에는 다음 상태가 F로 동일하다. 뿐 만 아니라 같은 입력에 대한 출력도 1과 0로 동일하다. 따라서 상태 E와 G 중에 하나를 택하고 나머지 상태는 줄인다. 따라서 G를 E로 고친다. 또한 상태 D와 상태 F도 같은 원리로 동일하다. 따라서 상태 F도 상태 D로 고친다. 따라서 아래의 표는 두 개의 상태 F와 G를 축소한 최소화된 상태표를 보여 준다.

표 2-22 축소된 상태 표

현재 상태	다음 상태		출 력	
	x = 0	x = 1	x = 0	x = 1
A	A	B	1	1
B	C	D	1	1
C	A	D	1	1
D	E	D	1	0
E	A	D	1	0

4) 상태 지정

위의 상태 축소 과정을 거쳐서 최소화된 상태를 구한 후에, 축소된 상태에 대한 상태지정이 필요하다. 보통 상태의 지정은

$$2^D \geq \text{상태수}$$

를 만족하는 최소의 D를 구한다. 따라서 D의 수 만큼 플립플롭을 사용하면 원하는 순차회로를 구할 수 있다. 위의 표에서 축소화된 상태의 수는 5이므로 각 상태는 3 비트로 표현 가능하다. 따라서 각 상태에 000~111을 선택하여 표현하면 된다. 여기서 상태 비트 수와 사용되어지는 플립플롭의 수는 같다.

5) 플립플롭의 여기표(Excitation Table)

앞에서 설명되었던 특성표(characteristic table)는 각 플립플롭의 동작을 정의하고 분석하는데 요긴하게 사용된다. 이 특성표는 입력과 현재 상태를 아는 경우에 다음 상태를 명시한다. 디지털 논리회로를 설계할 때 현재 상태에서 다음 상태로의 변환을 알고, 원하는 변화를 일으키는 플립플롭의 입력 조건을 알 필요가 있다. 따라서 주어진

상태의 변화에 대한 필요한 입력을 기입한 여기표(excitation table)가 필요하다. 아래의 표 2-23은 여러 플립플롭의 여기표를 보여 준다.

표 2-23 여러 플립플롭의 여기표(excitation table)

Q(t)	Q(t+1)	S	R
0	0	0	X
0	1	1	0
1	0	0	1
1	1	X	0

(a) RS 플립플롭

Q(t)	Q(t+1)	J	K
0	0	0	X
0	1	1	X
1	0	X	1
1	1	X	0

(b) JK 플립플롭

Q(t)	Q(t+1)	D
0	0	0
0	1	1
1	0	0
1	1	1

(c) D 플립플롭

Q(t)	Q(t+1)	T
0	0	0
0	1	1
1	0	1
1	1	0

(d) T 플립플롭

6) 순차논리 회로의 설계 순서

위에서 살펴보았던 여러 요소들을 종합하여 순차논리 회로를 설계하는 절차는 다음과 같다.

① 원하는 회로가 동작하는 바를 말로써 표현한다. 즉, 설계 목적을 분명히 기술한다.
② 설계 목적을 위하여 주어진 정보를 이용하여 상태표 혹은 상태도를 구한다.
③ 구해진 상태도 혹은 상태표를 이용하여 상태 축소가 가능한 경우 상태를 축소한다.
④ 상태 지정을 통하여 플립플롭의 수를 파악한다.
⑤ 사용되어질 플립플롭의 형태를 선택한다.
⑥ 여기표(excitation table)를 이용하여 각 플립플롭 출력을 구한다.
⑦ 구해진 표에서 K-Map 등을 이용하여 논리함수를 간단히 함으로 조합논리회로 부분을 구한다.

⑧ 원하는 논리회로를 구한다.

[예제 2.18]

하나의 입력 *x*로부터 10110의 입력 시퀀스(input sequence)를 받았을 경우에 1을 출력하는 순차 논리회로를 J/K 플립플롭을 사용하여 설계하라.

<풀이>

아래의 그림은 입력 시퀀스 10110를 탐지하는 시스템의 상태도이다.

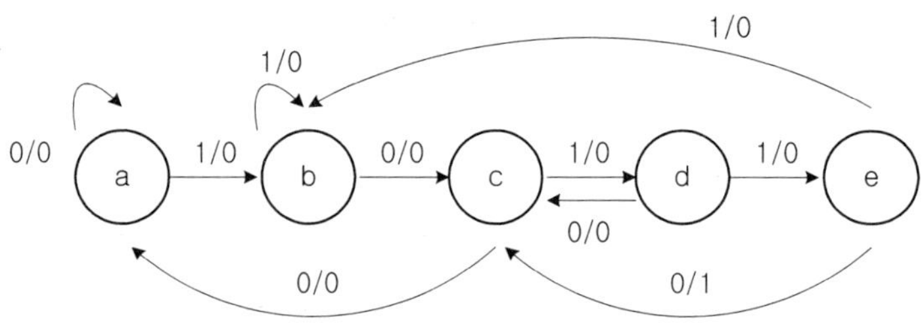

그림 2-44 예제 2-19의 상태도

그림에서 볼 수 있듯이 상태도는 모두 a, b, c, d, e의 5 개 상태로 이루어졌다. 각 상태가 가지고 있는 속성을 살펴보면 다음과 같다.

- 상태 a : 0
- 상태 b : 1
- 상태 c : 10
- 상태 d : 101
- 상태 e : 1011

위의 모든 상태에서 입력 *x*가 0 혹은 1이 들어오는 경우가 생기므로 각각 2 개의 천이가 생긴다. 위의 상태도를 통한 상태 테이블은 다음의 표와 같다.

표 2-24 예제 2-19의 상태 테이블

현재 상태	다음 상태		출 력	
	x=0	x=1	x=0	x=1
a	a	b	0	0
b	c	b	0	0
c	a	d	0	0
d	c	e	0	0
e	c	b	1	0

위의 상태 테이블에서 상태 수가 5 개이므로 각 상태는 3비트로 표현된다. 또한 J/K 플립플롭을 이용한 여기표를 만들면 아래의 표와 같다.

표 2-25 예제 2-19의 여기표

조합회로 입력		다음상태 (ABC)	조합회로 출력					
현재상태 (ABC)	입력(x)		플립플롭의 입력					
			JA	KA	JB	KB	JC	KC
000	0	000	0	d	0	d	0	d
000	1	001	0	d	0	d	1	d
001	0	010	0	d	1	d	d	1
001	1	001	0	d	0	d	d	0
010	0	000	0	d	d	1	0	d
010	1	011	0	d	d	0	1	d
011	0	010	0	d	d	0	d	1
011	1	100	1	d	d	1	d	1
100	0	010	d	1	1	d	0	d
100	1	001	d	1	0	d	1	d

위의 여기표를 통하여 각 플립플롭의 입력을 K-Map을 통하여 구하면 다음과 같다.

Cx

AB	00	01	11	10
00	0	0	0	0
01	0	0	1	0
11	d	d	d	d
10	d	d	d	d

$J_A = BCx$

Cx

AB	00	01	11	10
00	d	d	d	d
01	d	d	d	d
11	d	d	d	d
10	1	1	d	d

$K_A = 1$

같은 방법으로 다음을 구할 수 있다.

$J_B = Ax' + Cx'$ $K_B = C'x' + Cx$

$J_C = x$ $K_C = x' + B$

$z = Ax'$

위의 플립플롭 입력을 이용하여 J/K 플립플롭을 이용하여 구현한 순차논리회로는 아래의 그림과 같다.

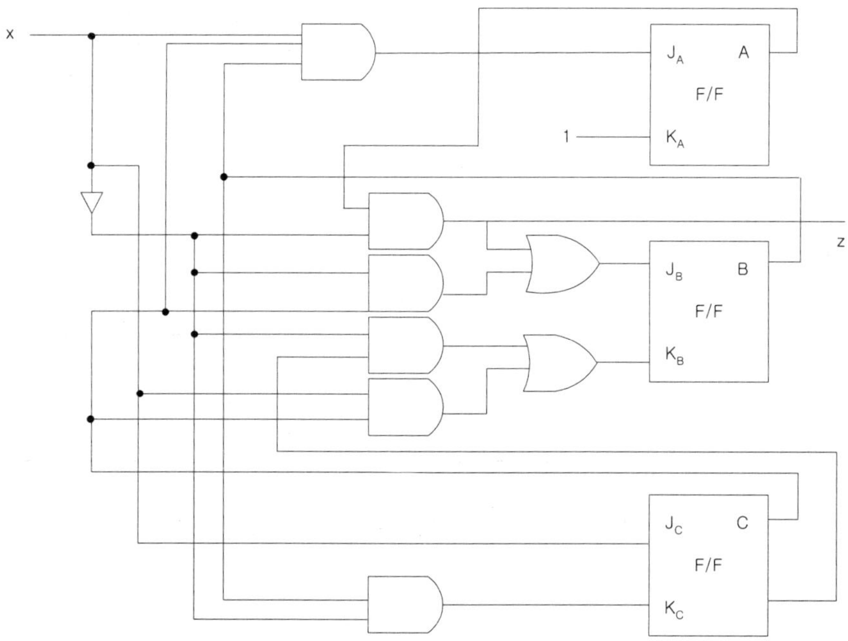

그림 2-45 예제 2-19의 순차논리회로

Summary Check	요약정리

1. 디지털 논리회로는 조합논리 회로와 순차논리 회로로 크게 분류할 수 있는데, 조합논리 회로는 입력의 조합만으로 출력을 구할 수 있고, 순차논리회로는 현재 상태와 현재 상태에 따라 출력을 구할 수 있다.

2. 표현하고자 하는 것의 개수 M과 2진 코드의 비트 n사이에는 $2^n \geq M$의 관계를 가진다.

3. 일반적으로 r 진수의 표현에서 계수의 값은 $0 \leq a_n \leq (r-1)$ 범위에 있다.

4. 16진법의 수는 정보통신에서 많이 사용되어지는 수의 표현이다.

5. 2진수를 16진수로 고치는 방법은 2진수의 4 비트를 묶어서 하나의 16진 비트로 바꾸고, 역으로 16진수를 2진수로 변환할 경우에는 16 진수의 각 디지트를 4 비트로 표현한다.

6. 보수(complement)는 디지털 컴퓨터에서 뺄셈 연산을 간편하게 하고 논리적 조작을 쉽게 하기 위하여 사용된다.

7. 1의 보수(1's complement)는 원래의 수에서 1은 0로 그리고 0는 1로 바꾸고, 2의 보수는 1의 보수에 1을 더하여 구할 수 있다.

8. BCD 코드에서 한 자리 숫자를 표현하기 위하여서는 4 비트의 코드를 사용한다. 따라서 K 디지트의 BCD 코드를 위해서는 $4k$ 개의 비트가 필요하다.

9. 게이트(Gate)는 논리함수를 실행하는 디지털 회로의 전형적인 표현 방법이다. 즉, AND 게이트는 AND 논리함수를 수행하고, OR 게이트는 OR 논리함수를 수행한다.

10. XOR 함수는 입력변수 중에서 참인 개수가 홀수일 경우 그 출력이 참이거나, 두 개의 입력 변수일 경우 두 변수가 다르면 1, 같으면 0를 출력하는 함수이다.

11. NAND 게이트로 이루어진 논리회로를 NOR 게이트로, 혹은 NOR 게이트로 이루어진 논리회로를 NAND 게이트로 이루어진 논리회로로 바꿀 수 있다.

12. NAND는 역－OR(invert OR)과 같고, NOR는 역－AND(invert AND)와 등가이다.

13. NAND 게이트와 NOR 게이트에서 단일 입력인 경우에 NOT 게이트로 동작한다.

14. AND 연산으로 이루어진 항들 즉, 곱항들을 민텀(minterm)이라 부르고, OR 연산으로 이루어진 항들 즉, 합항을 맥스텀(Maxterm)이라 부른다.

15. De Morgan의 법칙에 따르면 민텀과 맥스텀은 $m_i' = M_i$ 관계를 가진다.

16. K−Map은 패턴 인식을 통하여 부울 함수를 간략화하는 방법으로 적은 변수 함수에서 유용하다.

17. Q−M 방식은 변수가 큰 함수의 간략화에 유용하다.

18. 조합논리회로를 설계함에 있어서 다음과 같은 사항들을 고려해야 한다.
    - 가장 적은 수의 게이트 사용
    - 게이트의 가장 적은 입력
    - 회로를 통과하는 최소의 전파지연 시간
    - 가장 적은 수의 상호 연결하는 게이트
    - 사용되어지는 각 게이트들의 동작 특성

19. 가산기는 컴퓨터 시스템에서 가장 많이 사용되어지고 기본이 되는 조합논리 회로인데, 두 개의 입력 변수 뿐 만 아니라 자리 올림수인 캐리(carry)를 고려한 세 개의 비트의 덧셈을 수행하는 전가산기(full adder)와 캐리를 생각하지 않고 두 개의 입력만을 더하는 반가산기(half adder)가 있다.

20. $n+1$개의 변수를 가진 부울 함수에서 n개의 변수는 멀티플렉서의 선택선과 연결하고, 나머지 하나의 변수는 멀티플렉서의 입력으로 사용하여, 부울 함수를 구현할 수 있다.

21. 순차 논리회로는 조합 논리회로에 메모리가 합하여진 회로로, 외부의 입력과 더불어 현재의 시스템 상태가 피드백되어 다시 입력되어지는 회로이다.

22. 플립플롭은 양쪽 안정회로(Bi−stable Device)라고 불리는데, 이는 플립플롭의 출력이 입력의 변화에 따라 "1" 혹은 "0"의 값을 가진 채 안정된 값을 유지하기 때문이다.

23. 상태표는 시스템의 상태를 나타내는 것으로 현재 상태, 다음 상태, 그리고 출력의 3 개 부분으로 되어 있다.

24. 상태도에서 상태는 원으로 표시하고 상태와 상태 사이의 천이(변환)은 화살표로 표시한다.

25. 상태를 축소하기 위하여서는 축소되어지는 두 상태가 등가(equivalent)이어야 하는데, 등가란 두 상태가 같은 출력에 대하여 같은 출력을 내며, 똑 같은 상태 혹은 등가인 상태로 만들어 주는 것을 말한다.

26. 보통 상태의 지정은 $2^D \geq$ 상태수를 만족하는 최소의 D를 구한다.

Summary Check 연습문제

1. 다음의 물음에 답하라.

   1) $(1/6)_{10}$을 3 진법으로 고쳤을 때, 소수점 이하 4자리까지 표시하라.
   2) $(111011.1011)_2$을 10진법으로 고쳐라.
   3) $(-119)_{10}$을 8-비트의 부호화 크기 방식과 2의 보수 방식으로 표현하라.
   4) $(A1)_r \times (B2)_r = (8852)_r$이고 $A=(10)_{10}$, $B=(11)_{10}$이 성립할 때 r 값을 구하라.
   5) $(A8C5.FD)_{16}$을 8진법으로 고쳐라.
   6) $A` = (A) \oplus (\qquad)$에서 빈 칸을 채워라.
   7) 2^{37}을 10 진수의 수로 표시하라.
   8) 5000명의 학생에게 2진수 ID를 부여하려 할 때 적절한 비트 수를 구하라
   9) 24 비트의 부호없는 정수(unsigned integer)로 표현할 수 있는 가장 큰 수를 구하라.

2. 다음의 10진수를 음의 수로 표현하려고 할 때 빈 칸을 채워라.

	부호화 크기	부호화된 2의 보수	부호화된 1의 보수
−10			
−100			

3. 다음의 식을 i) 1의 보수 ii) 2의 보수를 사용하여 계산하라.
   (단, 표현된 수는 부호화된 수라고 가정한다)

   a) 10111011
   −01100110

   b) 101110100111
   −110110110111

   c) (−12−20)

4. 4 비트 데이터 단어(Word)에 대한 패리티 코드(parity code)를 생성하는 함수가 아래와 같이 주어졌다. 즉,

$$P1 = D3 \oplus D5 \oplus D7,\quad P2 = D3 \oplus D6 \oplus D7,\quad P4 = D5 \oplus D6 \oplus D7$$

위의 식에서 ⊕은 XOR 연산을 나타낸다. 이 때 아래 표의 빈칸을 채워라.

P1	P2	D3	P4	D5	D6	D7
		1		0	1	1

5. 부울 함수 $A' + AB + AC' + AB'C'$을 부울 대수를 사용하여 간단히 하라.

6. 다음의 논리식들에 대한 진리표를 구하라.

   a) $wx + xz + xy + yz$

   b) $wx + xy + y + z$

   c) $w'x'y'z + wxy'z + xyz + wx'y'z'$

7. 다음의 함수들을 K−Map으로 표시하고 가능한 한 간단한 식으로 표시하라.

   a) $ABC + AB'C + A'B$

   b) $XY + XY' + Z$

   c) $w'y'z + wxy' + w'xz + wxy$

2. $F(a,b,c) = ab+(c + d + c'd)$ 에 대하여 다음의 물음에 답하라.

   1) SOP의 정형(canonical form)으로 표현하라.
   2) POS 형식의 F'(a,b,c)을 구하라.
   3) 함수 $F(a,b,c)$에 대한 민텀 확장하라.
   4) 함수 $F(a,b,c)$에 대한 맥스텀 확장하라.
   5) 함수 $F(a,b,c)$과 $F'(a,b,c)$를 NAND 게이트로만 구현하라.
   6) 함수 $F(a,b,c)$과 $F'(a,b,c)$를 NOR 게이트로만 구현하라.

9. 함수 $f(a,b,c,d) = \Sigma(0,1,2,4,5,6,8,9,12,13,14)$를 K−map을 이용하여 간단히 하라.

10. 함수 $f(a,b,c,d) = \Sigma(0,4,7,8,10,14,15)$에 대하여 아래의 물음에 답하라.

    1) 위의 함수를 K−map으로 표시하라.
    2) 모든 PIs를 표시하고, 구하라.

3) 모든 EPIs(Essential Prime Implicants)를 구하라.

4) 모든 less than PIs를 구하라.

5) 모든 secondary EPIs를 구하라.

6) 최소화된 함수를 SOP 형식으로 표현하라.

11. 함수 $F(a,b,c,d) = \sum m(2,4,6,8,12,14) + \sum d(1,3,9,10)$ 에 대해 아래의 물음에 답하라.

1) 최소화된 SOP(Sum of Product)값을 구하라.

2) 1)에서 구한 함수를 NAND-NAND 로 구현하라.(invert된 입력 사용 가능)

3) 위에 주어진 함수를 최소화된 POS(Product of Sum) 형식을 구하라

4) 3)에서 구한 함수를 NOR-NOR 로 구현하라.(invert된 입력 사용 가능)

12. 아래의 회로에 대하여 물음에 답하라.

a) 출력 S와 C에 대한 진리표를 구하라.

b) 출력 S와 C에 대하여 K-MAP을 이용하여 간단히 하라.

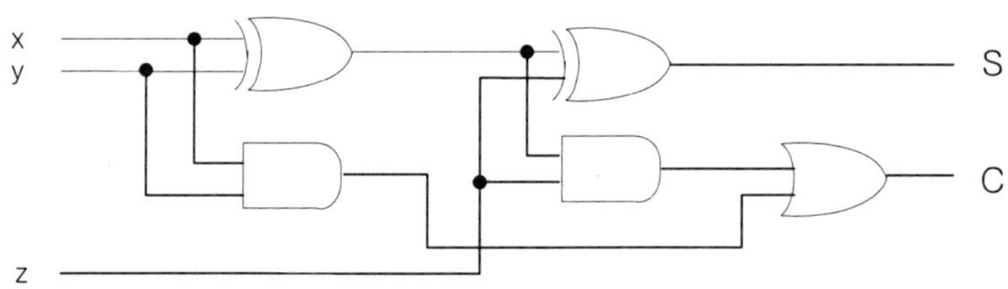

13. 함수 $F(v,w,x,y,z) = \sum(0,1,4,6,7,13,15,23,31)$을

1) Q−M 방식(테이블 방식)으로 간단히 하여 모든 PIs를 구하라.

2) 커버 방식(covering method)을 사용하여 최소화된 함수를 구하라.

14. 다음의 함수 $z = \{(a \cdot b + c \cdot d) \cdot (e+f)\} + g \cdot h$에 대하여

a) AND/OR 게이트를 이용하여 구현하라.

b) 위의 구현된 함수를 NAND 게이트만 이용하여 구현하라.

15. 함수 $F(A,B,C,D) = BC + A'D' + (A + B'C')\ (A(B + C))'$ 에 대하여

1) K-MAP으로 표현하여 간단히 하라.
2) 함수 F에 대한 POS(Product of Sum) 형식으로 표현하라.
3) 2)에서 구한 식을 NOR-NOR 게이트를 사용하여 구현하라.

16.. 다음 출력 Z를 만족하는 회로를 그려라.
1) 입력 C = 1 이면 Z = A NOR B
2) 입력 C = 0 이면 Z = A OR B

17. 식 (A⊕ (B·(A⊕ 1))) 을 부울 대수를 이용하여 간단히 하라.

18. $F(a,b,c) = ad + a'bd' + b'(cd + c'd)$ 에 대하여 다음의 물음에 답하라.
1) 위의 함수를 K-MAP으로 표현하라
2) 무관항(don't care)항 a'bd'를 추가하였을 경우 위의 함수를 간단히 하라.
3) 간략화된 함수 F를 구하여 여러 입력 허용하는 NOR 게이트로만 구현하라.

19. 아래 조합회로의 출력 $f(A,B,C)$에 대해 물음에 답하라.

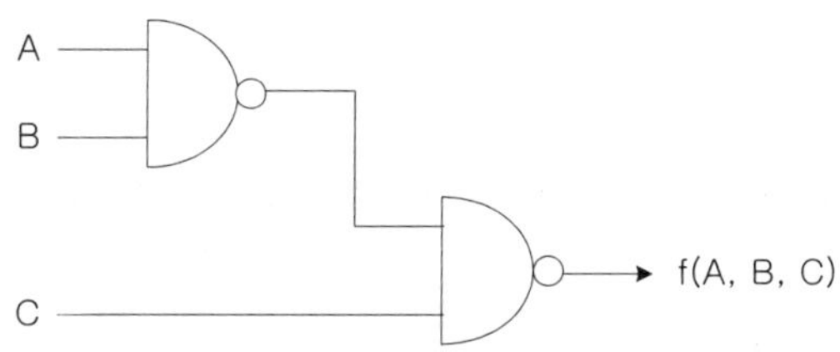

1) 최소의 민텀항으로 표현하라.
2) 출력에 대한 진리표(True Table)를 작성하라.

20. 다음 함수 G에 대하여 물음에 답하라.

$$G(A,B,C,D) = \sum m(0,1,5,7,8,15)$$

a) 표준형의 SOP(Sum of Product) 형태로 표시하라.
b) 위의 함수 G를 K−Map을 이용하여 간단히 하라
c) 함수 G의 보수(Complement) 함수 G'를 구하라.
d) 위의 함수 G와 G'를 NAND 게이트만 사용하여 구현하라.

21. 함수 $G(w,x,y,z)$ 가 K−Map으로 아래와 같이 표현되었을 때 물음에 답하라.

wx \ yz	00	01	11	10
00	1	1		
01		1	1	d
11	d	d	1	
10	1			

a) 위의 함수를 간단히 하라.

b) 구한 함수를 NAND−NAND 게이트를 이용하여 구현하라.

22. 부울 함수 $F(A,B,C,D) = \sum(0,3,5,6,7,8,10,13,14,15)$을 8×1 멀티플렉서(MUX)를 이용하여 구현하고자 한다. 이 때 변수 A,B,D를 각 각 선택선 s2, s1, s0에 적용하기로 한다. 이 부울 함수를 구현하라.

23. $F(A,B,C,D) = B'C' + BC + A'B'$ 를 만족하는 회로를 8x1 멀티플렉서를 이용하여 구현하라. 단, 신호의 입력은 A이고, B,C,D는 신호 선택선으로 사용되어진다고 가정하라.

24. 1−비트 이진 가산기를 두 개의 게이트를(만) 사용하여 설계하라.

25. 다음과 같은 6 개의 상태로 되어 있는 상태테이블을 간단히(상태 축소) 하여라. (단, 반드시 축소 이유를 밝힐 것)

현상태	다음상태 x=0	다음상태 x=1	출력 x=0	출력 x=1
S_0	S_4	S_3	0	1
S_1	S_5	S_3	0	0
S_2	S_4	S_1	0	1
S_3	S_5	S_1	0	0
S_4	S_2	S_5	0	1
S_5	S_1	S_2	0	0

26. 10110의 형태의 패턴을 가지는 입력이 들어올 경우에 출력 1을 내보내는 순차회로를 구현하려고 한다.

a) 이에 대한 상태도(state diagram)을 구하라
b) 상태 테이블(state table)을 구하라.
c) 최소화된 상태 테이블을 구한 후에 J/K 플립플롭을 이용하여 구현하라.
d) D 플립플롭을 이용하여 구현하라.

27. 입력 패턴 "1110"을 검출하여 출력 1을 내는 순차회로를 J/K 플립플롭을 사용하여 구현하고자 한다.
a) 최소화된 상태도를 그려라.
b) a)에서 구한 상태도로부터 상태 테이블을 구하라.
c) 순차회로를 그려라.

28. J/K 플립플롭을 사용하여 0, 1, 2, 3, 4, 5, 6을 반복하는 이진 카운터를 설계하라.

chapter

3

CPU의 조직과 기능

3.1 CPU의 기본 구성

3.2 CPU에서 명령어의 실행

3.3 명령어 파이프라이닝

CPU는 컴퓨터 시스템에서 프로그램이 실행되는 과정에서 일어나는 전반적인 것들을 제어한다. 이를 위해서 CPU는 메모리로부터 명령어를 인출하며, 인출된 명령어를 해독하여 필요한 연산을 실행하면서, 메모리를 통해 데이터에 접근하는데 필요한 메모리 주소와 제어신호들을 제공한다. 즉, CPU는 명령어를 해독하고, 그 명령어의 실행 과정을 제어한다. 뿐 만 아니라 CPU의 내부적인 기능과 프로그램 명령어를 실행할 때, 메모리와 I/O 장치가 필요로 하는 주소, 데이터, 제어 신호 등을 제공한다.

본 장에서는 컴퓨터의 핵심 요소인 CPU의 내부 구조와 그 구성원들의 기능, 또한 CPU의 동작에 대하여 살펴보기로 한다.

3.1 CPU의 기본 구성

CPU의 기본 구성은 아래의 그림 3－1에서 보는 바와 같이 산술 및 연산 논리 기능을 수행하는 산술논리연산장치(Arithmetic and Logic Unit : ALU)와 작은 고속의 기억장치인 여러 레지스터들(registers), 그리고 명령어를 해석하고, 그것을 실행하기 위한 제어 신호를 발생하는 제어유니트(control unit)가 CPU 내부버스에 의해 연결되어 있다. 이러한 구성을 가지는 CPU는 메모리 혹은 입력/출력 장치들과는 시스템 버스들인 주소버스, 데이터 버스, 그리고 제어 버스들에 의해 연결된다.

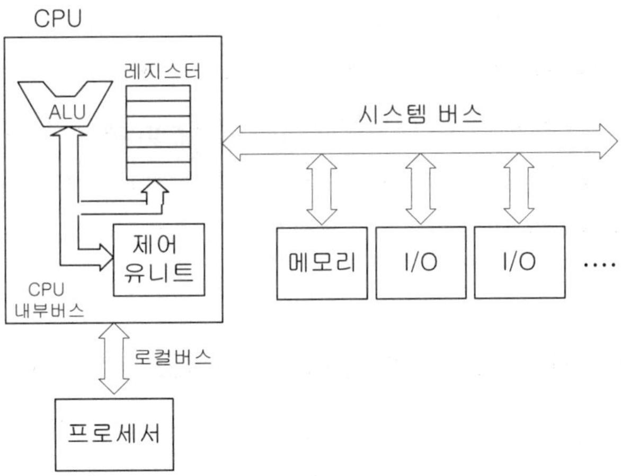

그림 3－1 CPU의 내부구조와 시스템 버스와의 연결

이들 CPU 내부 구조의 구성 요소들의 기능을 살펴보면 다음과 같다.

1) 산술논리연산 유니트(Arithmetic and Logic Unit : ALU)

산술논리연산 유니트인 ALU는 덧셈, 뺄셈, 곱셈, 나눗셈 등의 산술연산과 AND, OR, NOT 등의 논리 연산을 실행하는 회로들로 이루어진 하드웨어 모듈이다. ALU는 CPU 내부에 있는 레지스터로부터 데이터를 받아서 정해진 연산을 실행한 후에, 그 연산 결과를 다시 레지스터에 저장한다. 하나의 주기 동안에 연산을 완료해야하므로 ALU는 메모리가 없는 조합논리 회로로만 구성된다. ALU의 동작을 아래의 그림 3-2에서 보여 준다. ALU에서 수행되어지는 연산에 대한 자세한 것은 6장에서 소개된다.

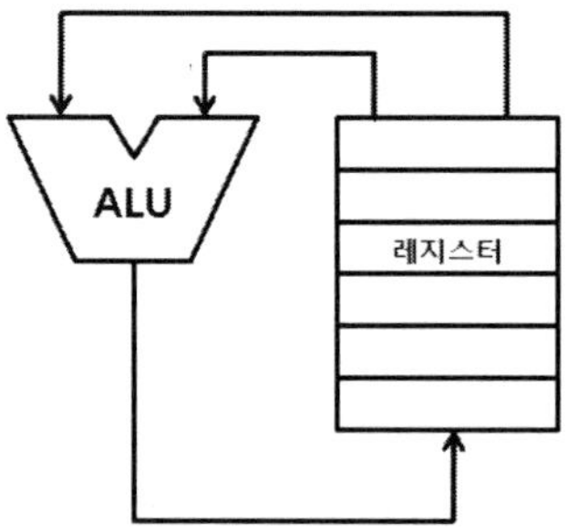

그림 3-2 산술논리 연산 유니트에서의 연산과정

2) 레지스터(Registers)

레지스터는 CPU 내부에 있는 고속의 작은 기억장치로서 데이터를 임시 저장하는 기능을 한다. 레지스터에는 프로그램 카운터, 인덱스 레지스터, 명령어 레지스터들과 같이 특별한 기능을 수행하는 특수목적용(special-purpose) 레지스터들과 데이터의 저장 등을 수행하는 범용(general-purpose) 레지스터들로 구성된다. 그러나 레지스터들은 CPU 내부에 위치하기 때문에 프로세서의 종류에 따라서 그 수와 크기에 제한을 받는다.

A. 범용목적 레지스터(General-Purpose Register)

범용 목적 레지스터는 CPU의 여러 연산을 위하여 데이터 저장, 주소저장 등과 같은 범용목적으로 사용된다. 일반적으로 CPU에서 필요한 연산을 위해 메모리를 호출하는 것 보다 프로세서 레지스터에 저장하는 것이 편리하고 효율적이기 때문이다.

B. 데이터 레지스터(Data Register)

데이터 레지스터는 일반적으로 데이터 저장용으로만 사용된다.

- 누산기(Accumulator)

  누산기는 데이터를 일시 저장하는 레지스터이다. 이 레지스터는 명령어를 수행할 경우 입력장치로부터 데이터를 받아들이거나, 출력 장치로 데이터를 전송하는데 사용된다. 누산기를 사용하는 연산이 이루어질 경우 메모리로부터의 데이터와 이미 누산기에 적재되어 있었던 데이터를 통한 연산이 이루어진 후에 그 결과 값이 누산기에 다시 적재된다. 아래의 그림 3-3에서 누산기를 통한 명령어 실행과정을 보여준다.

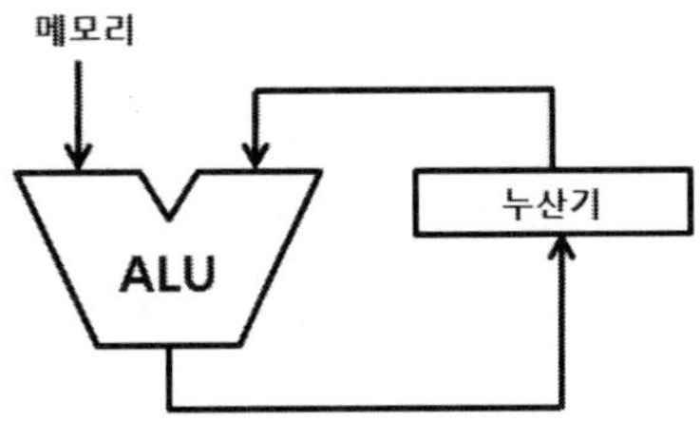

그림 3-3 누산기에서의 명령어 실행과정

C. 주소 레지스터(Address Register)

주소 레지스터들은 대체로 범용목적용으로 사용되어지거나 다음과 같은 특정 주소지정 방식을 위하여 사용된다.

① 세그먼트 포인터(Segment Pointer)

세그먼트 포인터는 세그먼트 주소지정방식(segment addressing)에 사용되며, 세그먼트의 base 주소를 가진다. 이 레지스터는 하나의 CPU에 여러 개가 있는 경우도 있다.

② 인덱스 레지스터(Index Register)

인덱스 레지스터는 인덱스 주소지정(Indexed addressing) 방식에 사용되어지는 레지스터이다.

③ 스택 포인터(Stack Pointer)
스택 포인터는 스택 주소지정방식에 사용되어지는데 스택의 최상위(top of stack : tos)를 지정한다.

D. 제어/조건 레지스터(Control/Condition Register)

① 프로그램 카운터(Program Counter : PC)
프로그램 카운터(PC)는 다음에 실행되어질 명령어가 있는 메모리 주소를 가진다. 이 레지스터의 값은 사용되어지는 단어의 크기에 따라 1 혹은 4씩 증가되어 메모리에 저장되어 있는 명령어를 연속적으로 실행한다. 예를 들어, MIPS 컴퓨터에서 하나의 메모리 주소는 32 비트(4 바이트)로 이루어지고 CPU에서 한 번에 8 비트(1 바이트)씩 처리되기 때문에 하나의 명령어가 실행되어질 때마다 이 레지스터의 값은 4 씩 증가된다. 만약 분기 명령어의 실행 후에 분기가 되어지는 경우에는 PC의 값은 분기되어지는 주소 값으로 바뀌어 명령어 실행을 계속한다. 실행되어질 명령어를 메모리로부터 읽기 위해서는 PC의 값이 메모리 주소 레지스터인 MAR로 전달되고 메모리 읽기 동작이 실행된다.

② 명령어 레지스터(Instruction Register : IR)
명령어 레지스터는 프로그램의 실행 중에 가장 최근에 메모리로부터 인출되어진 명령어를 가진다. 여기서 가장 최근에 메모리로부터 인출되어진 명령어가 바로 현재 실행되어지고 있는 명령어이다. 이 명령어 레지스터가 가지는 비트 수는 명령어의 명령 코드의 비트 수, 즉 명령어의 길이와 같다.

③ 메모리 주소 레지스터(Memory Address Register : MAR)
메모리 주소 레지스터는 다음에 실행될 명령어를 인출하기 위하여 현재 PC에 들어있는 PC의 내용(주소)이 시스템 주소버스로 출력되기 전에 일시적으로 저장되어지는 주소 레지스터이다. 즉, 메모리 주소 레지스터는 메모리 주소를 일시 저장한다.

④ 메모리 버퍼 레지스터(Memory Buffer Register : MBR)
메모리 버퍼 레지스터는 기억 장치로 쓰여질 데이터나 혹은 기억장치로부터 읽혀진 데이터를 임시로 저장하는 레지스터이다.

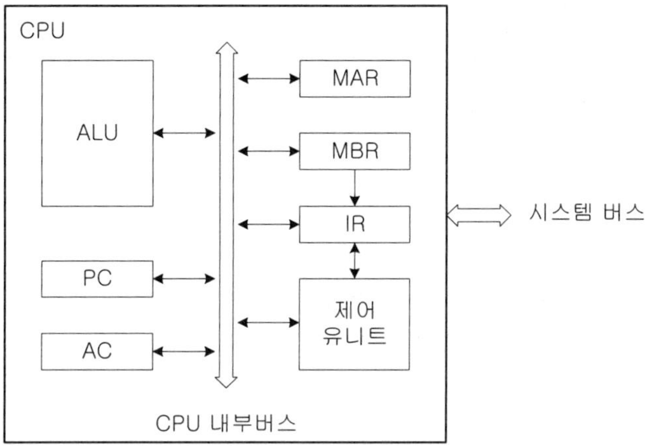

그림 3-4 CPU 내부의 레지스터들의 구성

그림 3-4는 CPU 내부의 이들 레지스터들의 구성에 대하여 보여 준다. 한편 명령어가 기억장치로부터 CPU로 인출되어서 실행되어지는 동안에 이들 레지스터들 간의 데이터 이동에 대한 자세한 사항은 다음 절에서 설명된다.

3) 제어 유니트(Control Unit)

앞에서 설명되었듯이 프로그램이 실행되는 동안에 CPU가 컴퓨터의 전반적인 동작을 제어하는 것처럼 제어 유니트는 CPU의 동작을 제어한다. 제어 유니트는 ALU가 올바른 기능을 수행하도록 할 뿐만 아니라, 레지스터에 데이터를 적재하거나 그 내용을 증가 또는 클리어(clear)하고 출력하도록 내부 제어 신호를 발생시킨다. 즉, 제어유니트는 제어기억 장치로부터 마이크로명령어를 가져오고, 가져온 마이크로명령어 실행에 필요한 제어신호들을 발생하는 하드웨어 모듈을 말한다. 이미 설명되었듯이 컴퓨터는 메모리에 적재되어 있는 프로그램을 순차적으로 실행하는데, 이러한 프로그램의 실행을 위하여 컴퓨터의 동작은 일련의 명령어 사이클로 이루어진다. 또한 각 명령어 사이클은 여러 개의 더 작은 실행단위로 나뉘어 지는데, 이들 더 작은 실행단위의 예로써 명령어의 인출, 간접 실행, 인터럽트 등을 들 수 있다. 이러한 단계들을 마이크로 연산(micro-operation)이라 부르는데, 이들 마이크로 연산에 대하여서는 책의 5장에서 다루어진다.

위에서 설명된 레지스터 외에 모든 CPU들은 프로그램 상태 단어(Program Status

Word : PSW)라고 불리는 상태정보를 저장하는 레지스터나 레지스터 세트를 가지고 있다. PSW는 보통 조건 코드(condition codes) 혹은 다른 상태 정보를 포함한다. 일반적으로 저장되어지는 CPU의 상태 정보는 다음과 같다.

① 부호(Sign) : 바로 전에 수행된 산술 연산 결과가 양수이면 0을, 음수이면 1로 나타낸다.
② 제로(Zero) : 연산 결과 값이 0이면 1로 세트된다.
③ 올림수(Carry) : 덧셈이나 뺄셈에서 올림수(carry) 혹은 빌림수(borrow)가 발생하면 1로 세트된다.
④ 동일(Equal) : 논리 연산 결과 두 수가 동일하게 나왔을 경우 1로 세트된다.
⑤ 오버플로우(Overflow) : 산술연산 결과 오버플로우가 발생하면 1로 세트된다.
⑥ 인터럽트 가능/불가능(Interrupt Enable/Disable) : 인터럽트 가능 여부에 따라 1로 세트된다.
⑦ 슈퍼바이저(Supervisor) : CPU가 슈퍼바이저 모드와 사용자 모드 중에서 어느 모드에서 실행 중인가를 나타낸다. 어떤 특권 명령어들(privileged instructions)은 이 모드에서만 실행 가능하며, 기억 장치의 특정 부분도 이 모드에서만 액세스가 가능하다.

CPU의 상태 정보는 다음 그림 3-5와 같은 상태 레지스터의 예에서 볼 수 있듯이 하나의 비트 즉, 플래그(flags)를 통하여 나타내어진다.

S	Z	C	E	O	I	S	X

그림 3-5 8비트를 가지는 상태 레지스터의 상태정보 플래그의 예

위의 그림 3-5에서 S는 부호, Z는 제로, C는 캐리, O는 오버플로우 등을 나타낸다.

3.2 CPU에서 명령어의 실행

1장에서 다루었듯이 컴퓨터는 기본적으로 프로그램을 수행하는 CPU와 메모리, 버스, 그리고 입출력 장치들로 구성되어 있다. 메모리는 프로그램을 이루는 명령어와 주

어진 명령어를 실행하는데 필요한 데이터를 저장하고 있는데, CPU에서 프로그램을 실행하기 위하여 메모리로부터 이들 명령어와 데이터가 CPU로 이동되어져야 한다. 프로그램은 여러 명령어들로 이루어졌고, 이 명령어들은 0과 1의 조합으로 이루어져 있다. 이러한 0과 1의 조합으로 이루어진 명령어들이 CPU로 하여금 무엇을 하는가를 알려준다. 이러한 명령어들의 형식 및 구문의 의미는 명령어 세트 구조에 의해 정의된다.

이와 같이 메모리에 명령어들이 저장되어 있는 것은 CPU가 약간의 저장 능력만을 가지기 때문이다. 다시 말해, CPU 안의 메모리가 커질수록 CPU의 동작 속도는 느려지기 때문에 크게 할 수 없을 뿐 만 아니라, 비용도 증가하기 때문이다. 여기서는 하나의 명령어를 CPU가 실행하는 절차에 대하여 간단히 설명하기로 한다.

① 명령어 인출 : 명령어 인출이란 물리 메모리인 RAM으로부터 명령어를 가져오는 것을 말한다. 인출되어질 명령어의 주소가 프로그램 카운터(program counter : PC)에 들어 있다. PC는 프로그래머에게 보이지 않는 레지스터이다. 인출되어진 명령어는 명령어 레지스터(instruction register : IR)에 복사된다.

② 명령어 해석 : 인출되어진 명령어가 무엇을 실행하라고 지시하는지를 알기 위하여 명령어를 해독할 필요가 있다. 이 과정에서 명령어 종류에 따라 필요한 경우에 피연산자의 인출이 이루어진다. 즉, 덧셈 연산 명령어인 ADD 명령어 실행을 위하여, 필요한 데이터를 인출하여 연산 결과를 저장장치에 저장한다.

③ 명령어 실행 : 명령어에 의해 지정된 연산을 실행한다. 간접 주소 방식의 명령어일 경우에는 기억장치로부터 데이터가 들어 있는 유효주소를 가져온다.

④ 저장(Store) : 명령어 실행 단계에서 수행된 연산의 결과가 레지스터 혹은 메모리에 쓰여지는 과정이다.

⑤ 인터럽트 처리 : 인터럽트가 발생하면, 현재 프로세서의 상태를 저장한 후에 해당 인터럽트를 처리한다.

위의 동작에서 인터럽트의 처리는 인터럽트가 발생할 경우에만 실행되어지므로 실재로 명령어의 실행은 크게 두 단계, 즉 명령어 인출과 실행으로 이루어진다고 볼 수 있다. 이 경우 명령어 실행 사이클(cycle)은 명령어 인출(Instruction Fetch) 부사이클

(subcycle)과 명령어 실행(Instruction Execution) 부사이클로 나뉜다. 아래의 그림 3−6에서 2단계로 이루어진 명령어 실행 사이클에 대한 동작을 보여 준다.

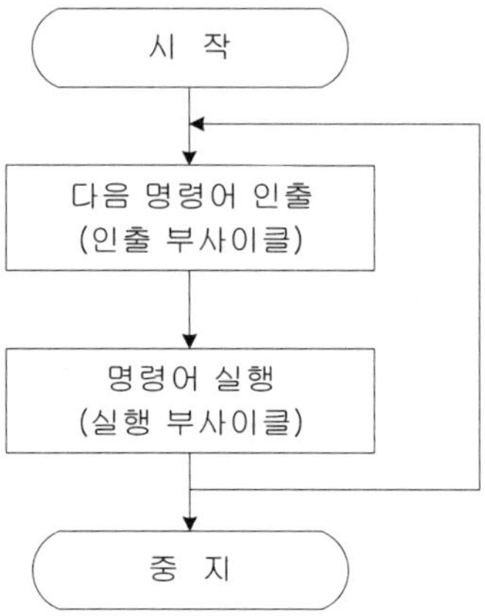

그림 3−6 명령어 실행 사이클

이들 부 사이클이 수행되는 동작에 대하여 자세히 설명하면 다음과 같다.

1) 명령어 인출 부사이클

명령어 인출 부사이클에서는 다음에 실행되어질 명령어를 기억장치로부터 가져오는 일이 수행된다. 인출 부사이클에서의 이러한 과정은 다음과 같은 순서로 수행된다.

① PC의 값이 MAR 레지스터에 실린다.
다음에 실행되어질 명령어가 저장되어 있는 기억장치 주소를 가지고 있는 PC의 내용이 메모리 주소 레지스터인 MAR 레지스터로 실린다.

② 하나의 명령어가 실행되어지는 동안에 PC에서 인출된 값이 지시하고 있는 메모리 주소로부터 다음에 실행되어질 명령어가 인출되어지면서 동시에 PC의 값이 바뀌게 된다. 이 때 PC의 값은 인출되어진 명령어의 크기에 따라 다르게 증가한다. 예를 들어, 다음에 실행되어질 명령어가 주기억 장치의 500 번지에 있고, 이 명령어가 하나의 기억장치 주소에 저장되어 있다면, PC의 값은 501로 바뀌지만, 만약 이 명령어가 2개의 메모리 장소를 차지하고 있다면, 다음에 실행되어질 명령어가 502 메모리 위치와 503 메모리 위치에 저장되어 있으므로 PC의 내용은

502가 된다. PC의 값이 바뀌는 동시에 MAR 레지스터가 가지는 주소의 메모리 내용을 읽어서 MBR 레지스터로 가져오는 과정이 실행된다.

③ MBR 레지스터의 내용이 IR 레지스터로 실린다.

위의 명령어 인출과정을 마이크로 연산(micro−operation)으로 표현하면 다음과 같다.

$$T_0 \ : \ MAR \leftarrow PC$$
$$T_1 \ : \ PC \leftarrow PC+1, \ MBR \leftarrow M[MAR]$$
$$T_2 \ : \ IR \leftarrow MBR$$

위의 표현에서 M[MAR]은 MAR 레지스터에 들어있는 주소에 해당하는 기억장치에 저장되어 있는 데이터를 의미한다. 또한 T_0, T_1, T_2은 CPU 클럭의 각 주기를 나타낸다. 따라서 위의 명령어 인출 사이클 사이클의 실행을 위하여 3개의 CPU 클럭 시간이 필요함을 알 수 있다. 아래의 그림 3-7은 인출과정에서의 마이크로 연산과정을 보여준다.

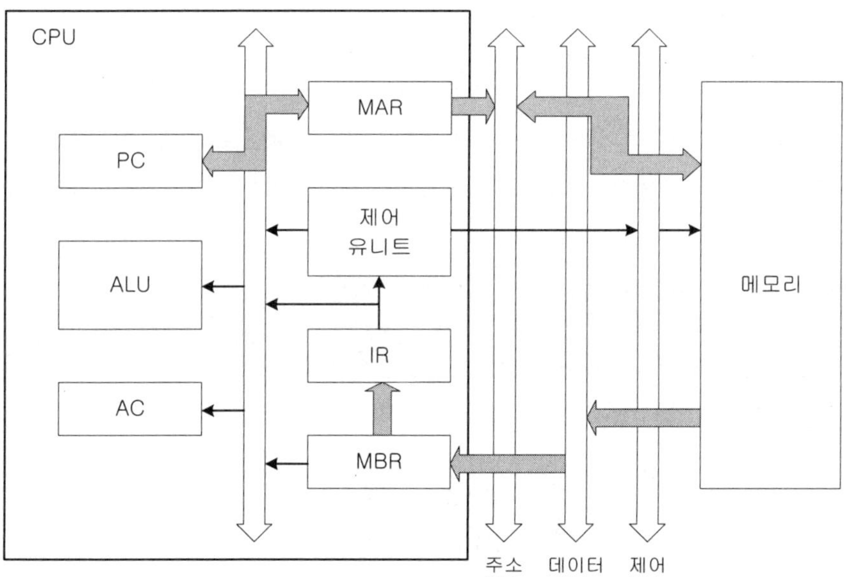

그림 3−7 인출 사이클의 마이크로 연산과정

2) 명령어 실행 부사이클

명령어의 실행에 있어서 실행 부사이클에서는 인출과정을 통하여 IR 레지스터에 실린 명령어를 해독(decode)하고, 해독한 명령어에 따라 필요한 연산이 수행된다. 이러한 연산과정은 다음과 같은 기능으로 나눌 수 있다.

- 데이터의 이동 기능 : 기억장치와 CPU 혹은 입출력 장치 사이에 데이터의 이동
- 데이터의 처리 기능 : 산술 혹은 논리 연산을 통한 데이터의 처리
- 데이터의 저장 기능 : 연산 결과를 기억장치에 저장
- 제어 기능 : 프로그램 실행 순서를 결정

다음은 이들 연산 기능들 중에 주요한 몇 기능들, 즉, LOAD 명령어, STORE 명령어, ADD 명령어, AND 명령어 등의 동작에 대하여 살펴보기로 한다.

A. LOAD 명령어

LOAD 명령어는 데이터 이동을 위한 명령어로써 원하는 기억장치의 데이터를 CPU의 내부 레지스터(예, 누산기)로 가져오는 명령어이다. LOAD 명령어의 실행 사이클 동안에 다음과 같은 동작이 이루어진다.

① 누산기(AC)로 이동할 데이터가 저장되어 있는 메모리 주소가 MAR에 실린다.
② MAR 레지스터에 있는 메모리 주소에 저장되어 있는 데이터가 MBR 레지스터에 실린다.
③ MBR에 들어있는 데이터를 AC로 읽어 온다.

위에 설명한 LOAD 명령어의 실행 사이클 동안에 필요한 마이크로 연산들을 살펴보면 다음과 같다.

$$T_0 \ : \ \mathrm{MAR} \leftarrow \mathrm{IR(addr)}$$
$$T_1 \ : \ \mathrm{MBR} \leftarrow \mathrm{M[MAR]}$$
$$T_2 \ : \ \mathrm{AC} \leftarrow \mathrm{MBR}$$

여기서 IR(addr)는 IR 레지스터에 저장되어 있는 명령어의 주소 부분을 나타낸다. 따라서 위의 LOAD 명령어의 실행에 있어서 3개의 CPU 클럭 시간이 필요함을 알 수 있다.

B. STORE 명령어

STORE 명령어는 LOAD 명령어와 같이 데이터 이동을 위한 명령어로써 연산 결과가 저장된 누산기의 값을 기억장치로 이동하여 저장하는 동작을 수행한다. STORE 명령어의 실행 사이클 동안에 다음과 같은 동작이 이루어진다.

① 연산 결과 값이 저장되어 있는 누산기의 값을 저장할 메모리 주소가 MAR에 실린다.
② 누산기에 있는 데이터가 MBR에 실린다.
③ MBR에 있는 데이터가 MAR 레지스터에 실려 있는 메모리 주소로 저장된다.

위에 설명한 STORE 명령어의 실행 사이클 동안의 마이크로 연산들을 살펴보면 다음과 같다.

$$T_0 : \text{MAR} \leftarrow \text{IR(addr)}$$
$$T_1 : \text{MBR} \leftarrow \text{AC}$$
$$T_2 : \text{M[MAR]} \leftarrow \text{MBR}$$

위의 STORE 명령어의 실행에 있어서도 앞의 LOAD 명령어의 경우와 같이 3개의 CPU 클럭 시간이 필요함을 알 수 있다.

C. ADD 명령어

ADD 명령어는 데이터를 처리하는 명령어로써 누산기에 있는 데이터와 기억장치에 있는 데이터를 더한 후에 그 결과를 누산기에 저장하라는 명령어이다. 따라서 누산기는 연산에 있어서 데이터 소스 레지스터와 그 연산 결과를 저장하는 목적지 레지스터로 사용된다. ADD 명령어의 실행 사이클 동안에 다음과 같은 동작이 이루어진다.

① 더해질 데이터가 저장되어 있는 기억장치의 주소가 MAR에 실린다.
② MAR에 있는 기억장치 주소에 저장되어 있는 데이터가 MBR에 실린다.
③ 누산기에 있는 데이터와 MBR에 있는 데이터가 ALU에서 더해져서, 그 결과가 누산기에 저장된다.

위에 설명한 ADD 명령어의 실행 사이클 동안의 마이크로 연산들을 살펴보면 다음과 같다.

T_0 : MAR ← IR(addr)
T_1 : MBR ← M[MAR]
T_2 : AC ← AC + MBR

D. AND 명령어

AND 명령어는 ADD 명령어와 같이 데이터를 처리하는 명령어로써, 누산기의 내용과 기억장치에 저장되어 있는 내용이 AND 논리연산이 실행된 후에, 그 결과를 누산기에 저장하는 명령어이다. AND 명령어의 실행 사이클 동안에 다음과 같은 동작이 이루어진다.

① AND 연산이 실행되어질 데이터가 들어 있는 기억장치의 주소가 MAR에 실린다.
② MAR가 가지는 기억장치 주소에 저장되어 있는 데이터가 MBR에 실린다.
③ AC에 있는 데이터와 MBR에 있는 데이터가 AND 논리 연산을 수행한 후, 그 결과가 누산기에 저장된다.

위에 설명한 AND 명령어의 실행 사이클 동안의 마이크로 연산들을 살펴보면 다음과 같다.

T_0 : MAR ← IR(addr)
T_1 : MBR ← M[MAR]
T_2 : AC ← AC ∧ MBR

위에서 ∧은 AND 연산을 나타낸다.

E. 분기(Branch) 혹은 점프(Jump)명령어

분기(Branch) 혹은 점프(Jump) 명령어는 제어기능을 수행하는 명령어의 한 예로써 프로그램의 순서를 바꾸는데 사용되는 명령어이다. 이 명령어가 실행되어진 다음에 실행되어질 명령어가 저장되어 있는 곳은 실행결과에 따라 PC가 가지는 주소이거나 분기(Branch) 혹은 점프(Jump) 명령어에 포함되어 있는 주소 중의 하나이다. 분기(Branch) 혹은 점프(Jump) 명령어의 실행 사이클 동안에 다음과 같은 동작이 이루어진다.

① 분기(Branch) 혹은 점프(Jump) 명령어에 포함되어 있는 주소가 PC에 실린다.

분기 혹은 점프 명령어의 실행 사이클 동안의 마이크로 연산들을 살펴보면 다음과 같다.

$$T_0 \ : \ PC \leftarrow IR(addr)$$

F. 간접 사이클

일반적으로 명령어 인출 사이클에서는 앞에서 살펴보았듯이 데이터의 인출을 위하여 기억 장치를 한 번 액세스함으로 실행된다. 그러나 만약 간접주소지정 방식이 사용되어질 경우에는 기억장치를 두 번 액세스해야 한다. 즉, 처음에 기억장치를 액세스하여 얻은 데이터는 명령어 실행에 필요한 데이터가 아니라 필요한 데이터가 저장되어 있는 메모리 주소 값을 나타낸다. 이러한 간접주소지정 방식이 사용되어지는 것은 명령어 형식에서 연산자를 지정하는 필드의 비트 수가 적기 때문에, 지정할 수 있는 메모리가 제한될 경우에 많이 사용된다. 자세한 간접주소지정 방식에 대하여서는 4.6 절의주소지정 방식 단원에서 설명하기로 한다. 간접 사이클 실행 동안에 다음과 같은 동작이 이루어진다.

① 명령어의 주소 부분이 MAR에 실린다.
② MAR에 저장된 값에 해당하는 메모리 주소의 데이터가 MBR에 실린다.
③ MBR에 실린 데이터가 IR의 주소 필드에 실리게 된다.

간접 사이클의 실행 동안의 마이크로 연산들을 살펴보면 다음과 같다.

$$T_0 \ : \ MAR \leftarrow IR[addr]$$
$$T_1 \ : \ MBR \leftarrow M[MAR]$$
$$T_2 \ : \ IR[addr] \leftarrow MBR$$

G. 인터럽트 사이클

인터럽트 사이클은 CPU의 정상적인 동작 중에 입출력 장치로부터의 CPU 처리 요청이 발생하였을 경우에 실행된다. 대부분의 컴퓨터에서는 다양한 방식으로 인터럽트(interrupt)를 처리하는 메커니즘을 가지고 있다. 인터럽트가 발생하면 CPU는 원래 수행하던 프로그램의 실행을 중단하고 요구된 인터럽트를 먼저 처리한다. 이러한 인터럽트 수행은 인터럽트 서비스 루틴(Interrupt Service Routine : ISR)을 호출하여 수행한다. 인터럽트 처리는 다음과 같은 순서로 이루어진다.

① 어떤 장치가 인터럽트 요구를 CPU로 보낸다.
② CPU는 인터럽트 요구를 확인하여 해당 인터럽트 서비스 루틴을 호출하여 수행한다.
③ 요청되어진 인터럽트 서비스 루틴 실행이 종료되면, CPU는 원래의 프로그램 수행을 계속한다.

위와 같이 인터럽트 처리를 위하여 CPU에서 수행되어지는 동작은 다음과 같다.

① 현재 실행하고 있는 명령어를 처리한 후, 다음에 실행될 명령어 주소를 가지고 있는 PC의 내용을 스택(stack)에 저장한다.
② 요청되어진 인터럽트 서비스 루틴을 호출하여 그 서비스 루틴의 시작 주소를 PC에 저장한다.

이 때 저장되어지는 서비스 루틴의 시작 주소는 일반적으로 인터럽트를 요구한 장치로부터 전송되어지거나 혹은 미리 정해진 값으로 결정된다.

인터럽트 처리 과정을 포함한 명령어 실행과정에 대한 흐름도를 아래의 그림 3－8에서 보여 준다.

인터럽트 사이클이 수행되는 동안 이루어지는 마이크로－연산을 살펴보면 다음과 같다.

$$T_0 : \text{MBR} \leftarrow \text{PC}$$
$$T_1 : \text{MAR} \leftarrow \text{SP},\ \text{PC} \leftarrow \text{ISR(addr)}$$
$$T_2 : \text{M[MAR]} \leftarrow \text{MBR}$$

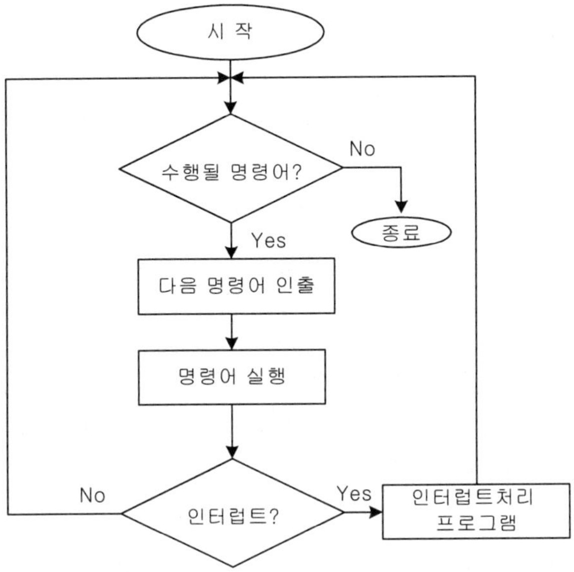

그림 3-8 인터럽트 사이클을 포함하는 명령어 실행 사이클

3.3 명령어 파이프라이닝

3.3.1 명령어 파이프라인

일반적으로 CPU의 속도 향상은 컴퓨터 시스템의 성능 향상에 많은 영향을 미치므로 CPU의 성능 향상에 대한 연구가 많이 이루어지고 있다. 1장의 컴퓨터 성능에서 살펴 보았듯이 일반적으로 컴퓨터의 성능을 향상시키는 방법으로 다음의 세 가지를 들 수 있다.

- 수행되어지는 명령어의 수를 줄인다.
- 클럭 사이클 시간(clock cycle time)을 줄인다.
- 명령어 당 평균 클럭 사이클(CPI)의 값을 줄인다.

위의 세 가지 성능 향상 요소들은 다음과 같은 방법을 통하여 더 나은 성능을 얻을 수 있다.

- 명령어의 수는 더 좋은 알고리즘 혹은 더 나은 최적의 컴파일러를 사용함으로 줄일 수 있다.
- 클럭 사이클 시간은 더 빠르게 하는 기술(faster technology)을 사용함으로 줄일 수 있다.
- CPI의 값은 먼저 병렬처리를 통하여 하나의 사이클 당 하나 이상의 명령어를 실행할 수 있고, 또한 파이프라인(Pipeline)을 사용하여 여러 명령어의 실행을 중첩하여 실행함으로 줄일 수 있다.

즉, 위에서 설명한 컴퓨터의 성능 향상을 위한 요소들 중에 처음 것은 알고리즘과 컴파일러 문제이고, 두 번째는 첨단기술 문제로 귀착되므로, 여기에서는 세 번째 요소인 CPI를 줄이는 방안에 대하여 설명하기로 한다.

파이프라이닝은 클럭 사이클 수를 줄이며, 동시에 CPI를 줄이는 가장 간단한 방법이다. 즉, 파이프라이닝은 여러 개의 명령어들이 중첩되어 실행되는 구현 기술을 말한다. 쉽게 말하면, 컴퓨터에서 하나의 프로세서를 서로 다른 기능을 가진 여러 개의 서브프로세스(subprocess)로 나누어 각 서브프로세스가 동시에 서로 다른 데이터를 취급하도록 하는 기법이다. 각 서브프로세스 단계에서 수행된 연산결과는 다음 단계로 연속적으로 넘어가게 되어 데이터가 마지막 단계를 통과하게 되면 최종적인 연산 결과를 얻게 된다. 이러한 방법으로 하나의 진행에서 연산을 중복시키는 것은 각 단계마다 레지스터를 둠으로써 가능하다. 여기에서 사용되어지는 레지스터들은 각 단계마다 연산 결과를 보관함으로써 여러 개의 데이터에 대한 연산 결과를 보관하는 기능을 수행한다.

이와 같은 파이프라이닝에 대한 개념을 다음의 세탁기를 사용한 "빨래하는 일"을 통하여 살펴보기로 한다.

세탁기를 사용한 빨래는 다음의 세 가지 과정으로 나눌 수 있으며, 각 과정에서 소요되는 시간은 다음과 같다고 가정한다.

- 물 세탁(Washing) : 세탁물을 세탁기에 넣고 물세탁을 한다. → 30분 소요
- 세탁물 말리기(Drying) : 물세탁이 끝나면 빨아진 젖은 옷을 건조기에 넣고 말린다. → 40분 소요
- 세탁물 정리(Holding) : 건조가 끝나면 세탁물을 정리한다. → 20분 소요

이 때 A, B, C, D 네 사람이 세탁물을 가지고 있다고 할 때, 순차적으로 세탁할 경우와 파이프라인을 사용하여 세탁할 경우 전체 소요되는 시간에 대하여 살펴보면 다음과 같다.

① 순차적인 방법으로 세탁할 경우
각 사람들은 자신의 빨래를 세탁하는데 90분씩 필요하므로 네 사람의 세탁을 위해 총 360분이 소요된다.

② 파이프라인 방법으로 세탁할 경우
- A가 물세탁을 끝내고 말리는 동안에 B가 물세탁을 시작한다.
- A가 정리하는 동안 B는 말리고, 그 동안 C는 물세탁을 시작한다.
- 위와 같은 방법으로 모든 세탁을 끝내는 시간은 총 210분이 걸린다.

위에서 살펴 본 바를 요약하면 "파이프라이닝은 어떤 일을 실행함에 있어서 하나의 일을 여러 과정(단계)으로 나누어서, 중첩(overlay)되게 실행함으로써 성능을 높이는 방법이다"라고 정의할 수 있다.

이러한 파이프라인 방식을 명령어 실행 사이클에 적용하면 다음과 같다. 즉, 명령어 실행 사이클은 다음과 같이 6 개의 단계로 나눌 수 있다.
1단계 : 다음에 수행되어질 명령어를 메모리로부터 인출한다.
2단계 : 인출되어진 명령어를 해석한다.
3단계 : 명령어 수행에 필요한 연산자가 있는 주소를 계산한다.
4단계 : 필요한 경우에 연산을 위하여 피연산자를 인출한다.
5단계 : 연산을 수행한다.
6단계 : 연산 결과를 기억장치에 저장한다..

아래의 그림 3-9는 하나의 프로세스가 m 단계로 나누어진 일반적인 파이프라인 구조를 보여 주고 있다. 그림에서 i 번째 단계에서 처리된 결과가 다음 단계인 $i+1$ 번째 단계에서 처리된다. 그러나 i 번째 단계에서 명령어가 실행되는 동안에 다른 명령어가 $i+1$ 번째 단계에서 처리되어지므로 동시에 여러 명령어가 실행된다. 즉, 아래 그림의 파이프라인에서는 최대 m 개의 명령어가 동시에 실행되어질 수 있다. 또한 각 단계에서 서로 충돌이 일어나지 않도록 각 단계 사이에 버퍼(buffer) 레지스터를 놓는다.

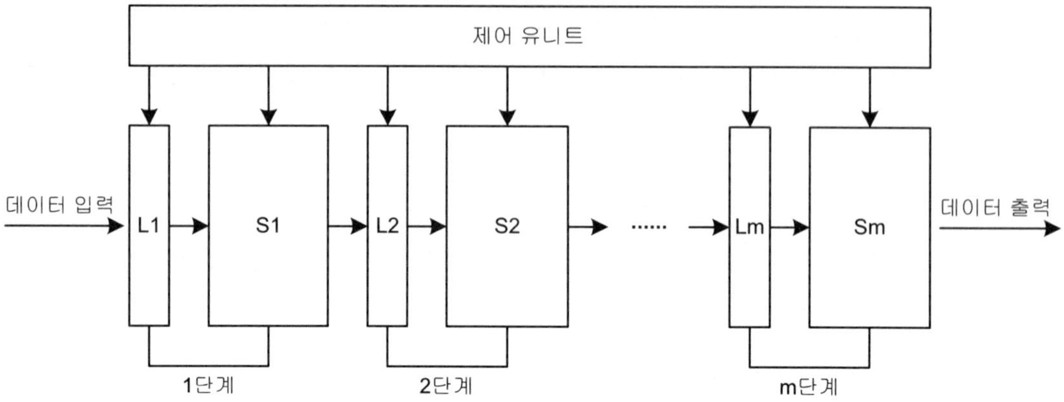

그림 3-9 데이터 처리를 위해 m 단계를 가지는 파이프라인의 구조

앞 절에서 살펴 본 바와 같이 명령어 실행 사이클은 크게 명령어 인출 단계와 명령어 실행 단계로 나눌 수 있다. 즉, 명령어 실행을 두 단계로 나누어 실행할 수 있다. 이처럼 명령어 실행을 두 단계로 나눈 것을 2-단계 명령어 파이프라인(two-stage instruction pipeline)이라고 부른다. 따라서 파이프라인 개념을 적용하여 명령어를 수행하는 과정에 대한 시간 흐름도는 아래의 그림 3-10에서 보여 준다.

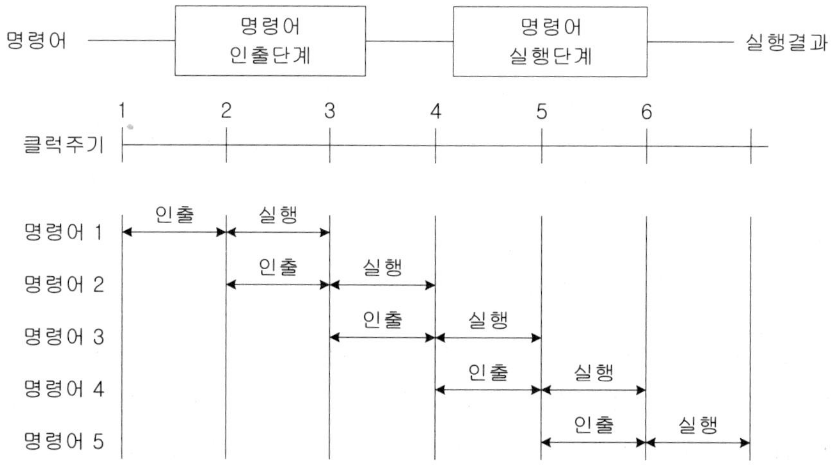

그림 3-10 2-단계 명령어 파이프라인 실행 흐름도

파이프라인과 마찬가지로 CPI값을 줄일 수 있는 다른 방법인 병렬처리는 파이프라

인 방식과 개념을 달리한다. 아래의 그림을 통하여 병렬처리와 파이프라인 방식의 차이점에 대하여 설명하기로 한다.

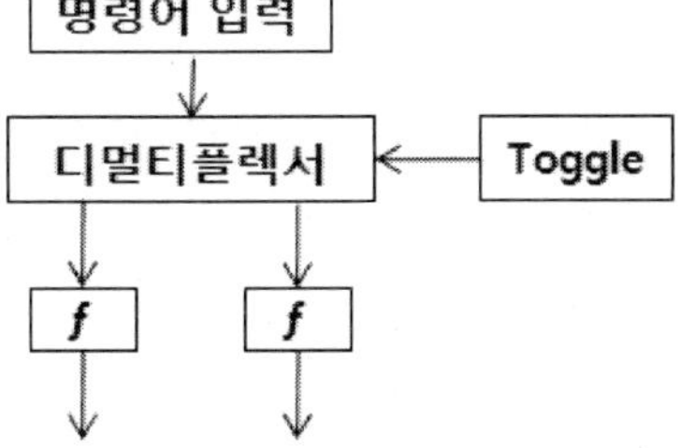

그림 3-11 병렬처리를 통한 명령어 처리 방법

위의 그림 3-11에서 보는 바와 같이 두 개의 프로세서를 사용한 병렬처리는 다음과 같은 방식으로 동작한다.

먼저 역다중화기(Demultiplexer)를 통하여 들어 온 명령어는 두 개의 프로세서로 교대로 입력되어 처리된다. 만약 하나의 프로세서가 하나의 명령어를 처리하는 시간이 T 사이클 소요된다고 할 때, 이 경우 하나의 명령어를 실행하는데 평균 T/2 사이클이 소요되며, n 개의 명령어를 처리함에 있어서 nT/2 사이클이 소요된다.

파이프라인을 통한 명령어의 처리는 아래의 그림 3－12과 같이 명령어의 처리가 2단계로 나뉘어 실행된다.

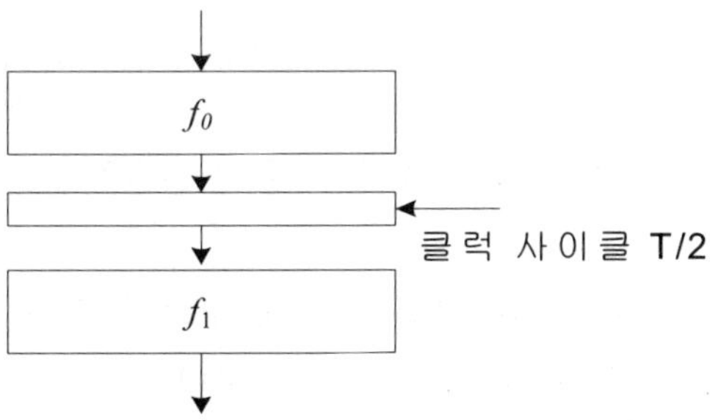

그림 3－12 파이프라인을 통한 명령어의 실행 방법

파이프라인 방식에서도 병렬처리 방법과 같이 하나의 명령어를 처리하는 시간이 T 사이클 소요된다고 할 때, 하나의 명령어를 실행하는데 평균 T/2 사이클이 소요되며,

n 개의 명령어를 처리함에 있어서 약 nT/2 사이클이 소요된다. 그러나 병렬처리 방법에 있어서는 데이터 처리를 위해 동일한 프로세서를 두 개 필요하지만, 파이프라인 방식에서는 하나의 프로세서를 두 개의 서로 다른 서브 프로세서로 나누어 사용한다는 차이점을 가진다.

위에서는 2단계의 파이프라인을 통한 명령어의 실행과정을 설명하였지만, 실재로는 필요에 따라 이보다 더 많은 단계로 구분될 수 있다. 다음의 예는 6단계의 명령어 파이프라인을 통한 명령어의 실행을 보여 주고 있다.

- 명령어 인출(FI, Fetch Instruction)
- 명령어 해석(DI, Decode Instruction)
- 연산자의 주소의 계산(CO, Calculating Operand's Address)
- 연산자 인출(FO, Fetch Operand)
- 명령어 실행(EI, Executing Instruction)
- 결과 저장(WO, Write Result)

6단계의 파이프 라인을 통한 명령어 실행의 흐름도는 아래의 그림 3-13에서 보여준다.

	1	2	3	4	5	6	7	8	9	10	11	12	13
명령어 1	FI	DI	CO	FO	EI	WO							
명령어 2		FI	DI	CO	FO	EI	WO						
명령어 3			FI	DI	CO	FO	EI	WO					
명령어 4				FI	DI	CO	FO	EI	WO				
명령어 5					FI	DI	CO	FO	EI	WO			
명령어 6						FI	DI	CO	FO	EI	WO		
명령어 7							FI	DI	CO	FO	EI	WO	
명령어 8								FI	DI	CO	FO	EI	WO

그림 3-13 6단계의 파이프 라인을 통한 명령어 실행의 흐름도

물론 파이프라인의 단계는 필요에 따라 다르게 구분할 수 있다. 다음은 4 단계의 파이프라인에서의 각 단계별 수행되어지는 기능들이다.

- 명령어 인출(FI, Fetch Instruction)
- 명령어 해석(DI, Decode Instruction)
- 연산자 인출(FO, Fetch Operand)

• 명령어 실행(EI, Executing Instruction)

그러나 다음 절에서 파이프라인의 성능에 대해서 설명하겠지만, 파이프라인의 단계 수를 늘이면 명령어 실행속도 향상을 얻을 수 있다.

3.3.2 명령어 파이프라인의 성능

명령어 파이프라인을 통한 컴퓨터의 성능을 아래의 예를 통하여 설명하기로 한다.

m 단계의 파이프라인을 가지는 컴퓨터에서 하나의 명령어를 실행하는데 걸리는 시간을 T라고 하자. 일반적으로 하나의 명령어를 실행한 후 다음 명령어를 실행하는 사이에 약간의 시간이 필요하다. 이러한 시간을 래치시간(Latch Time)이라고 하는데, L로 표현하기로 한다. 이 때 파이프라인의 각 단계에서 걸리는 시간은 T/m가 된다. 실행되어질 프로그램이 총 n개의 명령어로 이루어진다고 가정할 때, 프로그램을 실행하는데 걸리는 전체시간 T_{total}은 다음과 같다.

① 파이프라인을 사용하지 않을 경우

$$T_{total} = n \times T \qquad (1)$$

② 파이프라인을 사용할 경우

$$T_{total} = m(T/m + L) + (n-1)(T/m + L) \qquad (2)$$

위의 식 (2)에서 m(T/m + L)은 n 개의 명령어 중 첫 번 째 명령어를 실행하는데 걸리는 시간이다. 그리고 (n－1)(T/m + L)은 첫 명령어를 제외한 나머지 (n－1)개의 명령어를 실행하는 데 걸리는 시간이다.

따라서 위의 두 식을 통하여 파이프라인을 사용함으로 얻을 수 있는 속도향상분(Speedup)은 다음과 같다.

A. 래치 시간을 고려하지 않을 경우

이 경우는 위의 식 (2)에서 L=0인 경우이다. 따라서 식 (2)는 다음과 같이 표현되어질 수 있다.

$$T_{total} = T + (n-1) \times {}^{T}\!/_{m} \qquad (3)$$

만약 각 단계의 처리 시간이 단위 클럭시간 t_{clock} 라고 가정하면, 하나의 명령어 실행에 필요한 시간 $T = t_{clock} \times m$ 이 성립한다. 여기서 만약 $t_{clock} = 1$로 생각하면 위의 식은 다음과 같다.

$$T_{total} = T + (n-1) \times \frac{T}{m} = m + (n-1) \qquad (4)$$

따라서 식 (4)와 (1)을 통해서 Speedup은 다음과 같이 표현될 수 있음을 알 수 있다.

$$Speedup = \frac{m \times n}{m + (n-1)} \qquad (5)$$

B. **래치 시간을 고려할 경우**

$$Speedup = \frac{(\text{파이프라인이 없는 경우에 걸린 시간})}{(\text{파이프라인이 있는 경우에 걸린 시간})}$$

$$= \frac{nT}{m({}^{T}\!/_{m} + L) + (n-1)({}^{T}\!/_{m} + L)} \qquad (6)$$

위의 식 (6)을 통하여 우리는 다음과 같은 사실을 알 수 있다.

① 만약 실행되어질 명령어의 수가 무한대로 많을 경우, 즉 $n \rightarrow \infty$ 이라면 위의 식 (6)은 다음과 같이 표현된다.

$$Speedup = \frac{T}{{}^{T}\!/_{m} + L} \qquad (7)$$

② 위의 식 (7)에서 만약 래치시간 L이 각 단계에서의 실행시간 T/m보다 무시할 정도로 작다면 다음과 같이 표현된다.

$$Speedup = m \qquad (8)$$

위의 식들을 통하여 다음과 같은 결론을 얻을 수 있다.

m 단계의 파이프라인을 가지는 컴퓨터에서 이상적으로 m 배의 성능을 얻을 수 있다. 그러나 이상적인 m 배의 성능을 얻기 위하여 다음과 같은 조건들이 만족되어야 한다.

① m 단계의 실행시간(T/m)들은 모두 같아야 한다. 즉, 모든 단계들에서의 실행 시간이 같아야 한다.
② 래치시간이 각 단계에서의 실행시간보다 무시할 정도로 작아야 한다.
③ 실행되어야 할 명령어의 수가 많아야 한다.

일반적으로 파이프라인을 통하여 얻을 수 있는 컴퓨터의 성능 향상은 파이프라인의 단계 수에 제한 받는다.

위에서 살펴 본 파이프라인 기능을 가진 컴퓨터의 성능(효율 및 지연)을 구해보면 다음과 같다.

파이프라인 각 단계에서 소요되는 시간은 t_i 로, 하나의 명령어를 실행하는데 필요한 시간을 T 라고 표시하면 다음과 같은 관계식을 가진다.

$$T = \sum t_i$$

컴퓨터의 성능 중 효율(Throughput)을 단위 시간 당 수행되어진 명령어의 수로 정의하면 파이프라인 기능을 가진 것과 파이프라인 기능을 가지지 않은 컴퓨터의 효율과 지연(Delay)는 다음과 같이 표현된다.

① 파이프라인이 없을 경우

$$\text{효율} = 1/T = 1/\sum t_i$$

$$\text{지연} = 1/\text{효율} = T = \sum t_i$$

② m 단계의 파이프라인이 있을 경우

$$효율 = {}^{1}\!\!/_{Max(t_i)} \le {}^{m}\!/_{T}$$

$$지연 = m \times Max(t_i) \ge T$$

위의 식에서 Speedup은 다음과 같이 표현된다.

$$Speedup \le \frac{\sum t_i}{Max(t_i)} \le m$$

따라서 속도향상분(Speedup)의 최대 값은 파이프라인 단계와 같다.
그러나 만약 래치 시간(Larch Time) 등으로 인한 기타 다른 지연인 △>0이 존재한다면 효율, 지연, 성능 향상 분(Speedup)은 다음과 같이 표현된다.

$$효율 = {}^{1}\!\!/_{(\Delta + Max(t_i))}$$

$$지연 = n \times (\Delta + Max(t_i))$$

$$\text{Speedup} = {}^{\sum t_i}\!\!/_{(\Delta + Max(t_i))}$$

래치 시간을 고려한 파이프라인 컴퓨터의 성능 향상에 대한 것을 아래의 예제를 통하여 살펴보기로 한다.

[예제 3.1]

다음과 같이 3 단계의 파이프라인 컴퓨터의 효율, 지연, Speedup을 구하여라.
단, 래치 시간 △ = 2ns이라고 한다.

$t_1 = 8\ ns$	$t_2 = 12\ ns$	$t_3 = 10\ ns$

<풀이>

- 효율 = 1/(2ns + 12 ns) = 1/ 14ns
- 지연 = 3 x (2ns + 12ns) = 42 ns
- Speedup = 30 ns/(2 ns +12 ns) = 2.14 < 3

3.3.3 명령어 파이프라인에서의 장애(Hazard) 요소

위에서 설명한 파이프라인의 성능을 최대로 하기 위한 조건 이외에도 다음과 같은 조건들이 만족해야 한다. 첫째로 모든 명령어들이 똑같은 단계를 거쳐야 한다. 두 번째로 동일한 단계에서 같은 하드웨어를 동시에 둘 이상 접근하지 않는다는 가정이 필요하다. 그러나 이런 가정은 프로그램의 수행을 위에서 기술한 파이프라인의 여러 단계로 나누어 실행시킬 경우에는 현실적으로 맞지 않는다. 앞의 그림 3-13에서 보여주고 있는 6 단계 파이프라인의 경우에서 볼 수 있듯이, 6번 째 사이클에서 첫 번째 명령어의 결과를 저장하고 (WO), 3번 째 명령어 실행을 위한 연산자를 인출하고 (FO), 6 번째 명령어를 인출하는 것(FI)이 동일한 사이클에서 일어난다. 즉, 동일한 사이클 내에서 메모리로부터 인출과 메모리의 저장이 동시에 일어나고 있다. 그러나 메모리는 동시에 읽거나 쓸 수 없고, 한 번에 하나씩의 기능만이 가능하다. 둘째로 모든 명령어가 똑같은 단계를 거치지 않고 실행될 수 있다는 것이다. 예를 들어, 메모리로부터 데이터를 CPU로 가져오는 LOAD 명령어 실행에 있어서는 명령어 인출 - 명령어 해석 - 메모리 접근 - 데이터 이동 등 4 단계만 필요하지만, ADD 혹은 SUB와 같은 산술 연산 명령어는 위의 4 단계 이 외에도 연산자 인출 과정이 필요하다. 마지막으로 명령어의 실행은 정해진 순서대로 실행된다는 가정이 필요하다. 그러나 프로그램의 실행은 항상 순서대로 이루어지지 않는다. 예를 들어, 분기(Branch) 명령어가 실행되면, 그 결과에 따라서 명령어의 실행 순서가 바뀔 수 있다.

따라서 위에서 살펴 본 조건들이 만족하지 않을 경우에는 명령어 파이프라인을 가지는 컴퓨터의 성능은 저하된다. 위에서 설명되어진 것과 같은 파이프라인에서의 장애 요소(Hazard)들은 다음과 같이 구분되어질 수 있다.

- 구조적 장애(Structural Hazard)
- 데이터 장애(Data Hazard)
- 제어 장애(Control Hazard)

1) 구조적 장애(Structural Hazard)

구조적 장애는 두 개 혹은 그 이상의 명령어들이 같은 명령어 사이클에서 동일한 하드웨어를 동시에 사용함으로 일어난다. 앞에서 설명되었듯이 그림 3－13에서 하나의 사이클 동안에 명령어 인출을 위한 메모리 액세스와 실행 결과를 쓰기 위한 메모리 액세스가 동시에 일어나는 경우가 있다. 이런 경우에는 하나의 메모리를 동시에 액세스할 수 없음으로 프로그램의 실행에 장애를 초래한다. 일반적으로 전체 프로그램에서 메모리를 사용하는 명령어인 Load/Store가 명령어가 어떤 프로그램에서 차지하는 비중이 거의 30 %에 이르므로 같은 사이클에 메모리를 동시에 사용할 경우가 많이 발생한다. 이러한 구조적 장애는 다음과 같은 방법들로 제거할 수 있다.

A. 명령어 실행을 지연(stall) 시키는 방법

이 방법에서는 같은 사이클에 동시에 명령어의 인출과 저장과 같은 메모리의 액세스가 발생하면 나중에 실행되는 명령어의 메모리 접근 동작을 지연시킨다. 즉, 동시에 메모리 액세스를 지원할 수 없으므로 하나의 명령어에서의 메모리 액세스를 지원하는 동시에 다른 메모리 액세스는 지연시켜 나중에 실행시킨다. 이러한 방법은 간단하고, 상대적으로 적은 비용이 드는 장점을 가지는 반면에 CPI를 증가시킨다는 단점도 가진다.

B. 복수의 자원을 사용하는 방법

이 방법에서는 앞의 예에서와 같이 메모리와 같은 동일한 자원을 동시에 사용이 가능하도록 하드웨어 자원을 여러 개 사용하는 것이다. 따라서 이 방법은 성능을 향상시키는 장점을 가지나, 반면에 비용이 많이 드는 단점도 가진다.

2) 데이터 장애(Data Hazard)

데이터 장애는 연산자(operand)의 인출이 명령어 실행 순서와 다르게 이루어짐으로 발생한다. 데이터 장애의 발생을 다음의 예를 통하여 설명한다. 어떤 프로그램의 일부가 다음과 같은 명령어로 이루어져 있다고 가정한다.

```
................
100  ADD   R1,   R2,   R3    ; R1 ←  R2 + R3
101  ADD   R4,   R1,   R5    ; R4 ←  R1 + R5
..................
```

위의 프로그램에서는 100 번지에 있는 첫 번째 명령어와 101 번지에 있는 두 번째 명령어 모두 ADD 명령어로 이루어져 있다. 첫 번째 명령어는 레지스터 R2의 내용과

R3의 내용을 더해서 레지스터 R1에 저장하는 것이고, 두 번째 명령어는 위의 100 번지에 있는 ADD 연산이 실행된 후에 R1에 저장되어 있는 새로운 값과 레지스터 R5에 들어 있는 값을 더하여 레지스터 R4에 저장하는 것이다. 위의 두 명령어가 4 단계의 파이프라인을 통하여 실행되어지는 흐름도는 아래의 그림 3-14와 같다.

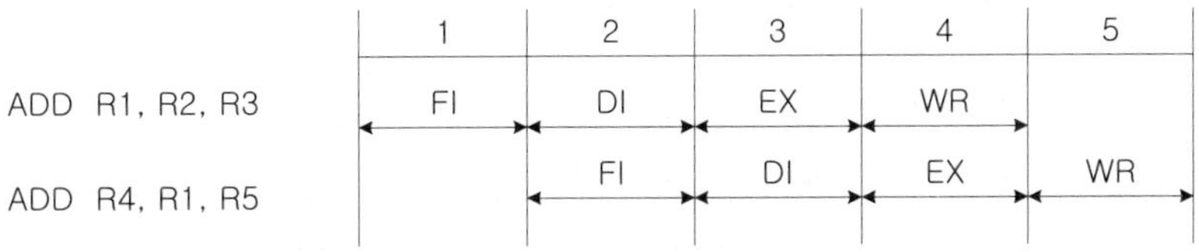

그림 3-14 4 단계 파이프라인을 통한 명령어 처리

위의 파이프라인의 흐름도에서 볼 수 있듯이 첫 번째 명령어에서 레지스터 R2의 내용과 레지스터 R3의 내용을 더해서 레지스터 R1에 저장되는 것은 4번 째 사이클에서 이루어진다. 그러나 두 번째 명령어에서 레지스터 R1의 내용은 4번째 사이클에서 인출되어지므로, 앞의 명령어에서 실행되어진 결과 값이 아닌 원래의 R1값이 인출된다. 따라서 위의 두 명령어를 파이프라인을 사용하여 실행 결과는 우리가 예상하는 값이 아닌 다른 값이다. 이러한 현상을 데이터 장애(data Hazard)라 부른다. 데이터 장애를 해결하기 가장 쉬운 방법으로 위의 예제에서 두 번째 명령어 수행을 위한 연산자 인출을 5번 째 사이클 이후에 이루어지도록 실행을 지연(stall)시키는 것이다. 이처럼 데이터의 실행을 지연시키면 CPI가 증가하여 자연히 성능이 떨어진다. 따라서 명령어의 실행을 지연(stall)시키는 대신에 또 다른 방법으로 앞의 명령어의 더하기 연산이 끝나자마자 이 결과 값을 뒤의 덧셈 연산의 입력으로 제공하는 것이다. 이러한 방식을 순방향전송(forwarding) 혹은 바이패싱(bypassing)이라 부른다. 즉, 순방향전송 방식에서는 특별한 하드웨어를 사용하여 데이터의 충돌을 감지하고 별도의 통로를 통하여 데이터를 연결함으로써 충돌을 피하도록 한다. 예를 들어, ALU의 연산 결과를 곧바로 목적지 레지스터로 전송하는 대신에 목적지 피연산자를 검사하여, 이것이 다음 명령어의 피연산자로 사용된다면 레지스터를 거치지 않고 곧바로 ALU 입력에 연결해 준다. 그러나 이 방법에서는 충돌을 감지하는 회로 외에 멀티플렉서를 통과하는 별도의 하드웨어를 필요로 한다. 아래의 그림 3-15는 4 단계 파이프라인을 통한 두 개의 덧셈 명령어의 실행 중에 발생할 수 있는 데이터 장애를 순방향 전송을 사용하여 실행하는 것을 보여 주고 있다.

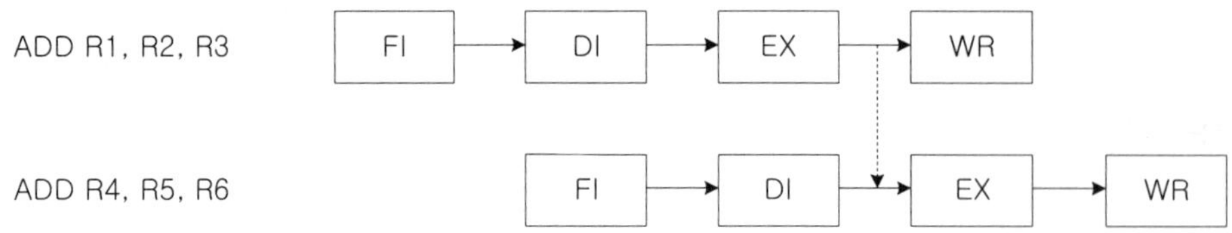

그림 3-15 순방향 전송 방식에 의한 명령어의 실행

또 다른 방법은 하드웨어 인터락(Hardware Interlock)을 사용하는 것이다. 인터락은 어떤 명령어의 피연산자가 파이프라인에서 앞서간 명령어의 목적지와 일치하는지를 검사하는 회로이다. 이러한 상황이 감지되면, 피연산자가 준비되지 않은 명령어는 충돌을 피할 수 있을 만큼 충분한 클럭 사이클 동안 지연되어 실행된다.

또 다른 방법으로 어떤 컴퓨터에서는 컴파일러를 통하여 데이터 충돌문제를 해결한다. 이러한 컴퓨터에서 컴파일러는 데이터 충돌을 감지하고, 무동작(no-operation) 명령어를 삽입함으로써 충돌된 데이터의 참조가 지연되도록 명령어를 재배치한다. 이러한 방법을 지연된 로드(delayed load)라고 부른다.

3) 제어 장애(Control Hazard)

일반적으로 제어 장애는 분기 명령의 실행으로 인하여 발생한다. 즉, PC의 내용은 하나의 명령어가 실행되어진 후에 원래의 순차적인 명령어 실행을 가정하여 업데이트 되어지거나, 또한 분기 혹은 점프 명령어의 실행 결과로 업데이트 되어질 수 있다. 분기 혹은 점프 명령어의 경우에는 명령어 실행이 끝난 후에야 분기 혹은 점프 여부가 결정된다. 그러나 파이프라인에서는 하나의 명령어가 실행 완료되기 전에 다른 명령어를 인출하기 때문에 분기 혹은 점프가 발생되는 경우에는 이전에 인출하여 실행한 모든 일들이 소용없게 된다. 따라서 이러한 분기 명령어를 만났을 경우 그 결과를 미리 예측하여 적절한 PC의 값을 가짐으로써 파이프라인에서의 제어 장애를 막을 수 있다. 명령어 실행의 분기로 인한 성능저하를 막기 위하여 다음과 같은 방법들이 사용되어지고 있다.

3.3.4 분기(Branch) 명령에 의한 성능 저하

앞에서 설명되었듯이 파이프라인을 통한 성능의 향상은 모든 명령어들이 같은 단계로 나누어지며, 또한 각 단계는 실행시간이 동일한 경우라는 가정에서 나누어진 단계의 수만큼의 성능향상을 이룰 수 있다. 그러나 명령어 중에 점프(Jump) 명령어 등과 같이 무조건 분기를 일으키거나 혹은 JZ 등과 같이 조건부 분기를 일으키는 경우가 있다. 이 중에서 조건부 명령어의 경우에 분기가 일어날 지 혹은 분기가 일어나지 않을 지는 그 명령어의 실행이 끝난 이후에 알 수 있다. 따라서 만약 CPU의 명령어 실행을 항상 원래의 PC에 있는 순서대로 인출하여 실행하는 경우 문제가 발생한다. 즉, 분기가 일어나지 않을 것이라는 가정에서 다음 명령어를 실행하였는데, 분기가 일어난다면 전에 인출하여 실행된 IF, FO 등의 일들은 필요가 없게 된다. 이러한 조건 분기를 처리하는 한 가지 방법은 순차적으로 다음에 있는 명령어와 함께 분기의 목표가 되는 명령어를 미리 가져와 분기가 수행될 때 까지 저장하는 것이다. 따라서 분기가 결정된 다음에는 어떠한 프로그램 흐름이 선택될지라도 중단 없이 파이프라인이 동작할 수 있다.

아래의 그림 3-16은 조건 분기가 있을 경우에 명령어의 실행에 대한 시간 흐름도를 보여 준다. 즉, 그림에서는 4 단계의 파이프라인에서 2 번째 명령어가 명령어 10 번째로 분기하는 조건부 분기일 경우, 이 조건이 만족이 되어 분기가 되어 실행되어지는 시간의 흐름도를 보여 준다.

그림 3-16의 예에서는 2 번째 명령어의 실행단계(EX)가 끝나는 5번 째의 주기 이후에 분기가 일어나는지를 알 수 있다. 따라서 이 때까지 수행된 순차적인 명령어 실행들이 소용없게 되고, 다음 명령어인 10 번째 명령어가 클럭 주기 6번부터 실행을 시작한다.

	1	2	3	4	5	6	7	8	9	10
명령어 1	1F	1D	0F	EX						
명령어 2		1F	1D	0F	EX					
명령어 3			1F	1D	0F					
명령어 4				1F	1D					
명령어 5					1F					
명령어 10						1F	1D	0F	EX	
명령어 11							1F	1D	0F	EX

그림 3-16 조건분기 명령어가 존재할 경우의 시간 흐름도

따라서 이러한 분기 명령어가 있는 경우에 성능 저하를 막기 위해 다음과 같은 여러 방안들이 제안되었다.

1) 다중 스트림 처리(Multiple streams)

이 방식에서는 분기 명령어를 만났을 경우에 파이프라인의 원래의 것 즉, 정상적인 PC의 업데이트 값과 분기가 예상되어지는 분기 목적지 주소 모두를 한꺼번에 인출한다. 따라서 실재로 분기가 일어났을 경우나 혹은 분기가 일어나지 않았을 경우 모두 같은 명령어 실행시간이 소요된다. 그러나 이 방식에서는 동시에 두 개의 명령어가 필요하므로 메모리 충돌 확률이 높다는 단점을 지닌다.

2) 분기 목적지 선인출(Prefetch branch target)

이 방식에서는 분기 명령어가 해독(decode)되어질 때, 분기 목적지(branch target) 명령어를 인출하여 선인출 버퍼(prefetch buffer)에 가져다 놓는 방식이다. 따라서 만약 분기가 이루어지지 않으면 원래의 순서대로 다음 명령어가 실행됨으로 손실이 없고, 또한 분기가 일어나도 미리 분기 명령어를 선인출하였으므로 분기로 인한 영향을 줄일 수 있다는 장점을 가진다.

3) 루프버퍼의 사용(Loop buffer)

이 방식은 선인출 버퍼를 확장하여 여러 실행된 명령과 실행될 명령들을 작은 고속 기억장치인 루프버퍼를 사용하여 버퍼링하는 하는 것이다. 이 방식에서 루프 버퍼의 크기가 크다면 전체 프로그램의 전체 루프(loop)를 가질 수 있기 때문에 성능을 크게 향상시킬 수 있다.

4) 분기 예측(Branch Prediction)

이 방식은 분기 명령어의 실행 결과를 예측함으로 분기로 인한 성능 저하를 막는 방법이다. 이러한 분기 예측 방법에는 여러 방식들이 제안되었는데, 이들 방식들은 다음과 같은 방식으로 동작한다.

① 분기가 결코 일어나지 않을 것이라고 예측하는 방법(Predict never taken)

앞에서 설명되었듯이 분기 명령어를 만났을 경우에 명령어의 실행이 끝날 때까지 실행을 지연시키는 것은 명령어 실행시간을 너무 느리게 하기 때문에 성능 저하를 초래하는 단점을 가진다. 따라서 분기지연에 대한 일반적인 향상 방법 중에 하나가 분기 명령어를 만났을 경우에 분기가 일어나지 않을 것이라고 예측하여 순차적인 명령어를 인출하는 것이다. 이 경우에 분기가 일어나면 인출되어서 해석되었던 명령어들은 버려야 한다. 물론 실행은 분기 목적지에서 계속된다. 이러한 분기 예측을 사용하는 예로써 모토롤라의 68020 프로세서, VAX 11/780 등을 들 수 있다.

② 항상 분기가 일어날 것이라고 예측(Predict always taken)하는 방식

이 방법에서는 분기 명령어를 실행할 경우에 분기가 일어날 것이라고 예측하여 항상 분기 목적지의 명령어를 인출한다.

③ 명령어에 따라 예측(Predict by opcode)을 달리하는 방식

이 방법은 명령어 따라 분기 목적지 명령어를 인출할 지 아니면, 순차적인 명령어를 인출할 지를 결정한다.

④ 과거에 분기가 일어났는지의 사실에 기반을 두고 예측(Taken/not taken switch) 하는 방식

이 방식에서는 분기 명령어를 만났을 경우에 분기 여부에 대한 예측을 과거의 실행 결과에 따라 분기가 일어날 것인가를 결정한다. 즉, 과거에 같은 명령어가 실행되었을 때 분기가 일어났는지에 대한 것을 기억한 후, 그 기억에 의해 예측을 결정하는 것이다. 이 방식에서 어떤 분기 명령어에 대해 전에 분기가 일어났는데 또 다시 그 명령어를 만났을 경우 이번에도 분기가 일어날 것이라 예측하여 분기 목적지 명령어를 인출한다. 반대로 바로 전에 분기가 일어나지 않았던 명령어인 경우에는 분기가 일어나지 않을 것이라고 예측하여 순차적인 명령어를 인출한다. 이 방식에서 분기가 발생하였거나 혹은 발생하지 않았음을 기억하기 위하여 기억 비트를 필요로 한다. 만약 1 비트를 사용하면 바로 전의 결과만을 기억하고, 그 기억에 기반을 두고 분기 여부를 결정한다. 그러나 기억을 위하여 두 비트를 사용할 경우에는 보다 더 정확한 예측을 할 수 있게 된다. 아래의 그림은 기억 비트를 이용한 분기예측 방법을 보여 준다.

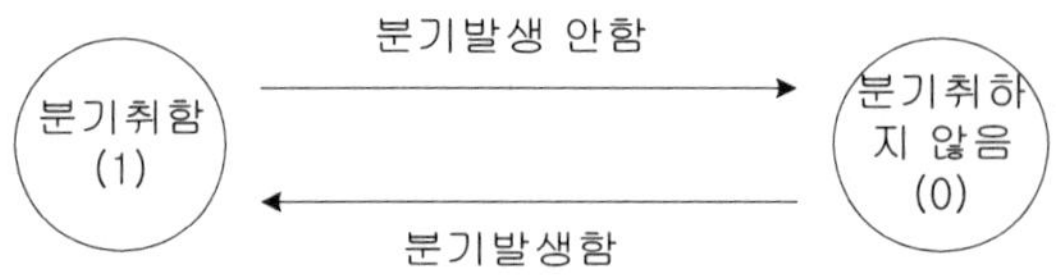

그림 3－17 1 비트를 이용한 분기 예측

위의 그림 3－17에서 "분기 취함" 상태를 1 비트를 이용할 경우 1 상태로, 그리고 "분기 취하지 않음" 상태를 0라고 가정한다. 여기서 "분기 취함" 상태란 이 상태에서 분기 명령어를 만나면 그 분기 명령어의 결과가 분기가 일어날 것이라고 예측하여 분기 목적지(branch target) 주소로 PC의 값을 업데이트한다. 반대로 "분기 취하지 않음" 상태에서 분기 명령어를 만나면 그 분기 명령어의 결과가 분기가 일어나지 않을 것이라고 예측하여 PC의 값을 순차적인 값으로 업데이트한다. 그러나 만약 "분기 취함" 상태에서 분기가 발생할 것이라고 생각하여 분기 목적지 주소로 PC를 업데이트 하였으나, 분기 명령어의 실행 결과 분기가 일어나지 않으면, PC의 내용을 다시 업데이트하고 "분기 취하지 않음" 상태로 천이한다. 이처럼 바로 앞의 결과를 기억하였다가 그 기억을 통하여 분기 발생 여부를 결정한다. 이러한 1 비트를 이용한 예측 방식은 바로 앞의 결과만을 사용하므로 정확성에 있어서 떨어진다. 따라서 좀 더 많은 기억 비트를 사용한다면 더욱 정확한 예측을 얻을 수 있을 것이다. 아래의 그림 3－18은 2 개의 비트를 기억 비트로 사용하는 경우를 보여 준다.

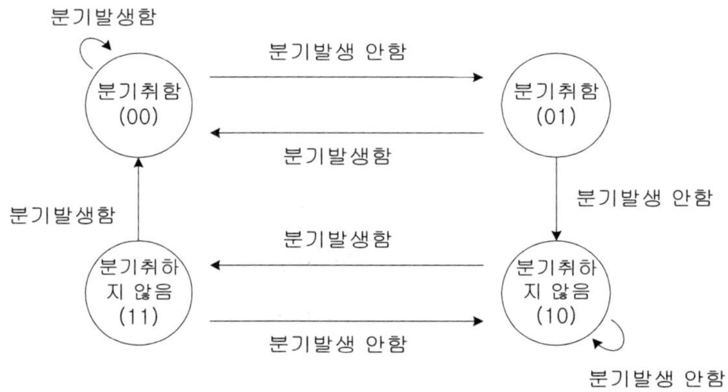

그림 3－18 두 비트를 이용한 분기예측 방법

이 그림은 앞의 한 비트를 이용한 분기예측 방식과 다르게 "분기 취함" 상태와 "분기 취하지 않음" 상태가 각각 두 개씩 모두 4 개의 상태가 존재한다.
그림에서 볼 수 있듯이 상태 00인 "분기 취함(Predict Taken)" 상태에서 분기명령어를 만나면, 분기할 것으로 생각하여 분기 목적지로부터 명령어를 인출한다. 그러나 명령어 실행 결과 분기가 일어나지 않았을 경우에는 상태 01의 "분기 취함" 상태로 천이한다. 이 상태에서 분기명령어를 만나면, 분기할 것으로 생각하여 분기 목적지로부터 명령어를 인출하는 것은 상태 00와 같으나, 이 상태에서 만약 분기가 일어나지 않으면 상태 10의 "분기 취하지 않음(Predict Not Taken)" 상태로 천이하게 된다. 따라서 1 비트를 사용할 경우보다 더 정확한 예측이 이루어질 수 있다.

⑤ 분기 역사 테이블(Branch history table)을 사용하는 방식

분기 목적지 버퍼(branch target buffer)라고도 불리는 이 방식은 분기에 대한 결정이 내려지는 즉시 명령어 인출을 함으로써 더 좋은 효율을 얻기 위하여 보다 많은 정보를 저장하는 방식이다. 분기 역사 테이블에는 분기 명령어의 주소, 그 명령어의 사용 상태 정보, 그리고 목적지 명령어 주소 등이 기억된다.

⑥ 지연 분기(Delayed branch)

이 방식은 프로그램의 명령어 실행 순서를 자동적으로 재배치함으로써 파이프라인의 성능을 개선시키는 방식이다. 즉, 분기 명령어 실행 순서를 바꿈으로써 분기로 인한 성능 저하를 막는 방법이다. 이것은 주로 컴파일러에 의해 의존하는데, 분기 명령어에 의해 영향받지 않는 명령어들을 지연분기 명령어 바로 다음으로 옮겨 놓으며 분기되는 분기 명령어는 이같은 안전한 명령어 다음의 명령어의 주소로 변경한다. 보통의 컴파일러는 약 50%의 명령어를 이처럼 지연 분기를 통하여 수행함으로 성능을 높인다.

Summary Check 요약정리

1. CPU는 메모리로부터 명령어를 인출하며, 인출된 명령어를 해독하여 필요한 연산을 수행하면서, 메모리를 통해 데이터에 접근하는데 필요한 메모리 주소와 제어 신호들을 제공한다.

2. ALU는 CPU의 레지스터 부분에서 데이터를 받아서 정해진 연산을 실행한 후에, 그 연산 결과를 다시 CPU 내부에 있는 레지스터에 저장한다.

3. 스택 포인터는 스택 주소지정방식에 사용되어지는데 스택의 최상위(top of stack)를 지정한다.

4. 프로그램 카운터(PC)는 다음에 실행되어질 명령어가 있는 주소를 가진다.

5. 제어유니트는 제어기억 장치로부터 마이크로명령어를 가져오고, 가져온 마이크로명령어 실행에 필요한 제어신호들을 발생하는 하드웨어 모듈을 말한다.

6. 명령어 실행 사이클(cycle)은 명령어 인출(Instruction Fetch) 부사이클(subcycle)과 명령어 실행(Instruction Execution) 부사이클로 나뉘어 진다.

7. 명령어의 실행에 있어서 실행 부사이클에서는 인출과정을 통하여 IR 레지스터에 실린 명령어를 해독(decode)하고, 해독한 명령어에 따라 필요한 연산이 실행된다.

8. 분기(Branch) 혹은 점프(Jump) 명령어는 제어기능을 수행하는 명령어의 한 예로써 프로그램의 순서를 바꾸는 명령어이다.

9. 인터럽트 사이클은 CPU의 정상적인 동작 중에 입출력 장치로부터의 CPU 처리 요청이 발생하였을 경우에 실행된다.

10. 컴퓨터의 성능을 향상시키는 방법으로 다음의 세 가지를 들 수 있다.
    - 실행되어지는 명령어의 수를 줄인다.
    - 클럭 사이클 시간(clock cycle time)을 줄인다.
    - 명령어 당 평균 클럭 사이클(CPI)의 값을 줄인다.

11. CPI의 값은 먼저 병렬처리를 통하여 하나의 사이클 당 하나 이상의 명령어를 실행할 수 있고, 또한 파이프라인(Pipeline)을 사용하여 여러 명령어의 실행을 중첩하여 실행함으로 줄일 수 있다.

12. 파이프라이닝은 어떤 일을 실행함에 있어서 하나의 일을 여러 과정(단계)으로 나누어서, "중첩(overlay)되게 실행함으로써 성능을 높이는 방법이다."라고 정의할 수 있다.

13. m 단계의 파이프라인을 가지는 컴퓨터에서 이상적으로 m 배의 성능을 얻을 수 있다. 그러나 이상적인 m 배의 성능을 얻기 위하여 다음과 같은 조건들이 만족되어야 한다.
    - m 단계의 실행시간(T/m)들은 모두 같아야 한다.
    - 래치시간이 각 단계에서의 실행시간보다 무시할 정도로 작아야 한다.
    - 실행되어야 할 명령어의 수가 많아야 한다.

14. 파이프라인에서 구조적 장애는 두 개 혹은 그 이상의 명령어들이 같은 명령어 사이클에서 동일한 하드웨어를 동시에 사용함으로 일어난다.

15. 파이프라인에서 데이터 장애는 연산자(operand)의 인출이 명령어 실행 순서와 다르게 이루어짐으로 발생한다.

16. 앞의 명령어의 연산이 끝나자마자 이 결과 값을 뒤의 연산의 입력으로 제공하는 방식을 순방향전송(forwarding) 혹은 바이패싱(bypassing)이라 부른다.

17. 인터락은 어떤 명령어의 피연산자가 파이프라인에서 앞서간 명령어의 목적지와 일치하는지를 검사하는 회로이다.

18. 일반적으로 파이프라인의 제어 장애는 분기 명령의 실행으로 인하여 발생한다.

19. 루프 버퍼 방식은 선인출 버퍼를 확장하여 여러 실행된 명령과 실행될 명령들을 작은 고속 기억장치인 루프버퍼를 사용하여 버퍼링하는 하는 것이다.

20. 분기예측 방식은 분기 명령어의 실행의 결과를 예측함으로 분기로 인한 성능 저하를 막는 방법이다.

Summary Check 연습문제

1. CPU 내에 있는 레지스터 중에 특별 목적을 위한 레지스터들을 나열하고 그 기능에 대하여 설명하라.

2. CPU의 기능들에 대하여 설명하라.

3. 데이터 이동을 위한 명령어 중 하나인 LOAD *addr*의 실행 사이클을 3 개의 클럭(T_0, T_1, T_2)을 사용하여 작성하고 각각에 대하여 설명하라.(각 사이클 동안에 이루어지는 일들을 설명할 것)

4. 인터럽트 사이클에서 실행되어야 한 동작들을 마이크로-연산으로 표현하라.

5. 컴퓨터의 성능을 향상시키는 방법 중에 파이프라인 방식과 병렬처리 방식에 대하여 구분하여 설명하라.

6. 명령어 실행에 있어서 4 단계 파이프라인으로 나눌 경우에 각 단계에서의 기능에 대하여 설명하라.

7. m 단계의 파이프라인을 가지는 컴퓨터에서 m 배의 성능 향상을 이루기 위한 조건들에 대하여 설명하라.

8. 6 개의 단계들로 이루어진 명령어 파이프라인 방식에서 다음 물음에 대하여 답하라.

   1) 파이프라인의 클럭 주기가 100 [ns]라 하고, 실행할 명령어의 수가 다음과 같을 경우에 걸리는 시간을 각각 구하라.

      a) N= 20

      b) N = 200

      c) N = 2,000

d) N = 20,000

2) 파이프라인을 사용하지 않을 경우, 하나의 명령어를 실행하는데 100[ns] × 6 = 600 [ns]가 걸린다고 한다. 파이프라인을 사용함으로써 얻을 수 있는 속도향상분(Speedup)에 대한 것을 그래프로 그려라.

9. 5 단계 명령어 파이프라인을 사용하여 50 개의 명령어를 실행하는 경우 전체 명령어 실행시간(클럭 수)과 속도향상분(speedup)을 구하라. 단, 각 단계에서 한 개의 명령어 실행을 위하여 1 클럭 사이클이 소요된다고 가정한다.

10. 파이프라인의 장애 중에 구조적 장애(structural Hazard)에 대하여 설명하라.

11. 파이프라인의 장애 중에 데이터 장애(Data Hazard)를 해결할 수 있는 방안에 대하여 설명하라.

12. 아래 그림은 5 개 단계(Stages) 파이프라인에서 각 단계의 처리 시간을 보여 주고 있다. 래치지연 시간을 1 ms라고 가정할 때 다음을 구하라. 단, 수행할 프로그램은 1000 개의 명령어로 되어 있다고 가정한다.

10 ms	8 ms	12 ms	6 ms	20 ms

1) 하나의 명령어를 실행하는데 전체 걸린 시간을 구하라.
2) 효율(Throughput)을 구하라.
3) 전체 프로그램을 실행하는데 필요한 지연(Latency)을 구하라.
4) 속도 증가분(Speedup)을 구하라.

13. 다음은 어느 컴퓨터가 하나의 명령어를 실행하는데 각 단계(stage)에서 걸리는 시간을 보여 준다.

IF(명령어인출)	ID(명령어해석)	CO(연산자인출)	ALU(실행)	WB(저장)
200 ps	100 ps	200 ps	200 ps	100 ps

ps: pico seconds

1) 위와 같이 5단계의 파이프라인을 사용하였을 경우, speedup을 구하라.
2) ALU(실행) 시간을 25% 줄였을 경우의 speedup을 구하라.
3) ALU(실행) 시간을 25% 늘였을 경우의 speedup을 구하라.

14. 10 단계 명령어 파이프라인을 사용하여 500 개의 명령어로 이루어진 어떤 프로그램을 2GHz 클럭 사이클을 가지는 컴퓨터를 통하여 실행한다고 한다.
   1) 전체 명령어 실행시간을 구하라.
   2) 얻을 수 있는 speedup을 구하라. 단, 각 파이프라인의 단계에서 1 클럭 사이클을 소요한다고 가정하라.

15. 다음과 같은 파이프라인 실행시간에 대하여 물음에 답하라.

IF	ID	EXE	MEM	WB
200 ns	100 ns	200 ns	200 ns	100 ns

1) ALU 실행 시간을 25% 줄였을 경우, 파이프라인의 speedup을 올리는데 영향을 미치는가? yes 혹은 no 에 대한 이유를 설명하라
2) ALU 실행 시간을 25% 늘였을 경우, 1)에 대하여 답하라

16. 다음과 같은 어셈블리 명령어가 실행된다고 한다. 그러나 첫 번째 명령어인 LOAD가 수행되는 동안에 인터럽트가 발생하였다. 인터럽트가 발생되기 전과 후의 CPU 내부의 특별 레지스터들인 PC, AC, SP의 변화의 모습을 보여라. 단, 초기의 스택 포인터는 1000을 가지고 있고, 인터럽트 서비스 루틴의 시작 주소는 700 번지라고 한다.

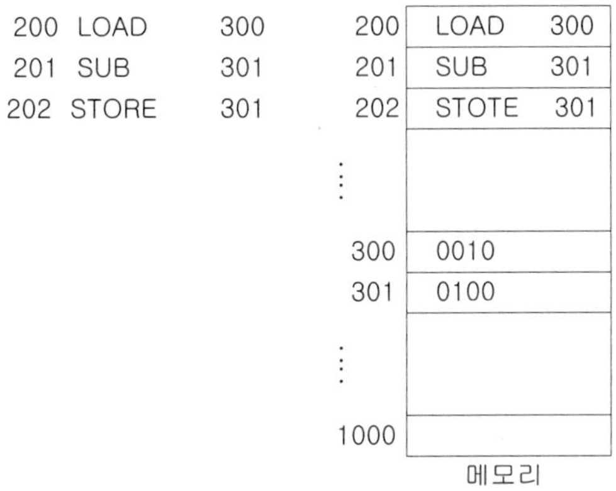

17. 4 단계의 명령어 파이프라인에서 2000개의 명령어가 실행될 때의 속도향상(Speedup)을 구하라

18. 2 비트를 가지는 분기 예측 방식에 대하여 설명하라.

19. 어떤 프로그램을 이루고 있는 명령어 중에 30%가 분기(branches) 명령어이고, 그 분기 명령어 중에 80%가 명령어 실행 결과 분기되어진다(taken)고 한다. 만약 분기 명령어 실행 후에 분기가 이루어지지 않으면(untaken) 그 때 파이프라인은 2 사이클을 지연(stall)한 후에 명령어를 실행하고, 분기가 일어나면 그 파이프라인은 5 사이클을 지연(stall) 한 후에 명령어를 실행한다고 한다. 단, 모든 명령어는 실행을 위하여 1 사이클이 필요하다. 이 때

   1) 이 컴퓨터 시스템의 평균 CPI를 구하라.
   2) 그 프로그램을 실행하는 컴퓨터의 클럭률(clock rate)이 800 MHz라고 하면 이 프로그램이 실행될 때 초당 몇 개의 명령어가 실행되는지를 구하라.

20. 어떤 프로그램을 구성하고 있는 명령어 중에 50%가 분기(branches) 명령어이고, 분기된 모든 명령어는 명령어 실행결과 분기가 이루어진다고 한다. 분기가 이루어지게 되면 pipeline은 4 사이클을 지연(stall)된 후에 실행되어 진다고 한다. 또한 모든 명령어는 실행을 위하여 1 cycle이 필요하다고 할 때 프로그램의 평균 CPI를 구하라.

chapter

4

명령어 세트 구조

4.1 명령어 세트 구조

명령어 세트 구조(Instruction Set Architecture : ISA)는 어떤 프로세서가 실행할 수 있는 기본적인 기능을 기술하며, 하드웨어와 소프트웨어의 인터페이스를 제공한다. 이를 위하여 명령어 세트 구조는 마이크로프로세서가 실행할 수 있는 모든 명령어 집합을 가지고 있다. 뿐 만 아니라 프로그래머가 프로그램 작성을 위하여 마이크로프로세서 내부에 있는 레지스터들의 수와 종류에 대하여 알아야 할 필요가 있으므로, ISA는 이러한 레지스터들에 대해서도 명시해야 하다. 프로그래머가 접근할 수 있는 레지스터들은 데이터에 대해 연산을 실행하고 저장한다. ISA는 이러한 레지스터들을 명시해야 하며 명령어 집합 내의 각 명령어들이 사용할 수 있는 레지스터와 크기를 지정해야 한다. 뿐 만 아니라 ISA는 메모리와의 상호작용에 필요한 정보와 명령어의 정렬, 그리고 마이크로프로세서가 명령어 실행 중에 발생한 인터럽트를 어떻게 처리하는가에 대한 것도 명시해야 한다. 따라서 명령어 세트는 컴퓨터 구조의 하나의 구성 요소로서 다음과 같은 기능들을 포함한다.

- 명령어 형식(instruction formats)
- 사용 가능한 명령어 세트
- 사용 가능한 레지스터의 수와 종류
- 데이터의 종류와 데이터의 구조 : 부호화(encoding)와 표현(representations)
- 어드레싱 모드와 데이터의 액세스, 그리고 명령어
- 예외 조건들의 집합

아래 그림 4-1은 명령어 세트, 하드웨어, 그리고 소프트웨어와의 연관성을 보여 준다.

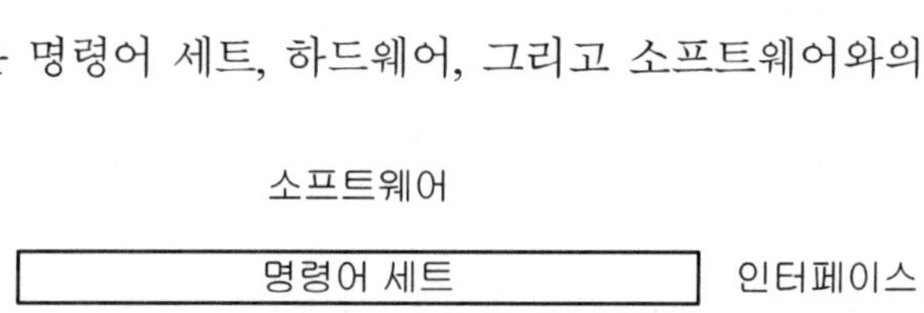

그림 4-1 명령어 세트와 하드웨어/소프트웨어와의 관계

따라서 이 장에서는 명령어 세트 구조의 위의 기능들에 대한 것을 하나씩 살펴보기로 한다. 이 장의 명령어 세트에서 다루어지는 내용을 요약하면 다음과 같다.

- 명령어의 길이 : 모든 명령어의 길이가 동일한 것과 다른 것 중 어떤 것 중 어느 것이 더 좋은가?
- 레지스터의 수는 몇 개가 적당한가?
- 연산에 필요한 피연산자들은 어디에 위치하는가? 메모리에 저장되어 있는 데이터와 레지스터의 데이터를 ADD 할 수 있는가?
- 명령어 형식은 어떠한가? 어느 필드가 얼마만큼의 비트를 필요로 하는가?
- 어떤 연산이 제공되는가?
- 피연산자의 길이는 몇 비트이며, 메모리에서 데이터를 어떤 방식으로 가져오는가?

그림 4−2는 프로그래밍과 CPU와의 관계를 보여 준다. 이러한 관계를 통하여 명령어 세트 구조의 역할을 가늠해 볼 수 있다.

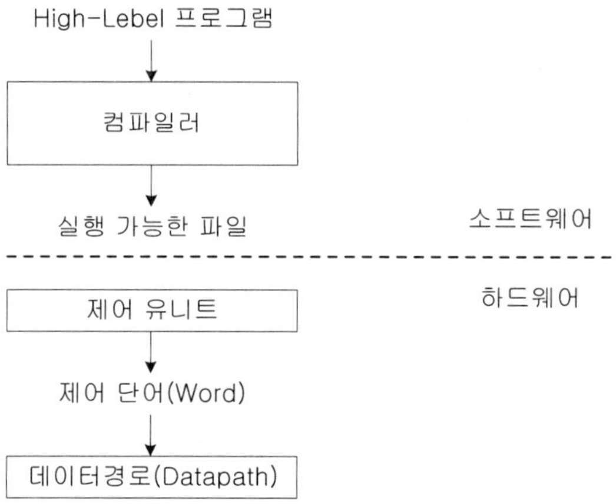

그림 4−2 프로그래밍과 CPU와의 관계

- C++과 같이 High−lebel 언어로 쓰여진 프로그램들은 gcc 혹은 CC에 의해 컴파일된다.
- 컴파일 결과는 실행 가능한 파일인데, 이는 CPU에 맞는 기계 언어(Machine language)를 포함한다.
  - 이들 명령어는 프로세서에 의해 다루어지는 함수들을 나타낸다.
  - 그 프로그램을 실행하면 명령어들이 메모리로 적재되어 CPU에 의해 실행된다.

실행 가능한 프로그램은 기계 언어로 바뀌어져서 제어 유니트 등의 하드웨어에 의해서 제어된다.

따라서 그림 4－2에서 볼 수 있듯이 명령어 세트는 하드웨어와 소프트웨어의 인터페이스임을 알 수 있다.

앞의 그림들에서 볼 수 있듯이 명령어 세트 구조는 프로세서의 설계와 매우 밀접한 관계를 가지므로, 서로 다른 프로세서들은 서로 다른 명령어 세트 구조를 가진다.

상용화된 명령어 세트 구조의 예를 들면 다음과 같다.

- (1992－1997) Digital Alpha (v1, v3)
- (1986－1996) HP PA－RISC (v1.1, v2.0)
- (1987－1995) Sun Sparc (v8, v9)
- (1986－1996) SGI MIPS (MIPS I, II, III, IV, V)
- (1978－1996) Intel (8086, 80286, 80386, 80486, Pentium, MMX, ...)

일반적으로 오래된 프로세서들은 복잡한 명령어 세트 구조인 CISC(Complex Instruction Set Computer)구조를 가진다. 이러한 구조에서는 강력한 많은 명령어들이 지원되므로 어셈블리 언어 프로그래머들의 일을 쉽게 만든다. 그러나 복잡한 많은 명령어를 지원해야 하므로 프로세서가 훨씬 복잡하며, 하드웨어의 설계가 매우 복잡하다는 문제점을 가진다.

최근의 새로운 프로세서들은 축소된 명령어 세트 구조인 RISC(Reduced Instruction Set Computer) 구조를 가진다. 이 구조에서는 상대적으로 간단한 명령어들만 가능하기 때문에 하드웨어 설계가 매우 간단하며 배우기가 간단하다.

CISC 구조와 RISC 구조는 다음의 4.8절에서 자세히 다루어진다.

명령어 구조의 발전에 따라 컴퓨터 구조를 학습함에 있어서 많은 변화가 이루어져 왔는데, 시대별로 바뀌어진 변화를 요약하면 다음과 같다.

① 1950년대부터 1960년대 : 주로 컴퓨터 연산(Computer Arithmetic)에 관해 학습함
② 1970년대부터 1980년대 중반 : 명령어 세트 설계(Instruction Set Design)
③ 1990년대 : CPU의 설계, 메모리 시스템, I/O 시스템, 멀티프로세서, 네트워크

④ 2010년대 : 자기 적응 시스템(Self adapting systems), 자기 구성 구조(Self organizing structures) DNA 시스템 등

4.2 명령어 형식

명령어 형식이란 CPU가 실행하는 명령어의 여러 구성 요소들의 필드들을 적절한 길이의 비트 열로 구분하여 표현하는 것을 말한다. 이러한 명령어 형식으로 이루어진 명령어 세트는 컴퓨터 설계자와 프로그래머가 보는 경계로 생각할 수 있는데, 컴퓨터의 향상된 성능을 위하여 이러한 경계 간의 좋은 인터페이스를 가지는 것이 무엇보다도 중요하다. 여기서 말하는 좋은 인터페이스란 다음의 조건들을 만족하는 것이다.

- 이식성과 상호 동작성을 가진다.
- 일반성(generality)을 가진다.
- 상위 계층으로 편리한 기능 제공한다.
- 하위 계층에서 효과적인 구현을 허용한다.

따라서 컴퓨터의 성능 향상에 밀접한 관계를 가지는 명령어 구조 설계 시 다음과 같은 사항들을 고려해야 한다.

- 기술(technology) : 명령어를 수행하는 클럭 사이클의 길이는 하드웨어 기술에 의존한다.
- 기계 구조(구성) : 컴퓨터는 여러 구성 요소들로 이루어졌으므로, 각 구성 요소들 간의 관계를 고려해야 한다.
- 프로그램 언어
- 운영체제

명령어 형식의 설계는 매우 복잡한 작업이며, 여러 방식으로 구현되어져 왔다. 특별히 명령어 형식에는 다음 절에서 설명되어질 각 연산자를 위한 주소지정 방식을 명시해야 한다. 따라서 대부분의 명령어 세트에는 하나 이상의 명령어 형식들이 사용된다.

명령어 설계에서 가장 기본적인 것은 바로 명령어 길이이다. 명령어 길이는 매우 중요하며, 마이크로프로세서마다 다양한 길이의 명령어 형식을 가진다. 그러나 성능을 고려한다면, 다양한 크기보다는 고정된 크기의 명령어를 사용하는 것이 바람직하다.

그러나 명령어 길이에 대한 결정은 다음과 같은 사항들을 고려하여 결정되어져야 한다.

- 기억장치의 용량 : CPU에서 데이터를 처리하기 위하여 메모리를 액세스하여 데이터를 가져오게 되는데, 이 때 피연산자를 액세스하기 위하여 주소를 사용한다. 다양한 주소 지정방식이 있지만, 실재로 명령어에서 피연산자 주소 필드의 크기에 따라 지정할 수 있는 메모리 공간이 결정된다. 예를 들어, 피연산자 주소가 16 비트로 이루어진다면 주소에 의해 직접 지정할 수 있는 메모리 공간은 2^{16} = 64K 개가 되고, 32 비트로 이루어진다면 2^{32} = 4 G 개의 주소를 지정할 수 있다.
- 기억장치의 구조 : 명령어 길이는 기억장치 전송의 폭과 같거나, 또는 배수가 되어야 한다. 이는 인출 사이클 동안에 정수 개의 명령어를 인출하기 위함이다.
- 버스의 구조 : 명령어 길이는 시스템 버스인 데이터 버스의 폭과 같아야 한다.
- CPU의 복잡성 및 동작속도 : 1980년 대 초기의 마이크로프로세서의 동작속도와 메모리 액세스 속도가 거의 같았다. 그러나 그 이후에 마이크로프로세서의 속도 향상과 메모리 액세스의 속도향상의 차이로 인하여 현재는 거의 100 배의 차이가 나고 있다. 따라서 전체 시스템의 성능 향상을 위하여 캐쉬 메모리가 사용된다. 이처럼 명령어에서 메모리를 지정하는 주소 비트의 길이는 CPU의 동작 속도를 고려해야 한다. 16 비트의 명령어를 인출하는 것보다 32 비트의 명령어를 인출하는 것이 반드시 2 배의 시간이 걸리지 않을 수도 있기 때문이다.

연산 코드의 종류가 많아지려면 연산코드 필드에 많은 비트를 할당하여야 한다. 예를 들어 연산코드 필드가 4 비트로 이루어졌으면, 최대 2^4 = 16 개의 연산 코드를 사용할 수 있고, 6 비트로 이루어졌으면 2^6 = 32 개의 연산코드를 사용할 수 있다. 그러나 고정된 명령어 길이에서 연산코드 필드의 확장은 주소 지정에 필요한 비트를 줄이는 결과를 초래한다. 주소 지정 필드들의 용도를 결정하는데 영향을 주는 요소들은 다음과 같다.

- 주소지정방식들의 수
- 연산자의 수
- 레지스터의 수
- 지정되어질 주소 영역

명령어 중에 고정된 길이와 가변 길이의 명령어 형식을 가지는데 그에 대한 특성을 살펴보면 다음과 같다.

1) 가변 길이 명령어 형식

아래의 그림 4-3과 같이 인텔사의 ×86 마이크로프로세서는 1~17 바이트 길이의 명령어를 가지며, VAX 컴퓨터는 1~54 바이트 길이의 명령어들을 가진다.

일반적으로 가변 길이의 명령어 형식의 장점으로는 좀 더 유연성(flexibility)을 가지는 것과 간략화된(compact) 명령어 세트를 가질 수 있다는 것이나 명령어를 인출하고 해독하는데 다단계가 필요하다는 단점을 가진다.

또한 고정 길이의 명령어 형식은 반대로 명령어를 인출하고 해독하는데 간편하며, 파이프라인이나 병렬 처리에 유리한 반면에 명령어 필드의 비트 고갈 현상이 일어날 수 있다는 단점도 가진다.

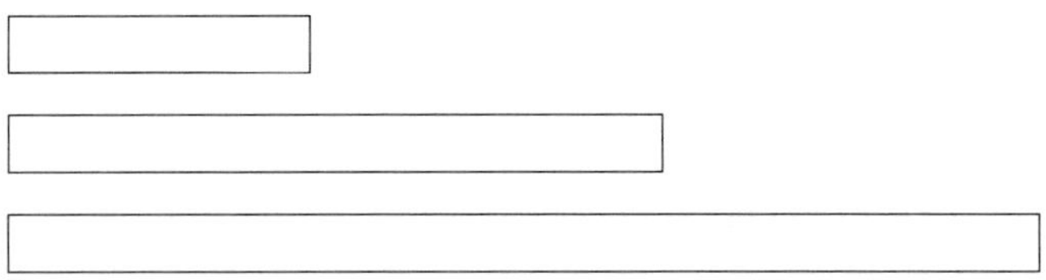

(a) 가변 길이의 명령어 형식(×86, VAX)

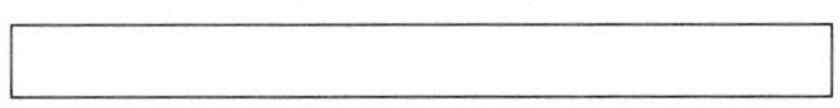

(b) 고정된 길이의 명령어 형식(VAX)

그림 4-3 명령어 길이 형식

일반적인 명령어 형식에서 위의 요소들의 역할과 영향을 살펴보면 다음과 같다.

2) 연산 코드(Operation Code 혹은 Opcode)

연산코드는 수행되어지는 명령 즉 연산을 지정한다. 일반적으로 연산 코드들은 그 연산을 지정하는 니모닉(mnemonics)이라고 불리는 약어로 표현되어지는데, 다음은 연산코드의 대표적인 예이다.

ADD	덧셈
SUB	뺄셈
MUL	곱셈
DIV	나눗셈
LOAD	기억장치로부터 CPU로 데이터를 실음.
STORE	기억장치로 데이터를 저장함.
NEG	누적기의 값을 음수로 바꿈.
PUSH	CPU의 값을 스택의 맨 위로 보냄.
POP	스택 맨 위의 값을 CPU로 보냄.

3) 오퍼랜드(Operand)

연산 수행에 사용되어지는 데이터를 말한다. 명령어의 종류에 따라 한 개 혹은 두 개의 오퍼랜드가 필요하다.

4) 명령어 주소(Instruction Address)

수행되어질 명령어 혹은 데이터가 들어있는 메모리의 주소이다.

일반적인 명령어 형식이 아래의 그림 4-4에서 보여 준다. 아래 그림의 명령어 형식은 전체 16비트 명령어에서 3 비트의 연산 코드 필드와 4 비트의 연산자1 필드, 그리고 9비트의 연산자2 필드를 가진다.

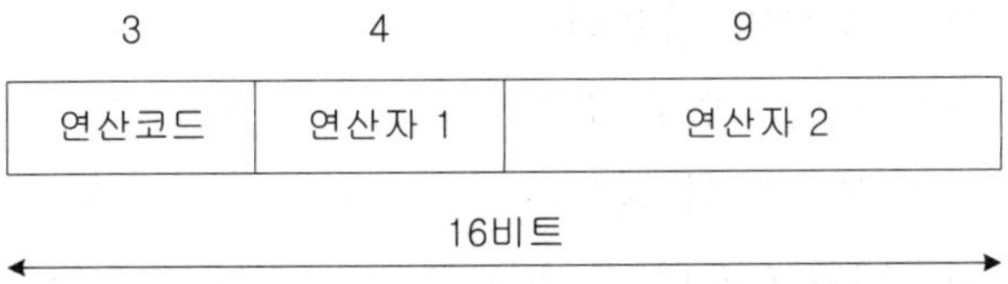

그림 4-4 16비트로 이루어진 명령어 형식

각 필드의 비트열의 길이에 따라서 필드에서 사용되어지는 연산의 종류가 결정된다. 위의 16비트 명령어 형식에서 연산 코드가 3비트로 이루어졌으므로, 이 명령어 형식을 사용하는 컴퓨터는 모두 $2^3 = 8$ 개의 연산코드를 사용할 수 있다. 또한 연산자 1이 레지스터를 나타낸다고 가정하면 총 $2^4 = 16$ 개의 레지스터를 가질 수 있다. 또한 연산 2가 메모리를 나타낸다면 전체 사용 가능한 기억장치의 수는 $2^9 = 512$ 개이다.

위와 같은 명령어를 실행함에 있어서 CPU에 데이터를 저장하는 것이 효율적이다. CPU에 데이터를 저장하여 사용하는 이유는 메모리를 참조함으로 인한 CPU와 메모리 간의 트래픽을 줄임으로써 더 빠른 연산을 수행할 수 있기 때문이다.

4.3 CPU 구조에 따른 컴퓨터의 구분

일반적으로 명령어 세트 구조의 구분은 CPU 저장 구성에 기반을 두는가에 따라 나눌 수 있는데 다음과 같이 크게 3가지로 나누어진다.

- 누산기(Accumulator) 컴퓨터
- 스택(Stack) 컴퓨터
- 범용 레지스터(General Purpose Register) 컴퓨터

1) 누산기(Accumulator) 컴퓨터

누산기 컴퓨터는 주로 1960년 이전의 컴퓨터들인데, 누산기 컴퓨터에서 CPU 저장은 단일 누산기로 이루어진다. 따라서 누산기는 대부분의 명령에 있어서 (암시적인) 피연산자이고 메모리는 2 연산 명령에서 두 번째 피연산자로 사용된다. 따라서 이 구조에서의 명령어는 하나의 주소필드를 가진다. 아래는 어셈블리어로 정의된 덧셈 명령어이다.

ADD A ; AC ← AC + M[A]

앞 장의 그림 3-3에서 누산기 컴퓨터에서의 명령어 실행과정을 보여 준다.

이러한 누산기 컴퓨터의 장점으로 값이 저렴하고 간단하다는 것과 CPU 내부의 하드웨어가 간단하며, 또한 명령어의 길이가 짧다는 것이다. 반면에 모든 연산이 누산기에서 이루어지므로 메모리와 CPU간의 데이터 트래픽이 커진다는 단점도 가진다. 누산기 구조를 가지는 컴퓨터로는 IBM 7090, DEC PDP−11, MOS 6502 등이 있다.

2) 스택(Stack) 컴퓨터

스택 컴퓨터는 1960년~1970년에 주로 사용했으며, 스택은 나중 입력된 것이 먼저 출력되는(Last In, First Out : LIFO) 기억장소이다. 스택 컴퓨터에서 대부분의 명령은 스택의 위에 있는 2개의 데이터를 조작함으로 이루어진다. 이처럼 스택 위의 2 개의 데이터를 조작하지 않는 명령어로는 메모리와 스택의 맨 위(top)에 있는 데이터를 이동하는 PUSH와 POP 명령어이다. PUSH 명령어는 메모리로부터 스택으로 데이터를 이동하는데 사용되고, POP 명령어는 스택 맨 위의 데이터를 메모리로 이동하는데 사용된다. 여기서 특별히 주목해야 할 사항은 PUSH나 POP 명령어를 제외한 모든 산술 연산에는 메모리를 사용하지 않으므로 0－주소 명령어 형식이라고 말하기도 하는 것이다. 스택 컴퓨터의 장점으로는 명령어가 간단하며 프로그램의 길이가 짧다는 것이고, 반면에 스택에서 병목이 일어나는 단점도 가진다.

스택 컴퓨터 구조에서 사용하는 명령어의 종류들은 다음과 같다.

A. 이진 산술/논리 연산

이진 산술/논리 연산 연산자는 스택 맨 위의 2 개이며, 연산 후에 스택으로부터 제거되면서 연산 결과는 스택의 맨 위로 저장된다.

B. 단일(Unary) 산술/논리 연산

단일(Unary) 산술/논리 연산에서 연산자는 스택의 맨 위의 것이며, 연산 결과와 바뀌게 된다.

C. 데이터 이동 연산

데이터 이동 연산은 PUSH와 POP이다.

스택의 동작을 위하여 3 개의 주소가 필요하고, 이들은 다음과 같은 CPU 레지스터들에 저장된다.

① 스택 포인터(Stack Pointer) : 스택의 top 주소를 가지고 있다. 스택에 항목이 추가되거나 삭제된다면, 새로운 스택의 top 주소는 이 스택 포인터의 내용을 증가 또는 감소시킴으로 조정된다.

② 스택 베이스(Stack Base) : 스택을 위한 공간으로 예정되어 있는 블록의 최하위 주소(bottom address)를 가지고 있다. 만약 스택이 비어있다면 POP 명령어는 수행할 수 없다.

③ 스택 경계(Stack Limit) : 예정된 블록의 다른 쪽 끝의 주소를 가지고 있다. 만약 이 블록이 모두 채워져 있을 때 PUSH 명령어를 수행할 수 없다.

스택 포인터는 스택의 top에 있는 워드의 주소를 가진다. 이 때 스택에 값을 넣는 "PUSH" 명령어가 수행되어질 때 스택 포인터의 값은 1 증가한다. 즉,

SP ← SP +1 ; PUSH 명령어 수행 후

그러나 스택에서 값을 빼어 내는 "POP" 명령어가 실행되면 반대로 스택 포인터의 값이 1 감소한다.

SP ← SP − 1 ; POP 명령어 수행 후

스택 컴퓨터에서 다음과 같은 연산 $z = w + 3 \times (x - y)$을 수행하는 경우에 스택의 변화를 살펴보면 다음과 같다.

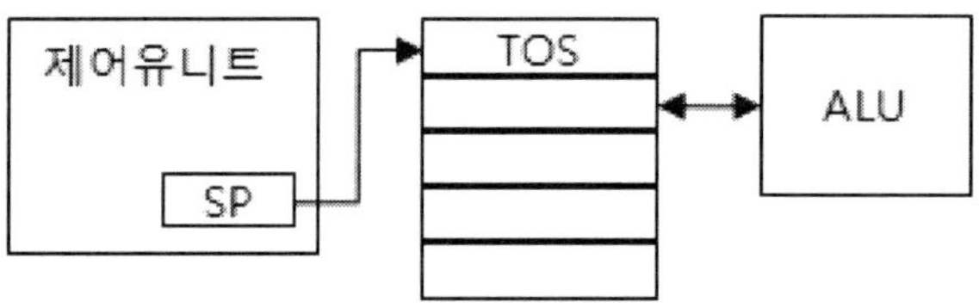

그림 4-5 스택 구조에서의 데이터 실행

연산 $z = w + 3 \times (x - y)$을 위한 프로그램의 예는 다음과 같다.

```
PUSH    w
PUSH    3
PUSH    x
PUSH    y
```

SUB
MUL
ADD
POP z

위의 연산을 실행되는 동안 스택은 다음 그림 4-6과 같이 변화한다.

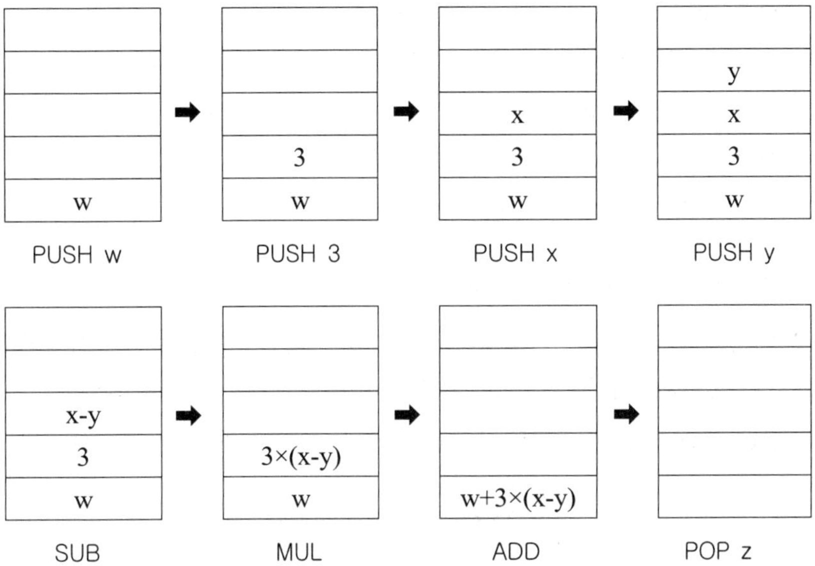

그림 4-6 $z = w + 3 \times (x - y)$ **을 수행하는 동안 스택의 변화**

스택 컴퓨터는 polish 표기법을 사용하여 산술 및 다른 식을 표현하는데, 이 표기법의 이름은 폴란드의 논리학자 Jan Lukasiewicz(1878～1956)의 이름에서 시작됐다. $x+y$ 에서 오퍼랜드 사이에 연산자가 위치하지 않고 $xy+$ 처럼 오퍼랜드의 오른쪽에 연산자가 위치한다. 위의 식을 역 polish 표기법으로 표현하면 다음과 같다.

$$z\ w\ 3\ x\ y\ -\ \times\ +\ =$$

역 polish 표기법에서는 계산순서가 왼쪽에서 오른쪽으로 이루어진다.

3) 범용 레지스터(General Purpose Register) 컴퓨터

범용 레지스터(General Purpose Register) 컴퓨터는 1960년대부터 현재까지 사용되어지고 있으며, CPU 저장이 여러 레지스터들로 이루어진다. 범용 레지스터 컴퓨터에서는 특수 목적용 레지스터들을 일반화하여 모든 레지스터를 임의의 목적에 사용할 수 있도록 했다. 이렇게 함으로써 명령어의 크기가 작아질 뿐만 아니라, 메모리 트래픽을 줄일 수 있는 장점을 가진다. 이러한 범용 레지스터(General Purpose Register) 컴퓨터의 종류에는 메모리 연산자가 ALU 명령어에 의한 사용 여부에 따라 다음의 세 가지로 구분되어질 수 있다.

- 레지스터－메모리 컴퓨터
- 로드－레지스터 컴퓨터
- 메모리－메모리 컴퓨터

A. 레지스터－메모리(Register－memory) 컴퓨터

이 컴퓨터에서는 몇몇 ALU 명령은 적어도 하나의 메모리 연산자와 레지스터 연산자를 명시한다. 즉 메모리 액세스를 명령어의 한 부분으로 간주한다.

예를 들어, C = A + B에 대한 어셈블리어 프로그램을 다음과 같다.

C = A + B	; M[C] ← M[A] + M[B]

```
LOAD     R1, A    ; R1 ← M[A]
ADD      R1, B    ; R1 ← R1 + M[B]
STORE    C, R1    ; M[C] ← R1
```

위의 프로그램에서 볼 수 있듯이 LOAD와 STORE 명령어 이 외의 ADD 명령어도 연산을 위해 메모리를 액세스함을 알 수 있다.

B. 로드－레지스터(Load－Register) 컴퓨터

이 컴퓨터에서는 "LOAD"와 "STORE" 명령어만이 메모리를 액세스 할 수 있다. 이들 두 명령어 이 외의 명령어 실행을 위하여 메모리 내에 저장되어 있는 데이터가 필요하므로 LOAD 명령어를 사용하여 메모리로부터 데이터를 레지스터 내로 이동 시켜야 한다. 이 컴퓨터로 위의 예제에 대한 어셈블리어 프로그램 예는 다음과 같다.

```
LOAD     R1, A       ; R1 ← M[A]
LOAD     R2, B       ; R2 ← M[B]
ADD      R3, R1, R2  ; R3 ← R1 + R2
STORE    C, R3       ; M[C] ← R3
```

위의 예제에서 볼 수 있듯이 메모리 A와 B에 저장되어 있는 데이터를 더하기(ADD) 위해 LOAD 명령어를 사용하여 미리 레지스터 R1과 R2로 이동시켜야 한다. 이처럼 로드－레지스터 컴퓨터에서는 오직 "LOAD"와 "STORE" 명령어만이 메모리를 액세스할 수 있다.

C. 메모리－메모리(Memory－Memory) 컴퓨터

이 컴퓨터에서는 모든 연산들은 메모리를 액세스함으로 이루어진다. 이 구조의 컴퓨터에서는 명령어의 길이가 길어지는 문제점이 있으므로 현재에는 쓰이지 않고 있다. 앞의 연산에 대해 메모리-메모리 컴퓨터 구조에서의 어셈블리 프로그램의 예는 다음과 같다.

```
ADD      C, A, B     ; M[C] ← M[A] + M[B]
```

다음의 표 4－1은 위의 각 구조를 가지는 컴퓨터의 예에서 범용 레지스터의 수를 보여 주고 있다.

표 4-1 컴퓨터 기종에 따르는 범용 레지스터 수의 비교

컴퓨터 기종	범용 레지스터의 수	컴퓨터 구조	연도
IBM701	1	누산기	1953
CDC 6600	8	Load-store	1963
IBM 360	16	레지스터-메모리	1964
DEC PDP-8	1	누산기	1965
DEC PDP-11	8	레지스터-메모리	1970
Intel 8008	1	누산기	1972
모토롤라 6800	2	누산기	1974
DEC VAX	16	reg-mem, mem-mem	1977
Intel 8086	1	누산기	1978
모토롤라 68000	16	레지스터-메모리	1980
Intel 80386	8	레지스터-메모리	1985
MIPS	32	Load-store	1985
SPARC	32	Load-store	1986
Power PC	32	Load-store	1987
DEC Alpha	32	Load-store	1992

또한 위에서 설명한 명령어 형식은 사용되어지는 CPU에 따라 다르다. 즉, CPU가 처리할 수 있는 연산의 종류와 형식은 명령어 형식의 설계와 하드웨어의 구성에 따라 다르다. 이러한 명령어 형식에서 가장 중요한 것은 연산을 수행하면서 주소 기억장치를 어떤 방식으로 접근하느냐에 따라 다음과 같이 구분된다.

4.4 명령 연산자 수에 따른 컴퓨터의 구분

앞에서 살펴 본 바와 같이 명령어 형식에서 제한된 비트 수를 이용하여 적절한 명령어 형식을 설계하는 것이 중요하다. 이런 이유는 CPU가 처리할 수 있는 연산의 종류는 명령어 세트와 하드웨어 설계과정에서 결정되기 때문이다. 이 절에서는 몇 가지 명령어 형식의 특성에 대하여 살펴보기로 한다. 특별히 명령어 형식에서 그 명령어가 연산을 수행할 때 오퍼랜드를 위한 메모리 주소의 액세스 수에 따라서 다음과 같이 구분된다.

- 1－주소 명령어 형식
- 2－주소 명령어 형식
- 3－주소 명령어 형식
- 0－주소 명령어 형식

1) 1 주소 명령어

누산기를 사용하는 컴퓨터에서 주로 사용되어지는 1주소 명령어 형식에서는 연산을 수행하는 명령어에 하나의 기억장치 오퍼랜드만이 필요하다. 아래의 그림 4－7은 1 주소 명령어 형식을 보여 준다.

4	12
연산 코드	기억 장치 주소

그림 4－7 1주소 명령어 형식

그림에서와 같이 1 주소 명령어 형식은 연산 코드와 기억장치 주소 필드로 구성된다. 그림 4－7 예제의 명령어 형식에 따르면 이 명령어를 사용하는 컴퓨터는 모두 $2^4 = 16$ 개의 연산 코드 종류를 사용할 수 있으며, $2^{12} = 4096$ 개의 메모리를 직접 참조할 수 있다. 1 주소 명령어의 예를 다음 명령어를 통하여 설명하면 다음과 같다.

$$\text{ADD} \quad X \quad ;\ AC \leftarrow AC + M[X]$$

위의 명령어는 기억장치 X에 있는 내용과 누산기의 내용을 더하여 그 결과를 다시 누산기에 저장하는 연산이다. 이와 같이 누산기를 사용하는 1 주소 명령어 형식에서는 하나의 오퍼랜드는 누산기에, 그리고 나머지 하나의 오퍼랜드는 메모리에 있으며, 그 연산 결과는 항상 누산기에 적재된다.

2) 2 주소 명령어

2 주소 명령어 형식에서 하나의 주소는 오퍼랜드와 연산 결과를 저장하기 위해, 또 다른 하나의 주소는 다른 하나의 오퍼랜드를 지정하는데 사용된다. 이러한 형식은 명령어 세트에서 가장 흔히 사용되는 예이다. 다음은 2주소 명령어 형식을 사용한 예

이다.

ADD X, Y ; M[X] ← M[X] + M[Y]

위의 명령어가 의미하는 것은 메모리 X에 저장되어 있는 데이터와 메모리 Y에 저장되어 있는 데이터가 더하기 연산을 실행한 후에 그 결과를 메모리 X에 저장하라는 것이다. 여기서 메모리 X는 하나의 오퍼랜드 지정을 위하여, 또한 동시에 연산 결과를 저장하는데 사용되어지고 있음을 알 수 있다.

3) 3 주소 명령어

3 주소 명령어 형식에서는 일반적인 산술, 논리 연산에서 2개의 오퍼랜드(operand)와 그 결과 저장을 위해 3개의 주소가 필요하다. 이러한 형태의 명령어 형식은 주소의 길이 때문에 현재 잘 사용되지 않고 있다. 다음은 3주소 명령어 형식을 사용한 예이다.

X = Y + Z ; M[X] ← M[Y] + M[Z]

이 명령어 형식에서는 각 주소 필드가 레지스터를 지정할 수도 있고, 메모리의 주소를 지정할 수도 있다. 따라서 이 명령어 형식의 장점으로 연산을 수행할 경우에 프로그램의 길이를 짧게 할 수 있다는 것이다. 그러나 이러한 장점 뿐 만 아니라 이 형식에서 명령어를 이진 코드로 표현할 때 너무 많은 비트들이 필요하다는 단점도 가진다. Cyber 170 컴퓨터에서 이 형식을 사용한다.

4) 0 주소 명령어

0 주소 명령어 형식에서는 레지스터 기반의 동작처럼 모든 주소가 명령어에 내포되어 있다. 이것은 스택 기반의 연산으로서 연산자를 저장하기 위하여 메모리 내의 스택을 사용한다. 즉, 스택 구조의 컴퓨터는 ADD나 MUL 등의 명령어에서 주소 필드를 사용하지 않는다. 그러나 PUSH와 POP 명령어에서 스택과 피연산자 사이의 정보 전달을 위하여서는 하나의 주소를 필요로 한다. 0 주소라는 이름은 연산 명령어에서 주소 필드가 없기 때문에 붙여진 것이다. 다음은 0 주소 명령어 형식을 사용하여 Y =(A－B)*(C－D)를 계산하는 예를 보여 준다.

PUSH A ; TOS ← A

```
PUSH B   ; TOS ← B
SUB      ; TOS ← (A−B)
PUSH C   ; TOS ← C
PUSH D   ; TOS ← D
SUB      ; TOS ← (C−D)
MUL      ; TOS ← (C−D)*(A−B)
POP Y    ; M[Y] ← (C−D)*(A−B)
```

여기서 TOS(Top Of Stack)는 스택의 맨 위를 나타낸다.

[예제 4.1]

앞에서 살펴 본 4가지 명령어 세트 구조에 따른 메모리 효율과 메모리 트래픽에 대하여 비교해 보기로 한다. 여기서 메모리 효율이란 프로그램을 메모리에 저장하는데 필요한 기억장소의 크기를 말하며, 메모리 트래픽이란 CPU와 메모리 사이에 명령어 실행을 위하여 데이터의 적재 혹은 저장되어지는 데이터의 크기를 말한다.

```
A = B + C;
B = A + C;
D = A - B;
```

a) 위의 수식을 4 가지 명령어 형식을 사용하여 앞에서 사용한 어셈블리 언어로 구현하라.
b) 위의 어셈블리 언어로 구현된 프로그램 저장을 위해 요구되는 메모리 크기(바이트)를 구하라.
c) 프로그램 실행을 위해 메모리에서 CPU로 혹은 CPU에서 메모리로 전송되는 데이터의 크기(바이트)를 구하라.
d) 위의 4 가지 형식에 대하여 프로그램 코드의 크기와 데이터 트래픽에 대하여 비교하라.

단, 위의 계산에서 다음과 같은 사항들을 가정하기로 한다.
- 모든 연산코드(opcode)는 1 바이트 길이를 가진다.
- 모든 메모리 주소는 2 바이트(16 비트)로 표현된다.
- 모든 데이터는 4 바이트의 크기를 가진다.
- 레지스터는 4 비트로 구분된다.
- 변수 A, B, C, D는 메모리 주소를 나타낸다.

<풀이>

a) 각 구조에 따르는 어셈블리 언어의 구현 예는 다음과 같다.

- 1 주소 명령어

```
LOAD    B ;  AC ← M[B]
ADD     C ;  AC ← AC + M[C] (AC ← B+C)
STORE   A ;  M[A] ← AC(A ← B+C)
ADD     C ;  AC ← M[A] + M[C]
STORE   B ;  M[B] ← AC
NEG       ;  AC ← − AC
ADD     A ;  AC ←  AC + M[A]
STORE   D ;  M[D] ← AC
```

- 2 주소 명령어

```
LOAD    R1, B      ; R1 ← M[B]
ADD     R1, C      ; R1 ← M[B]+M[C]
STORE   A, R1      ; M[A] ← R1
ADD     R1, C      ; R1 ← M[A] + M[C]
STORE   B, R1      ; M[B] ← R1
LOAD    R2, A      ; R2 ← M[A]
SUB     R2, B      ; R2 ← M[A] − M[B]
STORE   D, R2      ; M[D] ← R2
```

- 3주소 명령어

```
ADD     A, B, C ; M[A] ← M[B] + M[C]
ADD     B, A, C ; M[B] ← M[A] + M[C]
SUB     D, A, B ; M[D] ← M[A] − M[B]
```

- 0 주소 명령어

```
PUSH    B
PUSH    C
ADD
POP     A
```

```
PUSH    A
PUSH    C
ADD
POP     B
PUSH    A
PUSH    B
SUB
POP     D
```

b) 인출되어지는 전체 명령어 바이트를 구하면 다음과 같다,

1 주소 명령어 형식에서 NEG를 제외한 모든 명령어는 8 비트의 명령어와 16비트의 메모리 주소로 이루어졌고, NEG는 8 비트로 이루어졌다. 따라서 모두 176 비트 혹은 22바이트로 이루어졌다.

2 주소 명령어 형식에서 모든 명령어는 저장을 위하여 28비트(명령어 8비트, 주소 16비트, 레지스터 4비트)를 필요로 한다. 따라서 모두 224 비트 혹은 28바이트가 필요하다.

3주소 명령어에서 모든 명령어가 7 바이트를 필요로 하므로 모두 21바이트가 필요하다.
0 주소 명령어에서 각 명령어는 1 바이트, 그리고 주소는 2 바이트를 필요로 하므로 모두 30 바이트가 필요하다.

c) 메모리에서 CPU로 혹은 CPU에서 메모리로 전송되는 데이터의 크기는 각 형식에 따라 다음과 같이 구할 수 있다.
1주소 명령어에서는 7 번의 데이터 이동이 있으므로 28 바이트가, 2주소 명령어에서는 8번의 데이터 이동이 있으므로 32 바이트가, 3 주소 명령어에서는 36바이트의 데이터 이동이 있고, 그리고 마지막으로 0 주소 명령어에서는 36 바이트의 데이터 이동이 있다.

d) 위의 a), b), c)에서 저장을 위한 메모리의 필요성에서는 3 주소 명령어 구조가 제일 좋고, 메모리 트래픽 면에서는 2주소 명령어 구조가 제일 좋음을 알 수 있다.

위에서 살펴 본 바와 같이 범용 레지스터 컴퓨터(General Purpose Registers)가 효율적임을 알 수 있다. 실재로 1975년도 이후로 모든 컴퓨터는 범용 레지스터들을 사용하고 있다. 이처럼 레지스터를 사용하는 이유들은 다음과 같다.

① 레지스터를 사용한 연산은 다른 메모리를 사용하는 것보다 빠르다.
실재로 제5장에서 다루겠지만 메모리의 계층화 구조에서 레지스터는 가장 위의 계층에 위치하는 고속의 작은 저장장치이다.
② 레지스터들은 컴파일러가 사용하기에 훨씬 쉽다.
③ 레지스터를 사용함으로써 메모리 트래픽을 줄일 수 있으므로 속도가 빠르다.
④ 프로그램이 줄어든다. 즉, 데이터를 인출할 때 레지스터를 지정하는 것이 메모리를 지정하는 것보다 훨씬 적은 비트가 필요하다.

4.5 메모리 주소의 이해

데이터를 메모리에 저장하는 순서(byte ordering)는 연산에 있어서 매우 중요한 일이다. 일반적으로 1980년대 이후의 모든 컴퓨터들은 주소를 지정하는데 8비트 혹은 1 바이트 단위를 사용했다. 만약에 이와 같이 1 바이트로 지정되는 메모리에 32 비트의 데이터를 저장하기 위하여서는 4 개의 기억장소를 필요로 한다. 그런데 이러한 4 바이트를 메모리에서 어떻게 순차적으로 저장하는 것이냐 하는 것이 문제이다. 즉, 만약에 16진법으로 표현된 "00112233" 데이터를 메모리에 저장한다고 가정하자. 이 경우에 00와 11, 22, 그리고 33이 각기 다른 주소에 저장되어지는데, 어떤 순서로 저장되어지는가를 정해야 한다. 즉, CPU와 메모리 사이에 메모리 저장 순서에 대한 약속이 필요하다. 이 뿐만 아니라 명령어를 이루는 각 필드가 항상 4 바이트로 이루어지지 않으므로 명령어 경계를 어떻게 정하는 것인가를 결정해야 한다. 이러한 바이트 순서방식은 다음과 같은 Big-Endian 방식과 Little-Endian 방식으로 구분될 수 있다.

1) Big-Endian 방식

이 방식에서는 가장 낮은 바이트 주소의 위치에 최상위 바이트를 저장한다. 즉, 가장 최상의 바이트를 가장 낮은 메모리 위치에 저장하기 때문에 Big-Endian(큰 것으로 끝남)이라 부른다. 만약에 위의 데이터 "00112233"를 기억장치 100 번지부터 저장한다면 아래의 그림 4-8의 (a)와 같은 순서에 의해 저장된다. 이러한 방식을 사용하는 컴퓨터의 예로써 IBM 370, Motorola 680x0 계열의 컴퓨터를 들 수 있다.

주소	데이터
100	00
101	11
102	22
103	33

(a) Big-Endian 방식

주소	데이터
100	33
101	22
102	11
103	00

(b) Little-Endian 방식

그림 4-8 메모리에 데이터를 저장하는 방식

2) Little-Endian 방식

이 방식에서는 가장 낮은 바이트 주소의 위치에 최하위 바이트를 저장한다. 만약에 위의 데이터 "00112233"을 기억장치 100 번지부터 저장한다면 위의 그림 4-8의 (b)와 같은 순서에 의해 저장된다. 이러한 방식을 사용하는 컴퓨터로는 인텔 80x86, 펜티엄 등의 컴퓨터를 들 수 있다.

3) 데이터의 정렬(Alignment)

데이터의 정렬(Alignment)이란 전송되어지는 데이터의 길이에 따른 메모리의 액세스 방법을 말한다. 컴퓨터에서 처리되어지는 데이터의 크기는 데이터 버스의 길이 혹은 사용되어지는 레지스터의 길이에 제한을 받는다. 그런데 연산 실행에 필요한 데이터를 기억장치로부터 인출할 경우, 그 데이터가 저장되어 있는 메모리 주소를 지정해야 한다. 그러나 모든 데이터가 같은 길이가 아니므로 메모리 주소를 지정할 때 유의해야 한다. 즉, 크기가 n인 데이터(n은 2의 배수)는 반드시 n의 배수를 가지는 주소로 액세스 해야 한다. 데이터를 액세스 하는 방법은 다음과 같다.

① 바이트 액세스 : 이 경우에는 데이터 액세스를 위한 모든 주소를 사용할 수 있다.
예) 0, 1, 2, 3, 4, 5, 6, 7, 8, ...

② 반 단어(Half words) 액세스 : 이 경우에는 반드시 2의 배수로 데이터를 액세스 해야 한다.
예) 0, 2, 4, 6, 8, 10, 12, 14, ...

③ 단어(words) 액세스 : 이 경우의 주소는 4의 배수로 액세스가 이루어져야 한다.
예) 0, 4, 8, 12, 16, 20, 24, 28, ...

만약 단어 액세스방식을 사용하는 컴퓨터에서 4의 배수가 아닌 수로 메모리를 액세스한다면 버스(bus) 에러가 발생한다. 예를 들어, 단어 액세스방식을 사용하는 컴퓨터에서 LOAD 1022 즉, 메모리 1022 위치에 저장되어 있는 데이터를 CPU로 가져오라는 명령어는 잘못 된 것이다. 왜냐하면 1022 위치에 있는 데이터는 그 데이터의 시작이 아니라 중간 값이기 때문이다. 그러나 바이트 액세스 방식 혹은 반단어 액세스 방식에서는 올바른 표현법이라 말할 수 있다.

4.6 주소지정 방식(Addressing Mode)

마이크로프로세서가 데이터를 읽거나 쓰기 위해 메모리에 접근할 때, 마이크로프로세서는 접근할 메모리 주소를 지정해야 한다. 명령어에서 주소 필드의 목적은 명령어에 사용되어질 어떤 오퍼랜드가 현재 저장되어 있는 곳을 지정하는데, 이렇게 오퍼랜드의 주소가 지정되는 방법을 주소지정 방식이라 부른다. 이처럼 오퍼랜드가 저장되어 진 곳을 지정하는 것은 여러 가지 방식으로 기술되어 지는데, 이는 다음과 같은 경우들에 많은 영향을 미친다.

- CPU가 오퍼랜드에 접근하는 속도에 영향을 미친다.
- 오퍼랜드가 위치한 주소를 변경하는 것의 용이함에 영향을 준다.

예를 들어, 오퍼랜드가 CPU의 내부에 있는 레지스터에 저장되어 있으면, 연산을 위하여 CPU가 오퍼랜드를 가져오는데 적은 시간이 걸린다. 그러나 필요한 오퍼랜드가 메모리에 저장되어 있다면 CPU가 그 값을 가져오는데 보다 긴 시간이 필요하다. 따라서 명령어 설계자의 입장에서 볼 때 CPU 내의 레지스터 주소를 더 선호한다. 뿐 만 아니라, 필요한 오퍼랜드를 명령어에서 직접 지정할 수도 있고, 또한 간접적으로 지정할 수도 있다. 오퍼랜드의 메모리 주소를 지정하는 여러 방식에 대하여 살펴보면 다음과 같다.

먼저 이해를 쉽게 하기 위하여 다음과 같은 표기를 사용하기로 한다.

- EA : 유효주소(Effective Address)를 나타내며 명령어 실행에 필요한 데이터가 저장되어 있는 기억장치의 실재 주소를 말한다.
- A : 명령어 내의 오퍼랜드 필드가 기억장치를 나타내는 경우 주소 필드의 내용을 말한다.
- R : 명령어 내의 오퍼랜드 필드가 레지스터를 나타내는 경우에 명령어 내의 레지스터 번호를 나타낸다.
- (A) : 기억장치 A에 저장되어 있는 데이터를 나타낸다.
- (R) : 레지스터 R에 저장되어 있는 데이터를 나타낸다.

다음의 여러 주소지정 방식에서 데이터가 들어 있는 유효주소가 어떻게 지정되어지는지에 대하여 알아보기로 한다.

먼저 일반적인 명령어의 형식은 아래의 그림 4-9와 같다.

연산코드	A

그림 4-9 일반적인 명령어 형식

```
LOAD  1000
```

즉, 위의 명령어 형식의 예로써 위와 같은 명령어 LOAD 1000을 예로 들 수 있다. 이 명령어의 연산코드는 기억장치 A(여기서는 1000)에 저장되어 있는 데이터를 CPU에 있는 누적기로 적재하라는 명령어 LOAD이다.

1) 직접 주소지정 방식(Direct Addressing Mode)

이 방식에서는 명령어의 오퍼랜드 필드의 내용이 데이터의 유효주소이다. 다시 말해, 직접 주소지정 방식이란 이름에서 나타나듯이 오퍼랜드가 포함된 메모리 워드의 주소를 명령어에 직접 주는 방식이다. 따라서 앞의 일반적인 명령어 형식에 따르면 유효주소는 A가 된다. 직접 주소지정 방식에 의한 데이터의 액세스 방식이 그림 4-10에서 보여준다.

이 방식에서 연산을 위한 데이터의 액세스는 단 한 번만 필요하므로 간단하고 데이터를 CPU로 빠르게 가지고 온다는 장점을 가지지만, 명령어 형식에서 정해진 오퍼랜드의 비트만을 사용하므로 메모리의 사용이 극히 제한적이라는 단점을 가진다. 예를 들어, 전체 16 비트의 명령어 중에서 연산코드 길이가 4 비트인 경우, 오퍼랜드 필드의 길이는 16−4=12 비트이므로, 직접 주소지정 방식을 통하여 지정할 수 있는 메모리의 크기는 최대 2^{12} = 4096 개뿐이다.

$$EA = A$$

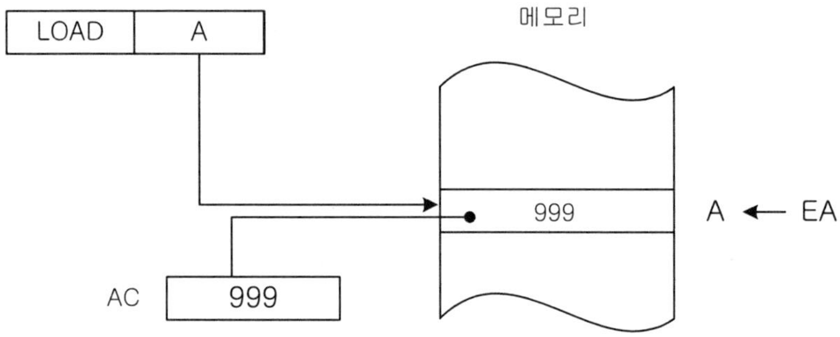

그림 4−10 직접 주소지정 방식에 의한 데이터의 액세스

2) 간접 주소지정 방식(Indirect Addressing Mode)

간접 주소지정 방식에서 유효주소는 다음과 같다.

$$EA = (A)$$

즉, 오퍼랜드의 값 A가 유효 주소가 아니라, 메모리 위치 A에 저장되어 있는 값이 유효주소이다. 따라서 원하는 데이터를 액세스하기 위하여, 오퍼랜드를 나타내는 포인터가 주소 A로부터 데이터를 인출한다. 다음으로 주소 A로부터 인출된 데이터가 가리키는 메노리 위치에 있는 데이터가 원하는 데이터, 즉 CPU로 적재되어질 데이터가 된다. 이러한 간접 주소지정 방식은 직접 주소지정 방식의 단점을 해결할 수 있다는 장점을 가진다. 즉, 직접 주소지정 방식에서는 오퍼랜드의 길이에 의해 액세스되어지는 메모리 주소 크기가 제한을 받는 문제점을 가지는데, 이를 해결하기 위하여 간접주소지정 방식에서는 첫 번째 액세스하여 얻어진 값이 명령어 연산을 위하여 필요한 값이 아니라, 원하는 데이터가 들어 있는 메모리의 주소를 나타낸다. 따라서 메모리에 저장되어지는 데이터 크기에 따라 유효 주소의 범위가 정해진다. 예를 들어, 메모리에 저장되어지는 데이터가 16비트로 이루어졌다면, 유효주소의 범위는 2^{16} = 64 K가 된다. 또한 간접 주소지정 방식에 의한 데이터의 액세스 방식을 나타내기 위하여 명령어 형식에서 1 비트의 간접주소지정 비트를 필요로 한다. 이러한 간접 주소지정 방식의 명령어 형식과 데이터 액세스 방식은 아래의 그림 4−11에서 보여 준다.

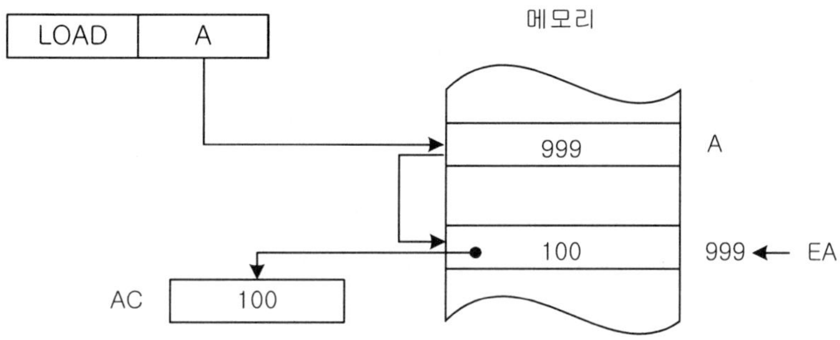

그림 4−11 간접 주소지정 방식에 의한 데이터의 액세스

간접주소 지정 방식의 장점과 단점을 살펴보면 다음과 같다.

① 장점 : 액세스되어지는 메모리의 범위가 명령어 형식의 오퍼랜드 필드의 길이에 제한을 받지 않고 확장될 수 있다.

② 단점 : 명령어 연산에 필요한 데이터를 얻는데 두 번의 메모리 액세스가 필요하다. 따라서 메모리를 가져오는 지연이 증가한다.

3) 즉치 주소지정방식(Immediate Addressing Mode)

즉치 주소지정 방식에서는 메모리로부터 데이터를 가져오는 앞의 두 방식과는 달리 명령어 자체에 데이터가 포함되어있다. 즉, 명령어의 오퍼랜드가 데이터의 기억장치 주소가 아니라, 명령어 수행에 필요한 데이터 그 자체이다. 따라서 기억장치를 액세스하는 시간이 절약되는 장점을 가진다. 이러한 즉치 주소지정 방식은 프로그램의 수행에 있어서 레지스터 혹은 어떤 변수들의 초기 값을 정해 줄 경우에 주로 사용된다. 즉치 지정 방식에서의 유효주소는 바로 그 명령어가 들어 있는 메모리 주소와 같다.

EA = 현재 수행 중인 명령어가 저장되어 있는 기억장치 주소 예를 들어, 현재 수행 중인 명령어가 1000번지에 저장되어 있다고 가정하자.

- PC = 1000

1000 LOAD 500
1001 ADD B

즉치 주소지정 방식에서 이 명령어는 데이터 값 500을 누산기로 적재하라는 의미를 가진다. 따라서 유효주소는 1000이다. 이 명령어를 통하여 알 수 있는 것은 연산에 필요한 데이터가 직접 명령어에 포함되어 있다는 것이다. 따라서 데이터를 위하여 메모리를 액세스할 필요가 없기 때문에 빠른 연산을 얻을 수 있다.

즉치 주소지정 방식에서 사용되어지는 명령어 형식은 아래의 그림 4-12와 같다.

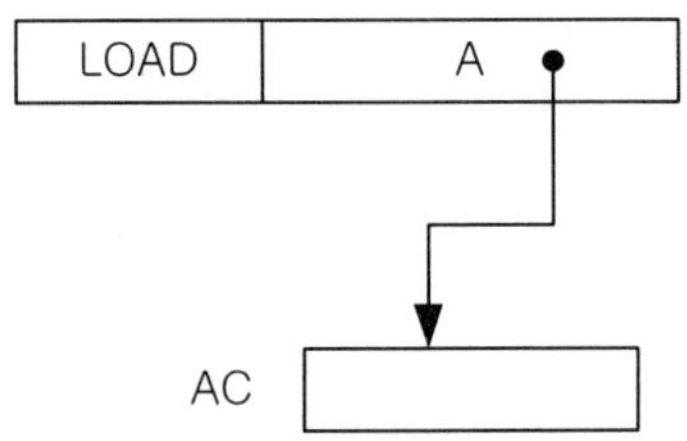

그림 4-12 즉치 주소지정 방식에 의한 데이터의 액세스

즉치 주소지정 방식의 장단점은 다음과 같다.

① 장점 : 연산에 필요한 데이터를 가져오는데 기억장치를 액세스 할 필요가 없으므로 데이터 인출 시간이 절약된다.

② 단점 : 사용되어지는 데이터의 표현이 오퍼랜드 필드의 비트에 제한을 받는다. 즉, 명령어 전체에서 연산명령 부분을 뺀 나머지 필드로 데이터를 표현해야 하므로 표현되어지는 수의 범위에 제한을 받는다. 예를 들어, 16 비트 길이의 명령어에서 4비트를 연산비트로 사용하고, 나머지 12 비트를 데이터 값 비트로 사용한다면, 사용할 수 있는 가장 큰 데이터의 최대값은 4095이다.

4) 레지스터 주소지정 방식(Register Addressing Mode)

레지스터 주소지정 방식에서는 명령어 수행에 필요한 데이터가 명령어의 오퍼랜드에 나타나는 레지스터에 저장되어 있다. 즉, 레지스터 주소지정 방식에서의 오퍼랜드가 바로 데이터가 들어 있는 장소인 레지스터이다. 따라서 앞에서 정의한 바와 같이 유효주소를 연산에 필요한 데이터가 들어있는 기억장치(메모리) 주소라고 할 때, 레지스터 주소지정 방식에서의 유효 주소는 레지스터이므로 없다고 말할 수 있다. 다만, 굳이 레지스터를 저장장소로 생각한다면 유효주소는 레지스터(R)가 된다.

레지스터 주소지정 방식에서 사용되어지는 명령어 형식은 아래의 그림 4−13과 같다. 그림의 명령어 형식에서 보는 바와 같이 사용되어지는 레지스터의 수는 레지스터 필드의 비트 수에 제한을 받는다. 예를 들어, 레지스터 필드가 4 비트로 이루어졌다면, 이 컴퓨터에서는 최대 2^4 = 16개의 레지스터가 사용되어질 수 있다.

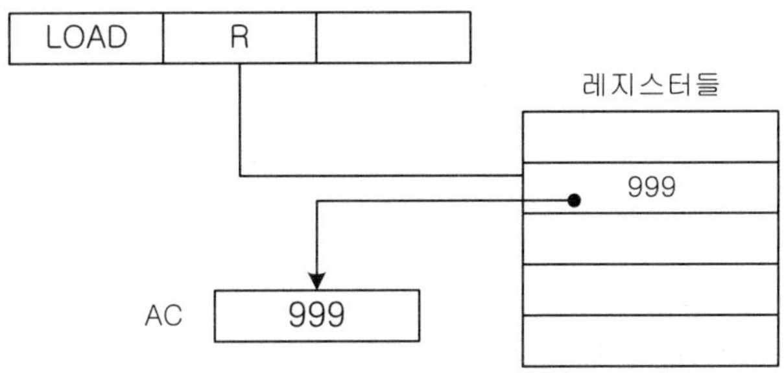

그림 4−13 레지스터 주소지정 방식에 의한 데이터의 액세스

레지스터 주소지정 방식의 장점과 단점은 다음과 같다.

① 장점 : 연산에 필요한 데이터가 CPU 내의 레지스터에 저장되어 있으므로 기억장치 액세스를 필요로 하는 다른 주소지정 방식에 비해 데이터 인출 시간이 적다. 뿐 만 아니라 오퍼랜드 필드의 길이가 작다는 장점도 가진다.
② 단점 : 데이터가 레지스터에 저장되어지기 때문에 저장되어지는 데이터의 크기가 레지스터의 크기에 제한을 받는다.

5) 레지스터 간접 주소지정 방식(Register−Indirect Addressing Mode)

레지스터 간접 주소지정 방식은 직접 주소지정방식과 간접 주소지정방식과의 관계처럼 레지스터 주소지정 방식과 관계를 가진다. 즉, 레지스터에 저장된 데이터가 명령어 연산에 필요한 데이터가 아니라, 그 데이터가 저장되어 있는 기억장치의 주소이다.

따라서 레지스터 간접 주소지정 방식에서의 유효 주소는 다음과 같다.

$$EA = (R)$$

이 방식은 간접 주소지정 방식에서와 마찬가지로 레지스터의 크기에 따라 지정되어지는 기억장치의 주소의 범위가 지정된다. 예를 들어, 사용되어지는 레지스터의 길이가 16비트라면, 2^{16} = 64 K 바이트까지의 주소를 지정할 수 있다.

레지스터 간접 주소지정 방식에서 사용되어지는 명령어 형식은 아래의 그림 4-14와 같다.

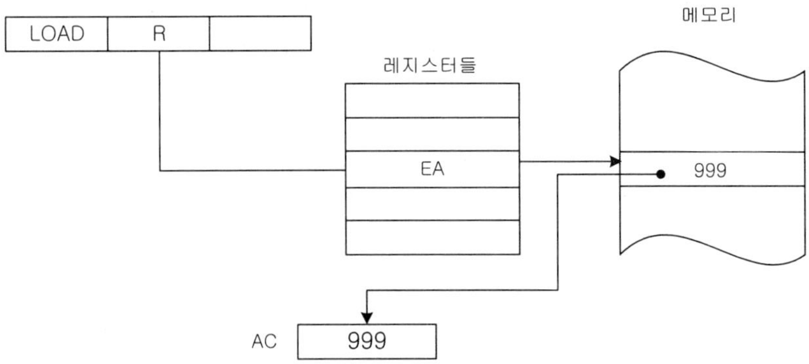

그림 4-14 레지스터 간접 주소지정 방식에 의한 데이터의 액세스

① 장점 : 사용되어지는 레지스터의 길이에 따라 데이터 저장 영역이 확장되어질 수 있다.

② 단점 : 레지스터의 크기에 따라 지정되어지는 기억장치의 주소의 범위가 제한되어 질 수 있고, 레지스터 지정 방식과는 달리 데이터 인출을 위하여 한 번의 기억장치 액세스가 필요하다.

6) 상대 주소지정 방식(Relative Addressing Mode)

앞에서 살펴보았던 직접 주소 방식과 레지스터 주소지정 방식을 조합하여 보다 효율적인 주소 지정방식을 만들 수 있다, 이와 같은 조합방식을 일명 변위 주소지정 방식(Displacement Addressing Mode)라고 부르는데, 사용되어지는 레지스터의 종류에 따라 그 이름을 달리 한다. 이러한 변위 주소지정 방식에서는 아래의 그림 4-15와 같이 두 개의 오퍼랜드를 사용하는데, 하나는 레지스터를 나타내고, 다른 하나는 변위를 나타낸다. 상대 주소지정 방식은 PC를 사용하는 변위 주소지정 방식이다. 이 방식의 유효주소는 변위 D에 PC의 값을 더한 값이 된다. 즉,

$$\text{유효주소} = D + (PC)$$

여기서 사용되는 변위 값 D는 양수 혹은 음수 값을 가질 수 있는데, 만약 D의 값이 양수이면 현재의 PC 값에서 D 값만큼 앞으로 이동(Forwarding)한 주소가 바로 유효주소이고, 만약 D의 값이 음수이면 현재의 PC 값에서 D 값만큼 뒤로 이동(Backwarding)한 주소가 바로 유효 주소가 된다. 그런데 여기서 주의할 사항은 유효주소를 구할 때 사용되어지는 PC의 값은 현재의 명령어를 수행한 다음에 가지는 값, 즉, 다음에 수행되어질 명령어의 값이다. 어떤 프로그램의 일부가 아래와 같은 명령어로 이루어져 있다고 가정한다.

```
.....
100 JUMP 200
101 ADD 500
........
```

또한 현재 PC의 값이 100을 가진다고 할 때, 100 번지의 명령어가 상대 주소지정 방식에 의해 데이터를 인출한다고 가정하자. 이 때 JUMP 명령어를 인출하여 그 명령어를 수행하는 동안에 PC의 값은 101로 바뀐다. 따라서 실재로 JUMP하는 주소(유효주소)는 101 + 200 = 301 번지이다.

상대 주소지정 방식에서 사용되어지는 명령어 형식은 아래의 그림 4−15와 같다.

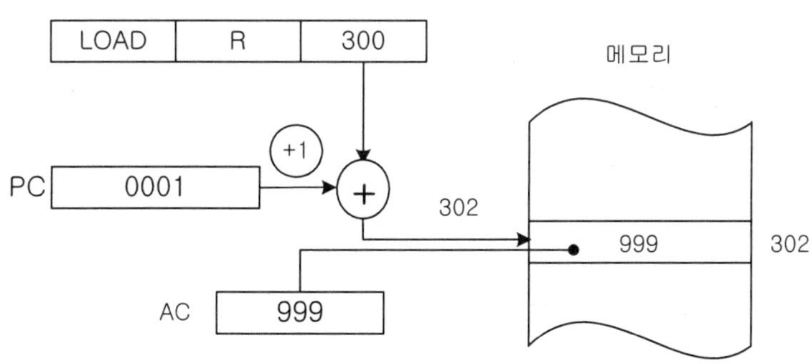

그림 4−15 상대 주소지정 방식에 의한 데이터의 액세스

그림 4-15에서는 현재 명령어가 0001 번지에 있고, 이 명령어가 수행되어지면 PC의 값은 0002가 된다. 따라서 명령어 안에 있는 변위 값 300과 PC의 값 2 가 더하여져서 302 번지에 있는 데이터 999를 액세스하여 누산기(AC)에 적재한다. 상대주소지정방식의 장점과 단점은 다음과 같다.

① 장점 : 사용되어지는 레지스터가 PC로 묵시적으로 정해지므로 명령어 형식에서 레지스터를 나타내는 필드가 필요하지 않다.
② 단점 : 변위의 길이(D) 혹은 범위가 오퍼랜드 필드의 비트 수에 제한을 받는다.

7) 인덱스 주소지정 방식(Indexed Addressing Mode)

인덱스 주소지정방식은 인덱스 레지스터를 사용하는 변위 주소지정 방식이다. 여기서 사용되는 인덱스 레지스터는 인덱스(Index) 값을 저장하는 특수 레지스터이다. 인덱스 주소지정 방식의 유효주소는 다음과 같이 표현된다.

유효주소 = A + (IX)

일반적으로 인덱스 주소지정 방식은 데이터의 배열(Data Array) 연산에 유용하다. 즉, 인덱스의 내용은 데이터 배열의 시작으로부터 배열 내의 데이터까지의 위치를 나타낸다. 따라서 루프 프로그램(loop program) 내에서 동일한 명령어를 사용하여 배열 내의 서로 다른 데이터를 액세스하여 연산하는데 효율적으로 사용될 수 있다.

인덱스 주소지정 방식에서 사용되어지는 명령어 형식은 아래의 그림과 같다.

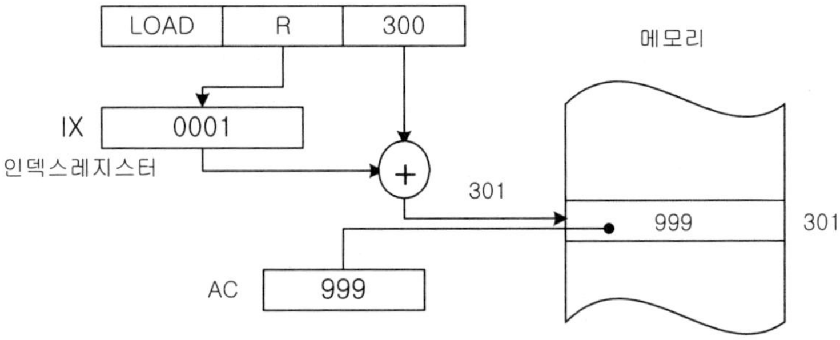

그림 4-16 인덱스 주소지정 방식에 의한 데이터의 액세스

8) 베이스-레지스터 주소지정 방식(Base-Register Addressing Mode)

베이스 레지스터 주소지정 방식은 베이스 레지스터를 사용하는 변위 주소지정 방식이다. 일반적으로 앞에서 설명되어진 인덱스 레지스터 주소지정 방식과 비슷하게 동작한다. 다만 인덱스 레지스터 주소 방식에서는 명령어에 포함된 주소 A를 기준으로 한 인덱스 값이 저장되어지는데 반하여, 베이스 레지스터 주소 방식에서는 기준이 되는 주소 A가 저장된다. 또한 베이스 레지스터 주소지정 방식은 주로 기억장치 내의 프로그램의 위치를 지정하는데 사용된다. 베이스 주소지정 방식의 유효주소는 다음과 같이 표현된다.

유효주소 = A + (BR)

베이스-레지스터 주소지정 방식에서 사용되어지는 명령어 형식은 아래의 그림과 같다.

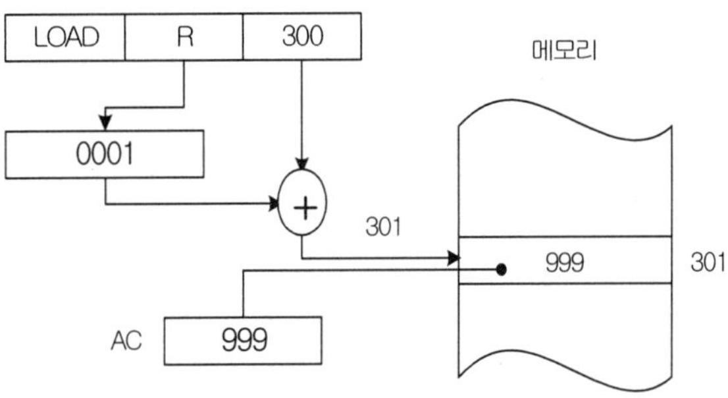

그림 4-17 베이스-레지스터 주소지정 방식에 의한 데이터의 액세스

[예제 4.2]

다음과 같이 메모리와 각 레지스터들이 값을 가질 때 각각의 어드레싱 모드들에 대한 유효 주소와 AC(누산기)의 값을 구하여 빈칸을 채워라.

주 소	메모리
300	Load to AC
301	어드레스 = 600
302	다음 명령어
499	550
500	800
550	700
600	900
650	499
700	1000
800	600
801	650
802	435
900	400
901	450
902	460

PC	300
R1	500
IX	200

어드레싱 모드	유효 주소	AC 값
직접		
간접		
즉치		
레지스터		
레지스터간접		
상대		
인덱스		

4.7 상용 마이크로프로세서의 주소지정 방식과 명령어 형식

4.7.1 IBM/Motorola의 Power PC

이 절에서는 IBM과 모토롤라가 공동으로 개발하고 애플사가 자사의 매킨토시 컴퓨터 제작에 사용한 PowerPC에서 사용되어지고 있는 명령어 형식과 주소지정 방식에 대하여 설명한다.

PowerPC는 32 개의 정수 레지스터를 가지며, 모든 명령어의 길이는 32 비트로 이루어져 있다. 모든 명령어의 처음 6 비트는 연산을 나타내고, 명령어의 종류마다 각 필드의 비트가 약간의 차이를 가지나, 소스와 목적지 레지스터를 나타내는 필드는 모두 5 비트를 가진다. 이러한 규칙적인 형식의 명령어를 가짐으로써 기능이 단순해지는 장점을 가진다. 또한 Load와 Store 명령어만이 데이터 전송을 할 수 있다. PowerPC에서 사용되어지고 있는 주소 지정 방식은 다음과 같다.

1) 적재/저장 주소 지장 방식

PowerPC는 적재/저장 명령어를 위한 두 가지 주소지정 방식을 가진다. 간접주소지정 방식(indirect addressing)에서는 명령어에 베이스 레지스터에 더해질 16 비트의 변위가 포함되어 있으며, 어떤 범용 레지스터도 베이스 레지스터로 사용될 수 있다. 이를 업데이트(update) 주소지정 방식이라고도 불린다. 이 업데이트 주소지정 방식은 데이터 전송 후 베이스 레지스터를 자동으로 증가시켜 다음 데이터를 가리키도록 하는 새로운 데이터 전송을 만들기 위함이다. PowerPC는 베이스 주소지정 방식과 인덱스 주소지정 방식 양쪽에 이 방식을 제공한다.

```
lwu    $d0,    4($s3)
```

위의 명령어는 레지스터 $s3의 값과 4를 더한 메모리의 값을 레지스터 d0로 적재하고 레지스터 s3의 값을 4 만큼 증가시키라는 의미를 가진다. 여기서 베이스 레지스터의 값을 4 만큼 증가시키는 이유는 PowerPC 구조가 바이트 주소를 사용하며, 한 워드는 4 바이트이기 때문이다.

아래 그림 4-19는 업데이트 주소 지정 방식을 보여 준다.

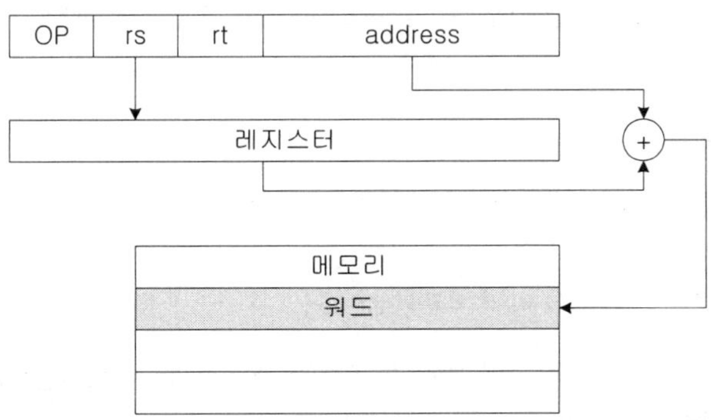

그림 4-19 업데이트 주소지정 방식

또 다른 적재/저장 명령어의 주소지정 기술은 간접 인덱스 주소지정(indirect indexed addressing)이다. 이 경우에 명령어는 베이스 레지스터와 인덱스 레지스터를 참조하는데, 양쪽 모두 어떤 범용 레지스터도 사용할 수 있다. 유효 주소는 이 두 레지스터들 내용의 합이다. 즉, 이 방식에서는 하나의 레지스터는 배열의 시작 주소를 가지고 있고, 다른 하나는 배열의 인덱스를 가진다. 다음의 명령어를 통해 PowerPC에서의 인덱스 주소 지정방식을 설명한다.

lw $d1, $s0 + $i3

위의 명령어는 S0 레지스터가 가지는 배열의 시작 주소에 레지스터 i3의 인덱스 값을 더한 메모리로부터 값을 레지스터 d1으로 적재하라는 의미를 가진다. 그림 4-20은 인덱스 주소 지정 방식을 보여 준다.

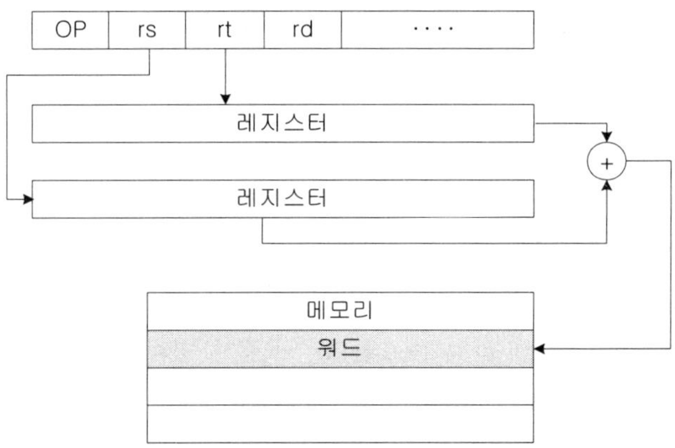

그림 4-20 Power PC의 인덱스 주소지정 방식

2) 분기주소 지정

PowerPC에서는 다음과 같은 세 가지 분기 주소지정 방식들을 가진다.

A. 절대 주소지정(absolute addressing)

절대 주소지정이 무조건 분기 명령어와 함께 사용되면, 다음 명령어의 유효 주소는 명령어 내의 24 비트 즉치 값(immediate)으로부터 만들어 질 수 있다. 모든 명령어들이 32 비트 길이를 가져야 하므로, 24 비트 값은 최하위에 0들을 추가하여 32 비트로 확장된다.

또한 조건분기 명령어를 위해, 다음 명령어의 유효주소는 명령어 내의 16 비트 즉치 값으로부터 구해진다.

B. **상대 주소지정**(relative addressing)

이 방식에서 24 비트 즉치 값 또는 14 비트 즉치 값은 앞의 절대 주소지정 방식과 같이 확장된다. 결과 값은 PC 값에 더해져서 현재 명령어에 대한 상대적인 위치를 지정해 준다.

C. **간접 주소지정**(indirect)

이 방식은 링크 레지스터나 카운터 레지스터로부터 다음 명령어의 유효 주소를 가져온다. 이 경우에는 카운터 레지스터가 분기 명령어를 위한 주소를 포함하는데 사용된다.

3) 산술 명령어

정수 산술을 위해 모든 오퍼랜드들은 레지스터 안에 또는 명령어의 일부로 포함하여야 한다.

A. **레지스터 주소지정**(register addressing)

이 방식에서는 소스와 목적지 연산자가 범용 레지스터들 중에 한 곳에 저장된다.

B. **즉치 주소지정**(immediate addressing)

소스 연산자는 명령어 내의16 비트 부호화된 수로 존재한다. 부동소수점 산술에서 모든 연산자들은 부동-소수점 레지스터들 안에 있다.

아래의 그림 4-21은 PowerPC의 일부 명령어 형식들을 보여 준다.

6비트	5비트	5비트	16비트		
분 기	긴 즉치(long immediate)			A	L
조건분기	옵션	CR 비트	분기 변위	A	L
조건분기	옵션	CR 비트	링크/카운트 레지스터를 통한 간접		L

(a) 분기 명령어

6비트	5비트	5비트	16비트		
CR	목적지비트	소스 비트	소스 비트	AND/OR 등	/

(b) 조건 레지스터 논리 명령어

6비트	5비트	5비트	16비트		
Ld/St 간접	목적지 레지스터	베이스 레지스터	변 위		
Ld/St 간접	목적지 레지스터	베이스 레지스터	인덱스 레지스터	크기/부호 등	/
Ld/St 간접	목적지 레지스터	베이스 레지스터	변 위		XO

(c) 적재/저장 명령어

* A : 절대(absolute) 혹은 PC 상대(relative)
L : 서브루틴으로의 링크
XO : 연산코드 확장

그림 4-21 PowerPC 명령어 일부의 형식

그림에서 보듯이 분기 명령어들은 분기 명령어 다음에 오는 명령어의 유효 주소가 링크레지스터에 위치하고 있다는 것을 나타내는 링크(L) 비트를 포함하고 있다. 또한 두 가지 형태의 명령어들은 주소 지정방식이 절대 주소지정인 지 혹은 PC 상대 방식인지를 나타내기 위하여 비트(A)를 포함하고 있다. 또한 분기 명령어를 위해 CR 비트 필드는 조건 레지스터에서 시험될 비트를 지정한다. 옵션 필드는 분기가 일어날 조건을 나타낸다. 마지막으로 적재/저장 명령어에서 XO는 연산 확장(Opcode Extention)을 나타낸다.

4.7.2 MIPS 컴퓨터

MIPS는 가장 먼저 소개된 RISC 컴퓨터 구조로서 20여 년 전에 John Hennesy에 의해 설계되었다. 이 MIPS 구조는 현재 사용 중인 Sun사의 SPARC, IBM와 모토롤라 사의 PowerPC 등의 프로세서들과 비슷한 구조를 가진다. 또한 MIPS 설계는 실리콘 그래픽스 사의 워크스테이션과 서버, 그리고 시스코사의 여러 라우터들, 그리고 닌텐도나 소니(Sony)사의 플래이스테이션(Playstation) 게임기 등 여러 분야에 적용되어 지고 있다.

1) MIPS 명령어 형식

MIPS는 데이터 처리를 위하여 3-주소 명령어 형식을 사용한다. 각 ALU 명령어들은 하나의 목적지와 두 개의 소스를 가진다. 예를 들어, 덧셈 연산 명령어 add는 다음과 같은 형식을 가진다.

```
add  a,  b,  c
```

위의 명령어 형식에서 add는 명령어 연산이고, a는 목적지, 그리고 b와 c는 두 개의 오퍼랜드 소스를 나타내는 것으로 (a = b + c)를 수행한다.

MIPS는 또한 레지스터-레지스터 혹은 load-store 구조를 가지기 때문에 위의 명령어 형식에서 소스와 목적지 모두는 레지스터를 나타낸다. 따라서 메모리를 액세스하기 위해서는 특별한 명령어를 사용한다.

2) MIPS 프로세서

MIPS 프로세서는 32 개의 레지스터를 가지는데, 모든 레지스터들은 32 비트 데이터를 가진다. 따라서 명령어에서 레지스터를 구분하기 위하여 5 비트 길이가 필요하다. 아래의 그림 4-22는 MIPS 프로세서의 인터페이스를 보여 주고 있다.

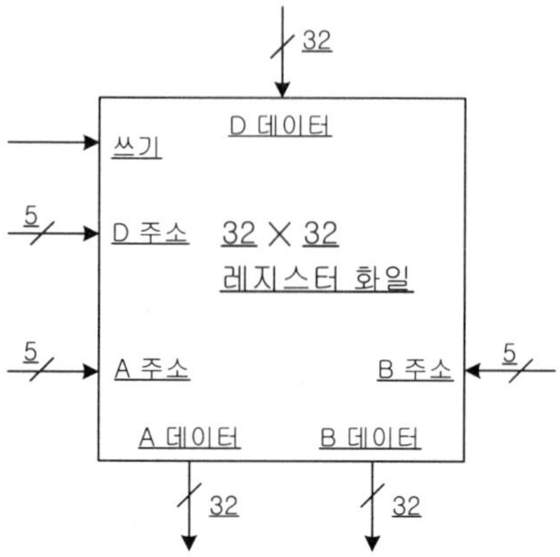

그림 4－22 기본적인 MIPS 프로세서 인터페이스

위의 구조에서 쓰기 =1인 경우, D 주소에 32 비트의 D 데이터가 쓰여 진다. 또한 A 주소와 B 주소를 동시에 입력하여 두 개의 값 A 데이터와 B 데이터를 출력 받는다.

- MIPS 레지스터는 $0, $1과 같이 이름 앞에 '$'를 부친다.
- 기본적인 정수 산술 연산으로 다음을 포함한다.
  add, sub, mul, div
- 또한 논리 연산은 다음과 같다.
  and, or, xor

3) MIPS 메모리 구성

MIPS 메모리는 아래의 그림 4－23과 같이 8 비트 즉 1 바이트를 액세스할 수 있다. 또한 32 비트의 주소선을 사용하고 있으므로 전체 $2^{32} \times 8$ = 4GB의 용량을 지원할 수 있다.

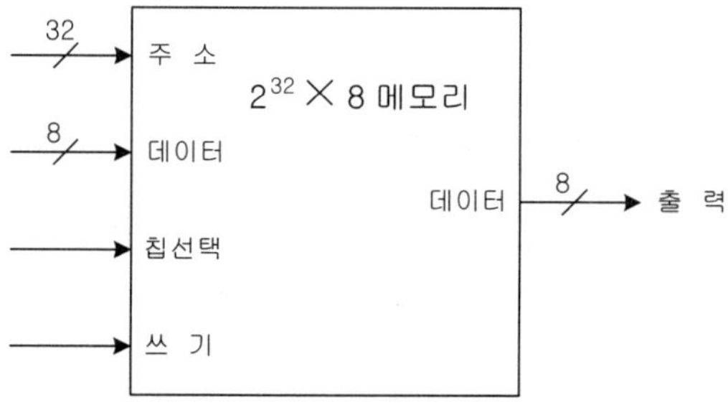

그림 4－23 MIPS 메모리 구조

또한 32 비트로 이루어진 메모리 주소는 연속적인 4 개의 기억장소에 저장된다. 따라서 앞에서 살펴보았던 메모리의 액세스는 다음과 같이 단어(word) 액세스되어져야 유효한 주소를 얻을 수 있다.

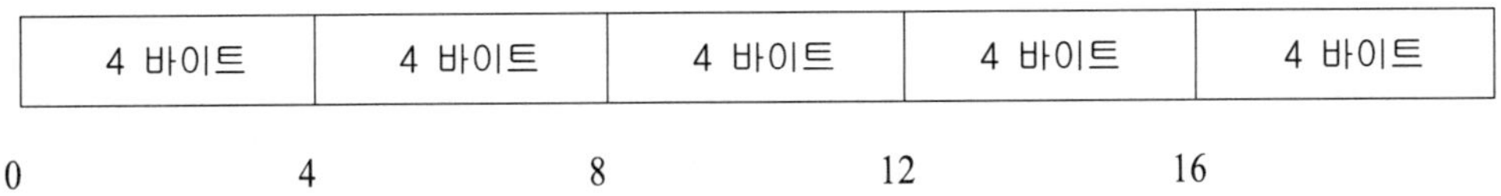

그림 4-24 MIPS 프로세서에서의 메모리 정렬

MIPS 프로세서에서 유효한 메모리 액세스는 0, 4, 8, 12, 16, … 등의 4의 배수로 이루어져야 한다. 따라서 1, 3, 5, 11, 등과 같은 메모리 액세스는 유효하지 않다. 이러한 유효하지 않은 메모리 액세스가 이루어지는 경우에는 버스(Bus) 에러가 발생하게 된다.

MIPS 명령어 세트는 메모리 액세스를 위하여 특별한 명령어를 가진다. 즉, 메모리로부터 CPU에 있는 레지스터로 데이터를 전송하기 위하여 "바이트 적재"인 "lb" 명령어를 사용하고, 레지스터로부터 메모리로 데이터를 전송하기 위하여 "바이트 저장"인 "sb" 명령어를 사용한다. 그런데 이들 메모리 액세스 명령어들을 앞에서 설명하였던 "인덱스 주소 지정" 방식을 사용한다. 인덱스 주소 지정방식에서는 주소 연산자로서 부호화된 상수와 레지스터를 사용한다. 예를 들어,

```
lb    $t0,    20($a0)
```

이 명령어는 메모리[$a0 +20]에 저장되어 있는 1 바이트 값을 레지스터 $t0에 적재하라는 의미를 가진다. 또한

```
sb    $t0,    20($a0)
```

이 명령어는 레지스터 $t0에 있는 가장 낮은 바이트(lowest byte)의 값을 메모리[$a0 +20] 위치에 저장하라는 의미를 가진다. 뿐 만 아니라 위와 같은 바이트 전송 이 외에도 32 비트의 값 즉 단어(word)를 주 메모리로 저장 혹은 레지스터로 적재할 수 있다. 이는 위에서 보인 1 바이트의 예에서 명령어 lb 를 lw로 sb를 sw로 바꾸면 된다. 즉,

```
lw    $t0,    20($a0)

sb    $t0,    20($a0)
```

따라서 array 데이터를 적재할 경우 array 데이터가 2000 번지부터 시작하고, $a0가 2000 이란 값을 가질 경우 lw $t0, 0($a0) 명령어는 2000 번지에 있는 첫 array 값을 적재하지만, lw $t0, 8($a0) 명령어는 2008 번지에 있는 세 번째 array 값을 액세스하게 된다.

4) MIPS 명령어 형식

MIPS 명령어에는 다음의 3 가지 서로 다른 형식을 가진다.

① R－타입 : 산술연산 명령어는 R－타입을 가진다.

op	rs	rt	rd	shamt	func
6 비트	5	5	5	5	6비트

그림 4－25 R－타입 명령어 형식

R－타입 명령어 형식에서 각 필드의 의미는 다음과 같다.

- op : opcode 혹은 연산은 특정 연산을 의미한다.
- rs, rt : 소스 레지스터를 나타낸다.
- rd : 목적지 레지스터를 나타낸다.
- shamt : 쉬프트 연산을 나타낸다.
- func : op 필드와 함께 연산 동작을 나타낸다.

R－타입 명령어의 예는 다음과 같다.

```
add    $s4, $t1, $t2
```

위 명령어의 의미는 $t1과 $t2 레지스터의 값을 더해서 그 값을 레지스터 $s4에 적재하라는 것이다. 이 명령어가 실행되어지는 과정이 아래 그림 4-26에서 보여준다.

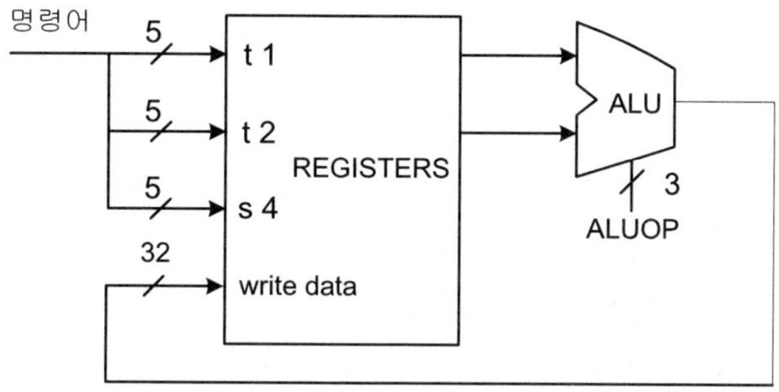

그림 4-26 R-타입 명령어의 실행

그림에서 볼 수 있듯이 각 레지스터는 5 비트로 구분되며, 레지스터에 쓰여지는 데이터의 길이는 32 비트이다. ALU에서 수행되어지는 연산이 3 비트의 제어신호를 통하여 선택되어지는데, 종류는 다음과 같다.

ALUOp	Function
000	and
001	or
010	add
110	subtract
111	slt

그림 4-27 ALU 동작의 신호 종류

위의 예에서 보여주는 R-타입 명령어의 실행과정은 다음과 같다.

1) 명령어 메모리로부터 하나의 명령어가 읽힌다.
2) 소스 레지스터 $t1, $t2 로부터 데이터를 읽어서 ALU에 입력시킨다.
3) ALU가 요구되는 동작(add)을 실행한다.
4) ALU의 결과 값이 목적지 레지스터 $s4에 실린다.

② I －타입 : Load, Store, 분기(branch), 즉치(immediate) 명령어들은 모두 I－타입 형식을 가진다. 아래 그림은 I－타입 명령어 형식을 보여 준다.

op	rs	rt	주 소
6 비트	5	5	16비트

그림 4-28 I-타입 명령어 형식

I-타입 명령어 형식에서 op, rs, rt 필드는 R-타입과 같은 위치에 있다. 그러나 각 레지스터의 의미는 명령어마다 다른 특색을 가진다. 먼저 rs는 소스 레지스터인데 load와 store 명령어에서 주소를 나타내고, 분기 혹은 즉치 연산 명령어에서는 연산자를 나타낸다. 또한 rt는 분기 명령어에서는 소스 레지스터로, 모든 다른 명령어에서는 목적지 레지스터를 나타낸다.

또한 위의 형식에서 주소 필드는 2의 보수로 표현되어진 부호화된 수로, −32,768부터 32,767까지 범위의 수를 나타낸다. I-타입 명령어의 예는 다음과 같다.

```
lw    $to,   -4($sp)
```

위의 명령어는 베이스 레지스터 $sp와 부호 확장된 상수(sign-extended constant) 값 -4을 더해서 데이터 메모리 주소를 결정하여, 데이터 메모리 주소에 저장되어 있는 값을 레지스터 $to로 적재하라는 의미를 가진다. 위 과정을 아래의 그림 4-29에서 보여 준다.

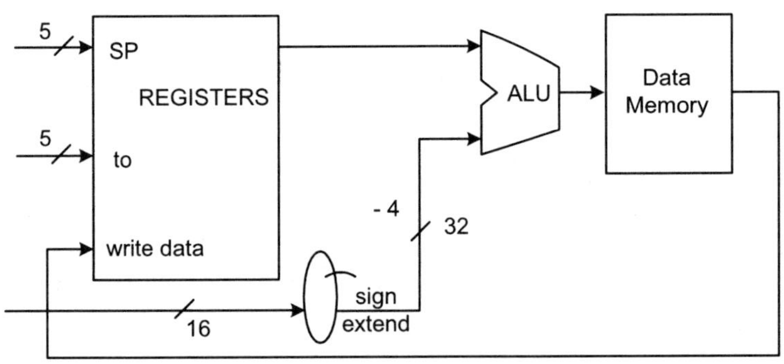

그림 4-29 I-타입 명령어의 실행

③ J－타입 : 점프 명령어는 J－타입 형식을 가진다.

op	주 소
6 비트	26비트

그림 4－30 J－타입 명령어 형식

위의 J-타입 명령어의 예는 다음과 같다

j   20000

위 명령어는 주소 20000으로 점프하라는 것이다.
그러나 조건 분기 명령에는 분기 주소 외에 두 개의 피연산자가 더 있다. 예를 들어,

beq $at, $0, L

이와 같은 조건 분기 명령어의 형식은 다음과 같다.

op	rs	rt	주소(L)

그림 4－31 조건 분기 명령어 형식

위의 조건 분기 명령어가 실행되는 과정은 다음과 같다.

1) 명령어 메모리로부터 위의 명령어를 인출한다.

2) 소스 레지스터 $at와 $0로부터 값을 읽는다.

3) 소스 레지스터로부터 얻어진 값을 ALU에서 "빼기" 연산을 수행한다. 결과값이 0이면 두 소스 값이 동일한 것이므로 PC의 값이 목적지 주소 (PC+4)+(offset x 4)로 바뀐다.

4) 결과 값이 0이 아니면, 두 소스 값이 다른 것이기 때문에 PC 값이 (PC+4)의 값

으로 증가하여 다음의 명령어를 순차적으로 실행한다. 조건 분기 명령어가 실행되는 과정이 그림 4-32에서 보여 준다.

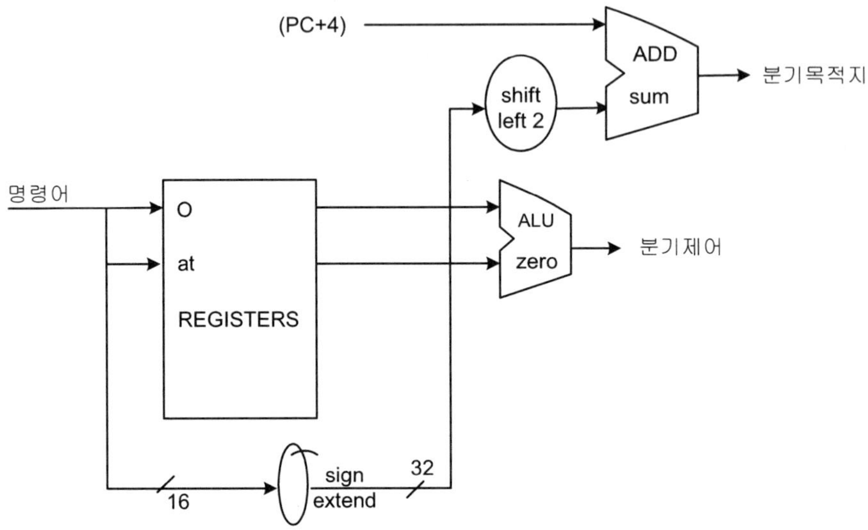

그림 4-32 조건 분기 명령어의 실행

5) MIPS 주소지정 방식

MIPS에서 사용되어지고 있는 주소 지정방식은 다음과 같다.

① 레지스터 주소지정(R−타입) : 이 방식에서 피연산자는 레지스터이다.

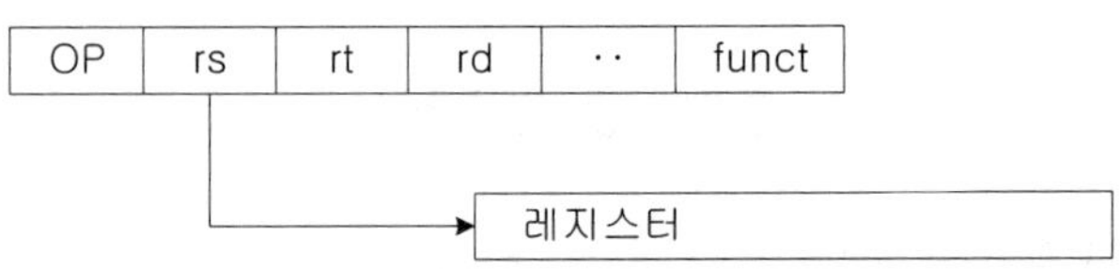

그림 4−33 레지스터 주소지정 방식

② 베이스(base) 혹은 변위(displacement) 주소지정(I−타입) : 이 방식에서는 메모리 내용이 피연산자이다. 메모리 주소는 레지스터와 명령어 내의 상수 값을 더해서 구한다.

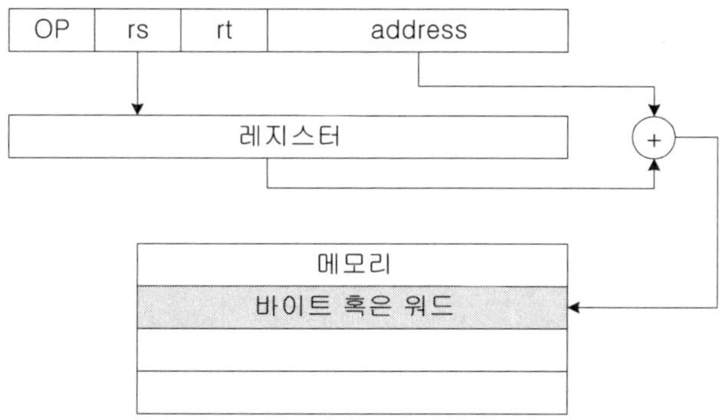

그림 4-34 베이스 주소 지정방식

③ 즉치(immediate) 주소지정(I-타입) : 이 방식에서 피연산자는 명령어 내에 있는 상수이다.

OP	rs	rt	즉치값

그림 4-35 즉치 주소 지정방식

④ PC-상대주소지정(I-타입) : 이 방식에서 PC 값과 명령어 내의 상수와 합하여 주소를 구한다.

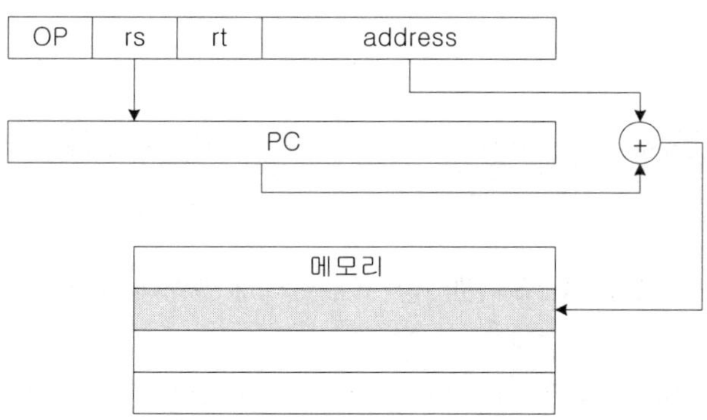

그림 4-36 상대(PC) 주소 지정방식

⑤ 의사직접(pseudodirect) 주소지정(J-타입) : 이 방식에서는 J-타입 명령어 내의 26 비트를 PC의 상위 비트들과 연접하려 점프 주소를 구한다.

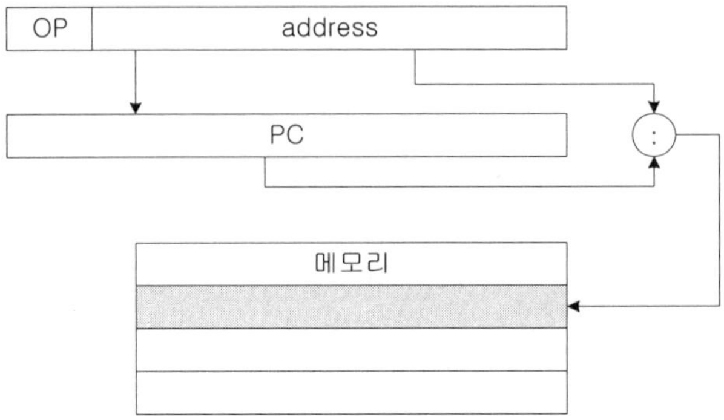

그림 4-37 의사직접(pseudodirect) 주소 지정방식

4.7.3 펜티엄 프로세서

펜티엄 프로세서는 여러 명령어 형식을 가진다. 아래의 그림 4-38은 펜티엄 프로세서의 일반적인 명령어 형식을 보여 주고 있다.

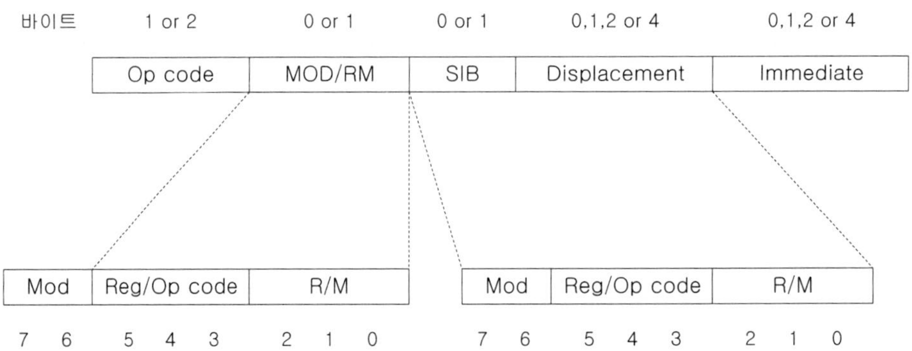

그림 4-38 펜티엄 프로세서의 명령어 형식

위의 명령어 형식의 각 필드의 기능을 살펴보면 다음과 같다.

- 연산 코드(Opcode) : 연산 코드는 1 혹은 2 바이트로 구성되며, 데이터 크기가 바이트인지 혹은 전체 크기인지를 나타내는 비트들과 함께, 데이터 연산의 방향, 그리고 즉치 데이터 필드가 확장부호이어야 하는 지를 나타내는 비트들도 포함한다.
- MOD/RM : MOD/RM 필드는 오퍼랜드가 레지스터에 있는지 혹은 메모리에 있

는지를 알려 준다. 만약 메모리에 저장되어 있다면, 바이트 내의 필드들은 사용되어질 주소지정 방식을 나타낸다. 또한 이 MOD/RM 필드는 그림 4-38에서 보는 바와 같이 3 개의 필드로 구성된다. 이 세 개의 필드 중에 MOD 필드는 R/M 필드와 결합하여 32 가지의 가능한 값들을 형성한다. 또한 Reg/Opcode 필드는 레지스터 번호를 가리키거나 또는 연산 코드 정보를 지정하거나, 혹은 MOD 필드와 결합하여 주소지정 방식의 어느 한 부분이 될 수 있다.

- SIB : SIB 필드는 스케일된 인덱싱을 위한 스케일 계수를 지정하는 SS 필드와 인덱스 레지스터를 가리키는 인덱스 필드, 그리고 베이스 레지스터를 지정하는 베이스 필드로 이루어진다.
- 변위(Displacement) : 주소지정 방식 지정자가 변위 사용을 가리키고 있는 경우에는 정수 변위 필드가 더해진다.
- 즉치(immediate) : 8, 16, 혹은 32 비트 오퍼랜드를 나타낸다.

펜티엄 프로세서에서의 주소지정 방식은 가장 주소 또는 유효주소라고 불리는 주소를 생성하는데, 이 주소는 세그먼트에 대한 옵셋으로 사용된다. 세그먼트의 시작주소와 이 유효주소를 더하면 선형주소(linear address)를 생성된다. 아래의 표 4-2는 펜티엄 프로세서에서 사용되어지는 주소지정 방식들을 보여 주고 있다.

표 4-2 펜티엄 프로세서의 주소지정 방식들

주소지정 방식	선형주소(LA)
즉치 방식	오퍼랜드 = A
레지스터 방식	LA= R
변위 방식	LA=(SR)+A
베이스 방식	LA=(SR)+(B)
변위를 가지는 베이스 방식	LA=(SR)+(B)+A
변위를 가지는 스케일된 인덱스 방식	LA=(SR)+(IX)xS +A
인덱스와 변위를 가지는 베이스 방식	LA=(SR)+(B)+(IX)+A
상대 방식	LA=(PC)+A

이들 주소지정 방식들에 대하여 살펴보면 다음과 같다.

A. 즉치 주소지정 방식(Immediate mode)

이 방식에서는 한 바이트, 단어(word) 혹은 2중 단어(double word) 크기의 오퍼랜드가 명령어에 포함된다.

B. 레지스터 주소지정방식(Register mode)

이 방식에서는 오퍼랜드가 명시된 레지스터에 위치한다. 이 방식에서는 오퍼랜드의 크기에 따라 32 비트 크기의 레지스터, 8 비트 레지스터 등이 사용된다. 부동 소수점의 연산을 위하여 64 비트의 오퍼랜드들은 두 개의 32 비트 레지스터들을 짝으로 사용한다.

C. 변위주소지정 방식(displacement mode)

변위주소 지정방식에서는 오퍼랜드의 옵셋이 8, 16, 혹은 32 비트의 변위가 명령어의 한 부분으로 포함된다. 세그먼트가 있는 경우에는 명령어 내의 모든 주소들이 세그먼트 내에서의 옵셋이 된다. 변위주소 지정방식은 전역 변수 참조에 많이 사용된다.

D. 변위를 가지는 베이스 주소지정 방식(base with displacement mode)

이 방식에서 명령어는 베이스 레지스터에 더해질 변위를 포함하고 있는 어떤 범용 레지스터라도 베이스 레지스터로 사용될 수 있다.

E. 변위를 가지는 스케일된 인덱스 방식(scaled index with displacement mode)

이 방식에서는 명령어가 레지스터에 더해질 변위를 포함한다. 인덱스 레지스터는 ESP 라고 불리는 것을 제외하고는 어떤 범용 레지스터라도 될 수 있으며, ESP는 일반적으로 스택 제어에 사용된다.

F. 인덱스와 변위를 가지는 베이스 주소지정 방식
(base with index and displacement mode)

이 방식에서는 베이스 레지스터와 인덱스 레지스터의 내용과 더하여 유효 주소를 결정한다. 어떤 범용 레지스터도 베이스 레지스터로 사용될 수 있고, ESP를 제외한 어떤 범용 레지스터도 인덱스 레지스터로 사용될 수 있다.

G. 상대 주소지정 방식(relative addressing mode)

상대주소 지정 방식에서 변위는 PC의 값과 더해진다. 이 방식은 제어-전송 명령어들(transfer-of-control)에 사용될 수 있다. 이 방식에서 변위는 부호화된 바이트, 단어, 또는 2중 단어로 취급된다.

4.8 CISC 프로세서와 RISC 프로세서

명령어의 수와 길이에 대하여 살펴 본 바와 같이 명령어 세트의 선택은 컴퓨터 시스템의 성능에 많은 영향을 미친다. ISA와 같이 초기의 컴퓨터는 CPU 하드웨어의 크기를 최소화할 목적으로 소규모의 간단한 명령어 세트를 가졌다. 이러한 명령어 세트에서는 가장 자주 사용되어지는 명령어이며 기억 장치에서 메모리로의 적재 명령어인 LOAD나 그 결과를 저장하는 STORE, 혹은 고정 소수점 덧셈과 뺄셈 정도의 명령어만을 포함하였다. 그러나 하드웨어 가격이 점차로 하락하고, 그 수나 복잡성이 증가하는 추세를 보이기 시작하였다. 1980년경의 컴퓨터들은 수십 가지의 명령어들을 가지게 되었고, 여러 데이터 유형과 주소지정 방식들을 사용하였다.

여기서는 대표적인 두 가지 명령어 구조인 CISC(Complex Instruction Set Computer)와 RISC(Reduced Instruction Set Computer)에 대하여 설명한다. CISC와 RISC는 명령어 집합의 복잡성에서 그 차이를 찾을 수 있다. 즉, CISC 프로세서에서는 복잡한 명령어를 포함하는 더 큰 명령어 집합을 가지고 있다. 인텔사의 펜티엄 계통의 마이크로프로세서들이 이 CISC 프로세서에 속한다. 한편 RISC 프로세서는 CISC보다 더 간단한 명령어들을 가지는 작은 명령어 집합을 가진다. MIPS 및 SPARC와 같은 프로세서들이 이 RISC 프로세서에 속한다.

4.8.1 CISC 프로세서

명령어 세트는 명령어의 수가 더 많아지고 더 복잡해지는 경향이 있었는데, 이는 다음의 두 가지 이유 때문이었다.

- 컴파일러의 단순화
- 성능 향상

680×0과 같은 CISC 컴퓨터는 여러 개의 주소를 갖는 몇 가지 다른 길이의 명령어를 갖는다. 이는 초창기 컴퓨터의 주요 관심이 명령어에 얼마나 많은 피연산자를 명시하는 것이었기 때문이다. 확실히 주소 수가 적을수록 명령어의 형식은 더 작아진다. 그러나 주소 수의 제한은 명령어가 수행할 동작의 범위를 제한하게 된다. CISC는 다양한 명령어 유형과 형식을 가지는데, 이 때문에 연산 코드를 디코드하고 수행을 지시할 때, 제어 신호를 발생시키는 프로그램 제어장치를 복잡하게 만든다.

CISC의 특성을 요약하면 다음과 같다.

- 여러 사이클을 가지는 복잡한 명령어이다
- 어떤 명령어도 참조 메모리를 가질 수 있다.
- 파이프라인이 없거나 조금만 사용된다.
- 마이크로프로그램에 의해 명령어가 해석된다.
- 여러 가지 형식의 명령어를 가진다.
- 많은 명령어와 방식을 가진다.
- 복잡성이 마이크로프로그램 안에 있다.
- 단일 레지스터 집합이다.

4.8.2 RISC 프로세서

언어 중심의 명령어 설계 원리가 1980년대에 와서는 RISC로 대체되기 시작하였다. RISC 개념에서는 프로그래밍 언어, 컴파일러, 메모리 가격이 개선됨으로써 어셈블리 수준의 프로그램은 점점 줄어들게 되었다. 따라서 명령어 세트의 좋고 나쁨은 컴파일러가 사용하기에 얼마나 효율적인가로 바뀌게 되었다. 1982년 이후 새로 등장한 거의 모든 명령어 세트는 고정 길이의 명령어, 적재-저장 명령어 세트, 적은 수의 주소지정 방식 등의 RISC 설계 개념을 따르고 있다. RISC 구조를 따르는 예로써 IBM PowerPC, DEC Alopha, Sun APARC, MIPS 등이 있다.

RISC 특성을 요약하면 다음과 같다.

① 하나의 사이클을 가지는 간단한 명령어를 갖는다.
따라서 파이프라인을 통한 명령어 실행이 쉽다.

② 오직 Load/Store 만이 참조 메모리를 가진다.
모든 프로세서들은 메모리로부터 데이터를 가지고 오거나 반대로 메모리로 저장할 수 있다. 그러나 CISC 프로세서에서는 메모리를 액세스하는 명령어가 따로 존재하지 않고 연산 명령어가 메모리를 액세스할 수 있다. 즉, ADD 명령어는 누산기의 내용과 메모리의 내용을 더해서 누산기로 저장한다. 그러나 RISC 프로세서에서는 Load와 Store 명령어만이 메모리를 액세스할 수 있다. 따라서 누산기의 내용과 메모리의 값이 ADD 되기 위하여서는 먼저 메모리의 값이 CPU의 레지스터에 적재된 후에 연산이 수행된다.

③ 고도의 파이프라인을 가진다.
RISC 프로세서에서는 하나의 명령어가 실행되는 동안 다음 명령어가 해독되고, 그 오퍼랜드가 메모리로 적재되는 동안에 동시에 그 다음 명령어가 메모리로부터 인출된다. 이처럼 한 명령어를 인출, 해독, 실행하는데 3 개의 주기가 필요하지만, 이러한 동작들을 중첩시킴으로 CPU는 클럭 주기당 하나의 명령어를 실행시킨다.

④ 고정된 길이의 명령어를 가진다.
RISC 프로세서에서는 모든 명령어들이 같은 길이를 가진다.

⑤ 하드웨어에 의해 실행되는 명령어를 가진다.

⑥ 적은 수의 명령어와 방식을 가진다.
RISC 프로세서에서는 일반적으로 레지스터 간접 주소지정 방식이나 상대주소지정방식과 같이 빠른 처리가 가능한 소수의 주소지정방식만을 지원한다.

⑦ 복잡성이 컴파일러에 있다.
RISC 프로세서에서 컴파일러는 최적화 기능을 수행한다. 이는 연산자들을 레지스터에 최적으로 할당할 뿐 만 아니라, 지연적재와 지연분기가 용이하도록 명령어들을 정돈한다.

⑧ 다중 레지스터의 집합이다.
레지스터를 많이 가지면 CPU는 내부에 많은 피연산자들을 저장할 수 있으므로, 연산하는 경우에 메모리로부터 데이터를 가져오는 것이 아니라, 레지스터로부터

가져오기 때문에 메모리 액세스 시간을 줄일 수 있다. 또한 레지스터는 서브루틴에 파라미터들을 효과적인 방법으로 전달하도록 하기 위하여 사용되어질 수 있다.

⑨ 지연적재(delayed load)와 지연분기(delayed branch)를 지원한다.

RISC 프로세서는 CPU의 지연시간을 줄이고 빠른 동작을 위하여 지연적재와 지연분기를 사용한다. 즉, 명령어 수행의 순서를 바꾸어서 CPU의 낭비를 막을 수 있다.

아래의 표 4-3은 CISC와 RISC 구조의 특성을 비교하여 보여 준다.

표 4-3 CISC와 RISC의 비교

	CISC			RISC		
상용컴퓨터예	IBM 370/168	VAX 11/780	Xerox Dorado	IBM 801	Berkeley RISC I	Stanford MIPS
연 도	1973	1978	1978	1980	1981	1983
명령어 수	208	303	270	120	3	55
마이크로코드 크 기	54K	61K	17K	0	0	0
명령어 크기	2-6	2-57	1-3	4	4	4
실행 모델	reg-reg reg-mem mem-mem	reg-reg reg-mem mem-mem	Stack	reg-reg	reg-reg	reg-reg

위에서 살펴본 바와 같이 CISC와 RISC 프로세서는 각기 특성을 가진다. 이러한 두 프로세서의 비교를 통한 장단점을 살펴보면 다음과 같다.

① RISC 프로세서는 CISC 프로세서보다 명령어 수가 더 작고, 간단하다. 따라서 RISC의 제어 장치는 덜 복잡하고 설계가 쉽다. 또한 RISC 프로세서를 위한 컴파일러는 CISC 프로세서를 위한 컴파일러 보다 덜 복잡하다. 일반적으로 CISC 프로세서들은 원래 어셈블리어 프로그래밍을 위해 설계되었지만, RISC 프로세서들은 컴파일러된 고급 언어 프로그램들에 맞게 만들어졌다.

② CISC 프로세서들이 더 복잡하지만, 반드시 개발 비용을 증가시키지는 않는다.

현재의 CISC 프로세서들은 인텔사의 펜티엄 계열처럼 전체 프로세서 계열에서 가장 최근의 추가사항이다. 이처럼 이전의 프로세서들의 설계부분들을 그들의 계열에 통합시키는데, 이는 설계 비용을 줄이고, 신뢰성을 향상시킬 수 있기 때문이다. 또한 CISC 프로세서들은 계열내의 다른 프로세서들과의 호환성을 제공한다. 만약 프로세서들이 핀 호환성이 있다면, 그 컴퓨터의 나머지 설계를 변경하지 않고 이전 세대의 프로세서를 최신 모델로 간단하게 대체할 수 있는 장점이 있다. 예를 들어, 펜티엄 III에서 잘 수행되던 프로그램은 펜티엄 IV에서도 잘 수행되어야 한다.

Summary Check 요약정리

1. 명령어 세트 구조(Instruction Set Architecture : ISA)는 어떤 프로세서가 수행할 수 있는 기본적인 기능을 기술하며, 하드웨어와 소프트웨어의 인터페이스를 제공한다.

2. 복잡한 명령어 세트 구조인 CISC(Complex Instruction Set Computer)구조에서는 강력한 많은 명령어들이 지원되므로 어셈블리 언어 프로그래머들의 일을 쉽게 만드나, 복잡한 많은 명령어를 지원해야 하므로 프로세서가 훨씬 복잡하며, 하드웨어의 설계가 매우 복잡하다는 문제점을 가진다.

3. 축소된 명령어 세트 구조인 RISC(Reduced Instruction Set Computer) 구조에서는 상대적으로 간단한 명령어들만 가능하기 때문에 하드웨어 설계가 매우 간단하며 배우기가 간단하다.

4. 명령어 형식이란 CPU가 수행하는 명령어의 여러 구성 요소들의 필드들을 적절한 길이의 비트 열로 구분하여 표현하는 것을 말한다.

5. 명령어 길이에 대한 결정은 기억장치의 용량, 메모리 구조, 버스 구조, CPU의 복잡성 및 동작속도 등을 고려해야 한다.

6. 가변 길이의 명령어 형식의 장점으로는 좀 더 유연성(flexibility)을 가지는 것과 간략화된(compact) 명령어 세트를 가질 수 있다는 것이나 명령어를 인출하고 해독하는데 다단계가 필요하다는 단점을 가진다.

7. 고정 길이의 명령어 형식은 명령어를 인출하고 해독하는데 간편하며, 파이프라인이나 병렬 처리에 유리한 반면에 명령어 필드의 비트 고갈 현상이 일어날 수 있다는 단점도 가진다.

8. 명령어 세트 구조의 구분은 CPU 저장 구성에 기반을 두는 가에 따라 나눌 수 있는데, 누산기(Accumulator) 컴퓨터, 스택(Stack) 컴퓨터, 그리고 범용 레지스터(General Purpose Register) 컴퓨터 등의 3가지로 나누어질 수 있다.

9. 누산기 컴퓨터에서 대부분의 명령에 있어서 누산기에 있는 데이터가 피연산자이고 메모리는 2 연산 명령에서 두 번째 피연산자로 사용된다.

10. 스택 컴퓨터에서 대부분의 명령은 스택의 위에 있는 2개의 데이터를 조작함으로 이루어지며, 이 외에 메모리와 스택의 맨 위(top)에 있는 데이터를 이동하는 PUSH와 POP 명령어가 있다.

11. 범용 레지스터 컴퓨터에서는 특수 목적용 레지스터들을 일반화하여 모든 레지스터를 임의의 목적에 사용할 수 있도록 함으로써 명령어의 크기가 작을 뿐 만 아니라, 메모리 트래픽을 줄일 수 있는 장점을 가진다.

12. 로드-레지스터 컴퓨터에서는 오직 "LOAD"와 "STORE" 명령어만이 메모리를 액세스한다.

13. 누산기를 사용하는 컴퓨터에서 주소 사용되어지는 1주소 명령어 형식에서는 연산을 수행하는 명령어에 하나의 기억장치 연산자만이 필요하다.

14. 명령어 세트에서 2주소 명령어 형식이 가장 흔히 사용되는 예이다.

15. 3-주소 명령어 형식에서는 각 주소 필드가 레지스터를 지정할 수도 있고, 메모리의 주소를 지정할 수도 있다.

16. 0 주소라는 이름은 연산 명령어에서 주소 필드가 없기 때문에 붙여진 것이다.

17. 메모리의 필요성에서는 3 주소 명령어 구조가 제일 좋고, 메모리 트래픽 면에서는 2주소 명령어 구조가 제일 좋다.

18. 빅 엔디안(Big-Endian) 방식에서는 가장 낮은 바이트 주소의 위치에 최상위 바이트를 저장한다.

19. 리들 엔디안(Little-Endian) 방식에서는 가장 낮은 바이트 주소의 위치에 최하위 바이트를 저장한다.

20. 명령어에서 주소 필드의 목적은 명령어에 사용된 어떤 피연산자가 현재 저장되어 있는 곳을 지정하는데, 이렇게 오퍼랜드의 주소가 지정되는 방법을 주소지정 방식이라 부른다.

21. 데이터의 정렬(Alignment)란 전송되어지는 데이터의 길이에 따른 메모리의 액세스 방법을 말하는데, 크기가 n인 데이터(n은 2의 배수)는 반드시 n의 배수를 가지는 주소로 액세스해야 한다.

22. 유효주소(Effective Address)란 명령어 수행에 필요한 데이터가 저장되어 있는 기억장치의 실제주소를 말한다.

23. 직접주소지정 방식에서는 데이터의 액세스가 한 번만 필요하므로 간단한 장점을 가지지만, 명령어 형식에서 정해진 오퍼랜드의 비트만을 사용하므로 메모리의 사용이 극히 제한적이라는 단점을 가진다.

24. 간접주소지정 방식에서는 명령어 형식의 오퍼랜드 필드의 길이에 제한을 받지 않고, 액세스되어지는 메모리의 범위를 확장할 수 있다.

25. 즉치 주소지정 방식에서 사용되어지는 데이터의 표현이 오퍼랜드 필드의 비트에 제한을 받는다.

26. 레지스터 주소지정 방식에서는 연산에 필요한 데이터가 CPU 내의 레지스터에 저장되어 있으므로 기억장치 액세스를 필요로 하는 다른 주소지정 방식에 비해 데이터 인출 시간이 적다. 뿐 만 아니라 오퍼랜드 필드의 길이가 작다는 장점도 가진다.

27. 변위 주소지정 방식에서는 두 개의 오퍼랜드를 사용하는데, 하나는 레지스터를 나타내고, 다른 하나는 변위를 나타낸다. 예를 들어, 상대 주소지정 방식은 PC를 사용하는 변위 주소지정 방식이다.

28. PowerPC는 32 개의 정수 레지스터를 가지며, 모든 명령어의 길이는 32 비트로 이루어져 있다.

29. MIPS는 데이터 처리를 위하여 3－주소 명령어 형식을 사용한다. 각 ALU 명령어들은 하나의 목적지와 두 개의 소스를 가진다.

Summary Check	연습문제

1. 가변 길이 명령어 형식의 장점과 단점에 대하여 설명하라.

2. 아래의 그림과 같은 명령어 형식에 대하여 물음에 답하라.

연산코드	연산자1	연산자2

1) 연산코드 필드가 5 비트로 이루어졌다면, 이 명령어 형식을 사용하는 컴퓨터에서 최대 몇 개의 명령어 사용이 가능한가?
2) 연산자2 필드가 20 비트로 이루어져 있으며, 메모리 영역을 나타낸다고 가정할 때, 직접 지정될 수 있는 메모리의 범위를 구하라.

3. 연산식 23+15/3-7 에 대해 역 polish 표현법으로 표현하라.

4. 위의 연산식 23+15/3-7 이 스택에서 연산되어지는 과정에서 스택의 변화를 보여라.

5. 1 주소 명령어를 사용하여 아래의 식들을 계산하려고 한다. 단, 모든 메모리 어드레스가 32 비트, 레지스터 어드레스는 5 비트, 연산코드는 8 비트로 표현된다고 한다. 아래의 물음에 답하라.

(1) $X = A + (B - C) \times (D + E)$

(2) $Y = (A - B) \times (C + D)$

(3) $Z = B + (A - D \times (B + C))$

1) 위의 식을 실행하는 프로그램을 교재에서 사용된 어셈블리 언어를 사용하여 작성하라.
2) 작성된 프로그램을 저장하는데 필요한 메모리의 크기를 구하라.
3) 위의 프로그램 실행을 위하여 CPU와 메모리 사이에 이동되는 데이터 트래픽 양을 구하라.

6. Load-Store(Load-Register) 구조를 사용하여 다음을 계산하려고 한다. 단, 모든 메

모리 어드레스가 16 비트, 데이터는 32 bits, 레지스터는 5 bits, 명령어는 8 bits로 표현되어진다고 한다.

A = B + C;
D = A + B;
E = D + A;

1) 이를 실행하는 프로그램을 4장에서 다룬 언어를 사용하여 작성하라. 단, 오른쪽에 프로그램에 대한 설명을 반드시 할 것.
2) 1)에서 구한 프로그램을 저장하는데 필요한 메모리의 크기(바이트)를 구하라.
3) 위의 프로그램 실행 동안 CPU와 메모리 사이의 데이터 트래픽 양(바이트)을 구하라.

7. 다음과 같은 연산에 대한 것을 스택 컴퓨터 구조, 누산기 구조, 그리고 범용 레지스터 구조에서의 어셈블리어로 구현하라.

1) 메모리 A의 내용에서 1을 감소시킨다.
2) 메모리 B의 내용을 2만큼 증가시킨다.
3) 메모리 C와 D의 내용을 서로 바꾼다.

8. 다음과 같은 식을 스택 컴퓨터 구조 방식으로 실행할 경우 스택의 변화를 그림으로 표현하라.

$$A = (C - D) \times \{B + (C + E)\} - F$$

9. Big Endian 방식과 Little Endian 방식에 대하여 설명하라.

10. 16진수로 표현된 데이터 123456h를 8 비트 데이터를 저장하는 기억장치로 나누어 다음의 방식으로 저장할 때, 10번지부터 메모리 내의 값을 표현하라.

1) Big Endian 방식으로 저장하는 경우
2) Little Endian 방식으로 저장하는 경우

11. 데이터 $10AF98CDFF을 하나의 메모리 주소에 8 비트씩 저장한다고 할 때, Little Endian 방법으로 메모리 번지 $A000부터 넣은 모습을 보여라.

12. 바이트 정렬(Byte Alignment)에 대하여 설명하라.

13. 직접주소 지정방식과 간접주소 지정방식에서의 유효 주소를 구하는 방법에 대하여 설명하고, 차이점에 대하여 설명하라.

14. 32 비트 크기의 고정된 길이의 명령어 세트 구조에 대하여 아래의 물음에 답하라. 이 명령어 형식의 연산 코드는 8 비트라고 가정한다.

1) 이 명령어 형식에서 사용될 수 있는 최대 명령어의 수를 구하라.
2) 이 명령어 형식에서 직접주소 방식을 사용할 경우 지정할 수 있는 최대 메모리의 크기를 구하라.
3) 즉치 주소 방식을 사용할 경우에 데이터가 2의 보수로 표현된다면, 표현되어질 수 있는 데이터의 범위를 구하라.
4) 만약 연산 코드의 필드를 12 비트로 늘일 경우, 위의 1), 2), 3)의 경우 결과가 어떻게 바뀌는지를 설명하라.

15. 다음과 같은 메모리와 레지스터의 값을 사용하여 아래의 주소지정 방식에 따르는 유효주소를 구하라.

주소	메모리
300	LOAD
301	500
302	

레지스터	값
PC	300
R1	200

1) 직접주소 지정방식
2) 상대주소 지정방식
3) 즉치주소 지정방식
4) 레지스터 간접 주소 지정방식
5) R1이 인덱스 레지스터인 경우의 인덱스 주소 지정방식

16. 다음과 같이 주어진 정보를 통하여 아래의 주소지정방식에서의 유효주소와 누산기에 적재되는 값을 구하라.

주소	내용
100	load (R1) 200
101	next instruction
102	200
200	300
201	400
202	500
300	600
301	700
302	800
400	900
401	100
402	200
500	300

어드레싱모드	유효주소	AC 값
직접		
간접		
즉치		
레지스터		
레지스터간접		
상대		
인덱스		

R1 = 200, IX=200
PC = 100

17. 인덱스 주소지정 방식과 베이스-레지스터 주소지정 방식의 차이점에 대하여 설명하라.

18. CISC 구조와 RISC 구조의 특성에 대하여 설명하라.

chapter

5

CPU의 제어 유니트

5.1 제어 유니트의 기능

앞의 제3장에서 CPU의 구조에 대하여 살펴보았듯이 CPU 내부는 여러 개의 레지스터들과 ALU 그리고 제어 유니트들이 내부 버스에 연결되어 있다. 이들 구성 요소들 중에 ALU에서는 산술/논리 연산이 이루어지고, 레지스터들은 CPU 내부에서 데이터를 임시 저장하는데 사용된다. 즉, 레지스터는 명령어의 실행 순서를 관리하는데 필요한 상태 정보를 저장하거나, 산술/논리 연산에 필요한 데이터들을 저장하는 역할을 담당한다.

한편 이 장에서 설명되어질 제어 유니트(Control Unit)는 CPU의 외부에 제어 신호를 보내어 메모리 및 입출력 장치들과 CPU 사이에 데이터를 교환할 수 있도록 하며, CPU 내부에 제어 신호를 보내어 레지스터들 사이에 데이터를 이동시키게 하고, ALU로 하여금 필요한 기능들을 수행토록 하며, 그 밖의 CPU 내부 동작을 조절하는 기능을 수행한다.

컴퓨터에서의 프로그램의 실행은 이들 구성 요소들 간의 연산들로 이루어지는데 연산 즉, 명령어의 실행은 좀 더 작은 사이클로 세분되어서 실행된다. 이들 세분화된 명령어 실행은 명령어의 인출과정, 실행과정, 인터럽트 과정 등으로 나누어질 수 있으며, 이들 중에서 인출과 실행은 모든 명령어의 실행에 필요한 과정이다. 이들 세분화된 사이클에서 각 단계를 마이크로－연산(micro－operation)이라 부르는데, 이는 이 단계들이 아주 간단하고 작은 일을 한다는데 기인한다. 이와 같이 CPU에서 프로그램이 실행되어질 때 모든 연산들은 마이크로－연산들로 구성되어지는데, 이들 마이크로－연산들의 기능은 다음과 같이 분류되어질 수 있다.

- 하나의 레지스터에서 다른 레지스터로의 데이터 전송
- 하나의 레지스터에서 시스템 버스와 같은 외부 인터페이스로의 데이터 전송
- 외부 인터페이스에서 레지스터로의 데이터 전송
- 산술/논리 연산의 수행

위의 마이크로－연산 기능들을 제어하는 제어 유니트(control unit)는 다음과 같은 두 가지 기본적인 일을 담당한다.

① 순서 제어(Sequencing)
제어 유니트는 실행되어질 프로그램에 따라 CPU가 적절한 순서대로 마이크로 연산을 수행하도록 해준다.

② 실행(Execution)
제어 유니트는 각 마이크로 연산이 실행되도록 해준다.

또한 제어 유니트의 특성은 다음과 같은 세 단계를 통하여 결정된다.

① CPU의 기본 구성 요소를 정의한다.
② CPU가 실행할 마이크로 연산을 정의한다.
③ 마이크로 연산들이 실행될 수 있도록 제어 유니트의 기능들을 결정한다.

아래의 그림 5-1은 제어 유니트의 인터페이스를 보여 준다.

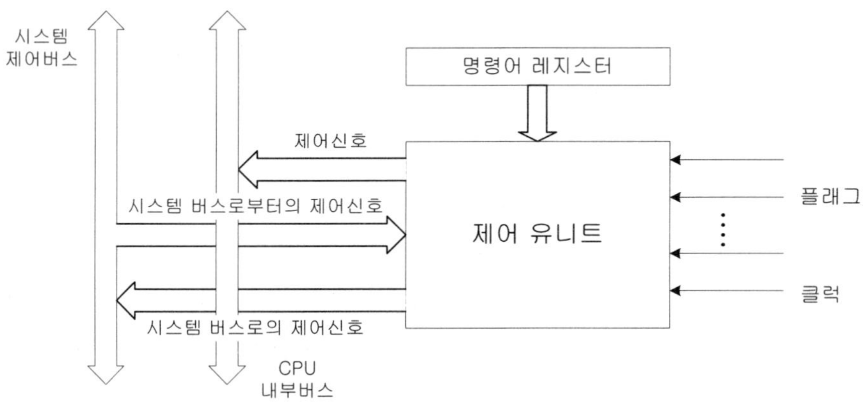

그림 5-1 제어 유니트의 인터페이스

위의 그림에서 제어 유니트의 인터페이스를 통한 각 제어 신호들은 다음과 같은 기능을 수행한다.

- 명령어 레지스터 : 메모리로부터 인출된 명령어가 어떤 연산을 실행하는지를 결정하는데 사용된다.
- 제어 버스로 들어오는 신호들 : 시스템 버스로부터 들어오는 신호들로써 확인 신

호(Ack) 등이 있다.

- 클럭(Clock) : 제어 유니트가 다른 구성요소들과 상호 동작함에 있어서 시간을 조정하는데 사용된다.
- 플래그(Flag) : CPU의 마이크로 연산 후에 그 결과를 검사하기 위하여 사용된다.
- CPU 내의 신호들 : 레지스터들 간의 데이터 전송을 위한 신호들과 특정한 ALU 기능들을 활성화시키는데 필요한 신호들이다.
- 제어 버스로 나가는 신호들 : 기억장치로 보내지는 신호들과 입출력 모듈로 보내지는 제어 신호들이다.

앞의 3장에서 설명되었던 CPU에서 인출 사이클 동안에 이루어지는 제어 유니트의 동작을 살펴보면 다음과 같다.

명령어 인출 사이클에서의 마이크로 연산들은 다음과 같이 표현된다.

T_0 : MAR ← PC

T_1 : PC ← PC+1, MBR ← M[MAR]

T_2 : IR ← MBR

즉, 이들 각 주기 동안에 이루어지는 동작들은 다음과 같다.

① T_0 동안에 PC의 값이 MAR 레지스터에 실린다.

② T_1 동안에 PC의 내용이 인출되어진 명령어의 크기에 따라 증가하고, MAR 레지스터에 저장된 값의 주소에 있는 데이터가 MBR 버퍼에 실린다.

③ T_2 동안에 MBR 레지스터의 내용이 IR 레지스터로 실린다.

위의 과정이 실행되는 동안에 제어 유니트는 다음과 같은 제어 신호를 보내게 된다.

① MAR의 내용을 주소버스에 싣도록 게이트를 열어 주는 제어 신호를 보낸다.

② 제어 버스상의 기억장치 읽기 제어 신호를 보낸다.

③ 데이터 버스의 내용이 MBR에 저장되도록 게이트를 열어 주는 제어 신호를 보낸다.

④ PC의 내용에 1을 더하고, 그 결과를 다시 PC에 저장하는 신호를 보낸다.

5.2 제어 유니트의 구현

제어 유니트는 다음과 같은 두 가지 방식으로 구현된다.

- 하드와이어 방식
- 마이크로프로그램을 이용하는 방식

이들 각 구현방법에 대하여 살펴보면 다음과 같다.

5.2.1 하드와이어 방식

이 방식에서의 제어 유니트는 조합회로이다. 즉, 앞에서 살펴보았던 입력 신호들을 제어 유니트에 가하면, 출력신호들로 바뀌어서 이 출력 신호들이 제어 신호가 된다.

앞의 그림 5-1에서와 같이 제어유니트의 입력들은 명령어 레지스터, 클럭, 플래그, 그리고 버스 신호들이다.

명령어 레지스터에서 제어 유니트는 연산코드를 사용하여 각 명령어들에 대하여 서로 다른 제어신호 조합들을 발생시킴으로써 여러 연산을 수행한다. 따라서 각 연산 코드들은 고유의 논리 입력을 가지는데, 이러한 논리 입력은 디코더(decoder)를 사용함으로써 적절하게 출력신호 형태로 발생된다. 일반적으로 디코더는 n 개의 2 진수 입력 변수를 받아서 2^n 개의 서로 다른 패턴의 출력을 만들어 이 들 중에 하나의 출력을 활성화시킨다.

제어 유니트의 클럭은 펄스 열을 발생함으로써 각 마이크로-연산의 주기를 측정하는데 사용한다.

아래의 그림 5-2는 제어 유니트의 인터페이스를 좀 더 자세하게 보여 준다. 그림에서는 명령어 레지스터로부터 받은 연산 코드와 클럭 입력의 적절한 조합을 통하여 제어 유니트는 제어 신호들을 발생한다. 이러한 제어 신호들은 제어 유니트의 내부 논리 회로들의 각 신호들에 대한 부울 함수를 통하여 발생된다. 따라서 CPU의 기능이 복잡해짐에 따라 제어 유니트를 설계하는 데 필요한 부울 함수가 매우 복잡해지므로 구현하는데 많은 어려움이 있다. 따라서 최근의 마이크로프로세서들은 이러한 문제점을 가지는 하드와이어 방식보다는 다음에 설명되어지는 마이크로프로그래밍(microprogramming) 방식을 사용한다.

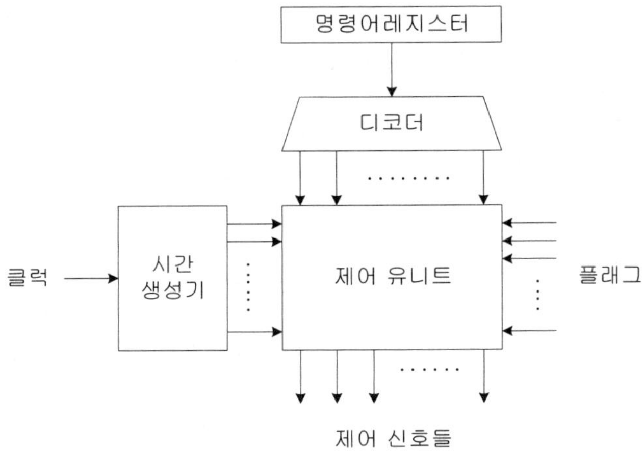

그림 5-2 하드와이어 방식 제어유니트와 입출력 신호들

5.2.2 마이크로프로그래밍 방식

마이크로프로그램(microprogram)이란 용어는 M.V. Wilkes에 의해 1950년대 초에 처음 사용되었는데, 앞에서 설명되어진 하드웨어를 이용한 것보다 구현을 좀 더 쉽고도 체계적으로 제어 유니트를 설계하기 위하여 제안되었다. 제어 유니트에는 마이크로 연산의 실행 순서 제어(sequencing)와 실행을 위한 회로, 연산 코드의 해석 및 ALU 플래그들의 검사 등을 위한 논리회로들을 포함해야 하므로 복잡하다.

앞에서 설명되었던 명령어 인출 사이클에서의 마이크로 연산들은 다음과 같이 표현된다.

T_0 : MAR ← PC

T_1 : PC ← PC+1, MBR ← M[MAR]

T_2 : IR ← MBR

위의 연산과정에 대한 표현을 **마이크로 프로그래밍 언어(micro-programming language)**라 부르는데, 각 줄은 동시에 수행되어지는 마이크로 연산들의 집합을 나타내며 이것을 **마이크로명령어(microinstruction)**라고 한다. 또한 이러한 명령어들의 모임을 **마이크로프로그램(microprogram)** 혹은 **펌웨어(firmware)**라 부른다. 이러한 용어는 하드웨어와 소프트웨어의 중간 정도임을 의미한다.

전형적인 마이크로명령어의 형식은 아래의 그림 5-3과 같다. CPU 내부의 각 제어선과 시스템 버스의 각 제어선에 대하여 한 비트씩 할당된다. 그림에서 볼 수 있듯이 분기에서 사용될 조건을 나타내는 조건 필드와 분기 발생시 다음에 실행될 마이크로명령어의 주소를 가지고 있는 필드가 있다.

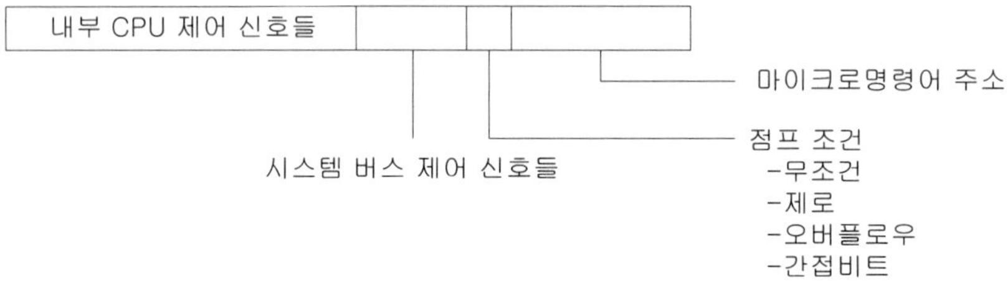

(a) 수평 마이크로 명령어

(b) 수직 마이크로 명령어

그림 5-3 전형적인 마이크로명령어 형식들

아래의 그림 5-4는 제어유니트의 마이크로구조(micro-architecture)를 보여 주고 있다. 이 구조는 순차논리회로와 제어주소 레지스터(control address register : CAR), 제어 메모리(control memory), 그리고 제어 버퍼 레지스터(control buffer register) 등으로 이루어져 있다. 여기서 제어 메모리는 마이크로명령어들을 기억하며, 제어 주소레지스터는 다음에 읽혀질 마이크로 명령어의 주소를 가진다. 이 주소에 의해 제어 메모리로부터 읽혀진 하나의 마이크로명령어는 제어 버퍼 레지스터로 이동된다. 또한 순차논리회로인 순서제어 유니트(sequencing unit)는 제어 주소 레지스터(CAR)에 다음에 수행되어질 명령어의 주소를 적재하고 읽기 명령(read command)을 발생한다. 여기에서 마이크로명령어를 읽는다는 것은 마이크로명령어를 실행한다는 것과 같은 의미를 가진다.

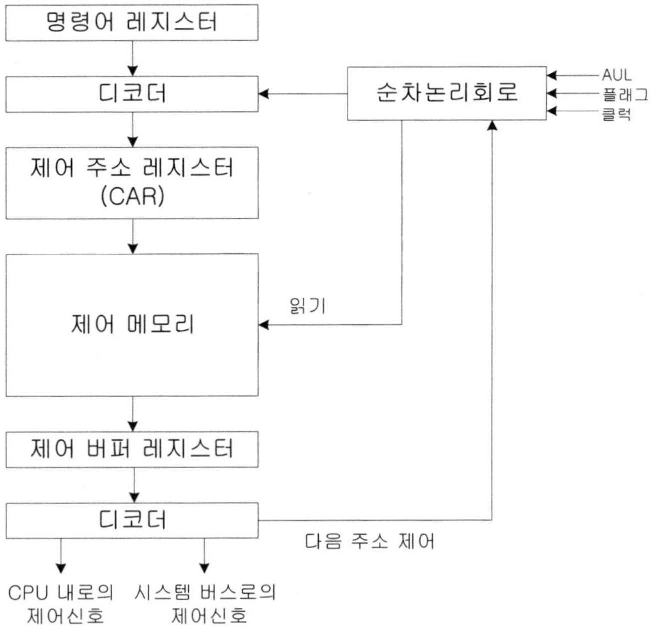

그림 5-4 제어 유니트의 마이크로 구조

또한 그림 5-5는 제어 유니트의 동작을 나타내는 프로그램을 포함하고 있는 제어 기억장치 메모리의 구성 예를 보여 준다. 그림에서 볼 수 있듯이 각 기억장소에는 여러 마이크-연산의 사이클 루틴들이 저장되어 있다.

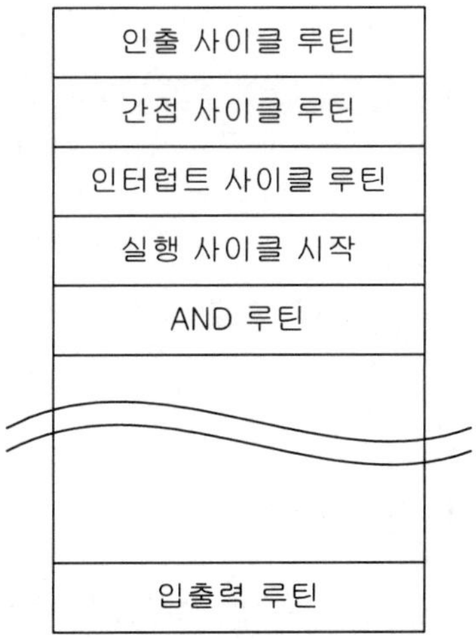

그림 5-5 제어 기억장치 메모리 구성 예

마이크로-연산을 실행하는 동안 제어 유니트를 이루고 있는 각 구성 요소들의 동작을 살펴보면 다음과 같다.

① 명령어 실행을 위하여 순서제어 논리장치는 제어기억 장치로부터 읽기(Read) 명령어를 보낸다.
② 제어버퍼 레지스터에 있는 주소에 해당하는 단어를 제어기억장치로부터 읽어서 제어버퍼 레지스터에 싣는다.
③ 제어버퍼 레지스터의 내용에 따라 제어신호들과 순서제어 논리 장치를 위한 다음에 수행될 명령어의 주소 정보가 발생한다.
④ 제어버퍼 레지스터와 ALU 플래그들로부터 발생된 다음 주소 정보를 순서제어 논리장치는 제어버퍼 레지스터에 싣는다. 이 때 그 내용에 따라 다음 중 한 가지 기능이 실행된다.

- 다음 명령어를 인출
- 점프 명령어에 의해 새로운 루틴으로 점프
- 기계 명령어 루틴으로 점프 : 명령어 레지스터에 있는 연산 코드에 따라 해당 루틴의 주소를 제어 주소레지스터에 적재한다.

제어유니트의 구현에 있어서 마이크로프로그램 방식의 장점과 단점은 다음과 같다.

① 장점 : 제어 유니트의 구현 비용이 적고, 오류 발생률이 낮다.
하드와이어된 방식에서는 명령어 사이클 동안에 실행될 마이크로-연산들의 순서를 제어할 회로가 복잡하지만, 마이크로프로그램 방식에서의 제어 유니트에서는 해독기와 순서제어 논리 장치가 매우 간단하다.

② 단점 : 위에서 살펴 본 장점을 가지는 대신에 마이크로프로그램 방식의 단점으로는 하드와이어된 제어 유니트보다 속도가 느리다는 것이다. 그러나 구현의 용이성 때문에 오늘날의 컴퓨터들이 이 방식을 사용한다.

5.2.3 마이크로명령어의 순서제어

앞에서 설명되었듯이 마이크로프로그램을 이용한 제어 유니트는 다음의 두 가지 기본적인 동작을 수행한다.

- 마이크로명령어 순서제어 : 다음에 수행되어질 명령어를 제어 기억장치로부터 읽어 온다.
- 마이크로명령어 실행 : 명령어 실행에 필요한 제어신호를 발생한다.

1) 마이크로명령어 순서제어

다음에 실행되어질 마이크로명령어는 제어기억장치로부터 가져오는데, 어떤 명령어를 가져오는 가에 대한 결정은 현재의 마이크로명령어와 조건 플래그들, 그리고 명령어 레지스터들의 내용에 근거한다. 이러한 순서제어 기법에는 다음과 같은 세 가지 방법이 있다.

① 두 개의 주소 필드(two address fields)들을 가지는 방법
② 한 개의 주소 필드(single address field)를 가지는 방법
③ 가변 형식(variable format) 방식

A. 두 개의 주소 필드(two address fields)들을 가지는 방법

이 방식에서는 아래의 그림 5-6과 같이 제어버퍼레지스터(CBR)에 있는 명령어의 2 개의 주소 필드와 주소 선택선을 입력으로 받아 멀티플렉서에서 하나의 주소를 선택해서 CAR로 보낸다. 이 방식은 간단하지만, 다른 방식에 비하여 마이크로명령어의 비트 수가 더 많이 필요하다. 아래의 그림 5-6은 두 개의 주소 필드를 사용하는 방식에서의 분기제어 논리의 예를 보여 준다.

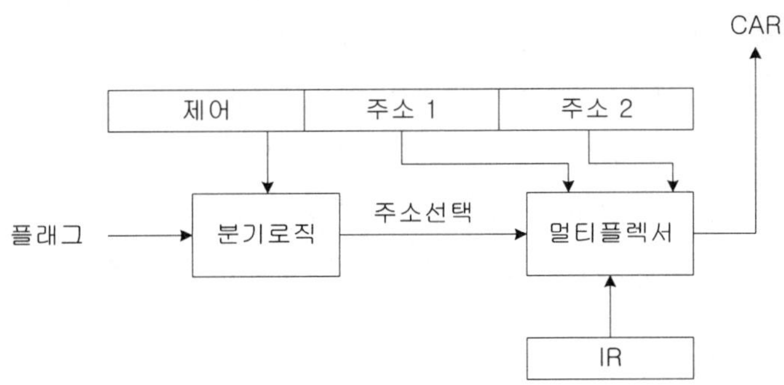

그림 5-6 두 개의 주소 필드를 사용하는 방식에서의 분기제어 논리

B. 한 개의 주소 필드(single address field)를 가지는 방법

이 방식에서는 주소 필드를 하나만 가지는데, 이들 주소가 될 수 있는 것은 아래 중의 하나이다.

- 주소 필드(address field)
- 명령어 레지스터 코드(Instruction Register Code)
- 순차적인 다음 주소(next sequential address)

아래의 그림 5-7과 같이 이 들 중의 하나가 주소선택 신호들에 의해 선택된다.

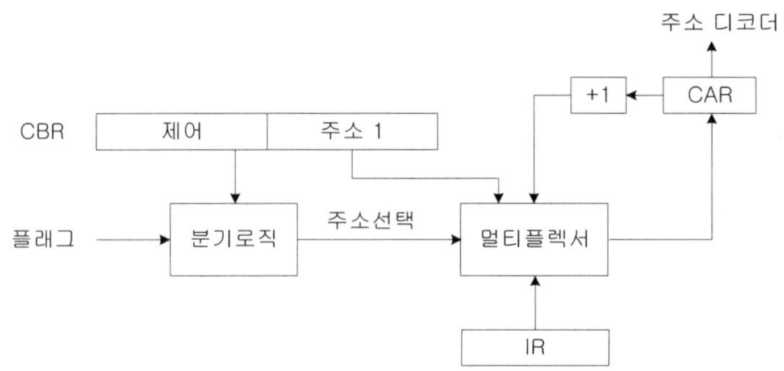

그림 5-7 한 개의 주소 필드를 사용하는 방식에서의 분기제어 논리

C. 가변 형식(variable format) 방식

가변형식 방식에는 두 가지 형식이 있는데 하나의 형식에서 다음 주소는 순차적인 다음 주소 혹은 명령어 레지스터에서 얻어진 주소가 된다. 다른 형식에서는 조건 혹은 무조건 분기가 명시된다.

위의 방식들을 요약하면 전형적인 마이크로프로그램 제어장치는 아래의 그림 5-8과 같이 구성할 수 있다. 또한 마이크로명령어의 형식은 그림 5-9와 같이 여러 부분으로 되어 있음을 알 수 있다.

- 조건 분기 필드는 조건 분기 마이크로 명령어가 있을 경우 테스트할 외부 조건을 명시한다.
- 주소필드는 분기조건이 만족되었을 때 다음 주소를 포함한다. 마이크로프로그램

카운터는 분기가 필요 없을 때 마이크로 명령어 주소를 제공한다.

- 마이크로명령어의 다른 부분은 요청한 마이크로연산을 수행하기 위해 활성화되는 인코드된 제어신호나 인코드되지 않은 형식의 제어신호를 명시한다.

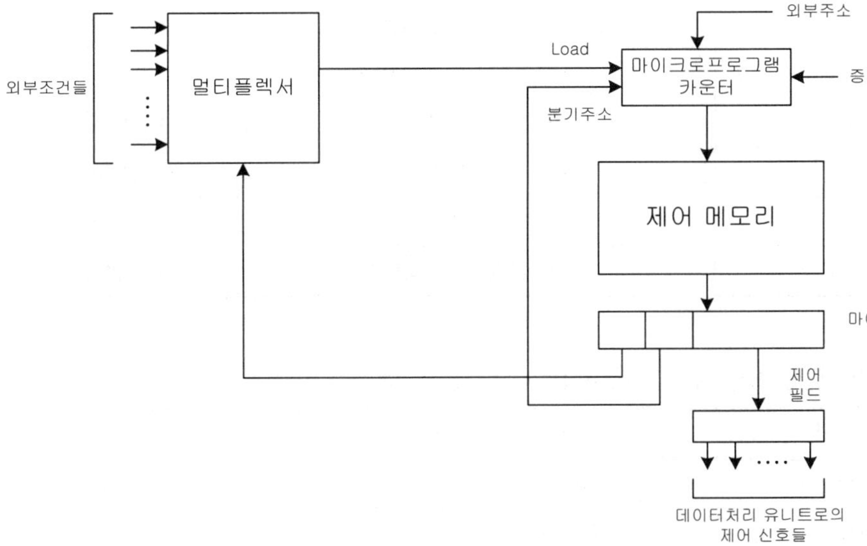

그림 5-8 전형적인 마이크로프로그램 제어기

3	3	2	2	8
연산필드 1	연산필드 2	조건필드	분기필드	주소필드

그림 5-9 마이크로명령어 형식의 예

위의 마이크로명령어 형식의 예는 모두 5 개의 필드로 이루어졌다. 특별히 연산필드가 3 비트로 이루어졌으므로 모두 8 개의 연산들이 사용되어질 수 있다. 3장에서 다루었던 마이크로명령어 형식에 의한 연산의 예가 아래의 표 5-1과 5-2에 보여 준다.

표 5-1 연산필드 1에 위치할 마이크로-연산들의 예

코 드	마이크로-연산	기 호
000	None	NOP
001	MAR ← PC	PCTAR
010	MAR ← IR(addr)	IRTAR
011	AC ← AC + MBR	ADD
100	MBR ← M[MAR]	READ
101	AC ← MBR	BRTAC
110	IR ← MBR	BRTIR
111	M[MAR] ← MBR	WRITE

표 5-2 연산필드 1에 위치할 마이크로-연산들의 예

코 드	마이크로-연산	기 호
000	None	NOP
001	PC ← PC +1	INCPC
010	MBR ← AC	ACTBR
011	MBR ← PC	PCTBR
100	PC ← MBR	BRTAR
101	MAR ← SP	SPTAR
110	AC ← AC - MBR	SUB
111	SP ← SP - 1	DECSP

또한 조건 필드가 2 비트로 이루어졌으므로 4 개의 조건을 사용할 수 있다. 아래의 표 5-3은 이러한 4 개의 조건 필드의 예를 보여 준다. 아래의 표 5-3에서 I 비트는 간접 주소지정 방식을 나타내는 비트이다. 이 비트가 1이라면, 간접 사이클 루틴을 호출하여 기억장치로부터 오퍼랜드의 유효주소를 인출하게 된다.

표 5-3 조건필드의 코드 지정 예

코 드	조 건	기 호	설 명
00	1	U	무조건 분기
01	I 비트	I	간접주소지정
10	AC(S)	S	AC에 저장된 데이터의 부호
11	AC=0	Z	AC에 저장된 데이터=0

또한 분기 필드도 두 비트로 이루어져 있으므로 4 가지 분기 조건을 사용할 수 있다. 아래의 표 5-4는 4 가지 분기 조건의 예를 보여 준다. 아래의 표에서 볼 수 있듯이 필드의 값이 00이면, 조건 점프(conditional jump)가 발생한다. 만약 조건이 만족되면(조건=1), 주소필드 값이 CAR로 적재되고, 그 주소의 마이크로명령어로 점프하게 된다. 그러나 만약 조건이 만족되지 않으면(조건=0), 분기는 일어나지 않고 순차적인 마이크로명령어가 인출된다. 즉, CAR 값이 1 증가되어 다음에 위치한 마이크로명령어가 실행된다.

표 5-4 분기 필드의 코드 지정의 예

코 드	기 호	설 명
00	JMP	조건 =1이면, CAR ← 주소필드 조건 =0이면, CAR ← CAR +1
01	CALL	조건 =1이면, CAR ← 주소필드, SBR ← CAR +1 조건 =0이면, CAR ← CAR +1
10	RET	CAR ← SBR(서브루틴으로부터 복귀)
11	MAP	CAR ← 1, CAR(2-5) ← IR(OP), CAR(6,7) ← 0

5.2.4 마이크로 명령어의 실행

마이크로명령어의 실행 결과는 제어신호들을 발생하는 것이다. 이 신호들의 일부는 CPU 내의 각 부분들을 제어하며, 나머지 신호들은 외부 제어 버스나 다른 외부 인터페이스로 보내진다.

앞에서 설명되었던 인출 사이클에 대한 마이크로명령어 루틴을 통하여 마이크로명령어의 실행에 대하여 설명한다. 만약 이 프로그램이 제어 기억장치의 0 번지부터 저장되어 있다고 가정할 경우 다음과 같이 프로그래밍할 수 있다.

```
         ORG 0
FETCH :  PCTAR           U JMP    NEXT    : MAR ← PC, 다음명령어 실행
         READ, INCPC     U JMP    NEXT    : MBR ← M[MAR],PC←PC+1
         BRTIR           U MAP            : IR ← MBR, 해당 실행사이클 루
                                            틴으로 분기
```

위의 마이크로프로그래밍을 위의 표 5－1～표 5－4에서 예로 들은 명령어 형식대로 2진으로 표현하면 다음과 같다.

표 5－5 인출사이클의 마이크로명령어의 2진 표현

주 소	마이크로연산	조건필드	분기필드	주소필드
0000000	001 000	00	00	0000001
0000001	100 001	00	00	0000010
0000010	110 000	00	11	0000000

Summary Check	요약정리

1. 제어 유니트(Control Unit)는 CPU의 외부에 제어 신호를 보내어 메모리 및 입출력 장치들과 CPU 사이에 데이터를 교환할 수 있도록 하며, CPU 내부에 제어 신호를 보내어 레지스터들 사이에 데이터를 이동시키게 하고, ALU로 하여금 필요한 기능들을 수행토록 하며, 그 밖의 CPU 내부 동작을 조절하는 기능을 수행한다.
2. 제어 유니트는 마이크로명령어 순서 제어(Sequencing)와 마이크로명령어 실행의 두 가지 기본적인 일을 수행한다.
3. 제어 유니트는 하드와이어 방식과 마이크로프로그램을 이용하는 방식의 두 가지 방식으로 구현된다.
4. 하드와이어 방식에서 제어 신호들은 제어 유니트의 내부 논리회로들의 각 신호들에 대한 부울 함수를 통하여 발생된다.
5. 하드와이어된 방식에서는 명령어 사이클 동안에 실행될 마이크로-연산들의 순서를 제어할 회로가 복잡하지만, 마이크로프로그램 방식에서의 제어 유니트에서는 해독기와 순서제어 논리 장치가 매우 간단하다.
6. 명령어들의 모임을 마이크로프로그램(microprogram) 혹은 펌웨어(firmware)라 부르는데, 이러한 용어는 하드웨어와 소프트웨어의 중간 정도임을 의미한다.
7. 다음에 실행되어질 마이크로명령어는 제어기억장치로부터 가져오는데, 어떤 명령어를 가져오는 가에 대한 결정은 현재의 마이크로명령어와 조건 플래그들, 그리고 명령어 레지스터들의 내용에 근거한다.
8. 마이크로명령어 형식에서 조건 분기 필드는 조건 분기 마이크로 명령어가 있을 경우 테스트할 외부 조건을 명시한다.
9. 마이크로명령어 형식에서 주소필드는 분기조건이 만족되었을 때 다음 주소를 포함한다. 마이크로프로그램 카운터는 분기가 필요 없을 때 마이크로 명령어 주소를 제공한다.
10. 마이크로명령어의 실행 결과는 제어신호들을 발생하는 것이다.

Summary Check 연습문제

1. 제어 유니트의 기능에 대하여 설명하라.

2. 제어 유니트의 구성요소 중 다음 요소들의 기능에 대하여 설명하라.

   1) 제어버퍼 레지스터(Control Buffer Register : CBR)
   2) 제어주소 레지스터(Control Address Register : CAR)
   3) 서브루틴 레지스터(Subroutine Register : SBR)

3. 마이크로-연산에 대하여 설명하라.

4. 명령어 실행에서의 마이크로-연산 중에 간접 사이클에 대하여 설명하라.

5. 제어 유니트로부터의 출력 신호에 대하여 설명하라.

6. 제어 유니트를 구현하는 방법 중에 하드와이어 구현의 문제점에 대하여 설명하라.

7. 마이크로 프로그램된 제어 유니트의 동작에 대하여 설명하라.

8. 마이크로 프로그램된 제어 유니트의 장점과 단점에 대하여 설명하라.

9. 두 개의 주소 필드 형식을 가지는 순서제어(sequencing) 기법의 장점과 단점에 대하여 설명하라.

chapter

6

컴퓨터 연산

컴퓨터에서의 논리/산술 연산은 일반적으로 정수와 부동－소수점(floating－point) 수라는 두 가지 종류의 수들에 대하여 행하여진다. 이러한 수들은 각기 표현되어지는 형식에 따라 틀리는데, 본 장에서는 이러한 수들의 표현 방법 및 산술 방법에 대하여 설명하기로 한다. 먼저 산술논리 연산장치인 ALU의 동작에 대하여 살펴 본 후에 이들 연산이 CPU 내에서 어떻게 이루어지는지에 대하여 설명한다.

6.1 산술논리 연산장치(ALU : Arithmetic Logic Unit)

컴퓨터의 ALU는 실재로 데이터의 산술 및 논리 연산이 실행되어지는 곳이다. 즉, ALU는 덧셈과 뺄셈 같은 산술연산과 AND와 OR 같은 논리연산을 수행하는 컴퓨터의 핵심 장치이다. 컴퓨터 시스템의 여러 구성 요소들, 예를 들어 제어 유니트나 레지스터 혹은 기억장치 및 입출력 장치는 처리되어질 데이터를 ALU로 가져와서 수행된 후에 그 결과를 다시 가져가는 기능을 수행한다. ALU나 기타 다른 컴퓨터 구성 요소들에서 처리되어지는 데이터는 2진 연산으로 이루어진다. 아래의 그림 6－1은 ALU의 입력과 출력을 보여 주고 있다.

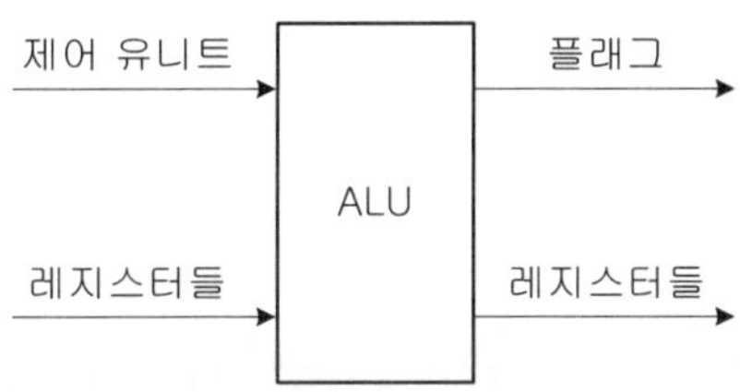

그림 6－1 ALU의 입력과 출력들

위의 그림에서 볼 수 있듯이 레지스터에 있는 데이터가 ALU에 입력되어 실행된 후에, 그 결과가 다시 레지스터에 저장된다. 또한 연산의 결과로 인하여 플래그들이 세트(set)된다. 이러한 플래그에는 결과가 제로인 경우에 세트되는 제로 플래그, 오버플로우가 발생하면 세트되는 오버플로우 플래그 등이 있다. 이러한 플래그 값들은 CPU 내의 레지스터에 저장된다. 위의 그림에서 제어 유니트는 ALU의 동작과 데이터의 이동을 제어하는 신호들을 제공해 준다.

ALU는 제 2장에서 다룬 조합논리 회로(combinational logic circuit)에 속한다. AND와

OR 논리연산을 위한 가장 간단한 1 비트의 논리 유니트가 그림 6-1에서 보여 준다.

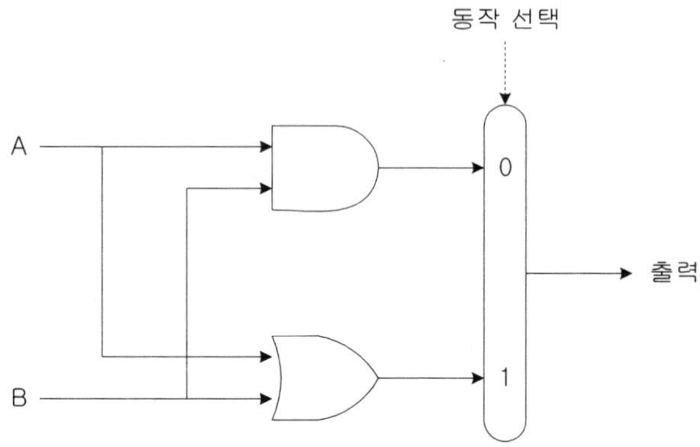

그림 6-2 AND와 OR 연산을 위한 1 비트 논리 유니트

위의 그림에서 멀티플렉서의 동작 선택선의 입력에 따라 출력이 결정된다. 즉, 동작 선택선이 0이면 AND 연산결과가, 1이면 OR 연산 결과를 얻을 수 있다. 논리연산 외에도 ALU에서는 ADD, SUB 등의 산술연산이 이루어지는데, 산술연산은 2장에서 설명되었던 가산기가 주로 사용된다. 아래의 그림 6-3은 캐리(carry)입력을 가지는 1비트의 가산기를 보여 준다.

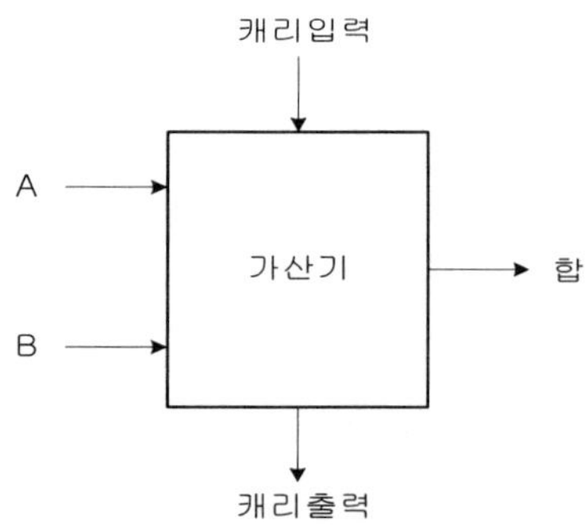

그림 6-3 캐리입력을 가지는 1비트 가산기

그러나 현재 상용화되어지고 있는 컴퓨터들의 ALU는 16 비트, 32 비트 혹은 64 비트의 연산을 수행한다. 따라서 위에서 설명되었던 1 비트 연산 유니트 혹은 가산기들을 여러 개 연결하여 여러 비트의 ALU를 구성할 수 있다. 아래의 그림 6−4는 조합논리회로를 가지는 32 비트 ALU의 입력과 출력 신호들에 대한 예를 보여 준다.

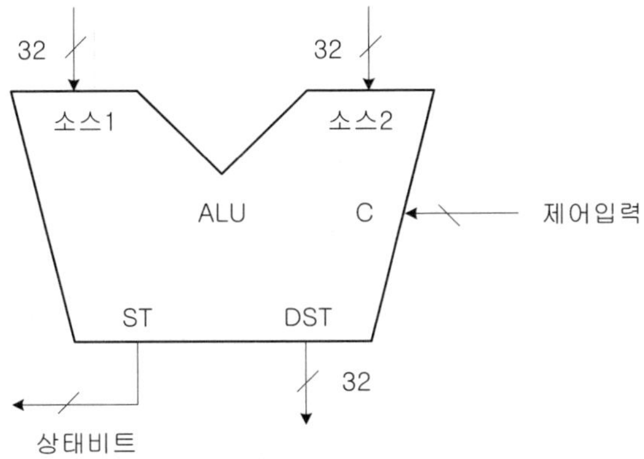

그림 6−4 ALU의 입력과 출력의 예

위 그림 6−4의 예에서 ALU는 32 비트의 데이터 입력 소스1과 소스2 두 개를 가진다. 뿐 만 아니라 하나의 제어입력을 가지는데, 이 제어 입력 신호를 통하여 수신된 두 개의 데이터에 대하여 ALU가 수행할 동작을 나타낸다. 또한 위의 연산 결과를 32 비트의 데이터 출력선을 통하여 출력한다. 마지막으로 상태 비트 출력을 통하여 ALU에서 실행되어진 연산 결과를 나타내는데 사용된다. 이들 상태 비트들에는 다음과 같은 것들이 있다.

N : 연산 결과가 음수(negative)면 1로, 그렇지 않으면 0로 세트된다.
Z : 연산 결과가 제로(zero)면 1로, 그렇지 않으면 0로 세트된다.
V : 연산 결과로 오버플로우가 발생하면 1로 세트된다.
C : 연산 결과 캐리가 발생되면 1로 세트된다.

ALU 내부의 구성요소들이 그림 6−5에서 보여주는데 이들 구성요소들이 수행하는 기능들은 다음과 같다.

- 산술 연산장치 : +, −, ×, ÷ 등의 산술 연산을 수행한다.

- 논술 연산장치 : AND, OR, XOR 등의 논리 연산을 수행한다.
- 보수기(complementer) : 2의 보수를 취한다.
- 쉬프트 레지스터(shift register) : 2진 비트들을 좌로 혹은 우로 이동시킨다.
- 상태 레지스터(status register) : 연산의 결과에 대한 상태를 플래그 비트를 사용하여 저장한다.

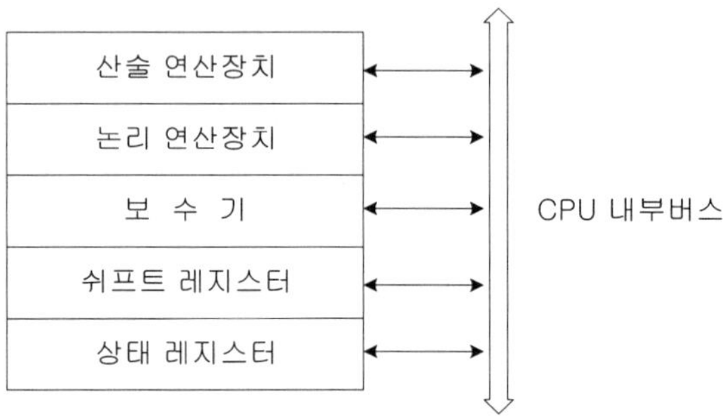

그림 6-5 ALU의 내부 구성요소들

위의 요소들로 이루어진 ALU는 CPU 내의 다른 구성요소들인 제어유니트 혹은 레지스터들과 CPU의 내부 버스에 의해 연결되어져 있다.

이 장의 뒷 부분에서는 이들 구성 요소들을 통한 산술/논리 연산 과정에 대하여 살펴보기로 한다.

6.2 정수 표현

정수의 표현에 대한 것은 앞의 2장에서 이미 간단하게 설명되었다. 그러나 이해를 돕기 위하여 다시 한 번 이 장에서 설명하기로 한다. 정수 표현에는 양의 정수와 음의 정수 표현 방식이 있다. 컴퓨터에서는 2진수를 사용하므로 여기에서는 주로 2진 정수의 표현법에 대하여 설명한다.

먼저 양의 수를 표현하는 방법은 다음과 같다. 양의 수를 표현하는 방법에서는 수의 부호를 표현하는 비트가 별도로 존재하지 않는다. 이를 무부호 표기법(unsigned notation)이라 부르는데, 이런 방식에는 모든 비트를 0 혹은 1로 표현하는 방법과 2의 보수로 표현하는 방법이 있다. 일반적으로 무부호 표기법에서 n 비트로 이루어진 수는

$0 \sim 2^n - 1$까지의 범위의 값을 가진다.

일반적으로 2진수의 표현에서 해당 비트들은 **지수**(power) 혹은 **가중치**(weight)를 가진다. 예를 들어 2진수 1101의 값은 10진수로 표현하면 다음과 같다.

$$1101_2 = (1\times2^3) + (1\times2^2) + (0\times2^1) + (1\times2^0)$$
$$= 8 + 4 + 0 + 1 = 13_{10}$$

또한 위의 2진수에서 가장 왼쪽 비트를 **최상위 비트**(most significant bit : MSB)라 부르고, 가장 오른쪽 비트를 **최하위 비트**(least significant bit : LSB)라 부른다.

한편 음의 정수의 표현에는 다음과 같은 3 가지 표현법을 사용한다.

- 부호화 크기(Signed Magnitude) 표현법
- 1의 보수(1's complement) 표현법
- 2의 보수(2's complement) 표현법

다음은 이들 표현법에 대하여 설명한다.

6.2.1 부호화 크기(Signed Magnitude) 표현법

이 방식은 부호를 가지는 수를 표현하는 방법 중에서 가장 간단한 방법이다. 음수에 대한 위의 세 가지 표현법 중 부호화 크기 표현에서는 전체 비트수가 n이라면 맨 왼쪽의 비트는 부호 비트이고, 나머지 $(n-1)$비트가 수의 크기를 나타낸다. 즉, MSB 가 0이면 양수, 1이면 음수를 나타낸다. 여기서 부호 비트를 제외한 수의 크기에 대한 표현 방법은 2진 수의 표현 방법과 같다.

많은 경우에 2진수를 10진수로 혹은 10진수를 2진수로 고칠 필요가 있다. 여기서 먼저 10진수의 수를 부호화 크기 방식으로 고치는 방법에 대하여 설명하면 다음과 같다. 이해를 쉽게 하기 위하여 부호화된 수는 N 비트의 크기를 가진다고 가정한다.

① 음수 부호는 무시하고 10진수를 이진수로 바꾼다.
② 만약 2진수가 (N−1)개의 비트를 가지지 않으면 0를 삽입하여(0 padding) (N−1) 비트의 수로 만든다. 이 때 삽입된 0들은 크기에는 무관하고 다만 자리수를 맞추

기 위해 사용된다.

③ 자리수를 맞춘 후에 원래의 10진수가 양수이면 MSB=0로, 음수이면 MSB=1로 만든다.

부호화 크기 방식으로 10진수의 수를 이진수로 바꾸는 과정을 아래의 예를 통하여 설명한다.

[예제 6.1]

부호화 크기로 십진수 −13을 표기하라.

<풀이>

부호화 크기로 십진수 −13을 표기하는 방법은 다음과 같다. 먼저 −13은 음수이므로 MSB는 1이고, $(13)_{10} = (1011)_2$이다. 따라서

$$(-13)_{10} = 11011_2$$

을 얻는다. 만약 8비트로 표현하기로 원한다면 $(13)_{10} = (0001011)_2$ 과 같으므로 $(-13)_{10} = (10001011)_2$ 이다.

그러나 이와 같은 부호화 크기 표현에서 십진수 0는 다음의 두 가지 표현으로 나타낸다.

$$0\ 0000000 = +0$$
$$1\ 0000000 = -0$$

따라서 데이터가 0 인지를 검사하는 과정이 더 복잡해진다.

한편 n 비트로 이루어진 부호화 크기 방식에서 표현할 수 있는 수의 범위에 대하여 간단히 살펴보면 다음과 같다.

n 비트로 표현할 수 있는 2진수의 패턴은 모두 2^n 개다. 이 중에서 반은 양수이고 반은 음수이므로 양수와 음수의 개수는 각각 $2^n/2 = 2^{n-1}$ 개가 된다. 그런데 양수의 경우는 MSB를 제외한 (n−1) 개의 비트의 조합으로 표현된다. 즉, MSB 비트는 양수의 경우 0이므로 나머지 (n−1)비트가 양의 값을 나타낸다. 여기서 (n−1) 개의 비트의 가장 큰 수는 $(2^{n-1}-1)$이다. 한편, 가장 작은 음수는 MSB=1이며, 나머지 (n−1) 비트의

가장 큰 수가 $(2^{n-1}-1)$이므로 $-(2^{n-1}-1)$이 된다.

요약하면 부호화 크기 방식에서 n 비트로 표현되어지는 수의 범위는 $-(2^{n-1}-1)$~$(2^{n-1}-1)$이다. 아래의 표는 부호화 크기 방식을 통한 이진수의 표현을 보여 준다.

표 6-1 부호화 크기 방식을 통한 이진수의 표현 예

비트 수	표현가능한 수	최소값	최대값
16	$2^{16}-1$	$-(2^{15}-1)$	$2^{15}-1$
32	$2^{32}-1$	$-(2^{31}-1)$	$2^{31}-1$
n	$2^{n}-1$	$-(2^{n}-1)$	$2^{n-1}-1$

부호화 크기 표현 방식을 통한 덧셈에서 발생하는 문제점을 살펴보기로 한다. 예를 들어, 4 비트로 이루어진 두 수 −1과 −2의 덧셈은 다음과 같다.

$$1001 + 1010 = 0011$$

결과가 4 비트로 이루어지기 때문에 캐리 비트가 앞으로 이동되었다. 따라서 연산 결과는 −3이 아니라 +3이 되어 잘못된 결과를 얻는다. 이러한 문제를 해결하기 위해서는 부호 비트를 제외한 다른 크기 부분만을 더해야 하고, 부호 비트는 그대로 보존시킨다. 따라서 −1과 −2를 더하면 부호화 비트는 그대로 두기 때문에 −3을 얻을 수 있다. 그러나 이런 방식은 같은 부호의 덧셈에서만 가능하다. 예를 들어, 2와 −2를 더하는 경우 위의 방식대로 구하면 0가 아닌 0010 + 1010 = 1100 = −4를 얻는다. 따라서 부호화 크기 방식으로 덧셈을 하기 위하여서는 특별한 하드웨어를 통하여 부호없는 연산과 차별화할 필요가 있다.

6.2.2 보수 표현법

정수의 보수를 사용하여 표현하는 방법은 앞에서 살펴본 바와 같이 두 가지 방식으로 할 수 있다.

① 1의 보수 표현 : 모든 비트를 반전한다. 즉, 0는 1로 1은 0로 바꾼다.
② 2의 보수 표현 : 1의 보수 값에 1을 더한다.

이 경우 n 비트로 이루어진 정수의 표현 범위는 다음과 같다.

- 양수의 범위 : $0 \sim (2^{n-1} - 1)$
- 음수의 범위 : $-1 \sim (-2^{n-1})$

예를 들어, 8 비트의 2 진수로 표현할 수 있는 10진수의 범위는 다음과 같다.

- 1의 보수 : $-(2^7 - 1) \sim +(2^7 - 1)$
- 2의 보수 : $-2^7 \sim +(2^7 - 1)$

아래의 표 6－2와 6－3은 1의 보수와 2의 보수를 이용한 n 비트 수의 표현 범위를 각각 보여 준다.

표 6－2 1의 보수 방식을 통한 이진수의 표현 예

비트 수	표현가능한 수	최소값	최대값
16	$2^{16}-1$	$-(2^{15}-1)$	$2^{15}-1$
32	$2^{32}-1$	$-(2^{31}-1)$	$2^{31}-1$
n	$2^{n}-1$	$-(2^{n-1}-1)$	$2^{n-1}-1$

표 6－3 2의 보수 방식을 통한 이진수의 표현 예

비트 수	표현가능한 수	최소값	최대값
16	2^{16}	-2^{15}	$2^{15}-1$
32	2^{32}	-2^{31}	$2^{31}-1$
n	2^{n}	-2^{n-1}	$2^{n-1}-1$

앞에서 살펴본 부호화 크기 방식에서와 마찬가지로 1의 보수 방식은 0에 대한 두 가지 표현을 가진다. 즉, 양의 0와 음의 0를 가진다. 따라서 두 개의 0을 처리하는 하드웨어는 보다 더 복잡하다.

앞의 예제 6－1에서 살펴 본 10진수 (－13)을 2의 보수와 1의 보수로 표현하면 다음과 같다. 먼저 13 = 1011이므로 이를 1의 보수를 취하면 0100, 2의 보수를 취하면 0101 이다. 따라서

$$(-13)_{10}\text{의 1의 보수} = 10100_2$$
$$(-13)_{10}\text{의 2의 보수} = 10101_2$$

[예제 6.2]

어떤 컴퓨터에서 다음의 수를 저장할 때, 어떤 값으로 저장되는지를 보여라.
단, 데이터는 8 비트(bits)로 저장된다고 한다.

십진수	부호화 크기	1의 보수 표현	2의 보수 표현
$(52)_{10}$			
$(-35)_{10}$			

[예제 6.3]

$(1\ 0\ P\ 1\ Q\ T)_2 = (Z\ 5)_8$이 만족한다고 할 때, P, Q, T, Z 값을 구하라.

<풀이>

위의 식에서 각 변수들은 표현된 진수에 따라 다르다. 즉, P, Q, T는 0 혹은 1의 값을 가지며, Z는 0~7의 값을 가진다. 또한

$$\begin{aligned}(1\ 0\ P\ 1\ Q\ T)_2 &= 1x2^5 + Px2^3 + 1x2^2 + Qx2^1 + T \\ &= 32 + Px8 + 4 + Qx2^1 + T \\ &= 36 + Px8 + Qx2^1 + T\end{aligned}$$

따라서 $36 \leq (1\ 0\ P\ 1\ Q\ T)_2 \leq 47$이 성립한다.
그런데 $(Z\ 5)_8 = Z \times 8 + 5$이 성립하므로, $4 \leq Z \leq 5$이다. 따라서 Z = 4이면 $(Z\ 5)_8$ = 37이므로 P = Q = 0, T = 1이다. 또한 Z = 5이면 $(Z\ 5)_8$ = 45이므로 P = T = 1, Q = 0이다.
따라서 위의 관계를 만족하는 해로써 (P = Q = 0, T = 1, Z = 4)와 (P = T = 1, Q = 0, Z = 5) 두 쌍이 존재한다.

한편 컴퓨터의 기억장치에 저장되어 있는 수의 비트 길이와 CPU 내에서 연산과정에 사용되어지는 비트의 길이가 다른 경우가 있다. 이런 경우에 작은 길이의 수를 확장시켜 같은 길이의 수로 만들어 연산이 이루어진다. 이 경우에 양의 수를 확장하는 방

법과 음의 수를 확장하는 방법에 차이가 있다. 즉, 양의 수는 가장 최상의 비트 좌측으로 0를 넣으면 된다(0 Padding). 그러나 2의 보수인 경우에 확장된 상위 비트들은 부호 비트와 같은 값으로 만들어 준다. 즉, 양의 수인 경우에는 상위 비트들을 0로 만들고, 음의 수 경우에는 1로 확장시킨다. 이러한 것을 **부호-비트 확장(sign-bit extension)**이라고 부른다. 아래의 그림 6-6은 부호 비트의 확장에 대하여 보여 준다.

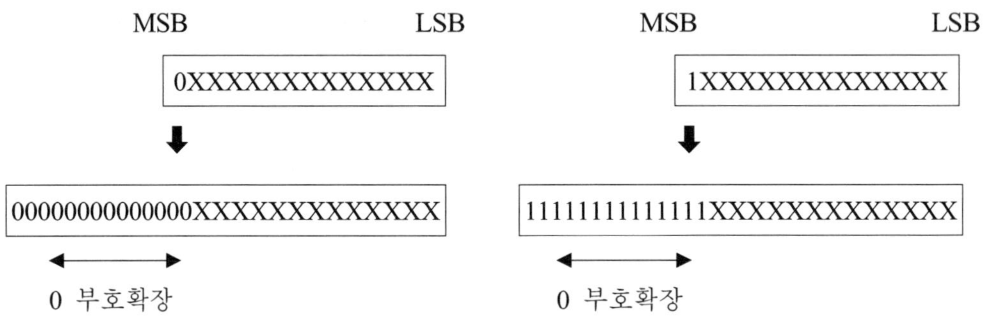

그림 6-6 부호 비트 확장의 예

부호-비트 확장에 대한 예제를 살펴보면 다음과 같다.

[예제 6.4]

십진수 +20과 -20을 8 비트의 2진수에서 16 비트의 2진수로 부호-비트 확장을 통하여 확장하라.

<풀이>

8 비트와 16 비트로 이루어진 십진수 20과 -20에 대한 표현은 다음과 같다.

+20 = 00010100 (8 비트)
+20 = 0000000000010100 (16비트)

위에서 +20은 양수이므로 0를 넣음으로 부호비트를 확장시킨다.

-20 = 11101100 (8 비트)
-20 = 1111111111101100 (16비트)

또한 -20은 음수이므로 1을 넣음으로 부호비트를 확장시킨다.

6.3 논리 연산

컴퓨터의 연산 중에 항상 같은 길이의 단어(word)를 처리하는 것이 아니라, 때로는 그 단어의 일부분에 대한 연산이 필요한 경우가 있다. 예를 들어, 전체 32 비트의 단어 중에 일부인 하위 8 비트 혹은 상위 8 비트만 사용하는 경우가 있다. 이와 같이 32 비트의 단어를 비트 단위로 쪼개는(unpacking) 연산과 반대로 비트를 단어로 만드는(packing)에 대한 연산 명령어들이 추가되었다. 이 절에서는 이러한 비트 연산을 하는 OR, AND, XOR 등과 같은 연산과 쉬프트(shift) 연산 등에 대하여 설명한다.

1) OR 연산

OR 연산은 레지스터에서 비트 하나를 세트하거나 여러 비트들을 선택적으로 세트하는데 사용된다. 즉, OR 연산에서 어떤 변수 x에 1을 OR하면 x의 값에 상관없이 결과는 언제나 1이고, 0를 OR 하면 결과는 그대로 x가 된다. 아래의 예제는 특정 비트 모두를 OR 연산을 통하여 세트하는 과정을 보여 준다.

[예제 6.5]

다음의 두 수 A와 B에 대하여 OR 연산한 결과를 구하라.

$$\begin{array}{r} A = 1010\ 0101 \\ B = 0000\ 1111 \\ \hline 1010\ 1111 \end{array}$$

1010 1111 (OR 연산 결과)

위의 예제에서 원래의 데이터 A의 하위 4비트가 모두 세트되었다. 즉, OR 연산을 통하여 레지스터의 특정 비트들을 세트시킬 수 있음을 보여 준다.

2) AND 연산

AND 연산은 레지스터의 특정 비트나 여러 비트들을 선택적으로 리세트(reset)하는데 사용할 수 있다. 이는 어떤 2진 변수 x에 1을 AND하면 자신이 되고, 0를 AND

하면 x 변수의 값에 상관없이 항상 리세트(0)가 되는 것에 기본을 둔다. 아래의 예는 레지스터 내의 데이터 A의 상위비트 4개가 데이터 B와 AND 연산을 통하여 리세트 되는 것을 보여준다.

[예제 6.6]

다음의 두 수 A와 B에 대하여 AND 연산한 결과를 구하라.

A = 1010 0101
B = 0000 1111
――――――――――
0000 0101 (AND 연산의 결과)

위의 예에서 볼 수 있듯이 AND 연산은 선택적으로 레지스터 비트의 값을 리세트(reset)하는데 사용된다.

그런데 AND 연산 후에 OR 연산을 수행하면 하나의 비트 혹은 여러 비트를 현재 값에서 새로운 값으로 바꿀 수 있다. 이것은 먼저 바꾸려는 부분을 마스크(Mask) 한 뒤에 새로운 값으로 OR 연산을 수행함으로 이루어진다. 여기서 마스크란 의미는 비트 패턴의 일부 비트들을 감추어 원하는 패턴을 얻는다는 것이다. 다음의 예를 통하여 설명하면 다음과 같다.

[예제 6.7]

현재 레지스터 A에는 8 비트의 데이터 1001 1010이 저장되어 있다고 가정한다. 이 때 상위의 4 비트 1001을 0011로 바꾸기로 한다.

1) 필요없는(바꾸려는) 비트들을 AND 연산을 통해 마스크(Mask)한다.

A = 1001 1010
B = 0000 1111
――――――――――
0000 1010 (AND 연산 후)

2) 새로운 값을 OR 연산을 통해 넣는다.

A' = 0000 1010

$$\begin{array}{r} B' = 0011\ 0000 \\ \hline 0011\ 1010 \end{array}$$ (OR 연산 후)

위의 예제를 통해 알 수 있지만 AND 연산은 마스크(mask) 기능을, OR 연산은 삽입(insert) 기능을 수행한다.

3) XOR 연산

XOR 연산은 한 비트나 선택된 비트들의 보수를 취하는데 사용된다. XOR 연산에서 $x \oplus 1 = x'$ 이고 $x \oplus 0 = x$ 이다. 따라서 x 와 1의 XOR는 x 의 보수가 되고, x 와 0의 XOR 연산은 x 자신이 된다. 다음의 예를 통하여 XOR의 연산을 설명하면 다음과 같다.

[예제 6.8]

다음의 두 수 A와 B에 대하여 XOR 연산한 결과를 구하라.

$$\begin{array}{r} A = 0010\ 1010 \\ B = 1111\ 0000 \\ \hline 1101\ 1010 \end{array}$$ (XOR 연산 후)

위에서 A의 상위 4 비트가 B와 XOR 연산을 통하여 보수가 취해졌다. 만약 B의 모든 비트가 1인 수라면, A의 모든 비트의 보수가 취해진다. 또한 $x \oplus x = 0$ 의 성질을 이용하면, 모든 수가 자신과 XOR 연산을 취하면 모든 비트가 리세트 된다.

$$\begin{array}{r} A = 0010\ 1010 \\ A = 0010\ 1010 \\ \hline 0000\ 0000 \end{array}$$ (XOR 연산 후)

4) NOT 연산

NOT 연산은 모든 비트를 반전시키는데 사용된다. 앞의 AND, OR, XOR 연산 모두는 두 개의 입력을 필요로 하지만, NOT 연산은 하나의 입력만을 필요로 한다.

[예제 6.9]

다음의 두 수 A에 대하여 NOT 연산한 결과를 구하라.

A = 0010 1010

A = 1101 0101 (NOT 연산 후)

6.4 쉬프트 연산

쉬프트 연산이란 레지스터 내에 저장되어 있는 데이터 비트들을 레지스터의 왼쪽 혹은 오른쪽으로 한 비트씩 이동시키는 것을 말한다. 레지스터 내에 저장되어 있는 데이터를 왼쪽으로 한 비트를 이동시키면 그 데이터의 값을 2로 곱한 결과가 되고, 오른쪽으로 한 비트를 이동시키면 2로 나눈 결과가 된다. 예를 들어, 어떤 레지스터가 2(0010)의 값을 가지고 있을 때,왼쪽으로 한 비트 이동시키면 4(0100)가 되고, 오른쪽으로 한 비트 이동시키면 1(0001)이 된다. 쉬프트 연산에는 다음과 같이 3가지 방식이 있다.

- 논리적 쉬프트(logical shift)
- 산술적 쉬프트(arithmetic shift)
- 순환 쉬프트(circular shift)

1) 논리적 쉬프트(logical shift)

논리적 쉬프트에서 왼쪽 쉬프트의 경우에 레지스터 내의 데이터를 한 비트씩 왼쪽으로 이동하고 최하위 비트에 0를 넣고 최상위 비트의 값은 버린다. 아래의 그림 6-7은 4 비트 레지스터에서 왼쪽 논리적 쉬프트를 보여 주고 있다.

$$a_3 \leftarrow a_2,\ a_2 \leftarrow a_1,\ a_1 \leftarrow a_0,\ a_0 \leftarrow 0$$

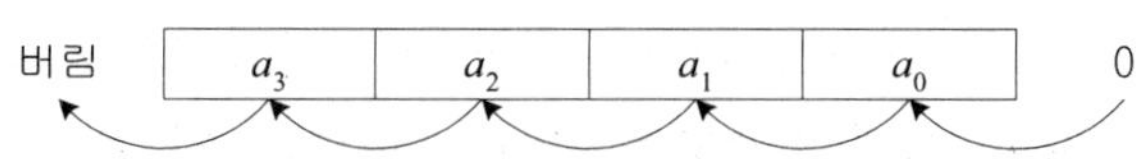

그림 6-7 논리적 왼쪽 쉬프트

[예제 6.10]

A = 1000 0101을 왼쪽으로 논리적 쉬프트를 실행한 결과는 다음과 같다.

A = 0000 1010

2) 산술적 쉬프트(arithmetic shift)

산술적 쉬프트 연산은 레지스터에 저장되어 있는 데이터가 부호를 가진 정수인 경우에 부호 비트를 고려하여 실행되는 쉬프트 연산이다. 부호가 있는 정수를 논리적 연산을 실행하는 경우 다음과 같은 문제점이 있다. 즉, 왼쪽 쉬프트의 연산 실행 후에 부호 비트인 최상위 비트를 버리기 때문에 음수를 나타내는 1이 버려져 양수가 될 수 있다. 산술적 쉬프트 연산에서는 부호 비트는 그대로 놔두고 수의 크기를 나타내는 비트들만 이동 시킨다.

- 산술적 왼쪽 쉬프트 : a_3(불변), $a_2 \leftarrow a_1$, $a_1 \leftarrow a_0$, $a_0 \leftarrow 0$
- 산술적 오른쪽 쉬프트 : a_3(불변), $a_3 \rightarrow a_2$, $a_2 \rightarrow a_1$, $a_1 \rightarrow a_0$

[예제 6.11]

A = 1000 0101을 왼쪽으로 논리적 쉬프트를 실행한 결과는 다음과 같다.

- 산술적 왼쪽 쉬프트 결과 : 1000 1010
- 산술적 오른쪽 쉬프트 결과 : 1100 0010

3) 순환 쉬프트(circular shift)

순환 쉬프트 연산에서는 논리적 쉬프트와 비슷하나 최상위 비트나 최하위 비트를 버리지 않고 반대편 끝의 비트로 보낸다. 다음은 4 비트로 이루어진 레지스터의 데이터에 대한 순환 왼쪽 쉬프트와 순환 오른쪽 쉬프트의 동작을 나타낸다.

- 순환 왼쪽 쉬프트 : $a_3 \leftarrow a_2$, $a_2 \leftarrow a_1$, $a_1 \leftarrow a_0$, $a_0 \leftarrow a_4$
- 순환 오른쪽 쉬프트 : $a_3 \rightarrow a_2$, $a_2 \rightarrow a_1$, $a_1 \rightarrow a_0$, $a_0 \rightarrow a_4$

[예제 6.12]

A = 1000 0101을 왼쪽으로 순환 쉬프트를 실행한 결과는 다음과 같다.

- 순환 오른쪽 쉬프트 결과 : 1100 0010
- 순환 왼쪽 쉬프트 결과 : 0000 1011

6.5 정수의 산술 연산

다음은 컴퓨터에서 처리되는 산술연산의 마이크로－연산에 대한 설명이다.

6.5.1 정수의 덧셈

정수의 덧셈을 실행하는 하드웨어를 가산기(adder)라고 부른다. 특히 여러 비트로 이루어진 정수의 덧셈에서는 전가산기(full－adder)로 이루어진 병렬 가산기(parallel adder)를 사용한다. 아래의 그림 6－8은 전가산기를 보여 준다. 이에 대한 것은 2장에서 이미 설명되었다.

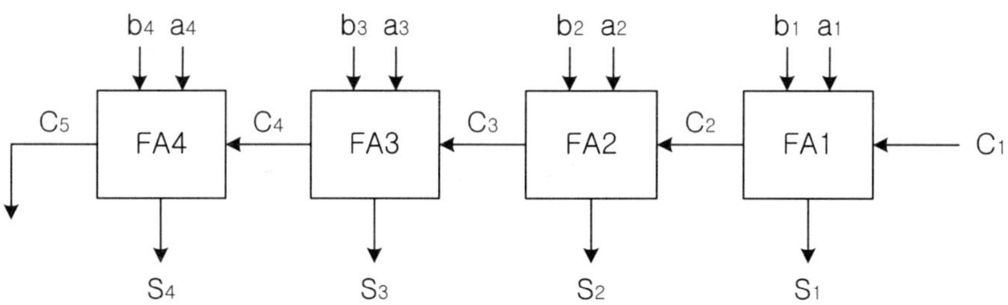

그림 6－8 4－비트 병렬 가산기

위의 그림 6－8에서 보는 바와 같이 숫자는 오른쪽에서 왼쪽으로 비트 단위로 이루어진다. 여기서 올림수(carry)가 발생하게 되면 바로 왼쪽 자리에 올림수를 더해 준다. 덧셈에서 문제가 발생하는 것은 바로 오버플로우 때문이다. 2장에서 이미 설명했듯이 오버플로우는 부호가 서로 다른 오퍼랜드를 더할 경우에는 발생하지 않는다. 그 이유는 덧셈의 결과가 두 오퍼랜드의 어느 것보다도 더 커질 수 없기 때문이다. 아래의 표 6－4는 덧셈과 뺄셈에서 오버플로우가 발생하는 조건을 보여 준다.

표 6-4 덧셈과 뺄셈에서 오버플로우 발생 조건

연 산	오퍼랜드 A	오퍼랜드 B	결 과
A+B	≥ 0	≥ 0	< 0
A+B	< 0	< 0	≥ 0
A−B	≥ 0	< 0	≥ 0
A−B	< 0	≥ 0	< 0

오버플로우는 두 양수를 더했을 때 결과가 음수이거나 그 반대의 경우에 발생한다. 만약 두 개의 32 비트 수를 더하거나 뺄 때 완벽하게 표현하기 위하여서는 33 비트가 필요한 경우가 있다. 여기에서 33 번째 비트가 없음은 오버플로우 발생 시 부호비트가 적절한 부호 대신에 계산 결과 값으로 결정됨을 의미한다. 단지 1 비트만을 더 필요로 하므로 부호 비트만이 잘못될 수 있다. 이것은 올림수가 부호 비트로 발생됨을 의미한다. 오버플로우는 또한 양수로부터 음수를 뺄 때 결과가 음수가 나오거나, 또는 음수에서 양수를 뺄 때 양수의 결과를 갖게 되는 뺄셈에서도 발생할 수 있다. 이것은 내림수(borrow)가 부호 비트로부터 발생했음을 의미한다.

6.5.2 정수의 뺄셈

정수의 뺄셈은 감수(subtrahend)를 보수로 먼저 취하여, 덧셈을 실행하면 된다. 예를 들어 A−B의 뺄 셈 연산은 감수 B에 대한 보수를 취해서 더한다. 즉,

$$A - B = A + (-B)$$

이 성립한다. 따라서 ALU에는 일반적으로 별도의 뺄셈을 위한 하드웨어를 가지지 않고 가산기를 통하여 뺄셈을 실행한다. 아래의 그림 6−9는 덧셈과 뺄셈 모두 실행할 수 있는 하드웨어를 보여 준다.

그림에서 볼 수 있듯이 감수 B는 가산기에서 더해지기 전에 먼저 보수기를 통과한 이 후에 가산기로 들어간다. 즉, 보수기를 통과한 값은 (+, −) 선택 신호에 의해 (B, −B) 값을 가진다. 즉, 선택 신호가 +일 경우에는 B의 값은 B 레지스터의 원래의 값이고, 선택 신호가 − 일 경우에는 B 레지스터 값의 보수 값이다.

보수기를 통과한 B 레지스터의 값은 병렬 가산기에서 A 레지스터의 값과 더해진다. 연산 결과 발생하는 오버플로우를 처리하기 위하여 오버플로우 검출회로도 포함된다.

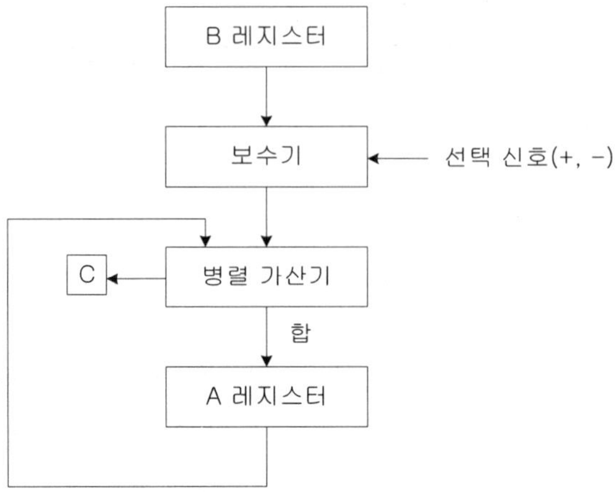

그림 6-9 덧셈과 뺄셈을 수행하는 하드웨어 구성도

6.5.3 정수의 곱셈

덧셈이나 뺄셈에 비하여, 컴퓨터 하드웨어로 처리되어지는 곱셈 연산은 훨씬 복잡한 구조를 가진다. 곱셈을 위하여 많은 알고리즘이 제안되었는데, 여기서는 그 중에서 가장 많이 사용되어지고 있는 곱셈 알고리즘에 대하여 설명한다.

아래의 그림 6-10은 4 비트 정수의 곱셈에 대한 과정을 설명한다. 그림에서 볼 수 있듯이 곱셈 과정에서 승수(multiplier)의 각 비트에 대하여 한 개씩 부분 적(partial product)이 이루어지고, 이들 부분 적들을 모두 더하여 곱셈에 대한 최종 결과를 얻게 된다. 이 경우에 만약 n 비트의 2진 정수들을 곱하면 그 결과는 최대 $2n$ 비트가 된다.

```
        1011(피승수)
    ×   1101(승수)
  --------------------
        1011  ┐
       0000   │ (부분 적들)
      1011    │
     1011     ┘
  --------------------
     10001111 (최종 결과)
```

그림 6-10 부호 없는 4 비트 정수 곱셈의 예

위의 그림 6-10에서 볼 수 있듯이 곱셈은 덧셈과 간단한 쉬프트에 의해 이루어진다. 곱셈 연산이 이루어지는 과정은 다음 n=4 비트의 이진수 곱셈에 대하여 ALU에서 실행되어지는 과정에 대한 예제를 통하여 설명하기로 한다. 이러한 곱셈은 다음의 두 가지 방식으로 구하여진다.

1) 첫 번째 방법

이 경우 2n 비트의 가산기와 하나의 n비트 레지스터, 그리고 2n 비트 레지스터가 2개 필요하다. 곱셈은 아래의 순서대로 이루어진다.

A. 1 단계 : 덧셈 후 쉬프트 한다.

곱셈의 1 단계에서는 아래의 그림 6－11에서 볼 수 있듯이 피승수의 값이 1이면 덧셈이 실행된다. 따라서 승수의 값 00000010과 초기값 00000000이 더하여져서 2n 비트 레지스터 값이 00000010으로 바뀐다. 덧셈 연산 후에 승수를 가지는 2n 비트 레지스터를 좌측으로 1 비트 쉬프트하고 피승수의 값은 우측으로 1비트 쉬프트한다. 따라서 승수를 가지는 레지스터의 값은 00000100으로 바뀌고, 피승수의 값은 ×101로 바뀌게 된다.

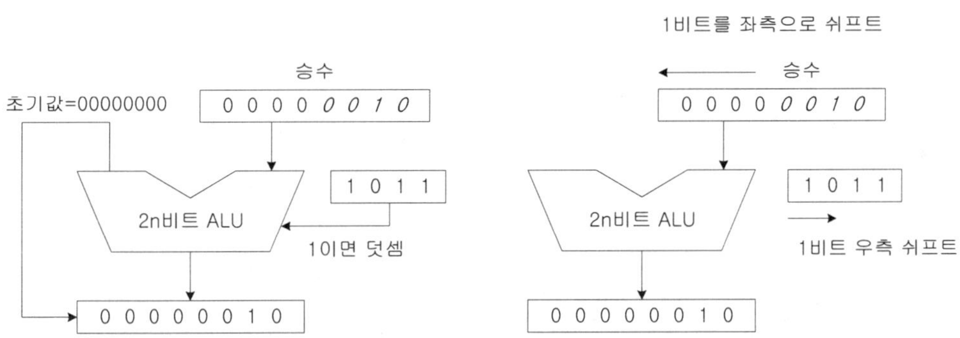

그림 6－11 곱셈의 1단계 과정

B. 2 단계 : 덧셈 후 쉬프트 한다.

2단계에서 같은 덧셈 후 쉬프트하는 과정이 반복된다. 이 경우는 앞의 1단계에서와 같이 피승수의 오른쪽 비트가 1이므로 덧셈이 이루어진 후에, 쉬프트가 이루어진다. 따라서 덧셈의 결과를 가지는 2n 비트 레지스터의 값은 기존값 00000010에 승수의 값을 더해져서 00000110으로 바뀐다. 또한 승수와 피승수를 가지는 레지스터의 값도 좌측과 우측으로 각각 쉬프트하여 00001000과 xx10의 값을 가진다. 2 단계 과정에 대한 그림이 6－12에서 보여 준다.

그림이 6-12에서 보여 준다.

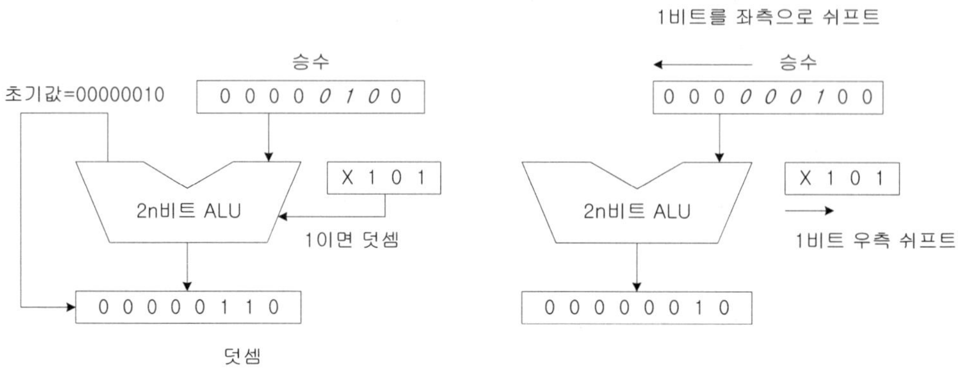

그림 6-12 곱셈의 2단계 과정

C. 3 단계 : 덧셈 후 쉬프트 한다.

이 단계에서는 피승수의 왼쪽 비트가 0이므로 덧셈은 이루어지지 않고, 쉬프트만 일어난다. 3단계의 과정은 그림 6-13을 통하여 보여 준다.

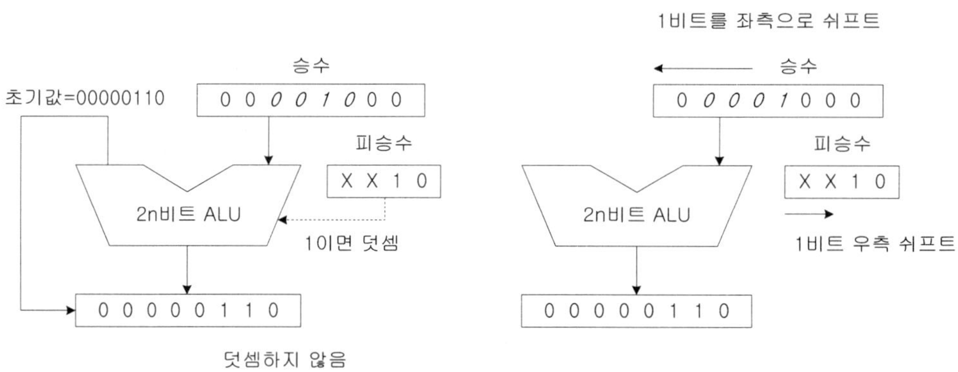

그림 6-13 곱셈의 3단계 과정

D. 4단계 : 덧셈 후 쉬프트한다.

4 비트의 연산이므로 이 단계가 최종 단계이다. 이 과정에서도 앞의 1,2 단계에서와 마찬가지로 현재 피승수의 오른쪽 비트가 1이므로 덧셈 연산이 이루어진 후에 쉬프트 연산이 이루어진다. 따라서 최종 곱셈의 결과 00010110이 2n 비트 레지스터에 저장된다.

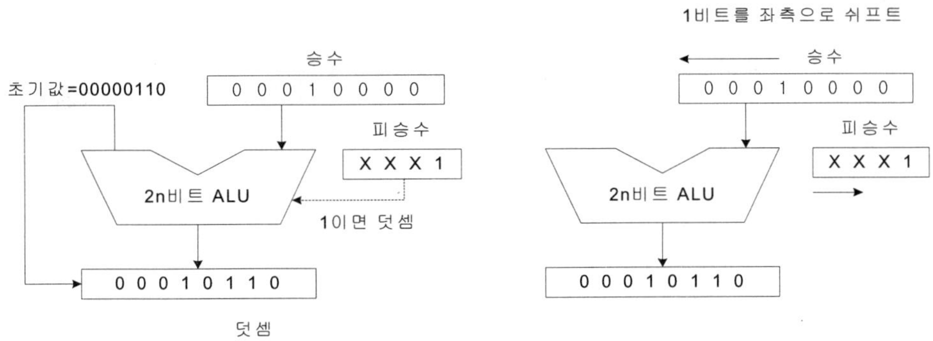

그림 6-14 곱셈의 4단계 과정

2) 두 번째 방법

다음은 위의 방법보다 다른 방법으로 같은 곱셈 연산을 실행하는 방식에 대해 설명한다. 이 방식에서는 단지 하나의 n 비트 가산기와 두 개의 n 비트 레지스터, 그리고 하나의 2n 비트 레지스터를 가지는데 연산과정은 전체 n 단계를 거친다.

A. 1단계

이 방식에서는 앞의 방식과 달리 피승수의 오른쪽 비트 값이 1인 경우, 승수의 4 비트를 2n 비트 길이 레지스터의 상위 4비트에 더한 후에 그 레지스터의 값을 오른쪽으로 1 비트 쉬프트 시킨다. 또한 1 방식과 마찬가지로 피승수의 값은 우측으로 1 비트 쉬프트한다. 이 경우 피승수의 오른쪽 비트값이 1이기 때문에 덧셈 연산이 이루어진 후에 우측 쉬프트한다. 단, 우측 쉬프트 연산에서 레지스터의 MSB 비트는 n 비트의 가산기로부터 넘어온다.

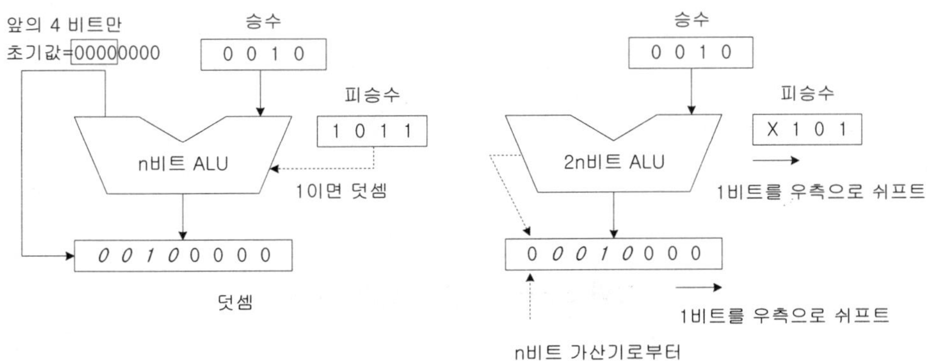

그림 6-15 곱셈의 1단계 과정

B. 2 단계

이 단계에서도 피승수의 오른쪽 비트 값이 1이므로 1 단계와 마찬가지의 동작이 반복된다.

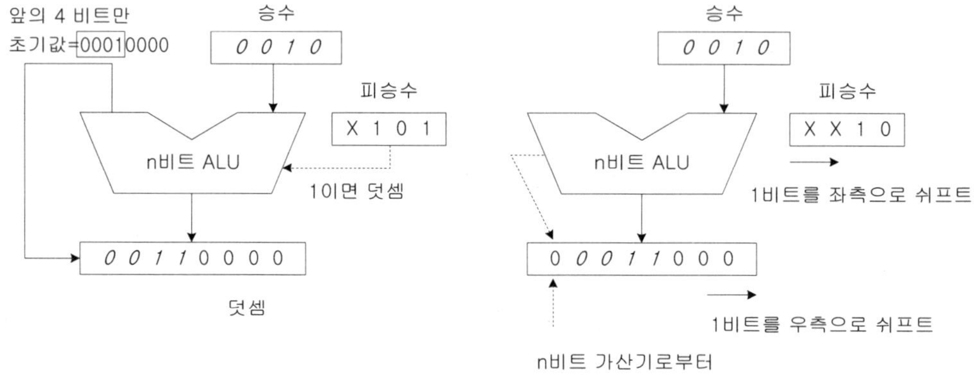

그림 6-16 곱셈의 2단계 과정

C. 3 단계

이 단계에서는 피승수의 값이 0이므로 덧셈연산 과정은 이루어지지 않고, 다만 쉬프트 연산만이 이루어진다.

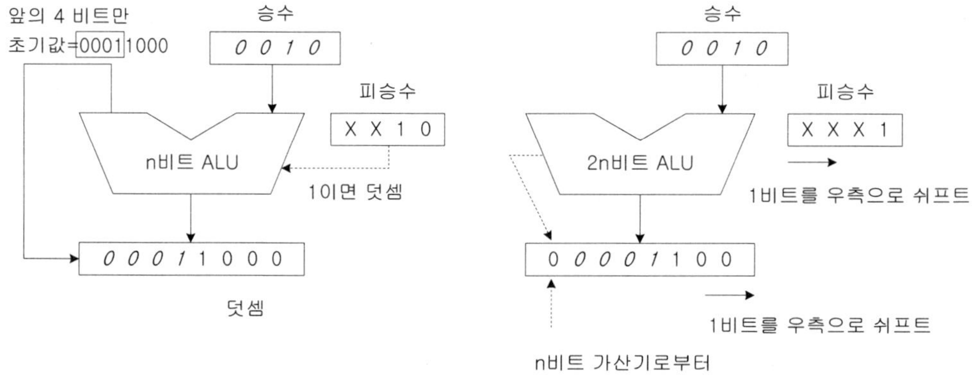

그림 6-17 곱셈의 3단계 과정

D. 4 단계

4 비트의 연산이므로 이 단계가 최종 단계이다. 이 과정에서도 앞의 1,2 단계에서와 마찬가지로 현재 피승수의 오른쪽 비트가 1이므로 덧셈 연산이 이루어진 후에 쉬프트 연산이 이루어진다. 따라서 최종 곱셈의 결과 00010110이 2n 비트 레지스터에 저장된다. 최종 곱셈연산 결과가 아래의 그림 6-18에 보여 준다.

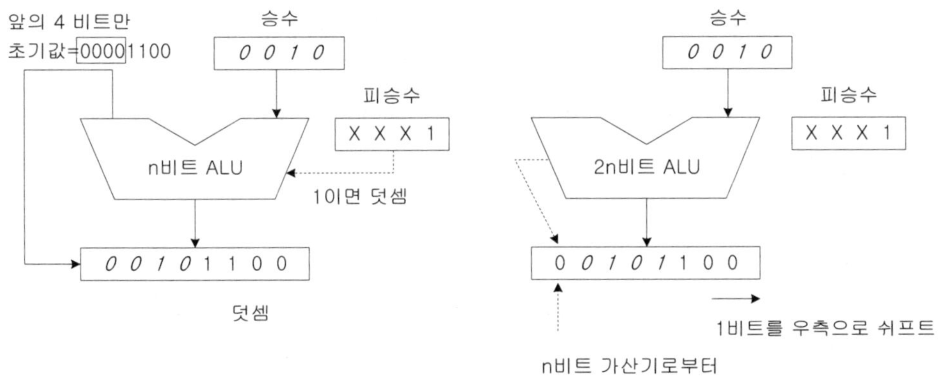

그림 6-18 곱셈의 4단계 과정

이러한 곱셈 연산을 실행하는 하드웨어에 대한 일반적인 구성도는 아래의 그림 6-19와 같다. 피승수는 M 레지스터에 저장되고, 이 값이 A 레지스터의 값과 함께 병렬 가산기에서 합해진다. 또한 가산기의 출력은 다시 A 레지스터에 저장된다. 이 때 덧셈 과정에서 발생한 올림수는 1 비트 길이의 C 레지스터에 저장된다. C 및 A 레지스터는 승수가 저장되어 있는 Q 레지스터와 직렬로 연결되어 있어서 전체적으로 쉬프트 연산을 수행할 수 있도록 구성된다. 뿐 만 아니라, Q 레지스터의 최하위 비트 Q_0는 제어 회로로 입력된다. 제어 회로는 Q_0 비트를 검사하여, 그 결과에 따라 적절한 제어 신호들을 발생함으로써 곱셈 연산이 순차적으로 실행되도록 해준다. 이러한 모든 구성 요소들은 하나의 공통 클럭에 따라 동작한다.

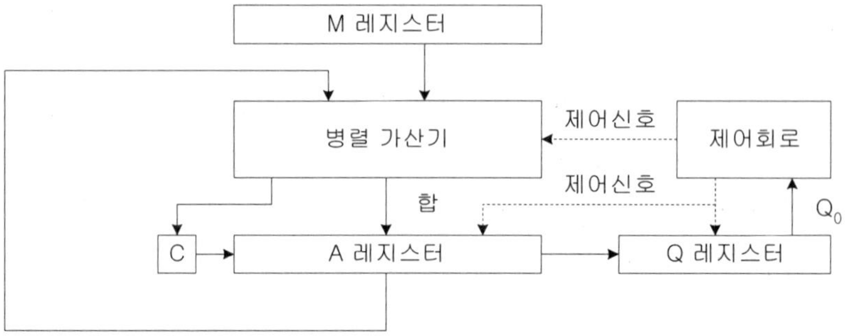

그림 6-19 부호없는 정수 승산기의 하드웨어 구성

위의 그림에서 곱셉 연산이 실행되는 과정을 각 사이클에서 일어나는 동작을 통하여 설명하면 다음과 같다.

① 초기 상태

M 레지스터에 피승수 값인 1011이 저장되어 있고, Q 레지스터에는 승수 값인 1101이 저장되어 있다. 또한 가산기의 합이 저장되어질 A 레지스터의 모든 비트와 올림수(C)는 0로 초기화된다.

② 사이클 1

Q 레지스터의 최하위 비트(Q_0)를 제어회로에 보내어 검사한다. 이 예제에서 그 비트가 1이므로 M 레지스터의 피승수(1011)를 A 레지스터의 내용과 더하고, 그 결과는 다시 A 레지스터에 저장한다. 그 후에 직렬 연결된 상태인 A 레지스터 및 Q 레지스터를 하나의 8 비트 레지스터로 간주하여, 오른쪽으로 한 비트씩 쉬프트 한다. 이 때 올림수 C 비트는 A 레지스터의 최상위 비트로 들어오고, Q 레지스터의 최하위 비트는 버린다.

③ 사이클 2

Q_0 비트가 0이므로, 덧셈은 하지 않고 A 및 Q 레지스터를 한 비트씩 오른쪽으로 쉬프트 한다.

④ 사이클 3

Q_0가 1이므로, 피승수와 A 레지스터의 내용을 더하고, A 및 Q 레지스터를 오른쪽으로 한 비트씩 이동시킨다.

⑤ 사이클 4

이번에도 Q_0가 1이므로, 피승수와 A 레지스터의 내용을 더하고, A 및 Q 레지스터를 오른쪽으로 한 비트씩 이동시킨다. 또한 최종 결과 값의 상위 4 비트인 1000은 A 레지스터에, 그리고 하위 4 비트인 1111은 Q 레지스터에 각각 저장된다.

3) Booth 알고리즘

Booth 알고리즘은 2의 보수들간의 곱셈 방법으로 널리 사용되고 있다. 이 알고리즘은 양수와 음수의 어떤 조합에 대하여서도 적용되어질 수 있다. Booth 알고리즘을 이용한 승산기의 하드웨어 구성은 그림 6−19의 회로를 다음과 같이 수정하여 얻을 수 있다.

- M 레지스터와 병렬가산기 사이에 보수기를 추가한다.
- Q 레지스터의 우측에 Q_{-1}이라고 부르는 1 비트 레지스터를 추가하고, 그 출력이 Q_0와 함께 제어 회로로 입력되어지도록 한다.

이 알고리즘의 흐름도는 아래의 그림 6−20과 같다.

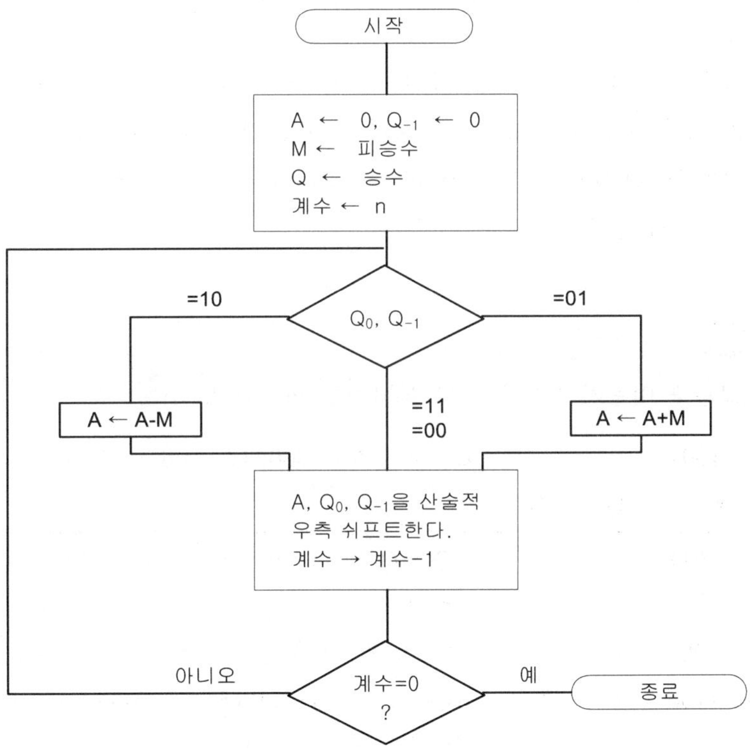

그림 6−20 Booth 알고리즘 흐름도

앞에서 설명한 부호없는 곱셈의 경우와 마찬가지로 피승수와 승수는 M 레지스터와 Q 레지스터에 각각 저장된다. Q 레지스터의 최하위 비트인 Q_0의 오른쪽에는 Q_{-1}이라는 한 비트 길이의 레지스터가 추가된다. A 레지스터와 Q_{-1} 비트는 0으로 초기화되며, 곱셈의 결과는 A 및 Q 레지스터에 저장된다.

제어회로는 승수의 비트들을 검사할 때, Q_0 뿐만 아니라 그 우측에 있는 Q_{-1}도 함께 검사한다. 즉, 제어 회로는 Q_0와 Q_{-1}을 동시에 입력하여 검사한다. Q_{-1}은 처음에는 0이지만, 한 단계가 끝나면 한 비트씩 우측으로 쉬프트 되므로 이전 단계의 Q_0가 Q_{-1}으로 이동한다. 위의 그림에서 보는 바와 같이, 만약 그 두 비트들의 값이 서로 같으면 (1－1 혹은 0－0) 단순히 A, Q 및 Q_{-1} 레지스터들의 모든 비트들을 오른쪽으로 한 비트씩 쉬프트 한다. 그러나 그 두 비트들이 서로 다른 값을 가지고 있는 경우에는 다음과 같은 연산을 실행한다.

- (0－1)인 경우 : 피승수를 A 레지스터에 더한다.
- (1－0) 인 경우 : A로부터 피승수를 뺀다. 그 후에 A, Q, 및 Q_{-1} 레지스터들에 대하여 한 비트씩 산술적으로 오른쪽 쉬프트를 실행한다.

이러한 과정은 승수의 비트 수 만큼인 n 번 반복한다. 이를 위하여 초기화 단계에서 계수(count) 값을 n으로 세트하고, 각 승수 비트에 대한 연산이 종료되면 계수 값을 1씩 감소시킨다. 아래의 예제는 Booth 알고리즘으로 (－7×3)의 곱셈 연산을 실행하는 과정을 보여 주고 있다.

[예제 6.13]

Booth 알고리즘을 이용하여 (−7×3)을 실행하는 과정을 보여라.

(M)	1001			초기값 : A= 0000, Q_{-1} =0, 계수=4
(Q)	× 0011	Q	계수	
(AQ)	0111 0011	0		: (Q_0-Q_{-1})=(1－0)이므로, A로부터 피승수 (1001)을 뺀다.
	0011 1001	1	3	: AQQ_{-1}을 산술적 오른쪽 쉬프트, 계수는 －1
	0001 1100	1	2	: (Q_0-Q_{-1})=(1－1)이므로, AQ_0Q_{-1}을 산술적 오른쪽 쉬프트, 계수는 －1

1010 1100	1		: $(Q_0 - Q_{-1})=(1-0)$이므로, A에 피승수 (1001)을 더한다.
1101 0110	0	1	: AQQ_{-1}을 산술적 오른쪽 쉬프트, 계수는 −1
1110 1011	0	0	: $(Q_0 - Q_{-1})=(0-0)$이므로, AQ_0Q_{-1}을 산술적 오른쪽 쉬프트, 계수가 0이므로 계산 종료

계산결과=−21

4) Booth 알고리즘의 원리

앞에서 미루었던 Booth 알고리즘의 동작원리에 대하여 설명하기로 한다. 먼저 승수가 양수인 경우와 음수인 경우를 구분하여 설명하기로 한다.

A. 승수가 양수인 경우

다음과 같은 승수(00011110)를 예로 설명한다. 이 승수는 적절한 피승수와 곱하여진다. 여기서 피승수를 M이라고 한다.

$$\begin{aligned} M \times (00011110) &= M \times (2^4 + 2^3 + 2^2 + 2^1) \\ &= M \times (16 + 8 + 4 + 2) \\ &= M \times 30 \end{aligned}$$

그런데 2의 보수에 대한 표현식은 다음과 같다.

$$A = -2^{n-1} a_{n-1} + \sum_{i=0}^{n-2} 2^i a^i \qquad (1)$$

위의 식으로부터 다음의 관계식이 성립한다.

$$2^n + 2^{n-1} + \ldots\ldots + 2^{n-K} = 2^{n+1} - 2^{n-K} \qquad (2)$$

즉, 연산은 단 두 번으로 줄어들게 된다.

따라서 위의 식을 앞의 결과에 적용하면

$$\begin{aligned} M \times (00011110) &= M \times (2^5 + 2^1) \\ &= M \times (32 - 2) \\ &= M \times 30 \end{aligned}$$

따라서 곱셈 결과는 피승수를 한 번 더하고 한 번 빼면 구할 수 있다.

이 방법을 사용하면 승수 내에 1의 블록들이 몇 개가 있든지 확대 적용될 수 있다. 즉,

$$\begin{aligned} M \times (01111010) &= M \times (2^7 - 2^3 + 2^2 - 2^1) \\ &= M \times (128 - 8 + 4 - 2) \\ &= M \times 122 \end{aligned}$$

따라서 Booth 알고리즘은 각 블록의 첫 번째 1을 만났을 때 (1－0) 뺄셈을 하고, 그 블록의 마지막 1을 만났을 때 (0－1) 덧셈을 한다.

B. 승수가 음수인 경우

승수가 음수인 경우에도 같은 방법이 사용된다. 여기서 X를 2의 보수로 표현된 음수라고 가정한다. 즉,

$$X\text{의 표현} = (1x_{n-2}x_{n-3} \ldots\ldots x_1 x_0)$$

이 경우에 X는 다음과 같이 표현되어질 수 있다.

$$X = -2^{n-1} + x_{n-2} * 2^{n-2} + x_{n-3} * 2^{n-3} + \ldots\ldots + x_1 * 2^1 + x_0 * 2^0 \qquad (3)$$

X가 음수이므로 X의 맨 좌측에 있는 비트는 1 인 것을 알 수 있다. 가장 왼쪽에 있는 0의 위치가 k 번째라고 가정하자. 이 경우에 X는 다음과 같은 형태로 표현된다.

$$X\text{의 표현} = (11111\ldots\ldots10\,x_{k-1}\,x_{k-2} \;\ldots\ldots\; x_1 x_0)$$

그리고 X의 값은 다음과 같이 나타내질 수 있다.

$$X = -2^{n-1} + 2^{n-2} + \ldots. + 2^{k+1} + x_{k-1} * 2^{k-1} + \ldots\ldots. + x_0 * 2^0$$

따라서 위의 식 (2)로부터 다음을 얻을 수 있다.

$$2^{n-2} + 2^{n-3} + \ldots\ldots + 2^{k+1} = 2^{n-1} - 2^{k+1}$$

이것을 다시 정리하면

$$-2^{n-1} + 2^{n-2} + 2^{n-3} + \ldots\ldots\ldots + 2^{k+1} = -2^{k+1}$$

따라서 위의 식들로부터 X는 다음과 같이 표현된다.

$$X = -2^{k+1} + x_{k-1} * 2^{k-1} + \ldots\ldots\ldots + x_0 * 2^0 \qquad (4)$$

[예제 6.14]

어떤 피승수에 (−6)을 곱하는 과정을 Booth 알고리즘을 사용하여 보여라.

8 비트로 표현된 (−6)은 2의 보수로 (11111010)이다. 위의 식 (3)으로부터 다음과 같은 관계식을 얻는다.

$$-6 = -2^7 + 2^6 + 2^5 + 2^4 + 2^3 + 2^1$$

따라서

$$\begin{aligned} M2 * (11111010) &= M * (-2^7 + 2^6 + 2^5 + 2^4 + 2^3 + 2^1) \\ &= M * (-23 + 21) \\ &= M * (-8 + 2) \\ &= M * (-6) \end{aligned}$$

또한 위에서 설명되었던 방법도 성립함을 알 수 있다. 즉,

$$\begin{aligned} M2 * (11111010) &= M * (-2^3 + 2^2 - 2^1) \\ &= M * (-6) \end{aligned}$$

Booth 알고리즘을 요약하면 다음과 같다.

첫 번째 1을 만날 때(즉, 1－0 변이) 빼셈을 하고, (0－1)의 변이를 만났을 때 덧셈을 하며, 다음 블록의 첫 번째 1을 만날 때 마지막으로 한 번 더 빼셈을 한다.

따라서 Booth 알고리즘은 다른 알고리즘 보다 덧셈과 빼셈의 횟수를 크게 줄일 수 있다.

6.5.4 정수의 나눗셈

나눗셈은 곱셈에서와 마찬가지로 반복적인 쉬프트와 덧셈 혹은 빼셈을 반복하면서 수행된다. 나눗셈을 수식으로 표현하면 다음과 같다.

$$ND \div SD = Q + R$$

여기서 사용되어진 변수들은 다음을 의미한다.

- ND = 피젯수(dividend)
- SD = 젯수(divisor)
- Q = 몫(quotient)
- R = 나머지(remainder)

아래의 예제는 위의 표현 방식을 통하여 이진수 10010011을 1011로 나누는 과정을 보여 준다.

[예제 6.15]

부호없는 2진수의 나눗셈

```
          00001101
       ___________
 1011 ) 10010011
          -1011
       ___________
          001110
          -1011
       ___________
         001111
         -1011
       ___________
           100
```

위의 예제에서 10010011은 피젯수이고, 1011은 젯수라고 부른다. 또한 결과로서 몫이 00001101이고, 나머지는 100을 얻는다.

곱셈의 경우와 마찬가지로 나눗셈의 연산도 사이클 형태로 이루어진다. 각 사이클에서 피젯수로부터 한 비트씩이 부분 나머지 수에 추가되며, 그 결과 값이 젯수와 같거나 커질 때까지 그 과정이 반복된다. 그리고 새로운 부분 나머지 수를 얻기 위하여 이 수로부터 젯수를 뺀다. 이 과정은 피젯수의 모든 비트들에 대하여 적용될 때까지 계속된다.

그림 6-21은 부호없는 2진 나눗셈 알고리즘의 흐름도를 보여준다.

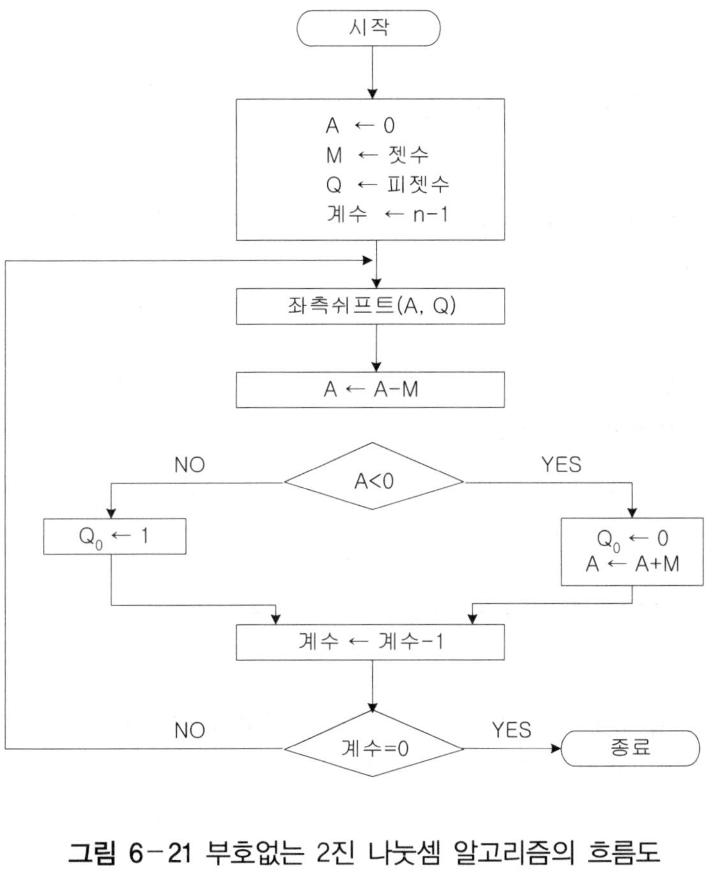

그림 6-21 부호없는 2진 나눗셈 알고리즘의 흐름도

그림에서 젯수는 레지스터 M에, 피젯수는 Q 레지스터에 각각 저장된다. 각 단계에서 A와 Q 레지스터 모두 왼쪽으로 한 비트씩 이동된다. A가 부분 나머지 수를 나눌 수 있는지를 알기 위하여 A로부터 M을 뺀다. 만약 나눌 수 있는 경우에는 Q_0는 1의 값을 가진다. 그렇지 않은 경우에는 Q_0는 0의 값을 가지며, M의 이전 값을 복구시키기 위하여 M을 A에 다시 더한다. 이 과정이 끝나면 계수(count)를 1 감소시키고, 이 과정을 n 번 반복한다. 결국 몫은 Q 레지스터에, 나머지는 A 레지스터에 남게 된다.

위의 과정을 단계적으로 표현하면 다음과 같다.

① 초기 상태
젯수는 M 레지스터에, 피젯수는 A와 Q 레지스터에 저장한다. 각 레지스터가 n 비트일 때, 피젯수는 $2n$ 비트 길이의 2의 보수로 나타낸다.

② 사이클 1
A와 Q 레지스터를 왼쪽으로 한 비트씩 이동 시킨다.

③ 사이클 2
만약 M과 A 레지스터에 있는 데이터 값의 부호가 같으면 A ← A−M, 다르면 A ← A+M를 실행한다.

④ 사이클 3
연산 전의 A의 부호가 같으면 실행되어진 연산은 성공이다.
− 연산이 성공이거나 A=0이면, Q_0 ← 1로 세트한다.
− 연산이 실패이고, A $\neq$ 0이면, Q_0 ← 0로 하고, A는 이전 값으로 복구시킨다.

⑤ 사이클 4
Q에 비트 자리 수가 남아있다면, 위의 단계 2~4를 반복한다.

⑥ 사이클 5
최종적으로 나머지 수는 A에 남는다. 만약 젯수와 피젯수의 부호가 같으면 몫은 Q의 값이고, 그렇지 않으면 Q의 2의 보수가 몫이 된다.

6.6 부동소수점 수의 표현

고정－소수 표현 방식에서는 0을 중심으로 하여 양수와 음수를 나타낼 수 있다. 즉, 고정 2진 소수점(fixed binary point)이 있다고 가정하면, 이 방법으로 소수(fraction)도 표현할 수 있다. 그러나 이러한 방법에도 표현되어지는 수의 비트의 정해진 개수로 인하여 제한을 받는다. 즉, 아주 큰 수와 아주 작은 수를 표현할 수 없게 된다.

10진수에서는 과학적인 표현으로 인하여 어느 정도 극복할 수 있다. 예를 들어, 235,000,000,000,000은 2.35×10^{14}으로 표현이 가능하고, 0.00000000000235는 2.35×10^{-12}로 표현할 수 있다. 이 방법은 10진수의 소수점의 위치를 필요에 따라 이동시키고, 소수점의 위치는 10의 지수(exponent)를 사용하여 만드는 것이다. 이렇게 함으로써 매우 큰 수와 매우 작은 수의 비트만을 사용하여 표현할 수 있다.

같은 방법을 2진수의 표현에 사용하면 다음과 같다.

$$N = (-1)^S \; M \times B^E$$

여기서 S는 수의 부호를 나타내고, M은 가수(mantissa), B는 기수(base), 그리고 E는 지수(exponent)를 나타낸다.

수의 표현에서 기수(base)인 B는 모든 수에 대하여 공통이므로 저장할 필요가 없다.

2진 부동 소수점 수(binary floating－point number)의 표현을 다음의 예를 통하여 설명한다. 아래의 그림 6－22는 32 비트의 부동 소수점 형식을 보여 준다.

31	30 ~ 23	22 ~ 0
S	지수(E) 필드	가수(M) 필드

그림 6－22 32 비트 부동소수점 형식의 예

그림에서 볼 수 있듯이 최상위 비트는 부호 비트를 나타내는데 0는 양수, 1은 음수이다. 또한 지수 필드는 8 비트 그리고 나머지 23 비트는 가수 필드를 나타낸다.

위의 형식에서 가수(M)은 수의 표현에서 정밀도(precision)를 나타내고, 지수(E)는 표현 가능한 수의 범위(range)를 나타낸다. 즉, 가수 부분이 늘어나면 더 정확한 수를 표현할 수 있다. 가수 부분이 7비트이면, 표현 가능한 수의 정밀도는 $1/2^7$ 이다. 즉, 표현할 수 있는 가장 가까운 두 수의 간격이 $1/128$ 이다. 만약 7 비트가 8 비트로 확장된다면, 표현 가능한 수의 정밀도는 $1/256$ 으로 7 비트로 표현하는 것보다 더 정확하게 표현할 수 있다.

한편, 지수의 범위는 표현되어지는 수의 범위를 나타내므로, 지수 부분이 커지면 그만큼 표현하려는 수의 범위가 늘어 난다. 그러나 위의 32 비트의 고정된 부동소수점 형식에서 하나의 필드가 늘어나면 다른 필드가 줄어드는 문제가 발생하므로 필요에 따라 적절히 조절하는 것이 필요하다.

위의 그림 6－22와 같은 32 비트의 고정된 부동소수점 형식에서 표현할 수 있는 수의 범위와 정밀도 사이의 관계에 대하여 설명하기로 한다. 이 형식에서 8 비트로 표현되는 지수가 2의 보수로 표현된다면 표현 가능한 범위는 $-2^7 \sim (2^7 - 1)$ 사이가 된다. 만약 가수(M) 필드의 맨 왼쪽 비트의 왼쪽에 소수점이 있다면 23 비트의 가수로는 소수점 아래 23 번 째 자리수(2^{-23})까지 표현할 수 있다. 만약 지수 필드의 길이가 한 비트 증가한다면, 지수의 범위는 두 배인 $-2^8 \sim (2^8 - 1)$로 확장된다. 그러나 가수 필드는 한 비트가 줄어들기 때문에 소수점 아래 22 번째인 (2^{-22})까지만 표현할 수 있게 되어 정확도가 그 만큼 떨어진다.

일반적으로 부동－소수점에 대한 연산을 단순화시키기 위하여, 그 수를 정규화(normalized) 시킨다. 정규화된 표현은 다음과 같다.

$$\pm\ 0.1\text{bbbb}\ldots.\text{b} \times 2^{\pm E}$$

위의 표현에서 b는 0 혹은 1이다. 위의 경우에서 가수의 맨 좌측 비트는 항상 1이기 때문에 이 비트는 저장할 필요가 없다. 따라서 23 비트 영역에 0.5와 1.0 사이의 값을 가지는 24 비트 가수가 저장되어질 수 있다.

[예제 6.16]

다음의 이진 수에 대하여 정규화된 표현을 구하라.

1) $1010 \times 2^3 = 0.101 \times 2^{10}$
2) $1.10 \times 2^5 = 0.11 \times 2^6$

[예제 6.17]

정규화된 표현 0.1011×2^7을 앞의 32 비트 부동소수점 형식으로 표현하라.

<풀이>

정규화 표현으로부터 다음을 알 수 있다.

- 부호(s) = 0
- 지수(E) = 7
- 가수(M) = 10110000000000000000000

따라서 32 비트 부동소수점 형식으로 위의 데이터를 표현하면 다음 그림 6-23과 같다.

	지수부분 : E	가수부분 : M
0	00000111	10110000000000000000000

그림 6-23 32 비트 부동소수점 형식

그런데 부동소수의 표현에서 0에 대한 표현이 문제가 된다. 가수는 물론 0이 되어야 하지만 $0 \times 2^E = 0$, 즉, 지수에 상관없이 항상 0이다. 그러나 프로그램의 실행에 있어서 빈번히 일어나는 0-검사에서 모든 데이터 비트들이 0가 아닌 경우에는 그 검사 과정이 매우 복잡해진다. 따라서 그러한 검사 과정이 용이해지도록 하기 위하여 표현 형식에서 모든 비트가 0인 것이 바람직하다.

그런데 만약 E의 값이 아주 큰 음수라면 2의 절대 값이 거의 0에 가까워질 것이다. 이러한 사실에 근거하여 제안된 지수를 바이어스된 수(biased number)라 한다. 즉, 바이어스 수란 어떤 수에 바이어스 값이 더해진 수를 말한다. 예를 들어, 바이어스가 4라면 이진수 1000가 1100로 표현된다. 아래의 표 6-5는 바이어스 127(excess-127 코드) 혹은 128(excess-128) 인 경우에 8 비트 지수의 패턴들이 실재 어떤 값들을 나타내지는지를 보여 준다.

바이어스가 128인 경우에 지수 필드에 들어갈 비트 패턴을 구하는 방법을 예를 들어 설명하면 다음과 같다.

- $M \times 2^{+2}$ 라는 수에 대한 지수 비트들은 +2(00000010)에 128(10000000)을 더하면 10000010이 된다.
- $M \times 2^{-2}$ 에 대한 지수 비트들은 −2(11111110)에 128(10000000)을 더하면 01111110 이 된다.

표 6-5 비트 바이어스된 지수 값들(8 bit biased exponents)

지수비트 패턴	절대 값	실재 지수 값	
		바이어스=127	바이어스=128
11111111	255	+128	+127
11111110	254	+127	+126
⋮	⋮	⋮	⋮
10000001	129	+2	+1
10000000	128	+1	0
01111111	127	0	−1
01111110	126	−1	−1
⋮	⋮	⋮	⋮
00000001	1	−126	−127
00000000	0	−127	−128

반대의 경우로서,이 형식에 따라 표현된 지수 비트 패턴으로부터 실제 지수 값을 찾아내는 방법은 다음과 같다.

지수 필드가 129(10000001)이라면, 실재 지수 값은 128(10000000)을 뺀 +1(00000001)이 되어서 실재 수의 계산에 있어서는 $M \times 2^{+1}$ 로 처리된다.

또한 지수 필드가 126(01111110) 일 때, 128을 빼면 −2가 되므로 $M \times 2^{-2}$ 로 처리된다.

특히 지수의 모든 비트들인 00000000의 경우에는 $M \times 2^{-128}$ 이 되어서 수의 크기는 가수 M의 크기에 상관없이 0에 근접한 매우 작은 수를 나타내게 된다. 만약 가수 필드의 모든 비트들도 0 라면, 32 비트들 모두가 0가 되므로 앞에서 설명했던 0 검사 문제도 해결된다.

이와 같은 방식으로 표현되어지는 지수를 바이어스된 지수(biased−exponent)라고 부른다.

아래 그림 6−24는 32 비트 부동소수점 형식으로 나타낼 수 있는 정수와 부동 소수점 수의 범위를 보여 주고 있다. 정수의 표현 범위는 2의 보수 형식에서 -2^{31} ~$(2^{31}-1)$ 사이의 232 개의 서로 다른 수들을 표현할 수 있다. 또한 부동-소수점으로의 표현은 이와 다르게 다음과 같은 범위의 수들을 표현할 수 있다.

- 0.5×2^{-128}~$(1-2^{-24}) \times 2^{127}$ 사이의 양수들
- $-(1-2^{-24})$~-0.5×2^{-128} 사이의 음수들

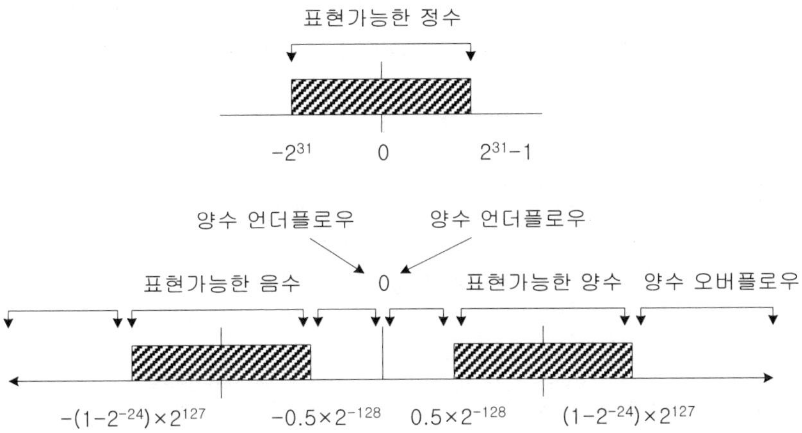

그림 6-24 32 비트 데이터 형식으로 표현 가능한 수의 범위

위의 그림에서 볼 수 있듯이 이 범위에서는 다음과 같은 다섯 영역들은 제외된다.

- $-(1-2^{-24}) \times 2^{-127}$보다 작은 음수 : 음수 오버플로우(negative overflow)
- -0.5×2^{-128} 보다 큰 음수 : 음수 언더플로우(negative underflow)
- 0(제로)
- 0.5×2^{-128} 보다 작은 양수 : 양수 언더플로우(positive underflow)
- $(1-2^{-24}) \times 2^{127}$ 보다 큰 양수 : 양수 오버플로우(positive overflow)

오버플로우는 산술 연산 결과 값이 지수의 최대 양수인 127로도 나타낼 수 없을 정도로 클 경우에 발생한다. 또한 언더플로우는 결과 값이 지수 −128로도 나타낼 수 없을 정도로 작을 경우에 발생한다. 그러나 언더플로우는 그 결과 값 자체가 거의 0에 근접하므로 별로 심각한 문제를 야기시키지 않는다.

1) IEEE 754 부동소수점 수의 표현

부동소수점 수의 표현과 형식이 사용자마다 다르게 사용하므로, 컴퓨터들 간의 프로그램 이식성(program portability)을 향상시키기 위하여 미국 전기전자공학회(IEEE)에서는 부동소수점 표현에 대한 국제 표준안을 만들었는데, 그 이후에 이 표준을 많은 컴퓨터 회사들에 의해 사용되어져 왔다.

IEEE 754 부동소수점 표준은 8 비트 지수를 가지는 32 비트 단일－정밀도(single－precision) 형식과 11 비트 지수를 가지는 64 비트 복수－정밀도(double－precision) 형식을 제안하였다. 아래의 그림 6－25는 위의 두 가지 형식에 대한 것을 보여 준다.

1	8	23
S	바이어스된 지수(E)	가수(M) 필드

(a) 32 비트 단일－정밀도 형식

1	11	52
S	바이어스된 지수(E)	가수(M) 필드

(b) 64 비트 복수－정밀도 형식

그림 6－25 IEEE 754 표준 부동소수점 형식

위의 그림 (a)에서 지수가 8 비트이므로 부호 비트를 제외하고 가수 필드는 23 비트이다. 여기서 가수는 부호 비트와 함께 부호화 크기(signed－magnitude)로 표현된다. 이 형식에서도 가수가 정규화된 표현을 가지며, 다만 모든 정규화된 표현에서 소수점 첫 번째 비트가 1이므로 첫 번째 1은 포함시키지 않는다. 그런데 IEEE 표준은 $1.M \times 2^{E}$ 형식을 가지며, 소수점 위의 1은 감추어지고 소수점 아래의 M 부분만 가수 필드에 포함된다. 또한 지수 필드는 바이어스된 2 진수로 표현되는데, 여기서 사용되어지는 바이어스 값은 127이다.

32비트 단일－정밀도 부동소수점 형식을 사용하는 경우에는 지수가 8 비트이고 가수가 23 비트이므로, 10진수 값(N)은 다음과 같은 식으로 구해질 수 있다.

$$N = (-1)^S\, 2^{E-127}\, (1.M)$$

[예제 6.18]

다음의 10 진수의 수 −12.625을 IEEE 754 부동소수점 표준으로 표현하라.

<풀이>

10진수 12.625는 다음과 같이 표현되어질 수 있다.
$12.625_{10} = 1100.101_2 = 1.100101 \times 2^3$이다.
또한 −12.625는 음수(−)이므로 부호 비트는 1이다.
지수 E = 00000011 + 01111111 = 10000010이고,
가수 M = 10010100000000000000000이다.

위에서 얻은 결과를 비트 형식으로 표현하면 다음 그림 2−26과 같다.

1	10000010	10010100000000000000000

그림 6−26 10진수 −12.625에 대한 IEEE 754 **표준 표현**

한편 64 비트 복수−정밀도 부동소수점 형식을 사용하는 경우에는 지수가 11 비트이고 가수가 52 비트이므로, 10진수 값(N)은 다음과 같은 식으로 구해질 수 있다.

$$N = (-1)^S\, 2^{E-1023}\, (1.M)$$

IEEE 표준에서 수의 표현에 있어서 나타날 수 있는 특별한 사항들에 대하여 제정된 정의들에 대해 설명하기로 한다. IEEE 표준을 통한 부동소수점 산술 연산과정에서 몇 가지의 미묘한 사항들이 나타날 수 있는데 이들에 대한 것들은 다음과 같다.

만약 산술 연산의 결과가 이 형식에서 나타낼 수 없는 비트 패턴을 가지고 있으면 NaN(not a number)이라고 불리는 특수 코드가 사용된다. NaN 결과를 가져올 수 있는 연산의 예로서는, 0 값으로 나누기(divide by zero) 및 음수에 대한 루트 계산(square root of a negative number) 등과 같은 중요한 계산 오류들이 있다. IEEE 표준에서 정의하고 있는 NaN 형식은 M $\neq$ 0이고, E =255(32 비트 형식의 경우) 혹은 E=2047(64

비트 형식의 경우)이다.

오버플로우가 발생할 경우에는 그 결과가 무한대로 취급되며, M = 0 및 E = 255(32 비트 형식의 경우) 혹은 E = 2047(64 비트 형식의 경우)으로 나타낸다. 이와는 달리 언더플로우가 발생할 경우에는 그 결과가 0은 아니지만 정규화 형태로는 표현할 수 없을 정도로 작은 수라 생각할 수 있으므로, 이 경우가 발생하면 지수 필드의 모든 비트들은 0로 세트하고(E = 0), 가수는 비정규화 형태(denormalized form)로서 0.M, 즉, 소수점의 좌측 비트가 1이 아닌 0를 사용하여 수를 표현할 수 있도록 허용한다.

위의 설명을 요약하면 다음과 같다.

① 32 비트 데이터 형식

- $E = 255$이고, $M \neq 0 \Rightarrow N = NaN$
- $E = 255$이고, $M = 0 \Rightarrow N = (-1)^S \infty$
- $0 < E < 255$이면, $N = (-1)^S 2^{E-127} (1.M)$
- $E = 0$이고, $M \neq 0 \Rightarrow N = (-1)^S 2^{-126}(0.M)$
- $E = 0$이고, $M = 0 \Rightarrow N = (-1)^S 0$

② 64 비트 데이터 형식

- $E = 2047$이고, $M \neq 0 \Rightarrow N = NaN$
- $E = 2047$이고, $M = 0 \Rightarrow N = (-1)^S \infty$
- $0 < E < 2047$이면, $N = (-1)^S 2^{E-1023} (1.M)$
- $E = 0$이고, $M \neq 0 \Rightarrow N = (-1)^S 2^{-1022} (0.M)$
- $E = 0$이고, $M = 0 \Rightarrow N = (-1)^S 0$

6.7 부동소수점 연산

위에서 살펴 본 바와 같이 부동소수점 형식은 가수 필드와 지수 필드로 이루어져 있으므로, 부동소수점 간의 산술 연산에서 두 부분이 별도로 처리되어야 한다. 그런데 부동 소수점 형식에서는 소수점의 위치가 지수 값에 의하여 결정되므로 덧셈과 뺄셈 과정이 곱셈과 나눗셈 연산보다 더 복잡하다. 이것은 덧셈과 뺄셈 연산에서 먼저 두 수의 지수들이 같아지게 만든 후에 연산을 수행해야 하며, 연산이 완료된 후에는 다시 정규화 해야 하기 때문이다. 여기서 지수를 일치시킨다는 것은 두 수의 소수점의 위치를 같게 한다는 것을 의미한다. 그러나 곱셈과 나눗셈 연산에서는 그러한 절차가 필요하지 않다.

1) 부동소수점 수의 덧셈과 뺄셈 연산

부동소수점 수의 덧셈과 뺄셈 연산은 다음과 같은 순서로 이루어진다.

① 피연산자들의 지수들을 일치시킨다.
② 가수들에 대한 덧셈, 뺄셈을 실행한다.
③ 결과를 정규화한다.

피연산자들의 지수들을 일치시키는 첫 단계에서 두 수들의 소수점 위치가 같아지도록 하기 위하여 지수 값을 조정해야 한다. 이러한 지수 값의 위치 조정(alignment)은 두 수 중에서 더 작은 수를 우측으로, 즉, 지수를 증가시키거나, 더 큰 수를 좌측으로, 즉, 지수를 감소시킴으로서 수행된다. 이 과정에서 숫자를 잃게 되는 경우가 발생할 수 있기 때문에 더 작은 수를 이동시킨다. 이렇게 하면 잃어버리는 숫자가 상대적으로 작은 값이 된다. 이러한 조정은 두 지수 값이 같아질 때까지 가수를 오른쪽으로 한 자리수씩 이동하고, 그 때마다 지수를 1 씩 증가시킴으로써 이루어진다.

이러한 지수 값을 조정하는 필요성을 다음의 10 진수의 연산을 통하여 설명한다.

[예제 6.19]

다음의 10진수 두 수에 대한 연산을 보여라

$$(234 \times 10^{-1}) + (567 \times 10^{-3})$$

<풀이>

위의 연산을 위하여 먼저 지수 값을 일치시켜야 한다. 일치시킨 후에 같은 자리의 숫자들 간의 연산이 이루어진다. 이 예제에서는 지수를 10^{-1}으로 일치시키기로 한다.

$$\begin{array}{rr} & 234 \quad \times 10^{-1} \\ + & 5.67 \times 10^{-1} \\ \hline & 239.67 \times 10^{-1} \end{array}$$

위에서 살펴 본 10 진수의 연산과 마찬가지로 2 진 부동소수점의 같은 방법이 적용된다. 다음의 예제를 통하여 2 진 부동소수점의 덧셈과 뺄셈 연산에 대하여 설명한다.

[예제 6.20]

아래의 두 수에 대한 이진 부동소수점의 덧셈 연산을 실행하라.

$$\begin{array}{r} 0.100100 \times 2^{3} \\ +\ 0.111100 \times 2^{5} \\ \hline \end{array}$$

<풀이>

먼저 더해지는 두 수의 지수를 일치시킨다. 본 예제에서는 2^5으로 일치시키기로 한다.

$$\begin{array}{r} 0.001001 \times 2^{5} \\ +\ 0.111100 \times 2^{5} \\ \hline 1.000100 \times 2^{5} \end{array}$$

즉, 결과로 1.000100×2^5를 얻을 수 있다. 그러나 이 결과는 표준에 맞지 않으므로 정규화 시킨다. 따라서 정규화된 최종 결과 값은 다음과 같다.

$$0.1000100 \times 2^{6}$$

2) 부동소수점 수의 뺄셈 연산

비록 위의 예제에서는 부동소수점 수의 덧셈 연산에 대해 설명하였지만, 뺄셈 연산도 같은 방법으로 이루어진다. 다만, 가수들 간의 뺄셈을 위하여 감수를 2의 보수로 변환한 다음에 더한다는 점만 다르다.

3) 부동소수점 수의 곱셈과 나눗셈

부동소수점 곱셈과 나눗셈 연산 과정은 덧셈 연산과 뺄셈 연산보다 더 간단하다. 왜냐하면 곱셈과 나눗셈 연산에서는 덧셈과 뺄셈 연산과는 달리 소수점 위치 조정이 필요하지 않기 때문이다. 따라서 가수 사이에 곱셈 혹은 나눗셈을 수행하고, 지수부분은 곱셈의 경우에는 두 지수를 더하고, 나눗셈의 경우에는 두 지수를 빼면 된다.

부동소수점 수의 곱셈 연산은 다음과 같은 순서로 이루어진다.

① 두 수의 가수들을 곱한다.
② 두 수의 지수들을 더한다.
③ 결과 값을 정규화 시킨다.

[예제 6.21]

다음의 두 수에 대한 이진 부동소수점의 덧셈 연산을 실행하라.

$$(0.100100 \times 2^3) \times (0.111100 \times 2^5)$$

<풀이>

1) 먼저 두 수의 가수를 곱하여 다음을 얻는다.
   $1001 \times 1111 = 10000111$

2) 다음에 두 수의 지수를 더한다.
   $3 + 5 = 8$

3) 결과를 정규화하여 다음을 얻는다.
   $1.0000111 \times 2^8 = 0.10000111 \times 2^9$

4) 부동소수점 나눗셈 연산

부동소수점 나눗셈 연산은 곱셈과 비슷하며, 다음과 같은 순서에 의해 실행된다.

① 두 수의 가수들을 나눈다
② 피젯수의 지수에서 젯수의 지수를 뺀다. 이 과정에서 바이어스 값이 사라지므로, 결과에 바이어스 값을 다시 더해야 하다.
③ 결과에 대해 정규화 한다.

Summary Check 요약정리

1. ALU는 덧셈과 뺄셈 같은 산술연산과 AND와 OR 같은 논리연산을 실행하는 컴퓨터의 핵심 장치이다.

2. ALU 내부의 구성요소에는 산술/논리 연산장치, 보수기, 쉬프트 레지스터, 상태 레지스터들이 있다.

3. 무부호 표기법에서 n 비트로 이루어진 수는 $0 \sim 2^n - 1$ 까지의 범위의 값을 가진다.

4. 부호화 크기를 통한 음수의 표현에서는 전체 비트수가 n 이라면 맨 왼쪽의 비트는 부호 비트이고, 나머지 $(n-1)$ 비트가 수의 크기를 나타낸다.

5. 부호화 크기 방식에서 n 비트로 표현되어지는 수의 범위는 $-(2^{n-1} - 1) \sim (2^{n-1} - 1)$이다.

6. 부호－비트 확장(sign－bit extension) 방식에서 양의 수인 경우에는 상위 비트들을 0로 만들고, 음의 수 경우에는 1로 확장시킨다.

7. OR 연산을 통하여 레지스터의 특정 비트들을 세트시킬 수 있다.

8. AND 연산은 선택적으로 레지스터 비트의 값을 리세트(reset)하는데 사용된다.

9. XOR 연산은 한 비트나 선택된 비트들의 보수를 취하는데 사용된다.

10. NOT 연산은 모든 비트를 반전시키는데 사용된다.

11. 논리적 쉬프트에서 왼쪽 쉬프트의 경우에 레지스터 내의 데이터를 한 비트씩 왼쪽으로 이동하고 최하위 비트에 0를 넣고 최상위 비트의 값은 버린다.

12. 산술적 쉬프트 연산은 레지스터에 저장되어 있는 데이터가 부호를 가진 정수인 경우에 부호 비트를 고려하여 수행되는 쉬프트 연산이다.

13. 순환 쉬프트 연산에서는 논리적 쉬프트와 비슷하나 최상위 비트나 최하위 비트를 버리지 않고 반대편 끝의 비트로 보낸다.

14. 여러 비트로 이루어진 정수의 덧셈에서는 전가산기(full－adder)로 이루어진 병렬 가산기(parallel adder)를 사용한다.

15. 곱셈연산 과정에서 승수(multiplier)의 각 비트에 대하여 한 개씩 부분 적(partial product)이 이루어지고, 이들 부분 적들을 모두 더하여 곱셈에 대한 최종 결과를 얻게 된다. 이 경우에 만약 n 비트의 2진 정수들을 곱하면 그 결과는 최대 $2n$ 비트가 된다.

16. Booth 알고리즘은 2의 보수들 간의 곱셈 방법으로 널리 사용되고 있다.

17. Booth 알고리즘에서 각 블록의 첫 번째 1을 만났을 때 (1－0) 뺄셈을 하고, 그 블록의 마지막 1을 만났을 때 (0－1) 덧셈을 한다.

18. 곱셈의 경우와 마찬가지로 나눗셈의 연산도 사이클 형태로 이루어지는데, 사이클에서 피젯수로부터 한 비트씩이 부분 나머지 수에 추가되며, 그 결과 값이 젯수와 같거나 커질 때까지 그 과정이 반복된다.

19. 부동소수점의 표현에서 가수(M)은 수의 표현에서 정밀도(precision)를 나타내고, 지수(E)는 표현 가능한 수의 범위(range)를 나타낸다.

20. 바이어스 수란 어떤 수에 바이어스 값이 더해진 수를 말한다.

Summary Check 연습문제

1. CPU의 내부 구성요소들에 대하여 설명하라.

2. 아래의 수들에 대하여 8 비트 길이의 부호화 크기 방식, 1의 보수 방식, 그리고 2의 보수 방식을 통하여 표현하라.

   1) +20
   2) −20
   3) +101
   4) −101

3. 다음의 10 진수의 수를 2의 보수로 취한 후에 16 비트의 수로 비트 확장하라.

   1) +37
   2) −37

4. 정수의 무부호 표기법을 사용하여 16 비트의 수를 표현하고자 할 때, 가장 큰 수와 가장 작은 수를 각각 구하라.

5. 십진수 +30과 −30을 8 비트의 2진 수에서 16 비트의 2진수로 부호−비트 확장을 통하여 확장하라.

6. 다음의 2진 수 W=10001011101001이 14 비트 레지스터에 저장되어 있다. 이 수를 다음의 표현방식으로 표현되어졌다고 할 때, W를 10진 수로 표현하라.

   1) 부호없는 2진수
   2) 부호크기 방식의 음수 표현
   3) 2의 보수로의 음수 표현

7. 두 개의 이진수 10010011과 10101011에 대하여 논리 OR, AND, XOR를 실행하라.

8. 8 비트의 레지스터에 다음과 같은 수 "10110110"가 저장되어 있을 경우, 다음의 연산 결과에 대한 레지스터의 값을 구하라.

1) 논리적 좌측 쉬프트
2) 논리적 우측 쉬프트
3) 순환 좌측 쉬프트
4) 순환 우측 쉬프트
5) 산술적 좌측 쉬프트
6) 산술적 우측 쉬프트

9. 예제 6-13에서 보는 것과 같이 Booth 알고리즘을 이용하여 (-10×3)을 실행하라.

10. 어떤 피승수에 (-9)를 곱하는 과정을 Booth 알고리즘을 사용하여 보여라.

11. 아래의 수들을 IEEE 32 비트 부동-소수점 형식으로 나타내라.

1) -7
2) 126
3) 1/16
4) -1.25
5) $-1/32$
6) 20.125

12. 정규화된 표현 0.1101×2^8을 32 비트 부동소수점 형식으로 표현하라.

13. 바이어스된 수(biased number)의 목적에 대하여 설명하라.

14. 아래의 두 수에 대한 이진 부동소수점의 덧셈 연산을 실행하라.

$$0.111100 \times 2^3 + 0.110100 \times 2^7$$

chapter

7

기억장치 시스템

컴퓨터의 발전 과정에서 볼 때 컴퓨터의 성능은 메모리 액세스 시간에 좌우되었음을 알 수 있다. 이러한 이유는 앞장들에서 설명되었듯이 컴퓨터가 프로그램을 수행하기 위하여서는 메모리에 저장되어 있는 명령어와 데이터들이 차례로 CPU로 이동되어 처리되는데, 메모리 액세스 속도가 프로세서에서의 데이터 처리속도보다 훨씬 느리기 때문이다. 즉, 아무리 빠른 프로세서를 사용한다 할 지라도 프로세서에서의 동작은 메모리 액세스 시간에 의해 병목된다. 따라서 프로세서의 처리 능력(Processing Power)을 지원하는 효과적인 메모리 구성 개발이 절실히 필요하다. 본 장에서는 기억장치 시스템의 전반적인 것을 다루는데 특히 다음과 같은 내용이 중요하게 다루어진다.

- 일반적인 기억장치 시스템의 구성과 특성
- RAM, ROM, 캐시 메모리 등의 내부 메모리 요소들과 특성
- 에러 제어
- 자기디스크, RAID 등의 외부 메모리 요소들과 사용

7.1 기억장치 시스템의 특성

기억장치의 목적은 프로그램의 수행에 있어서 필요한 명령어와 데이터를 저장하는 것이다. 이러한 기억장치에는 RAM, ROM, 자기디스크, 광디스크, 테이프 등이 있는데 이들은 다음과 같은 특성으로 분류되어질 수 있다.

- 비용 : 비트 당 소요되는 금액
- 액세스 시간 : 데이터를 읽거나 쓰기 위해 액세스하는데 걸리는 시간
- 액세스 모드 : 데이터 접근 방식
- 사용 특성 : 읽기 전용(Read-Only), 읽고 쓰기(Read-and-Write)

이러한 기억장치 시스템의 특성을 이해하는데 필요한 용어들을 살펴보면 다음과 같다.

메모리에 사용되어지는 용어

- 메모리 용량(capacity) : 메모리에 들어갈 수 있는 정보의 양을 말하는데, 비트(bit), 바이트(Byte) 혹은 워드(word)로 나타낸다.
  예) 256 MB, 1Gb, 10 GB 등

- 단어(Word) : 일반적으로 32비트(4 바이트) 정보의 크기를 단어라 부른다.

- 주소 지정 가능한 단위(Addressable unit) : 메모리에서 주소 지정되어질 수 있는 기본 데이터 요소의 크기(Fundamental data element size)를 말한다. 보통 1 바이트, 2 바이트, 4 바이트 등이다.

- 전송단위(Unit of Transfer) : 한 번에 메모리와 CPU 사이에 전송되어지는 데이터 단위의 수를 말한다.

- 전송률(Transfer rate) : 메모리 장치로(부터) 전송되는 데이터의 속도를 말한다. 단위로 bps 혹은 byte/sec를 사용한다.

- 메모리 액세스 시간(Access Time)
  - RAM : 데이터를 읽거나 쓰는데 걸리는 시간을 말한다.
  - non−RAM : 읽기/쓰기 메커니즘을 원하는 위치로 이동시키는데 걸리는 시간을 말한다.

- 메모리 사이클 시간(Memory Cycle Time) : 메모리 액세스 시간 + 두 번째 액세스까지 요구되는데 걸리는 시간을 말한다.

7.1.1 메모리 액세스 기술(Memory Access Technique)

메모리 액세스 기술이란 메모리에 저장되어 있는 내용을 액세스 하는 방법을 말하는 것으로 크게 다음과 같은 두 가지 방식으로 구분된다.

- 주소에 의한 메모리 접근 방식(Address Accessible Memory)
  이 방식에서는 메모리의 내용이 메모리 공간의 주소에 의해 접근된다. 즉, 각 메모리 공간은 고유의 메모리 주소가 할당된다.
- 내용에 의한 메모리 접근 방식(Contents Accessible Memory)
  이 방식에서는 메모리의 값이 그의 내용(contents)에 의해 접근된다.

위에서 분류된 두 가지 방식들에는 다음과 같은 방식들이 있다.

1) 주소에 의한 메모리 접근 방식

① 임의 접근(Random Access) 방식

이 방식에서 메모리의 각각의 위치는 고유의 물리적 주소를 가지며, 이들 데이터의 접근은 임의의 순서대로 이루어진다. 따라서 메모리 내의 모든 메모리 주소에 대한 액세스 시간은 동일한 특성을 가진다. 그러나 모든 위치마다 액세스 장치가 있으므로 순차 액세스 방식에 비해 비싼 특성을 가진다.

예) 주 메모리

② 순차 액세스(Sequential Access) 방식

이 방식에서 메모리 데이터는 임의 접근 방식과는 달리 고유의 주소를 갖지 않으며, 원하는 데이터를 찾기까지 모든 메모리는 순차적으로 읽혀진다. 즉, 모든 저장장치가 액세스 장치를 공유하므로, 헤드가 움직이든 아니면 저장된 자료가 움직여야 한다. 따라서 액세스 시간은 메모리의 위치에 따라 제각기 다른 특성을 가진다.

예) 자기테이프, 자기디스크

③ 직접 액세스(Direct Access) 방식

이 방식에서 데이터는 물리적 위치에 따르는 고유의 주소를 가지며, 일반 메모리로 옮기는 것(직접액세스)과 원하는 데이터까지 순차적 액세스가 조합된 형태를 가진다. 따라서 데이터 액세스 시간은 가변적인 특성을 가진다. 이러한 직접 액세스 방식에는 다음과 같은 종류들이 있다.

- 이동식 헤드 디스크(movable head disk) 방식
- 고정식 헤드 디스크(Fixed head disk) 방식
- 병렬 디스크(parallel disk) 방식 : 이 방식은 성능을 높이고 용량을 증가시키는 방식이다.

위의 방식들에 대하여서는 다음의 외부 메모리에서 자세히 다루어질 예정이다.

2) 내용에 의한 메모리 접근 방식

① 연관 액세스(Associate access) 방식

이 방식은 임의 액세스 메모리 방식의 변형된 형태로서 데이터가 그의 주소가 아

닌 내용(contents)에 의해 액세스된다. 즉, 단어 내의 특정 비트들과 원하는 비트들을 비교하여 일치하는 단어를 액세스하는데 모든 데이터를 메모리의 크기와 무관하게 병렬로 찾는다. 이러한 방식은 커다란 메모리가 사용되어 지는 곳에서 매우 빠른 특성을 가진다. 또한 검색에 필요한 시간은 일정하며 비트당의 비용은 RAM보다 5－10배 빠르다는 장점을 가진다.

예) 캐쉬 메모리에서의 데이터 접근

7.2 메모리 계층 구조

7.2.1 메모리 계층화 구조의 특성

컴퓨터에서 메모리는 임시 데이터나 연산의 결과를 저장하는 내부 메모리와 입력정보나 데이터를 영구히 저장할 목적의 외부 메모리로 크게 나눌 수 있다. 즉, 컴퓨터의 메모리 시스템은 일반적으로 계층화 구조를 가지는데, 메모리 계층화 구조의 목적은 메모리를 계층화함으로 메모리의 가장 낮은 구성요소로부터 정보 전송율과 프로세서의 속도를 맞추어 컴퓨터의 성능을 높이기 위함이다. 프로세서는 프로그램을 수행하는데 보통 나노(10^{-9}) 초에서 피코(10^{-12}) 초로 동작한다. 또한 프로세서에서 프로그램을 수행하기 위하여 프로그램과 데이터를 가져와야 하는데, 이들 프로그램 코드와 데이터가 디스크에 저장되어 있다면 프로세서의 동작은 디스크 메모리를 액세스하는데 많은 시간을 할애해야 한다. 일반적으로 디스크는 매우 커다란 용량을 가지는 메모리 시스템이지만 밀리(10^{-3}) 초 단위로 동작하기 때문에 프로세서는 프로그램을 수행하는데 많은 시간은 아무 일도 하지 않고 기다려야 한다. 따라서 프로세서와 디스크 사이에 DRAM으로 이루어진 주 메모리(main memory)를 설치하게 된다. DRAM은 디스크보다는 용량이 작으나 액세스 속도가 훨씬 빠르다는 특성을 가진다. DRAM의 주 메모리를 사용한다고 해도 프로세서의 실행 속도와 DRAM의 액세스 속도는 10~100배의 차이가 있으므로 DRAM과 프로세서 사이에 캐쉬 메모리를 설치하게 된다.

이처럼 메모리 시스템은 여러 계층으로 구현되는데, 메모리 시스템의 설계 목표를 표현하면 다음과 같다.

"메모리 시스템의 주 설계 목적은 적정한 성능에서/ 또한 적정한 가격에서/ 그리고 적절한 저장 용량을 제공하기 위함이다."

즉, 메모리 계층의 특성은 각 계층이 서로 다른 구성 요소로 이루어지며, 각 계층은 크기, 액세스 시간, 그리고 비트당 가격에 의해 특정 지어진다. 예를 들어, 메모리 시스템의 계층화 구조에서 아래 계층으로 갈수록 더 큰 용량, 더 늦은 액세스 시간, 그리고 더 낮은 비트당 가격(cost/bit)을 가지는 것으로 구성된다.

컴퓨터에서 효율적인 정보의 저장과 성능 향상을 위하여 아래의 그림 7-2와 같이 크게 5 개의 메모리 계층 구조로 이루어져 있다. 이들 메모리 계층화의 기본은 가장 위의 계층에 임시 데이터 저장을 위한 CPU의 내부 레지스터들을 사용하는데 레지스터는 수는 적으나 속도가 매우 빠른 특성을 가진다. 다음 계층은 캐쉬 메모리로 주 메모리보다는 용량이 작으나 속도가 빠른 특성을 가진다. 캐쉬는 다음에 설명되겠지만 CPU의 동작 속도와 주 메모리의 동작 속도 차이로 인한 성능 감소를 막는 중요한 역할을 수행한다. 세 번째 계층으로 주 메모리로 구성되는데. 주 메모리는 RAM으로 이루어지며, 프로그램이 수행되는 작업장의 기능을 수행한다. 네 번째 단계는 데이터와 프로그램을 위한 외부 메모리를 사용하여 상대적으로 크고 빠른 디스크를 사용하고, 마지막으로 테이프와 같은 외부 영구 저장 장치를 사용하여 용량은 훨씬 크나 매우 느린 구조를 가지게 하는 것이다. 이들 메모리 계층을 자세히 살펴보면 다음과 같다.

A. CPU 레지스터(register)

CPU 안에 있는 고속의 작은 저장 장치인 레지스터는 명령어와 데이터를 일시적으로 저장하는 장소이다. 레지스터에는 일반적으로 데이터를 저장하는 범용 레지스터와 특별한 목적으로 사용되어지는 특별 레지스터들로 구성되어 지는데, 하나의 레지스터는 일반적으로 1 바이트, 2 바이트 혹은 4 바이트의 크기의 데이터를 저장한다.

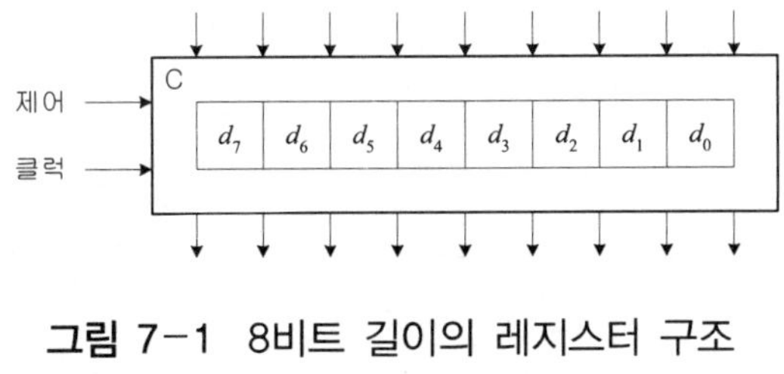

그림 7-1 8비트 길이의 레지스터 구조

위의 그림 7-1에서 보는 바와 같이 레지스터는 여러 비트를 병렬로 입력 받아서 저장한다. 위의 그림에서 레지스터는 8 개의 요소들로 이루어져 있는데, 각 요소(element)는 하나의 비트를 저장한다. 이러한 각 요소들의 비트들은 계속해서 출력된다. 위의 그림에서는 8 비트의 레지스터를 보여 주지만 일반적으로 현재의 CPU는 32 비트 혹은 64 비트의 레지스터들을 가진다.

여기서 각 요소들은 앞 장에서 설명되었던 플립플롭(flip flop)들이다. 따라서 위의 그림은 8 개의 플립플롭으로 이루어진 레지스터이다. 위의 그림에서 제어(control) 입력은 레지스터의 동작을 제어한다. 즉, 제어(c) 값에 따라 새로운 값을 병렬 적재(load)하거나(1) 혹은 홀드(hold) 기능(0)을 수행한다. 또한 레지스터는 클럭에 의해 동작되는데, 이는 레지스터가 순차논리 회로인 플립플롭을 사용하기 때문이다.

B. 캐쉬(Cache) 메모리

캐쉬 메모리는 CPU 레지스터와 주 메모리 사이에 있으며, CPU에서 주메모리를 액세스하는데 많은 시간이 소요되어 일어나는 성능저하를 막기 위하여 사용된다. 캐쉬의 용량은 주메모리에 비하여 훨씬 작으나, 주로 SRAM을 사용하기 때문에 액세스 속도는 훨씬 빠르다.

C. 주 메모리(main memory)

실행 중인 프로그램 데이터가 저장되어 있는 대용량의 고속 메모리이다. 주메모리의 주소는 CPU의 명령이나 저장 명령어를 통하여 지정된다. 일반적으로 DRAM으로 구성되어지며, 최근 컴퓨터의 주메모리 크기는 1 GB 정도이다. CPU에서 주메모리를 액세스하는 시간은 일반적으로 5 클럭 사이클 이상 걸린다.

D. 보조 메모리(secondary memory)

보조 메모리 혹은 2차 메모리는 주 메모리보다 용량이 훨씬 크나 속도는 훨씬 느린 메모리이다. 일반적으로 시스템 프로그램이나 데이터 파일 또는 CPU에 의해 자주 쓰이지 않는 것들이 저장된다. 또한 보조 메모리는 주메모리의 용량이 부족할 때에 오버플로우 영역으로 이용되기도 한다. 주메모리와 보조 메모리 사이에 파일의 전송에 있어서 일반적으로 입출력 프로그램을 필요로 한다. 보조메모리는 메모리 액세스함에 있어서 전기/기계적인 요소가 포함되어지므로 속도에 제한을 받는 경향이 많이 있다. 예를 들어 대표적인 보조 메모리로 CD-ROM을 들 수 있는데, 데이터를 액세스하기 위하여 헤더를 움직이는데 기계적인 장치를 필요로 한다.

아래의 그림 7-2는 메모리 계층 구조와 이들 메모리 계층 간에 이동되어지는 데이터의 크기 및 속도를 나타낸다.

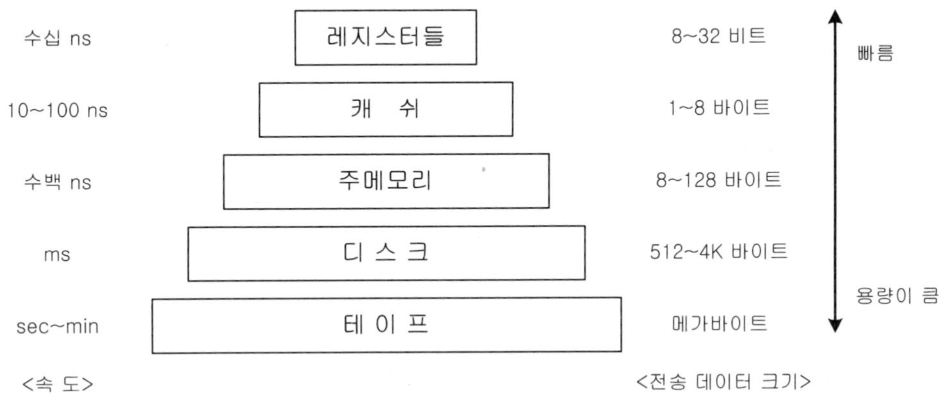

그림 7-2 메모리 계층 구조와 그 특성

위에서 살펴보았듯이 컴퓨터의 메모리 시스템은 계층화 구조를 가지는데 이러한 계층화 구조에서 가지는 특성은 다음과 같다.

- 액세스 시간이 줄어들수록 비트당의 가격 상승한다.
- 용량이 커질수록 비트당 가격 하락한다.
- 용량이 커질수록 액세스 시간 증가한다.

7.2.2 지역성의 원리(Principal of Locality)

일반적으로 많은 프로그램을 실행해 보면, 전체 실행 시간 중에서 대부분이 일부 루틴을 수행하는데 많은 시간이 소요됨을 알 수 있다. 정확히 표현하면 프로그램 실행에서 전체 시간의 90%를 단지 10% 정도의 명령어를 수행하는데 소요한다. 결과적으로 일부 명령어들이 반복적으로 사용됨을 알 수 있다. 이렇게 반복적으로 사용되어지는 명령어들은 CPU에 의한 루프 명령어에서 수행되어지거나 혹은 서브루틴에서 수행된다. 뿐 만 아니라 배열 데이터를 사용하거나 테이블에 있는 데이터를 사용할 경우에도 집중적으로 데이터들이 사용된다. 이것을 지역성의 원리(Principal of Locality)라고 부른다. 따라서 전체 프로그램의 일부 국지적인 부분의 명령어들이 반복되어 실행되는 것을 알 수 있는데, 상대적으로 그 이외의 다른 곳 명령어들의 사용 빈도 수는 떨어진다. 이러한 지역성의 원리는 크게 다음과 같이 두 가지로 나눌 수 있다.

① 공간적 지역성(spatial locality)
이것은 어느 데이터가 참조되면, 그 참조되어진 데이터 근처에 있는 다른 데이터가 참조될 확률이 높음을 나타낸다.

② 시간적 지역성(temporal locality)
이것은 어느 데이터가 참조되어지면, 머지 않은 시간에 그 데이터가 다시 참조되어질 확률이 높음을 나타낸다.

이러한 지역성의 원리를 이용하여 어떤 프로그램의 아주 중요한 부분 즉, 반복되어 사용되어지는 부분을 미리 빠른 메모리로 옮겨 놓는다면, 그 프로그램의 전체 실행 시간은 매우 단축된다. 이처럼 평균 데이터 액세스 시간을 줄이기 위해 이들 프로그램의 중요한 부분들을 고속의 메모리로 옮겨 사용하는데 이를 캐쉬(cache)라 부른다. 지역성의 원리를 따르는 캐쉬의 성능에 대하여서는 7.6절에서 상세히 다루어질 예정이다.

7.3 주 기억장치(Main memory)

7.3.1 메모리 칩의 구조

주기억장치는 컴퓨터가 동작하는 동안에 데이터와 프로그램을 저장하고 있는 비교적 크고 빠른 속도의 메모리이며, 반도체 집적회로 기술을 바탕으로 한다. 초기의 컴퓨터에서는 코어(core)라고 불리는 도넛 모양의 자화된 철 고리들로 이루어졌으나, 현재에는 반도체 기술로 만들어진 RAM 칩을 사용하고 있다.

메모리 칩에는 아래의 그림과 같이 2D 조직과 2½ D 형 조직이 있다. 2D 조직은 하나의 데이터가 W 개의 기억장소에 각각 저장된다. 즉, 한 단어를 이루고 있는 모든 데이터 비트들이 하나의 기억장소에 함께 저장된다. 따라서 하나의 데이터를 액세스하기 위하여서는 주소를 이용하여 액세스하는데, 이 때 필요한 주소 선의 수는 $\log_2 W$ 개와 같다. 예를 들어, 512 개의 주소를 액세스하기 위하여서는 $\log_2 512 = \log_2 2^9 = 9$ 개의 주소 선이 필요하다. 이러한 주소 선은 열(row)에서만 지정된다.

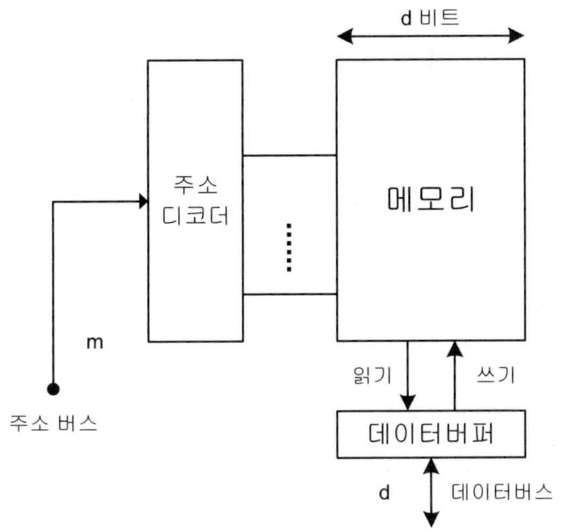

그림 7-3 2D 형 메모리 칩의 구조

위의 그림 7-3에서 보여주는 메모리 구조에서는 m 개의 주소선이 사용되어지므로 2^m 개의 메모리 주소를 가질 수 있고, 하나의 메모리 장소에는 d 비트의 데이터가 저장된다.

2½ D 형 조직에서는 2D 조직과 달리 한 단어를 이루고 있는 비트들이 여러 개의 메모리 위치에 분산 저장된다. 가장 일반적인 조직은 한 메모리 저장 위치에 하나의 비트만이 저장되는 것이다. 아래의 그림 7-4는 2½ D 형 메모리 칩의 구조를 보여 준다.

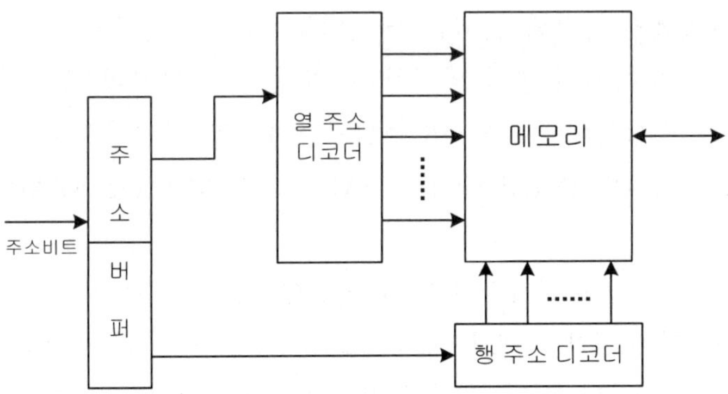

그림 7-4 2½ D 형 메모리 칩의 구조

따라서 하나의 메모리 위치를 지정하기 위하여서는 메모리 지정이 열과 행 두 방향에서 이루어진다. 이 경우에 메모리를 지정하는 주소가 두 부분으로 나뉘어져서, 일부는 행을 선택하는 디코더로, 또 다른 일부는 열을 선택하는 디코더로 입력된다.

다음은 2D 메모리 조직이 2½ D 메모리 조직에 비해 가지는 단점을 나열한 것이다.

- 더 많은 논리회로가 필요하다.
- 많은 외부 데이터 선들이 필요하다. 2D 메모리 조직에서는 단어의 수 만큼의 데이터 선이 필요하나, 2½ D 메모리 조직에서는 단 하나의 데이터 선만이 필요하다.
- 오류 정정회로를 효과적으로 사용할 수 없다.

메모리 칩은 크게 RAM과 ROM으로 구분한다. 또한 RAM에는 크게 두 가지 종류가 있는데, 이들은 하나의 이진 정보를 저장할 수 있는 플립플롭으로 이루어진 정적인(static) SRAM과 트랜지스터 안의 콘덴서에 전하(electric charge)의 형태로 정보를 저장하는 DRAM(Dynamic RAM)이다. 이들의 특성을 살펴보면 다음과 같다.

7.3.2 RAM(random access memory/read-write memory)

RAM은 휘발성의 반도체 집적회로로서 데이터를 읽을 수도 있고 쓸 수도 있는 메모리 칩을 말한다. 따라서 용어 RAM은 임의 접근(random access memory) 메모리 의미로도 사용되어지지만, 읽기/쓰기(Read/Write) 메모리 의미로도 사용된다. 여기서 휘발성이란 용어는 RAM에 저장되어 있는 데이터를 계속 유지하기 위하여서는 계속해서 일정한 전원이 공급되어져야 함을 의미한다. 만약 전원 공급이 끊어지게 되면, 저장되어 있던 데이터가 손실된다. 따라서 RAM은 일시적인 기억장치로만 사용된다. RAM은 제조 기술에 따라 DRAM(Dynamic RAM)과 SRAM(Static RAM)으로 분류된다.

DRAM에서 저장 셀은 트랜지스터 안의 콘덴서에 전하 형태로 정보를 저장한다. 즉, DRAM 셀에서의 1과 0 상태는 트랜지스터 스위치 회로에 의해 제어되는 콘덴서에 충전된 전하의 유무를 의미한다. 한편 콘덴서 전하는 방전하므로 주기적인 재충전이 필요하다. DRAM 셀은 한 개의 트랜지스터로 구성될 수 있으므로 6개의 트랜지스터를 필요로 하는 SRAM에 비해 매우 높은 집적도를 가진다. 실제로 DRAM은 칩당 트랜지스터의 수에 있어서 가장 집적도가 높은 VLSI(Very Large Scale Integration) 회로에 속한다.

반면에 SRAM은 근본적으로는 플립플롭(flip-flop) 저장 셀로 이루어진 배열 구조를 가지며 DRAM보다 5~10(평균 6) 배 더 많은 트랜지스터(transister)를 사용한다. 또한 DRAM 보다 동작 속도가 빠르나 값이 비싸다는 특징을 가진다. 그러나 SRAM과 DRAM은 모두 휘발성 메모리기 때문에 전원이 꺼지면 저장된 데이터도 없어진다.

최근의 개발되어 사용되어지고 있는 DRAM을 살펴보면 다음과 같다.

A. SDRAM(Synchronous DRAM)

동기 DRAM(SDRAM)은 동기식이라는 뜻이 의미하듯 CPU가 사용하는 주 클럭을 직접 받아서 동작되는 DRAM이다. 즉, SDRAM은 CPU의 클럭과 메모리의 클럭을 같게 하는 DRAM이다. 보통의 DRAM은 저장된 데이터를 읽고 난 후 다시 데이터를 기록하기 위해 내부 축전기(capacitor)에 전하를 축전하는 시간이 소요되어 속도가 느리다. 그러나 SDRAM은 하나의 DRAM 내부에 뱅크(bank)0, 뱅크1 두 구역으로 나눠 한 뱅크를 읽는 동안 다른 뱅크는 축전을 하는, 인터리브(interleave) 방법을 사용하여 외부 클럭(보통 CPU클럭)을 그대로 이용하여 데이터를 전송할 수 있기 때문에 일반적인 DRAM보다 속도가 빠르다는 장점을 가진다. 만약 8비트 구성을 갖는 이 규격의 SDRAM 4개를 구성(32비트 전송규격)한 후 100MHz 동기식 버스로 통신하면 최대 400 Mbytes/s의 전송속도를 갖는다.

B. FRAM(Ferroelectric Random Access Memory)

FRAM은 읽고 쓰기가 가능한, 전원이 끊겨도 지워지지 않는 불휘발성 반도체 메모리로서, Ramtron International Corporation에 의해 개발되었다. FRAM은 읽고 쓰기가 대단히 빠른 SRAM의 장점과, 불휘발성이며 전자회로에 프로그래밍을 할 수 있는 EPROM의 장점을 조합한 것이다. 그러나 가격이 비싸고, 저밀도라는 단점을 가진다.

C. 램버스 D램(RAM Bus DRAM)

램버스 DRAM은 마이크로프로세서와 동적 램(DRAM) 사이에 초당 500/600MB의 초고속으로 데이터를 전송할 수 있는 DRAM이다. 램버스 D램(RAM Bus DRAM)은 1992년 미국의 반도체 설계 전문업체인 램버스 사가 개발한 버스 구조로, 초고속 데이터베이스 전송용 메모리 제품을 말한다. 램버스 D램은 CPU와 메모리를 중계해 주는 램버스 인터페이스 회로와 함께 사용된다. 램버스 채널을 통해 전송되는 램버스 D램의 데이터 속도는 초당 5백MB(2 나노초 당 9비트)로 이는 초당 20MB의 속도로 데이터를 전송하는 기존의 범용 16 메가 D램보다 처리속도가 월등하게 빠른 것이다. 램버스 D램은 기존의 범용 D램의 고속화를 위해 사용하던 S램, V램, 컨트롤러 등이 필요 없기 때문에 사용 칩 수도 줄일 수 있다. 특히 이 제품은 그래픽 전송에서 탁월한 성능을 보유하고 있어 고도의 동화상처리 속도를 실현하는데 필수적인 기술로 평가되기 때문에 고성능 그래픽 기능을 지닌 워크스테이션이나 PC, 휴대정보통신 단말기(PDA) 등에서 기존 메모리를 빠르게 대체할 것으로 기대되고 있다.

D. DDR(Double Data Rate) **동기식 D램**

DDR(Double Data Rate) 동기식 D램은 1997년 국제표준화 기구인 JEDEC(Joint Electron Device Engineering Council)가 새롭게 채택한 고속 SDRAM이다. DDR SDRAM은 한 번의 클럭신호에 한 개의 정보를 주고받는 기존 메모리의 상식을 파괴해 한 번에 두 개의 정보를 주고받을 수 있게 함으로써 기존 메모리 속도를 배로 늘리도록 설계한 SDRAM이다. 즉, 컴퓨터 내부의 동작에 맞춰 정보를 주고받는다는 점에서는 기존 동기식 방식과 같지만 한 번의 동작에 두 번 정보를 주고받는다는 것이 근본적인 차이점이다.

7.3.3 ROM(Read Only Memory)

ROM은 이름에서 나타나 있듯이 저장되어 있는 데이터를 읽는 것은 가능하지만 데이터를 쓰는 것은 불가능한 반도체이다. 일반적으로 RAM과 달리 ROM은 데이터를 영구 저장할 수 있으므로 다음과 같은 목적으로 많이 사용된다.

- 자주 사용되어지는 함수들을 위한 라이브러리 서브루틴들(library subroutines)
- 시스템 프로그램들(system programs)
- 함수 표들(function tables)

ROM의 종류는 다음과 같다.

① PROMs(Programmable ROM)
프로그램 가능한 ROM으로 데이터가 사용자에 의해 한 번 쓸 수 있다.

② EPROMs(Erasable PROM)

EPROM은 PROM과 마찬가지로 전기적으로 읽을 수도 있고 쓸 수도 있다. 그러나 쓰기 전에 자외선을 이용하여 저장되어 있는 내용을 지워야 한다. EPROM에서는 여러 번 지우고 쓰는 것이 가능하며, ROM이나 PROM과 마찬가지로 영원히 데이터를 저장할 수 있다. 저장 용량이 비슷한 경우에 EPROM이 PROM에 비하여 더 비싸지만, 여러 번 반복하여 지우고 쓸 수 있으므로 유용한 장점을 가진다.

③ EEPROMs(Electrically Erasable PROMs)

EEPROM은 전기적으로(Electrically) 지울 수 있는 PROM이다. EPROM과 마찬가지로 여러 번 쓸 수 있으나, 쓰기 위해 먼저 지울 필요 없다는 편리함을 가진다. 따라서 EEPROM은 EPROM보다 더 비싸며, 집적도도 더 낮으므로 칩당 비트의 수가 더 적다는 특성을 가진다.

④ 플래쉬(Flash) 메모리

플래쉬 메모리는 일종의 비휘발성 기억 장치로서 전기적인 처리에 의해 기억 내용을 소거할 수 있는 점에서는 전기적 소거 및 프로그램 가능 읽기 전용 기억 장치(EEPROM)와 유사하지만, EEPROM은 한 번에 1바이트씩 소거할 수 있는 데 비해 플래시 메모리는 블록 단위로 소거해야 한다. 이 특성 때문에 플래시 메모리는 흔히 휴대형 컴퓨터의 하드 디스크 대용 또는 보충용으로 사용된다. 가장 흔히 사용되는 예는 휴대형 컴퓨터의 PCMCIA 슬롯에 삽입하여 사용할 수 있는 PC 카드의 기억 장치로 사용되는 것이다.

아래의 그림 7-5는 전형적인 ROM 칩의 구조를 보여 준다. 그림에서 보듯이 ROM은 RAM과는 달리 입력으로 쓰기 혹은 읽기 입력이 없고 다만 칩 선택 입력과 주소 입력만 있다. 즉, ROM은 읽을 수만 있기 때문에 데이터 버스는 출력의 한 방향성이다. 주소선으로 ROM 안에 있는 256 바이트 중에 하나를 명시한다.

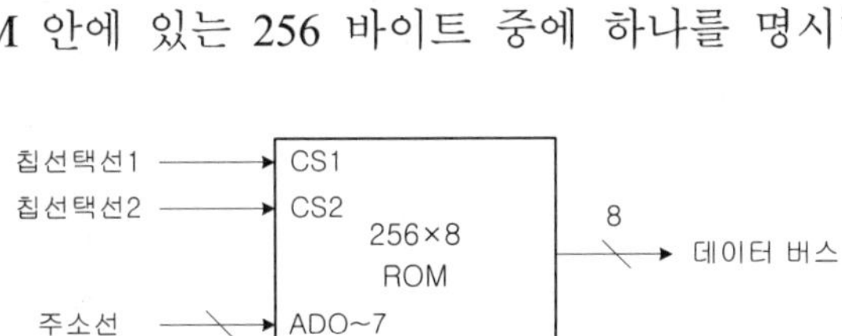

그림 7-5 전형적인 ROM 칩 구조

7.4 반도체 메모리의 설계

전형적인 RAM 칩의 표현은 다음과 같다. 아래의 그림 7-6은 256×8 비트 용량의 RAM에 대한 블록 선도와 각 제어 신호에 따른 RAM의 동작을 보여 준다.

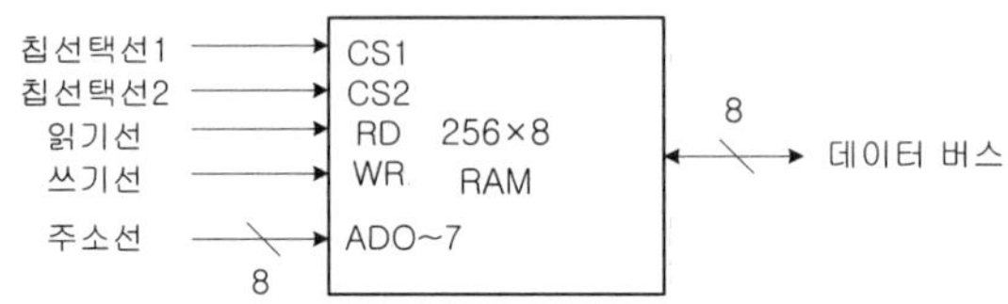

그림 7-6 256×8 RAM 구조

그림 7-6에서 보는 바와 같이 256×8 비트 용량의 RAM은 전체 용량은 2 KB로, 256 개의 기억 장치장소에 8비트(1 바이트)의 정보를 저장할 수 있다. 따라서 256 개의 기억장치를 지정하기 위하여서는 256 = 2^8이므로 8 개의 주소선이 필요하다.

또한 그림에서 보여주는 RAM 칩에는 두 개의 칩 선택 신호선(Chip Selection : CS)과 읽기와 쓰기 신호선이 각각 하나, 그리고 8 개의 주소선으로 이루어진다. 이 외에도 각 기억장치 안에 데이터의 읽기와 쓰기를 위한 8 개의 데이터 선으로 이루어진다. 그림 7-6에서 보는 바와 같이 데이터 선들을 제외한 모든 선들은 한쪽 방향의 선이고 데이터 선들을 양방향성 특성을 가진다. 데이터 선들이 양방향성인 것은 RAM 특성상 읽거나 쓸 수 있기 때문이다. 아래의 표 7-1은 위의 RAM의 동작 테이블이다.

표 7-1 전형적인 RAM 동작 테이블

CS1	CS2	RD	WR	동 작
0	0	X	X	금지
0	1	X	X	금지
1	0	0	0	금지
1	0	0	1	쓰기
1	0	1	X	읽기
1	1	X	X	금지

앞의 그림에서와 같이 RAM 칩들은 여러 용량으로 주어지는데, 같은 용량의 메모리일지라도 여러 형태를 가질 수 있다. 예를 들어, 1GB(= 8 Gb)의 기억장치 모듈은 256M×32, 128M×64, 64M×128 등의 칩들로 구현할 수 있다. 그러나 문제는 우리가 원하는 용량의 메모리 모듈들이 항상 존재하거나 혹은 가용하지 않다는 것이다. 이런 경우에는 사용할 수 있는 작은 용량의 메모리 칩들을 이용하여, 필요한 메모리 모듈로 설계하는 것이 필요하다. 예를 들어, 1G×8 메모리 모듈이 필요하나 사용할 수 있는 칩은 128M×8이라면, 이 경우에 사용할 수 있는 128M×8 칩들을 8 개 직렬로 연결하여 사용할 수 있다. 따라서 여기서는 이처럼 필요한 메모리 모듈을 여러 개의 작은 메모리 칩들을 이용하여 설계하는 방법에 대한 것을 살펴보기로 한다. 메모리 모듈의 설계는 다음의 두 가지 목적에 따라 서로 다른 방식으로 메모리 칩을 연결한다.

- 기억장치의 장소 크기 확장 목적
- 하나의 기억장치에 저장되어지는 데이터의 길이 확장 목적

1) 기억장치의 장소 크기 확장

이것은 주어진 작은 용량의 메모리 칩을 사용하여 더 큰 크기의 기억장치 모듈을 만드는 것을 목적으로 한다. 예를 들어, 256K×8 용량의 메모리 칩을 사용하여 1M×8의 기억장치 모듈을 설계하는 것이다. 이 경우는 4 개의 메모리 칩을 직렬로 연결함으로 원하는 모듈을 얻을 수 있다. 아래의 그림 7-7은 256K×8 메모리 칩으로 1 M×8 기억장치 모듈을 구성하는 것을 보여 준다.

그림에서 볼 수 있듯이 하나의 메모리 칩은 256K의 기억장소를 가지므로 18 비트로 각 기억장소가 지정된다. 따라서 18 개의 주소선이 필요하고, 또한 4 개의 칩으로 직렬 연결하여 구성하므로 각 메모리 칩을 선택하기 위하여서는 2×4 디코더가 필요하다.

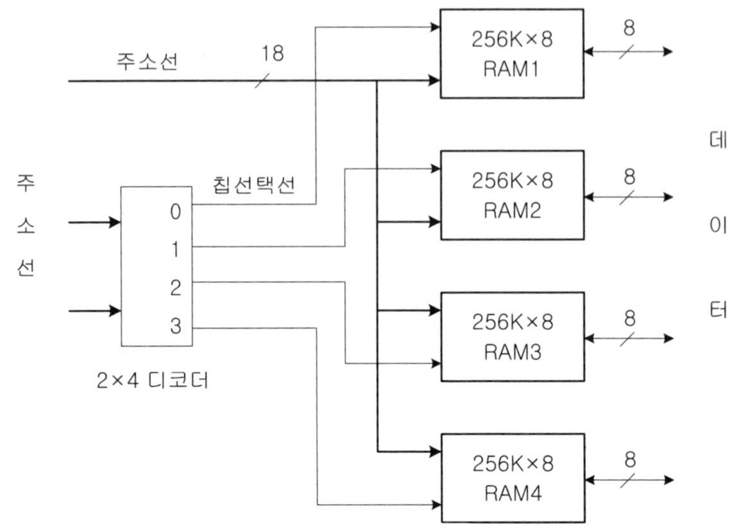

그림 7-7 256K×8 메모리 칩을 사용한 1M×8 메모리 모듈의 설계

2×4 디코더의 입력 선은 두 개 필요하다. 따라서 1M×8 용량의 메모리 모듈에서 하나의 기억장소를 나타내기 위해서는 총 20 개의 주소선이 필요함을 알 수 있다.

$$1\ M = 10^{6} = 2^{20}$$

아래의 표 7-2는 각 메모리 칩에 저장되어지는 주소지정을 보여 준다.

표 7-2 각 RAM에 할당된 주소

칩번호	주소 영역
RAM 1	00000H ~ 3FFFFH
RAM 2	40000H ~ 7FFFFH
RAM 3	80000H ~ BFFFFH
RAM 4	C0000H ~ FFFFFF

기억장치 모듈 설계에서 기억장소의 확장은 메모리 칩을 직렬로 연결하여 구현할 수 있다.

2) 데이터 크기의 확장

데이터 크기의 확장이란 하나의 기억장소에 저장되어지는 데이터의 크기를 확장하는 것이다. 위의 예에서 살펴 본 256K×8 메모리 칩에는 256K 개의 기억장소를 가지며, 각 기억장소에는 8비트 크기의 데이터를 저장할 수 있다. 이러한 256K×8 메모리 칩을 사용하여 256K×32 메모리 모듈은 아래의 그림 7−8과 같이 구현된다.

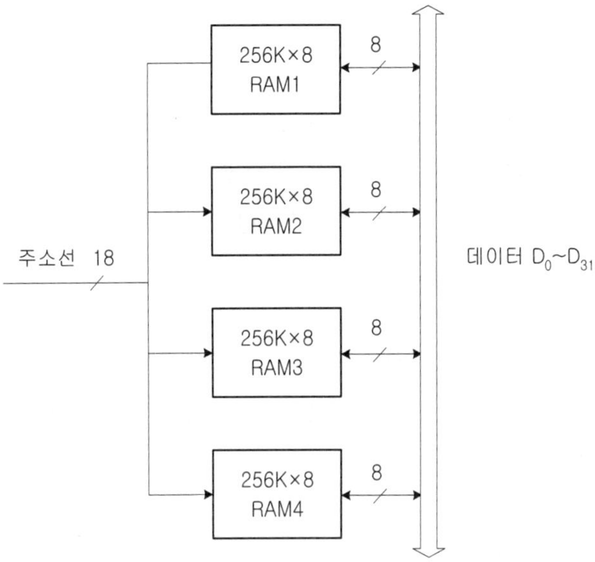

그림 7−8 256K×8 메모리 칩을 사용한 256K×32 메모리 모듈의 설계

위의 그림 7−8에서 볼 수 있듯이 하나의 메모리 칩으로부터 각 8비트의 데이터가 출력되기 때문에 4 개의 메모리 칩으로부터 모두 32 비트의 데이터를 얻을 수 있다. 여기서는 각 메모리 칩들을 병렬로 연결되기 때문에, 앞의 기억장소 확장 경우처럼 칩 선택 선은 필요없고, 하나의 데이터를 액세스하기 위하여 모든 메모리 칩들이 선택된다. 즉, 각 칩들은 00000_H~$3FFFF_H$까지의 메모리 장소를 가진다.

기억장치 모듈 설계에서 기억되어지는 단어의 확장은 메모리 칩을 병렬로 연결하여 구현할 수 있다.

메모리 칩으로부터 데이터가 읽혀지거나 혹은 메모리 칩으로 데이터를 저장하는 경우에 CPU에서 수행되어지는 동작들은 다음과 같다.

3) 읽기 동작

메모리로부터 데이터를 읽는 동작이 수행되어질 때, CPU에서 하는 동작은 다음과 같다.

- 데이터가 저장되어 있는 메모리의 주소를 명시한다.
- 위에서 명시된 메모리의 주소와 더불어 읽을 데이터의 연속적인 바이트 수를 명시한다. 이러한 바이트의 수는 주로 1, 2, 4, 8 바이트 중 하나이다.
- 읽기 동작이 수행됨을 알린다.

위의 동작들이 이루어지려면 먼저 주소 버스를 통하여 주소가 메모리로 보내진다. 또한 읽혀질 데이터의 바이트 수는 제어신호에 실려 제어 버스를 통하여 보내진다. 뿐만 아니라 CPU가 "읽기" 동작을 수행하기 원한다는 사실은 제어 버스를 통하여 전달된다.

메모리가 읽기 신호를 수신하면, 메모리로부터 데이터를 읽어서 데이터 버스에 싣고, CPU에게 알림으로써, CPU로 하여금 데이터 버스로부터 데이터를 읽어서 레지스터에 저장하도록 한다.

4) 쓰기 동작

쓰기 동작을 위하여 CPU가 하는 일은 다음과 같다.

- 데이터가 쓰여질 메모리의 주소를 명시한다.
- 위에서 명시된 메모리의 주소와 더불어 쓰여질 데이터의 연속적인 바이트 수를 명시한다. 이러한 바이트의 수는 주로 1, 2, 4, 8 바이트 중의 하나이다.
- 쓰기 동작이 수행됨을 알린다.

이러한 동작이 일어나기 위하여 메모리의 주소가 주소 버스에 실린다. 또한 쓰여질 데이터 크기 바이트가 제어신호에 실려 제어 버스를 통하여 보내진다. 또한 CPU가 "쓰기" 동작을 수행하기 원한다는 사실은 제어 버스를 통하여 전달된다. 마지막으로 레지스터에 저장되어 있는 데이터가 데이터 버스에 실리게 된다. 메모리가 쓰기 신호를 수신하면, 데이터 버스로부터 데이터를 읽어서 명시된 주소에 저장하게 된다.

아래의 표 7-3은 데이터가 쓰여지거나 읽혀질 경우 데이터 크기에 따르는 메모리 주소의 번호를 보여 준다.

표 7-3 단어 정렬의 특성표

데이터 크기	바이트 크기	주소의 끝 2진수
Byte	1	아무거나
Halfword	2	0
Word	4	00
Double Word	8	000

7.5 에러 검출 및 정정

기억 장치로 데이터를 저장 한 후에 다시 인출하여 사용할 경우, 오류들이 발생할 수 있다. 이러한 오류들은 디지털 데이터로 표현되었을 경우 검출하여 정정하는 것이 아날로그 데이터보다 훨씬 쉽게 이루어진다. 이러한 에러에는 하나의 비트만이 에러가 발생하는 단일 비트 에러, 그리고 두 개 이상이 발생하는 버스티한 에러로 구분할 수 있다.

일반적으로 데이터의 오류를 검출하거나 발생한 오류를 정정하기 위하여서는 원래의 데이터에 부가적으로 오류 검출/정정 코드를 만들어 함께 저장한다. 즉, 기억장치에 데이터를 저장할 때, 저장되어질 데이터에 해당하는 에러 검출 및 정정 코드를 생성하여 함께 저장한다. 저장되어질 데이터가 D 비트로 이루어졌고, 부가되는 코드가 C 비트이면 전체 저장되는 데이터의 크기는 (D+C) 비트가 된다. 반대로 저장되었던 단어가 읽혀질 때, 저장되었던 코드를 이용하여 에러를 검출하고 정정하는데 사용한다. 이것은 원래의 데이터 D 비트로부터 생성된 새로운 C 비트의 코드 비트들과 비교함으로 이루어진다.

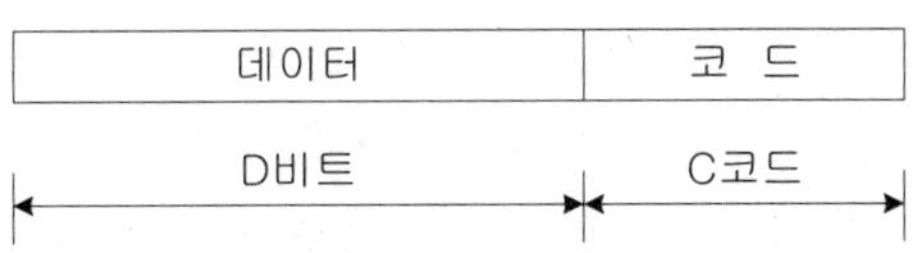

그림 7-9 데이터 비트와 에러 검출/정정 코드

위의 그림 7-9는 저장되어지는 데이터와 부가적으로 함께 저장되어지는 에러 검출/정정 코드를 보여 준다. 이 경우에 부가되는 코드의 길이에 따라 검출되어지는 에러의 형태가 다르게 된다. 즉, 에러 검출 및 정정 코드인 C 비트가 커질수록 더 많은 종류의 에러를 검출하거나 정정할 수 있다. 그러나 코드 C는 우리가 원래 저장하려는 데이터가 아니므로 전체 저장 혹은 전송함에 있어서 오버헤드가 되기 때문에 적을수록 효율은 높아진다. 따라서 효율적인 에러의 검출 혹은 정정을 위하여 코드의 길이 C의 적절한 선택이 필요하다.

아래 그림 7-10은 에러 제어를 위한 에러 제어시스템의 블록도를 보여 준다. 그림에서 볼 수 있듯이 전송(저장)되어지는 데이터는 검사 비트 생성기를 통하여 만들어진 제어 코드와 함께 데이터 링크와 같은 에러소스를 통과한 후에 검사비트 생성기를 통하여 만든 새로운 코드와 비교된다. 이처럼 비교를 통해서 에러를 검출한 후에, 에러 정정기를 통해 전송(저장)되어진 원래의 데이터를 얻을 수 있다.

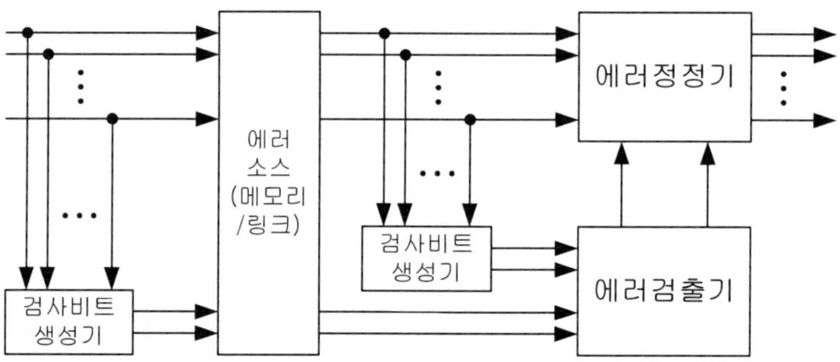

그림 7-10 에러 제어 시스템의 블록도

가장 간단한 에러 검출 코드로는 하나의 비트를 이용하여 에러의 발생 유무를 알 수 있는 패리티 비트(parity bit) 검출 방식을 들 수 있다. 이 방식에서는 전송되어진 데이터 중 1의 개수를 세어서, 1의 개수를 짝수 혹은 홀수로 만들기 위하여 하나의 패리티 비트를 첨부하여 전송하는 방식이다. 1의 개수를 짝수로 만들어 보내는 방식을 **짝수 패리티**(even parity), 홀수로 만들어 보내는 방식을 **홀수 패리티**(odd parity)라 부른다. 예를 들어 짝수 패리티에서 전송되어지는 데이터 중에 1의 개수가 짝수 개이면 0의 패리티 비트를 첨가해서 보낸다. 한편 수신자가 데이터를 받아서 1의 개수를 세었을 때, 짝수이면 에러가 없다고 판단하고, 홀수면 에러가 발생하였다고 생각한다. 이 패리티 검사 방식은 하나의 비트만을 사용하기 때문에 간단하고 검사 비트의 추가로 인한 오버헤드가 적은 장점을 가지지만, 짝수 개의 에러가 발생하면 에러의 발생을 검출할 수 없고, 또한 에러의 발생을 알 수는 있지만 에러의 정정을 할 수 없다는 단점을 가진다.

오류 정정코드 중에서 가장 간단하며 많이 사용되는 것은 벨 연구소의 해밍(Richard Hamming)이 만든 해밍 코드(Hamming Code)가 있다. 해밍 코드의 원리는 다음의 그림 7−11을 통하여 살펴볼 수 있다.

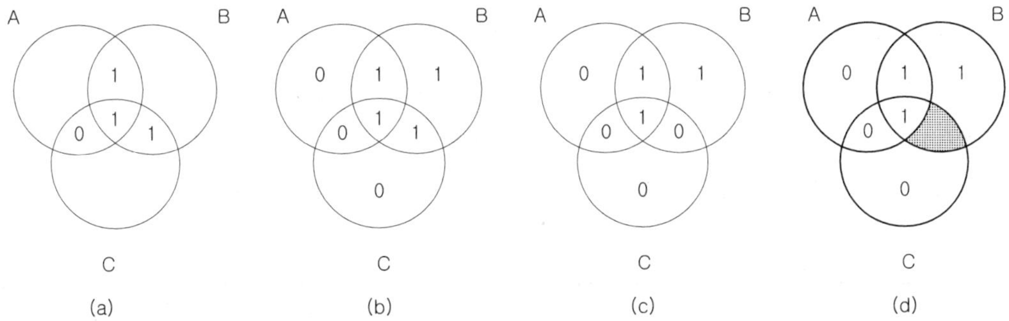

그림 7−11 해밍 에러 정정 코드의 원리

위의 그림 7−11 (a)에서 원 A, B, C와의 교차되는 영역의 값들이 저장되어지는 데이터라고 가정한다. 즉, 전송하려는 데이터는 1,1,1,0의 4 개 비트이다. 4 개의 데이터 비트를 전송하면서 에러의 검출 및 정정을 위한 패리티 비트(parity bits)를 구하여 나머지 영역에 넣는다. 여기에서는 짝 수 패리티를 사용한다. 이 경우 그림 (b)와 같이 된다. 즉, 원 A의 패리티 비트는 이미 데이터 비트의 1의 개수가 짝수이므로 0이고, 원 B의 패리티 비트는 3 개의 데이터 비트 1의 개수가 3 개이기 때문에 짝수로 만들기 위하여 1이 된다. 그런데 만약 그림 (c)에서와 같이 원 B와 원 C의 교차점에서 에러가 발생하였다고 하자. 즉 1이 0로 바뀌었다고 하자. 이 경우 원 B와 C에서 1의 개수가 짝수가 아니므로 오류가 발생하였음을 알 수 있고, 또한 원 A는 에러가 없음을 알 수 있다. 따라서 원 B와 원 C의 교차점에서 에러가 발생하였음을 알 수 있으므로 에러를 정정할 수 있게 된다. 즉, 현재의 값 0는 원래 1이었음을 알 수 있게 된다.

위의 그림에서 볼 수 있듯이 해밍 코드를 사용하면, 에러의 검출 뿐만 아니라 발생한 에러의 위치를 알 수 있으므로 에러 정정도 할 수 있다.

해밍 코드를 사용하여 하나의 에러가 발생하였을 경우, 발생된 에러를 검출하고 정정하기 위한 코드의 길이(C)와 데이터의 길이 D는 다음과 같은 관계식을 가진다.

$$2^C - 1 \geq D + C$$

위의 관계식을 통하여 데이터 비트가 8일 경우는 검사 비트는 4 개가 필요하고, 데이터 비트가 16일 경우에는 5 개의 검사 비트가 필요하다. 이처럼 데이터 비트의 길이에 따르는 검사 비트의 길이도 중요하지만, 또한 검사 비트가 어느 위치에 있느냐가 중요하다. 다음의 그림 7-12는 데이터 비트들과 검사비트들의 배치도를 보여 준다.

그림에서 보는 바와 같이 검사 비트는 이진수의 1, 2, 4, 8, 16, 32, ... 위치, 즉 2^n의 위치에 놓인다. 이는 하나의 에러가 발생하였을 경우에는 바로 이들 위치에서 발생하기 때문이다. 또한 이들 검사 비트들은 다음과 같이 계산된다.

비트의 위치	1	2	3	4	5	6	7	8	9	10	11	12
검사 비트	C1	C2		C4				C8				
데이터 비트			D1		D2	D3	D4		D5	D6	D7	D8

그림 7-12 해밍 코드에서 데이터 비트와 검사 비트의 위치

$$C1 = D1 \oplus D2 \oplus D4 \oplus D5 \oplus D7$$

$$C2 = D1 \oplus D3 \oplus D4 \oplus D6 \oplus D7$$

$$C4 = D2 \oplus D3 \oplus D4 \oplus D8$$

$$C8 = D5 \oplus D6 \oplus D7 \oplus D8$$

따라서 C1은 이진수 2^0 위치에 1을 가지는 수를 XOR하여 얻으며, C2는 이진수 2^1 위치에 1을 가지는 수를 XOR하여 얻고, C4는 이진수 2^2 위치에, 그리고 C8은 이진수 2^3 위치에 1인 수를 XOR하여 얻음을 알 수 있다. 따라서 비트의 위치 10 번째에 있는 비트는 10 = 8 + 2이므로 8과 2번 위치의 비트들에 의해 검사된다.

[예제 7.1]

8 비트의 데이터 10101011 에 대한 해밍 코드에서의 검사 비트를 구하라. 단, 가장 좌측에 있는 데이터를 D1이라고 가정한다. 또한 데이터 비트의 4 번째 비트 0가 오류가 발생하여 1로 바뀌었을 때, 에러를 검출하고 정정하는 과정에 대하여 설명하라.

<풀이>

검사 비트들은 위의 식을 통하여 구할 수 있다.

$$C1 = 1 \oplus 0 \oplus 0 \oplus 1 \oplus 1 = 1$$

$$C2 = 1 \oplus 1 \oplus 0 \oplus 0 \oplus 1 = 1$$

$$C4 = 0 \oplus 1 \oplus 0 \oplus 1 = 0$$

$$C8 = 1 \oplus 0 \oplus 1 \oplus 1 = 1$$

따라서 저장되어지는 데이터는 원래의 데이터 10101011에 위에서 구한 검사 비트를 위치에 넣은 111001011011이다.

만약 4 번째 비트가 오류가 발생하였다면, 오류가 발생한 데이터에 대한 검사비트들은 다음과 같다.

$$C1' = 1 \oplus 0 \oplus 1 \oplus 1 \oplus 1 = 0$$

$$C2' = 1 \oplus 1 \oplus 1 \oplus 0 \oplus 1 = 0$$

$$C4' = 0 \oplus 1 \oplus 1 \oplus 1 = 1$$

$$C8' = 1 \oplus 0 \oplus 1 \oplus 1 = 1$$

따라서 이 검사 비트들과 원래의 검사 비트들과 비교하면 다음과 같이 에러가 발생한 위치를 구할 수 있다.

	C8	C4	C2	C1
	1	0	1	1
⊕	1	1	0	0
	0	1	1	1

따라서 전체 비트 중에 7 번째, 즉 데이터 비트 중에 4 번째가 오류가 발생하였음을 알 수 있다. 따라서 네 번째 비트 0가 1로 바뀌었음을 알 수 있다.

7.6 캐쉬 메모리(Cache Memory)

캐쉬 메모리는 주기억 장치와 CPU 사이에 있는 메모리 계층으로서, CPU에서 주 기억 장치로의 오랜 접근 시간 때문에 일어나는 성능 감소를 막기 위하여 사용된다. 1980년대 초에는 마이크로프로세서의 동작 속도와 DRAM의 액세스 속도와의 차이가 거의 없었기 때문에 캐쉬가 필요 없었다. 그러나 그 이후로 마이크로프로세서의 속도는 1년에 60%의 속도로 증가하였으나 DRAM의 액세스 속도는 겨우 1년에 7%의 증가에 그쳤다. 그 결과 1990년 초에는 프로세서와 메모리의 액세스 속도의 차이가 거의 10배에 다 달았다. 따라서 마이크로프로세서는 메모리로 데이터를 가져오기 위하여 명령어를 보낸 후에 대이터가 도착할 때까지 오랫동안 기다려야 하므로 마이크로프로세서의 성능 향상이 전체 컴퓨터의 성능 향상으로 이어지지 않았다. 1989년에 처음으로 인텔 마이크로프로세서의 칩 안에 캐쉬를 사용하였다. 현재는 마이크로프로세서의 속도와 DRAM의 액세스 속도의 차이가 거의 100배에 달하므로 1차 캐쉬, 2차 캐쉬 등과 같이 캐쉬도 계층화되어 사용된다. 아래의 그림 7−13에서 볼 수 있듯이 캐쉬는 주기억 장치인 DRAM과 CPU 사이에 삽입된 SRAM으로 보통 1~2 사이클의 지연을 가지면서 CPU의 속도로 동작한다.

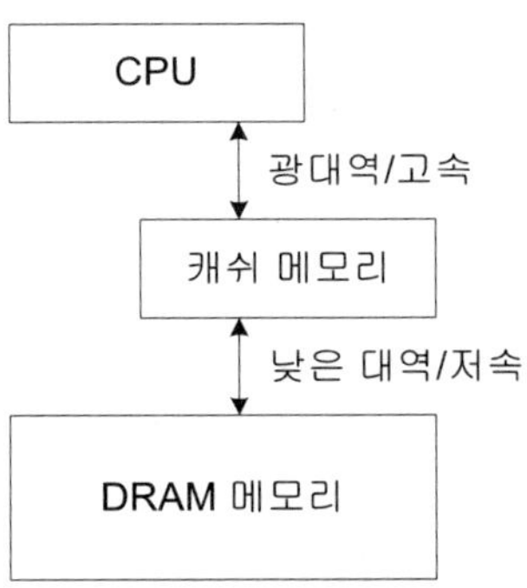

그림 7−13 캐쉬 메모리와 CPU의 관계

캐쉬는 주기억장치의 내용 일부를 저장하고 있다. 캐쉬에 대한 개념은 1960년대 중반에 Wilkes에 의해 처음으로 소개되었다. CPU가 기억장치로부터 데이터를 가져올 때, 먼저 그 데이터가 캐쉬에 있는지를 검사한다. 만약 원하는 데이터가 캐쉬에 있으면 즉시 CPU로 전송된다. 만약 원하는 데이터가 캐쉬에 없을 경우에는 그 데이터는 주기억 장치로부터 캐쉬로 읽혀지고, 그 후에 CPU로 전달된다.

캐쉬의 용량은 주 메모리의 용량보다 매우 작기 때문에, 주 메모리의 모든 내용이 캐쉬에 한꺼번에 들어갈 수 없다. 따라서 필요에 따라 캐쉬의 내용이 바뀌어진다. 주 메모리와 캐쉬 사이에 이동하는 데이터는 블록(block) 단위로 이동된다. 블록의 크기는 캐쉬 내의 슬롯의 크기와 같다. 캐쉬 메모리는 메모리 계층의 핵심 요소로서 다음과 같은 특성을 가진다.

- 주 메모리에 비하여 매우 크기가 작다
- 프로세서와 비슷한 속도에서 동작한다.
- 주 메모리에 비해 매우 비싸다. 주 메모리는 DRAM으로 구성되어지며, 캐쉬는 SRAM으로 구성된다.
- 주 메모리 블록의 복사본을 가진다.

일반적으로 캐쉬에 대하여 사용되어지는 파라미터들의 범위는 다음과 같다.

표 7-4 캐쉬에 사용되어지는 파라미터들의 값

블록 크기	4-128 바이트
적중시간(Hit Time)	1-4 클럭 사이클
미스 패널티(Miss Penalty) -액세스 시간 -전송 시간	8-32 클럭 사이클 -6~10 클럭 사이클 -2~22 클럭 사이클
미스율(Miss Ratio)	1~20 %
캐쉬 크기	1KB~256 KB

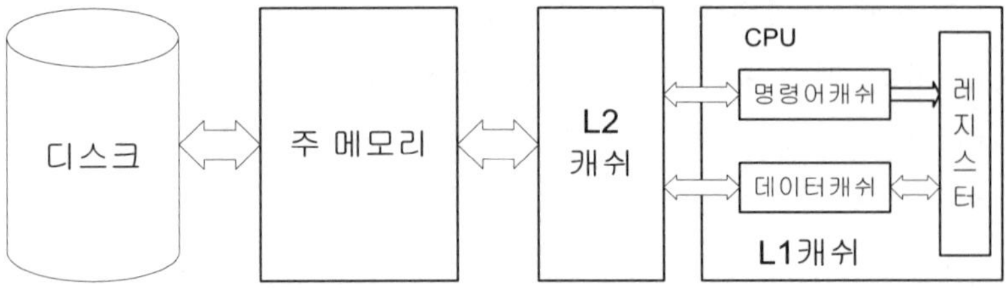

그림 7-14 메모리의 위치

이 장의 앞에서 설명되었듯이 메모리 계층화 구조에서 캐쉬의 위치는 그림 7-14에서 보여 준다. 이 그림에서는 캐쉬가 CPU 내부의 1차 캐쉬와 CPU와 주 메모리 사이의 2 차 캐쉬로 구분되었다. 그림에서 볼 수 있듯이 1차 캐쉬(L1 캐쉬)는 명령어 캐쉬와 데이터 캐쉬가 분리되어 있으며, CPU 내부에 위치한다. 이처럼 CPU 내부에 위치하는 캐쉬를 온칩 캐쉬(ON Chip cache)라 부른다. 위에서 살펴 본 바와 같이 어떤 메모리의 내용을 CPU에서 참조할 경우, 먼저 원하는 단어가 캐쉬에 있는가를 확인하여, 만약 캐쉬에 저장되어 있으면 캐쉬로부터 읽혀져서 CPU로 보내어진다. 그러나 캐쉬에 원하는 데이터가 없으면, 주 메모리로부터 읽어서 캐쉬에 저장한 후에 CPU로 보내게 된다. 원하는 데이터를 캐쉬에서 참조되는 경우를 **캐쉬 적중(Hit)**라고 하며, 캐쉬에 원하는 데이터가 없는 경우를 **캐쉬 미스(Miss)**라고 부른다. 또한 캐쉬 적중률은 다음과 같이 표현된다.

$$\text{적중률(Hit Ratio)} = \frac{\text{캐쉬 적중 횟수}}{\text{전체 기억장치 액세스 횟수}}$$

여기서 캐쉬 적중률을 H라고 표현하면, 캐쉬 미스률은 (1-H)가 된다. 또한 미스 패널티(miss penalty)란 캐쉬 미스가 발생하였을 경우, 데이터를 주 메모리에서 캐쉬로 가져오는 시간을 말한다. 따라서 캐쉬 액세스 시간을 t_c라고 하고, 미스일 경우 메모리로부터 캐쉬로 데이터를 가져오는 액세스 시간을 t_m이라고 할 때, 전체 평균 기억장치 액세스 시간은 다음과 같이 표현된다.

$$\text{평균 기억장치 액세스 시간} = H \times t_c + (1-H) \times (t_m + t_c)$$

아래의 예제를 통하여 평균 메모리 액세스 시간에 대하여 설명하면 다음과 같다.

[예제 7.2]

어떤 컴퓨터에서 명령어를 실행함에 있어서 캐쉬 적중인 경우 1 사이클이 필요하고, 미스 패널티가 10 사이클이라고 한다. 이 컴퓨터를 사용하여 원하는 프로그램을 동작시킬 때 미스율이 20%일 경우, 평균 기억장치 액세스 시간을 구하라.

<풀이>

주어진 문제의 조건에서 캐쉬 미스율이 20%이므로, 명령어 실행의 20%는 미스 패널티 시간을 필요로 한다. 따라서 캐쉬 미스가 발생하였을 경우, 미스 패널티 10 사이클과 그 명령어 실행에 필요한 1 사이클이 필요하다. 따라서 이 컴퓨터에서의 평균 기억장치 액세스 시간은 다음과 같이 구해진다.

평균 기억장치 액세스 시간 = 1× 0.8 + (1+10)×0.2 = 0.8 + 2.2 = 3.0 [사이클]

주 메모리와 캐쉬와의 인터페이스를 살펴보면 다음 그림 7-15와 같다. 주 메모리에는 최대 2^n 개의 메모리로 이루어지며, 각 메모리는 n비트로 이루어진 주소로 액세스되어진다고 가정한다. 예를 들어 26 비트로 이루어진 주소를 가지고 액세스 되어지는 주 메모리의 최대 크기는 64M 개다. 또한 주 메모리에서 캐시로의 전송은 K 단어(words)로 이루어진 블록(block)에 의하여 이루어진다고 가정한다. CPU가 명령어를 실행하기 위하여 메모리에 저장되어 있는 데이터가 필요할 경우, 이 데이터는 주소에 의해 액세스되어 진다. 이 때 이 데이터는 자신이 속해 있는 블록에 포함되어 캐쉬로 이동되어진다. 주 메모리의 저장장소의 크기가 2^n 개이고, 블록의 크기가 K 단어이므로 주 메모리에는 $2^n/K$ 개의 블록이 존재하게 된다. 이 $2^n/K$ 개의 블록이 캐쉬 내의 슬롯으로 이동하게 된다. 주 메모리로부터 전송되어진 하나의 블록은 캐쉬에 있는 K 단어의 크기로 이루어진 하나의 **슬롯**(slot)에 저장된다. 물론 주 메모리의 전체 블록의 수는 캐쉬 내의 슬롯의 수보다 매우 크기 때문에 어느 순간에 캐쉬에는 주 메모리의 일부 블록만이 저장된다. 따라서 캐쉬의 슬롯의 수가 주 메모리 블록의 수보다 훨씬 적으므로 각 슬롯은 여러 블록에 의해 공유된다. 각 슬롯에 저장되어 질 수 있는 여러 블록을 구분해 주기 위하여 **태그**(tag)가 사용된다. 물론 이 태그는 주기억장치 주소의 일부이다.

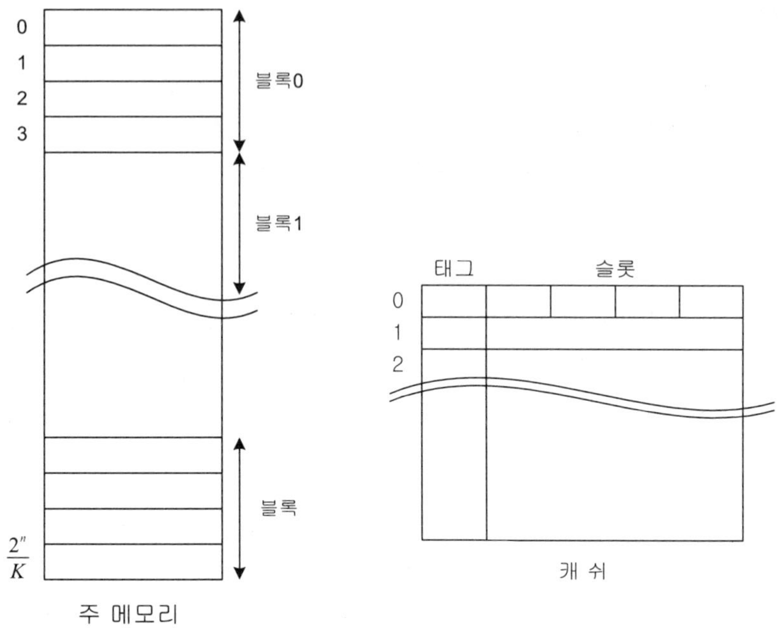

그림 7-15 캐쉬와 주 메모리 사이의 블록 전송

컴퓨터의 보다 나은 성능 향상을 위하여 캐쉬의 설계시에 다음과 같은 요소들을 고려해야 한다.

- 주 메모리와 캐쉬 사이의 사상(Mapping)하는 방법
- 캐쉬 내용(블록) 구분(block identification) 방법
- 캐쉬 교체 알고리즘
- 캐쉬 쓰는 방식
- 전송되어지는 블록의 크기
- 캐쉬의 개수와 타입

다음은 이들 캐쉬 설계시 고려 사항들에 대하여 살펴보기로 한다.

7.6.1 캐쉬 사상(Mapping) 방법

앞에서 살펴 본 바와 같이 캐쉬 슬롯의 수는 주 메모리 블록의 수보다 훨씬 적으므로, 캐쉬의 각 슬롯은 주 메모리의 여러 블록에 의하여 공유된다. 따라서 주 메모리의

블록을 캐쉬의 슬롯에 어떻게 사상하는 가에 대한 알고리즘이 필요하다. 이러한 캐쉬 사상 방식에는 직접(Direct)사상 방식, 연관(Associative)사상 방식, 그리고 세트연관(set－associative) 사상 방식이 있다. 이들 각 방식에 대하여 살펴보기로 한다.

1) 직접(Direct)사상 방식

이 방식에서 주 메모리의 각 블록은 캐쉬에 있는 특정 슬롯에 할당된다. 즉, 주 메모리의 각 블록은 캐쉬로 적재되어지는 경우에 정해진 캐쉬의 슬롯으로만 사상된다. 이것은 다음과 같이 표현된다.

$$i = j \text{ modulo } C$$

위 식의 의미는 주 기억장치의 블록 번호 j는 캐쉬 슬롯의 수 C개의 모듈로 연산에 의해 i 번 째 슬롯으로 사상됨을 나타낸다. 예를 들어, 캐쉬 슬롯의 수가 4 인 경우에 4 개의 슬롯은 다음과 같은 주 메모리 블록에 의해 공유된다.

- 슬롯 0에는 블록 번호 0, 4, 8, 12, ... 등이 사상된다.
- 슬롯 1에는 블록 번호 1, 5, 9, 13, ... 등이 사상된다.
- 슬롯 2에는 블록 번호 2, 6, 10, 14, ... 등이 사상된다.
- 슬롯 3에는 블록 번호 3, 7, 11, 15, ... 등이 사상된다.

직접 사상 방식에서 주 메모리 주소를 이용한 캐쉬의 액세스는 다음과 같이 이루어진다. 주 메모리의 주소는 태그 구분자, 슬롯 번호, 단어 구분자의 세 가지 필드로 나누어진다. 여기서 태그 구분자는 하나의 슬롯이 여러 개의 블록에 의해 공유되어 지므로, 이들 블록을 구분하는데 사용된다. 또한 슬롯 번호 필드는 참조될 주소를 가지는 캐쉬 내의 물리적 슬롯을 명시한다. 마지막으로 단어 구분자는 슬롯에 있는 단어 중에 CPU에서 필요한 특정 단어를 구분하는데 사용된다.

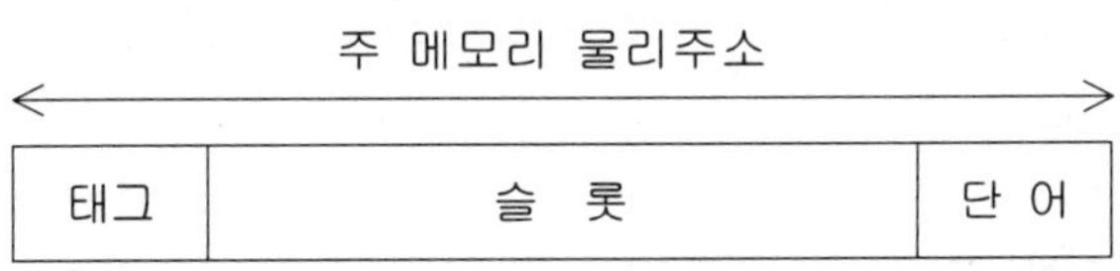

그림 7-16 직접 사상방식에서 주 메모리 주소의 각 필드 구분

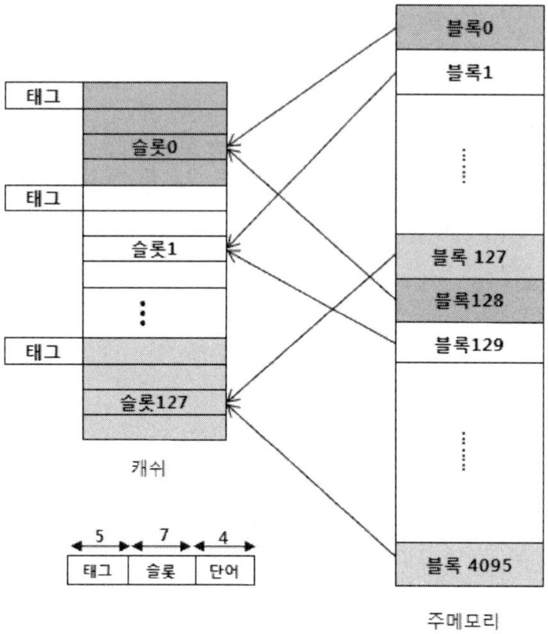

그림 7-17 직접 사상 방식에 의한 캐쉬와 주 메모리 사이의 블록의 적재

직접 사상 방식에 의한 캐쉬와 주 메모리 사이의 블록의 적재에 대한 예를 위의 그림 7-17에서 보여 주고 있다. 그림에서는 16 비트의 물리주소가 워드 필드 4 비트, 슬롯 필드가 7 비트, 그리고 태그 필드를 위하여 나머지 5 비트가 사용됨을 보여주고 있다. 따라서 이 메모리는 2^{16} = 64K 개의 주소 공간을 가지며, 만약 하나의 메모리 공간에 1 바이트의 데이터가 저장되어 있다면 이 메모리는 총 2^{16} = 64 K 바이트 용량을 가진다. 또한 워드 필드가 4 비트인 것으로 보아 하나의 블록에는 모두 16 바이트의 데이터로 이루어진 것을 알 수 있다. 즉, 주 메모리에서 캐쉬로 데이터가 이동할 때에는 16 개 주소공간에 있는 데이터가 함께 이동된다. 그림에서 캐쉬는 128 개의 슬롯을 가지기 때문에 4096개의 주 메모리 블록이 128개의 슬롯을 공유하게 된다.. 따라서 위의 그림으로 보아 다음과 같은 사실을 알 수 있다.

- 메모리 용량 = 64KB
- 1블록 = 16바이트

- 주 메모리의 블록 수 = 64K/16 = 4K
- 캐쉬 용량 = 128×16B = 2KB

[예제 7.3]

주 메모리 크기가 1 M개(20 주소 비트)이고, 하나의 주소 공간이 1 바이트 크기의 데이터가 저장하고 있으며, 하나의 블록 크기가 8 바이트라고 한다. 또한 캐쉬의 슬롯 갯수가 1 K 개 일 때, 직접 사상 방식을 사용할 경우, 주 메모리 주소의 각 필드를 구분하여라.

<풀이>

주 기억장치의 저장장소 크기가 1 M개이므로 각 메모리를 지정하기 위하여 20 개의 주소선이 필요하다. 즉, 각 주소에 저장되어 있는 데이터는 20 비트의 주소로 액세스될 수 있다. 또한 블록의 크기가 8 바이트이므로, 단어의 구분은 3 비트로 가능하다. 캐쉬의 슬롯의 수가 1 K 개이므로, 각 슬롯을 구분하기 위하여 10 비트가 필요하다. 따라서 전체 20 비트 중에, 3 비트는 단어 필드에, 그리고 10 비트는 슬롯 필드에, 나머지 7 비트는 태그 비트로 사용하면 된다. 따라서 각 필드를 그림으로 표현하면 다음과 같다.

태그(7비트)	슬롯번호(10 비트)	단어(3비트)

그림 7-18 예제의 주소 필드 구분

위의 예에서 만약 주 메모리의 주소가 16진법으로 표현되어질 경우, 즉 주소 $ABCDE_H$에 위치한 단어가 캐쉬의 어느 위치에 저장되는지를 알아보기로 한다. 16진법으로 표현되어진 주소를 2진 표현으로 고치면 다음과 같다.

$$ABCDE_H = \underline{1010101}\ \ \underline{1110011011}\ \underline{110}$$

따라서 슬롯 번호는 $39B_H$, 단어는 7 번째, 그리고 태그 번호는 55이다.

위에서 살펴 본 직접 사상 방식의 장점을 살펴보면 다음과 같다.

① 구현하기 쉽다.
② 구현함에 있어 상대적으로 적은 비용이 든다.
③ 원하는 주 메모리의 데이터가 캐쉬 어디에 있는지 결정하기 쉽다

이러한 장점에 비해 다음과 같은 단점도 가진다.

① 각 주 메모리의 블록이 특정 캐쉬 슬롯에만 사상된다.
② 따라서 같은 슬롯 번호에 반복적으로 블록들이 참조될 가능성이 있다.
③ 이 경우에 이들 블록들은 끊임없이 캐쉬로부터(로) in/out을 반복함으로 캐쉬 적중률을 낮춘다.

2) 완전연관사상 (Fully Associative Mapping) 방식

완전 연관 사상 방식에서는 위에서 살펴 본 직접 사상 방식과 달리 주 메모리의 블록이 캐쉬의 특정 슬롯에 항상 지정되어 적재되어지지 않고, 비어 있는 슬롯 아무 곳으로나 적재되어진다. 따라서 캐쉬의 적중률을 높일 수 있다. 즉, 주 메모리의 블록은 캐쉬의 어느 슬롯으로나 사상이 가능하다. 그러나 캐쉬의 효율적인 동작을 위하여 다음과 같은 선택을 따른다.

① 유효비트(valid bit)가 0 인 슬롯을 선택한다. 유효비트가 0인 것은 현재 해당 슬롯이 비어있음을 나타낸다.
② 모든 슬롯의 유효 비트가 1인 경우에는 교체되어질 슬롯을 선택한다. 슬롯의 교체 방식에 대하여서는 다음 절에서 설명된다.

완전연관 사상 방식에서는 주 메모리의 블록이 캐쉬의 어느 슬롯이나 적재가 가능하기 때문에 캐쉬 내의 슬롯 번호는 의미가 없다. 따라서 주 메모리의 주소는 태그 필드와 단어 필드에만 사용된다. 즉, 이 방식에서는 캐쉬 제어 논리가 주기억 장치를 단순히 태그와 단어 필드로 해석한다.

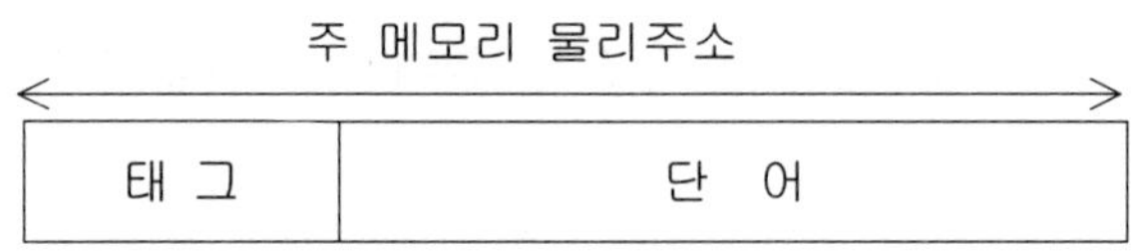

그림 7-19 연관 사상 방식에서의 주 메모리 필드의 구분

완전 연관사상 방식을 사용할 경우 CPU에서 원하는 데이터를 캐쉬에서 찾는 방법에 대하여 살펴보기로 한다.

완전 연관사상 방식에서 주 메모리로부터 이동된 데이터 블록은 캐쉬 슬롯의 어느 곳에도 적재 가능하므로, 모든 슬롯을 비교해야 한다. 먼저 주소의 태그 필드를 사용하여 모든 슬롯의 태그 필드를 비교한다. CPU에서 원하는 데이터인가에 대해 캐쉬 슬롯에 적재되어 있는 내용을 비교하기 전에 유효 비트가 1인 것을 확인한 후, 유효비트가 1인 슬롯만 비교한다. 이러한 비교는 비교기(comparator)를 이용하는데, 일반적으로 비교기는 XNOR 게이트로 이루어진다. XNOR 게이트는 비교되는 두 비트가 같으면 1을 출력하는 게이트이다.

일단 태그 필드가 일치하는 슬롯을 찾은 후에는 단어 필드의 비트를 사용하여 원하는 데이터를 찾을 수 있다.

그러나 연관 사상 방식에서는 원하는 데이터가 들어있는 블록을 찾기 위하여 캐쉬 내에 있는 모든 슬롯을 비교해야 하는 문제점을 가진다. 즉, 연관 사상 방식의 장점으로는 캐쉬로 적재되는 유연성이 좋다는 것이고, 단점으로는 구현하는 비용 즉 태그를 검사하는 회로가 복잡해지며, 태그를 비교하는 시간이 오래 걸린다는 것이다.

앞의 예제에서 살펴 본 저장장치 주소 $ABCDE_H$에 위치한 단어가 캐쉬 내의 슬롯에 적재될 때 연관 사상 방식을 사용할 경우의 각 필드의 비트를 구해보면 다음과 같다.

- 워드 필드 = 3 비트
- 태그 필드 = 17 비트

$$ABCDE_H = \underline{10101011110011011}\ \underline{110}$$

이 방식에서는 데이터 블록이 캐쉬 내의 비어 있는 슬롯으로 사상되어지므로 캐쉬 슬롯 번호는 의미가 없다. 대신에 워드 필드는 6이고, 태그 필드는 $1579D_H$ 값을 가진다.

3) 세트-연관 사상(Set associative mapping) 방식

세트-연관 사상 방식은 직접 사상 방식과 완전 연관 사상 방식의 장점만을 취한 방식이다. 즉, 직접 사상 방식에서 구현의 간단함과 완전 연관 사상 방식에서의 유연성을 조합하는 방식을 취한다. 이 세트-연관 사상에서는 캐쉬를 v 개의 세트로 나누고,

각 세트는 k 개의 슬롯을 가진다고 가정할 때, 저장되어질 캐쉬 내의 슬롯은 다음과 같이 정해진다.

$$m = v \times k$$

$$i = j \text{ modulo } v$$

여기서

i = 캐쉬 세트 번호
j = 주 기억장치의 블록 번호
m = 캐쉬 내의 슬롯의 수
k = 하나의 세트 내의 슬롯 수
u = 세트의 수

위의 식에서 볼 수 있듯이 세트의 선택은 직접 사상 방식으로 이루어지고, 그 세트 내에서는 완전 연관 사상 방식으로 사상된다. 만약 어떤 세트가 X 개의 슬롯을 가지면 X－way 세트－연관 캐쉬라 부른다. 오늘날의 대부분 캐쉬 시스템은 2－ 혹은 4－way 세트－연관 사상 방식을 사용한다.

세트 연관사상 방식에서 주 메모리 필드의 구분은 다음과 같다.

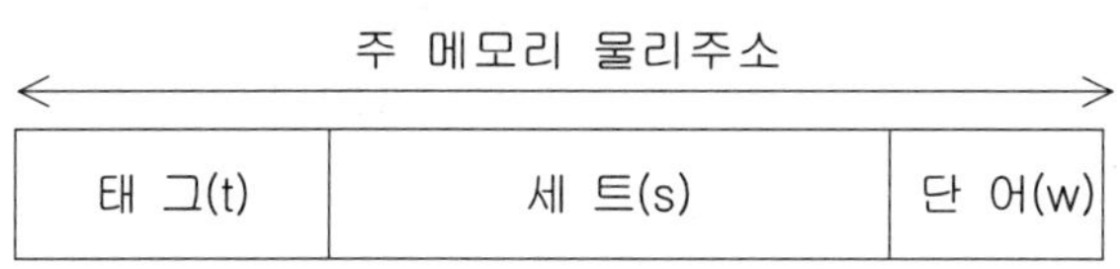

그림 7－20 세트 연관 사상 방식에서의 주 메모리 필드의 구분

위의 그림에서 볼 수 있듯이 단어 필드는 블록 내에 위치하는 특정 단어를 나타내기 위해 사용되어지기 때문에 블록 내의 단어 수에 따라 결정된다. 그러아 세트 필드는 직접 사상과 같은 방법으로 캐쉬 세트의 수에 따라 모듈 계산으로 선택된다. 마지막으로 태그 필드는 전체 메모리 주소 비트 중에서 단어 필드와 세트 필드를 제외한 모든 비트들로 이루어지며, 선택되어진 세트 안에서 완전 연관 사상 방식과 마찬가지로 모든 슬롯과 비교를 하여 원하는 블록이 있는지를 검사하는데 사용된다.

세트 연관 사상 캐쉬에서 주어진 메모리 주소에 대한 내용이 캐쉬에 있는지를 검사하는 과정은 다음과 같다.

① 세트 필드 비트를 통하여 세트를 선택한다. 세트의 선택은 직접사상 방식과 마찬가지로 이루어진다.

② 선택되어진 세트 내의 유효 비트가 1인 모든 슬롯의 태그를 비교한다. 태그의 비교는 완전연관 사상 방식과 같은 방법으로 이루어진다.

③ 일치하는 슬롯이 있으면 캐쉬 히트이고, 없으면 캐쉬 미스이다.

④ 캐쉬 히트이면 단어 필드의 비트를 이용하여 선택되어진 슬롯에서 해당 단어를 선택한다. 캐쉬 미스일 경우에는 하위 메모리 계층으로부터 데이터를 캐쉬로 가져온다.

아래의 그림 7-21은 위의 과정을 보여 주고 있다.

세트 비트(s)를 이용하여 S개의 슬롯(2^S) 중에 하나를 선택한다.

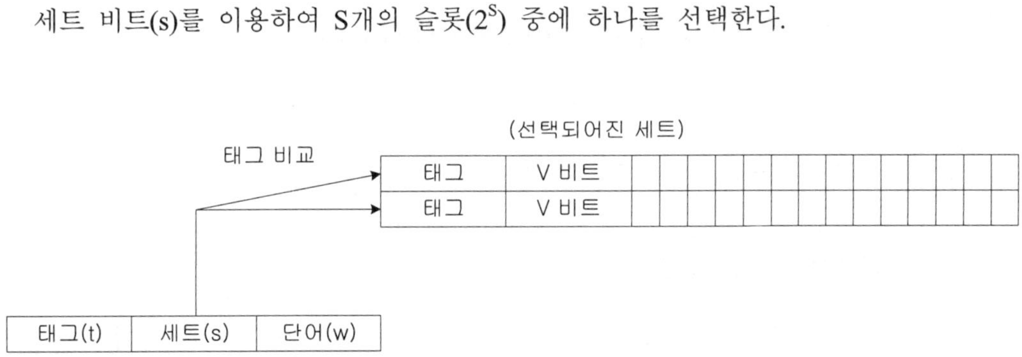

그림 7-21 세트 연관 사상 캐쉬에서 메모리 주소 사상

선택되어진 세트에서 태그 필드를 이용하여 원하는 내용이 있는지를 검사한다. 이때 V비트가 1인 슬롯만 검사한다. 적중인 경우에 단어 필드를 이용하여 원하는 단어를 선택한다.

세트 연관 사상 방식을 사용할 경우, 직접사상 방식에서 많이 발생하는 충돌미스(Conflict Miss)를 줄일 수 있다. 충돌미스(Conflict Miss)에 대하여서는 다음 절에서 다루어질 예정이다.

[예제 7.4]

캐쉬 전체에 1024 개의 슬롯이 있고 하나의 블록은 8개의 단어로 이루어져 있다고 가정한다. 4- way 세트연관 세트를 가정한다면 다음과 같은 사실을 알 수 있다.

1) 세트의 개수 = 1024/4 = 256 개
   256 개의 세트를 구분하기 위하여서는 8 비트면 충분하다.
2) 블록의 크기가 8 이므로 단어 필드는 3 비트가 필요하다. 따라서 전체 20 비트 중 세트 비트 8 비트, 단어 비트 3 비트를 제외한 9 비트가 태그 필드로 사용되어 진다.
   단어 필드 = 3 비트
   세트 필드 = 8 비트
   태그 필드 = 9 비트

따라서 앞의 예제에서 사용했던 아래의 메모리 주소를 세트연관사상 방식으로 사상하면 다음과 같다.

$$ABCDE_H = \underbrace{101010111}_{\text{태그}}\ \underbrace{10011011}_{\text{세트}}\ \underbrace{110}_{\text{단어}}$$

따라서 세트 번호는 $9B_H$, 단어 필드는 6_H, 마지막으로 태그는 157_H이다.

4) 캐쉬 내의 블록 구분 방법

캐쉬 내의 모든 슬롯은 태그(tag)를 가진다. 원하는 데이터가 캐쉬에 들어있는지를 검사할 때 프로세서는 요청되어진 메모리 주소와 이 태그를 비교한다. 만약 메모리 주소와 태그가 일치하면, 원하는 데이터가 캐쉬에 있다는 것을 의미한다. 즉, 캐쉬 히트(hit)가 일어난다. 그러나 캐쉬 슬롯이 유효한 정보를 가지고 있는지를 알아내는 방법이 필요하다. 예를 들어, 프로세서가 처음으로 작업을 시작하였을 경우 캐쉬는 비어 있을 것이며, 태그 필드는 의미가 없을 것이다. 또한 많은 명령어가 실행된 후에도 캐쉬의 일부분은 비어 있을 수 있다. 이러한 빈 슬롯은 캐쉬 히트 여부를 알기 위하여 비교할 필요가 없다. 따라서 캐쉬 슬롯이 타당한 주소를 포함하고 있는가를 표시하기 위하여 유효비트(valid bit)를 사용한다. 즉, 유효비트가 1로 되어 있지 않으면, 이 슬롯은 비어있음을 나타낸다.

위에서 설명한 3 가지 캐쉬 사상 방식을 통하여 캐쉬 안에 원하는 데이터 블록이 있는지를 검사하는 방법을 요약하면 다음과 같다.

① 1단계 : 물리 주소를 위에서 살펴 본 사상 방식에 따라 해당 필드로 나눈다.

- 직접사상 방식
  물리 주소를 블록에 포함된 단어의 수에 따라 단어 필드 비트와, 캐쉬 내의 슬롯 수에 따르는 슬롯 필드, 그리고 전체 물리 주소 비트 수에서 단어 필드와 슬롯 필드를 제외한 나머지 비트를 태그 비트로 사용한다.
- 완전연관 사상 방식
  이 방식에서는 태그 필드와 단어 두 필드로 나눈다. 여기서 태그 필드는 전체 물리 주소에서 단어 필드를 제외한 나머지 모든 비트를 사용한다.
- 세트－연관 사상 방식
  이 방식에서는 태그 필드, 세트 필드, 단어 필드로 구분한다.

② 2단계 : 캐쉬 히트인지를 결정한다. 이 때 유효 비트, 태그 필드가 사용된다.

- 직접사상 방식
  물리 주소를 통하여 해당 슬롯을 찾을 수 있다. 해당 슬롯의 태그 필드와 비교하여 일치하면 히트이고, 일치하지 않으면 캐쉬 미스이다.
- 완전연관 사상 방식
  이 방식에서는 태그 필드와 캐쉬의 모든 슬롯을 병렬로 비교한다. 비교시에는 유효비트가 1인 것만 비교한다. 일치하는 슬롯이 단 하나 있어야 한다. 하나 이상의 슬롯이 일치하면 에러가 발생한 것이다.
- 세트－연관 사상 방식
  직접 사상 방식과 같은 방법으로 해당 세트를 찾은 후에 그 세트 내에서 완전연관 사상 방식으로 일치하는 캐쉬 슬롯을 비교를 통하여 찾는다.

7.7 캐쉬 교체(Replacement) 알고리즘

완전 연관 사상 방식이나 세트-연관 사상 방식을 사용하는 캐쉬에 있어서 캐쉬의 용량이 다 사용되었을 경우 새로운 내용을 저장하기 위하여 기존에 저장되었던 블록을 교체하여야 한다. 이 때 적중률을 높이기 위하여 캐쉬 내의 어떤 블록을 교체하는가를 결정하는 것이 매우 중요하다. 캐쉬 교체에 대한 다음과 같은 여러 방식들이 제안되었다. 물론 직접 사상 방식에서는 저장되어질 캐쉬 내의 위치가 미리 정해져 있기 때문에 캐쉬 교체에 대해 고려할 필요가 없다.

1) LRU(Least Recently Used) 교체방식

이 방식에서는 가장 오랫동안 참조되지 않았던 블록이 우선 교체된다. 이 방식에서는 시간적 지역성의 특성을 이용하여, 가장 오래 전에 참조되었던 블록은 미래에도 참조될 확률이 가장 적다는 가정에 기반을 둔다. 따라서 FIFO 방식과는 달리 오래 동안 캐쉬에 적재된 블록일지라도 자주 사용되면 교체되지 않는다. 그러나 LRU에서는 주메모리의 모든 블록들에 대하여 참조된 상대적 시간을 기록해야 하기 때문에 FIFO 방식보다 구현하기가 더 어렵다. 예를 들어 2-Way 세트 연관 사상 방식을 사용하는 캐쉬에서 각 세트마다 두 개의 슬롯이 있으므로 하나의 비트를 통하여 LRU 비트로 사용할 수 있다. 그러나 4-Way 혹은 8-Way 세트 연관 사상 방식 캐쉬의 경우에는 더 복잡한 하드웨어를 필요로 한다.

[예제 7.5]

2-Way 세트 연관 사상을 사용하는 캐쉬가 4 개의 슬롯으로 이루어졌다고 한다. 이 캐쉬에는 두 개의 세트와 각 세트에는 2 개의 슬롯으로 구성되어 있다(위치 0와 위치 1). 이 때 다음 메모리 주소에 저장되어 있는 데이터를 액세스 하려고 할 때, 캐쉬의 내용 변화를 보여라. 또한 캐쉬 미스와 캐쉬 히트는 각각 몇 번 일어났는지를 구하라? 단, 캐쉬 교체 방식으로 LRU를 사용한다고 가정한다.

4, 2, 1, 5, 0, 2, 0, 1

<풀이>

2-Way 세트 연관사상을 사용하므로 메모리 주소 중 짝수 주소는 세트 0으로, 홀수 주소는 세트 1로 각각 사상된다. 또한 각 세트에는 2 개의 슬롯이 존재한다. 아래의 그림 7-22는 캐쉬 내의 값이 변화하는 것을 보여 준다. 각 주소를 참조할 때 일어나는 현상은 다음과 같다.

1) 주소 4 액세스: 주소 4를 처음 액세스할 때 현재 캐쉬에는 아무 내용이 없으므로 캐쉬 미스가 발생한다. 주소 4는 짝수이므로 세트 0로 사상되며, 이곳에 저장되어 있는 데이터가 세트 0의 0 위치로 적재된다.
2) 주소 2 액세스: 주소 2도 짝수이므로 세트 0으로 사상된다. 그러나 세트 0에는 주소 4의 데이터만 존재하므로 캐쉬 미스가 발생한다. 주소 2에 저장되었던 데이터가 세트 0의 1의 위치로 적재된다. 이 때 LRU는 주소 4가 된다.
3) 주소 1 액세스: 주소 1은 홀수 이므로 세트 1로 사상된다. 세트 1에는 아무 내용이 없으므로 캐쉬 미스가 발생한다. 주소 1의 위치에 있던 데이터가 세트 1의 0 위치에 적재된다.
4) 주소 5 액세스: 주소 5는 홀수이므로 여기에 저장되었던 데이터는 캐쉬 세트 1로 적재된다. 그러나 세트 1에는 주소 1 데이터만 존재하므로 캐쉬 미스가 발생한다. 주소 5에서 이동된 데이터가 세트 1의 1 위치에 적재된다. 이 때 LRU는 주소 1이다.
5) 주소 0 액세스: 주소 0는 짝수이므로 캐쉬의 세트 0으로 사상된다. 그런데 세트 0에 주소 2와 4의 데이터가 이미 존재하므로 캐쉬 미스가 발생한다. LRU가 주소 4이므로 주소 4의 데이터는 삭제되고, 대신 주소 0로부터 이동된 데이터가 세트 0의 0 위치로 적재된다. 이 때 세트 0의 LRU는 주소 2로 바뀌게 된다.
6) 주소 2 액세스: 주소 2는 짝수이므로 세트 0으로 적재된다. 그러나 세트 0에 주소 2 데이터가 이미 존재하므로 캐쉬 적중이다. 이 경우 주소 2로부터 데이터를 캐쉬로 가져올 필요가 없다. 다만 세트 0의 LRU는 주소 0으로 바뀌게 된다.
7) 주소 1 액세스: 세트 1에 주소 1의 데이터가 이미 존재하므로 캐쉬 적중이다. 이 때 세트 1의 LRU는 주소 5로 바뀌게 된다.

위의 과정을 그림으로 표현하면 다음과 같다. 표에서 원 안의 주소가 LRU 주소이다.

	위치 0	위치 1
세트 0	4	
세트 1		

(a) 주소 4

	위치 0	위치 1
세트 0	④	2
세트 1		

(b) 주소 2

	위치 0	위치 1
세트 0	④	2
세트 1	1	

(c) 주소 1

	위치 0	위치 1
세트 0	④	2
세트 1	①	5

(d) 주소 5

	위치 0	위치 1
세트 0	0	②
세트 1	①	5

(e) 주소 0

	위치 0	위치 1
세트 0	⓪	2
세트 1	①	5

(f) 주소 2

	위치 0	위치 1
세트 0	⓪	2
세트 1	1	⑤

(g) 주소 1

그림 7-22 LRU를 사용한 캐쉬 교체 방식 예제

2) FIFO(First In First Out) 교체 방식

이 교체 방식에서는 캐쉬 교체가 이루어져야할 경우 가장 오래 전에 적재된 블록을 교체하는데 다른 방식들에 비하여 구현이 쉽다는 장점을 가진다. 이 경우 각 블록에는 적재된 순서에 따라 적재 순차 번호(loading-sequence-number)가 매겨져 있다. 이 번호를 검색함으로써 가장 오래 전에 적재된 블록을 쉽게 정할 수 있다. 그러나 이 방식에서는 프로그램의 순환문과 같이 자주 사용되어지는 블록을 가장 오래 전에 적재되었다는 이유로 교체해야 하는 문제점을 가진다.

3) LFU(Least Frequently Used)

이 교체방식에서는 사용 빈도수가 가장 적게 사용된 블록을 교체한다.

4) 임의(Random) 교체 방식

이 교체 방식에서는 현재 캐쉬 내의 블록을 임의로(Random) 교체한다. 즉, LRU 방식과는 달리 메모리 참조에 관한 데이터를 사용하지 않고 임의로 선택되어 교체되어지므로 빠르게 블록의 교체가 진행되는 장점을 가진다. 임의 교체 방식은 LRU 방식에 비해 약간 비효율적이지만 구현하기 더 쉽고 매우 잘 동작하는 특성을 가진다.

7.8 캐쉬 쓰기정책(Write Policy)

캐쉬의 연산은 캐쉬 읽기와 캐쉬 쓰기로 구분할 수 있다. CPU로 읽혀진 블록의 데이터는 CPU에서 연산 후에 다른 내용으로 바뀌는 경우가 있다. 이 때 바뀐 결과는 최종적으로 메모리에 저장되어져야 한다. 왜냐하면 캐쉬의 내용은 사실 주 메모리의 복사본이기 때문이다. 즉, 캐쉬의 내용이 바뀌면 주 메모리의 내용도 바뀌어야 한다. 만약 바뀌지 않고 캐쉬의 내용과 주 메모리의 내용이 다를 경우에는 많은 문제를 발생하게 된다. 예를 들어, 프로그램이 실행되는 동안에 캐쉬의 내용이 바뀌었으나 그의 원래 데이터 값인 주 메모리의 내용이 바뀌지 않았을 경우, I/O 장치에서 주 메모리의 내용을 읽어 간다면 이는 잘못된 결과를 초래할 것이다. 따라서 캐쉬에서 블록의 내용이 바뀌면, 즉시 주 기억장치에 있는 해당 블록의 내용도 변경시켜야 한다. 그러나 주 기억장치에 데이터를 쓰는 일은 캐쉬의 내용을 변경하는 것보다 시간이 오래 걸리기 때문에, 캐쉬에서 블록의 내용이 바뀔 때마다 주 기억장치의 내용을 변경한다면 기억장치의 쓰기 시간이 그 만큼 더 오래 걸리게 된다. 따라서 캐쉬의 어떤 블록이 변경되었을 때, 주 기억 장치의 블록의 내용을 교체하는 방법에 따라 성능에 많은 영향을 미친다. 이처럼 캐쉬의 블록 내의 데이터가 변경되었을 때 그 내용을 주 기억장치에 변경하는 시기와 방법을 결정하는 것을 쓰기정책(Write Policy)이라 부른다. 쓰기 정책에는 바로쓰기(Write Through) 방식과 나중쓰기(Write Back) 방식이 있다.

7.8.1 바로쓰기(Write Through)

바로쓰기 방식에서는 캐시의 내용이 바뀔 때 마다 메모리의 값도 같이 바꾸어 준다. 따라서 주 메모리에 저장되어진 값과 캐쉬의 내용이 항상 일치한다는 장점을 가진다. 그러나 이러한 방식으로의 캐쉬 쓰기는 앞에서 살펴 본 바와 같이 CPU의 동작과 DRAM의 액세스 시간의 커다란 차이로 인하여 데이터가 DRAM에 쓰여지기까지 CPU가 다른 일을 하지 못하고 기다려야 하는 문제가 발생한다. 또한 내용 변경을 위한 주 메모리인 DRAM에 많은 메모리 트래픽이 발생하므로 컴퓨터의 전체적인 성능이 떨어지는 문제점을 가진다. 따라서 이러한 메모리와 CPU의 동작 속도에 따르는 성능 저하를 막기 위하여 쓰기버퍼(write buffer)를 사용한다.

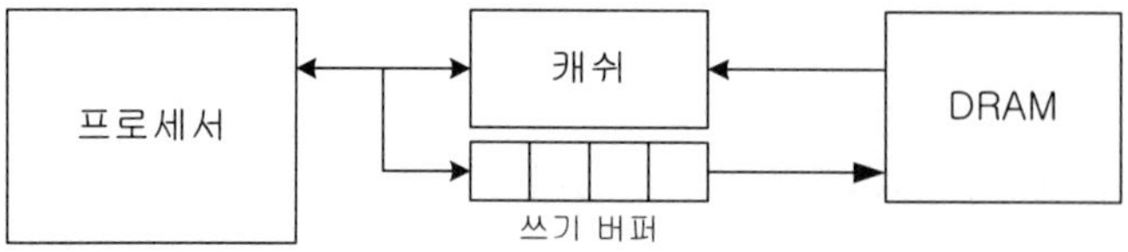

그림 7-23 쓰기버퍼와 캐쉬 바로쓰기

쓰기버퍼는 그림 7-23에서 보는 바와 같이 마이크로프로세서와 DRAM 주 메모리 사이에 위치한다. 바로쓰기 방식을 사용하는 프로세서는 갱신되어질 데이터를 캐쉬와 쓰기버퍼에 동시에 쓴다. 이 후에 프로세서는 마치 메모리에 쓰기 동작을 끝낸 것처럼 캐쉬 쓰기 동작을 멈추고 다른 명령어 실행을 시작한다. 최종적으로 쓰기버퍼 제어기(controller)가 쓰기버퍼로부터 DRAM으로 데이터를 이동시킨다. 쓰기버퍼는 단순한 FIFO 형식의 버퍼로써 일반적으로 4 개 정도의 엔트리를 가진다. 그러나 비록 쓰기버퍼를 사용하더라도 다음과 같은 문제점을 가진다. 즉, 프로세서로부터 쓰기버퍼로의 쓰는 속도가 쓰기버퍼 제어기가 쓰기버퍼로부터 DRAM으로 데이터를 이동시키는 속도보다 빠를 경우에는 쓰기버퍼에서 데이터의 오버플로우가 발생하게 된다. 이를 쓰기버퍼 포화(saturation)이라고 부른다. 이러한 쓰기버퍼 오버플로우를 해결하는 방법으로 쓰기버퍼의 크기를 확장하는 방법이 있으나, 프로세서에서 더 빠른 속도로 데이터를 전송하면 아무리 커다란 쓰기버퍼를 사용해도 데이터의 오버플로우가 발생하기 때문에 크기 확장은 바람직하지 않다 . 따라서 이러한 쓰기버퍼 오버플로우 문제는 아래 그림과 같이 2차 캐쉬를 사용함으로 해결할 수 있다.

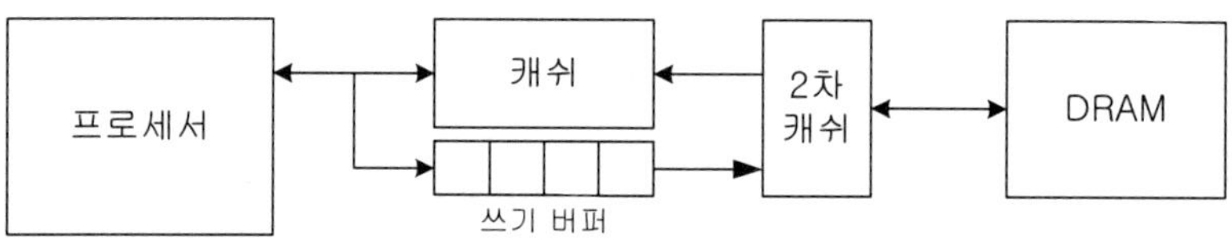

그림 7-24 2차 캐쉬와 쓰기버퍼의 사용

위의 그림에서 2차 캐쉬는 DRAM의 주 메모리보다 동작 속도가 훨씬 빠른 특성을 가지는데, 쓰기버퍼로부터 데이터가 빠르게 이동되어 속도가 느린 DRAM으로 순차적으로 이동된다.

7.8.2 나중 쓰기(Write back)

나중쓰기 방식에서 캐쉬 쓰기 중에는 캐쉬의 내용만을 바꾸고, 캐쉬의 전체 블록을 교체할 경우에만 주 메모리의 내용을 업데이트 한다. 앞에서 설명되었듯이 프로세서가 캐쉬와 주 메모리에 동시에 쓸 경우에는 주 메모리의 액세스 시간이 훨씬 길기 때문에 많은 시간을 기다려야 하는 문제를 가진다. 따라서 CPU 내의 값이 바뀔 때마다 캐쉬와 주 메모리의 내용을 바꾸지 않고 캐쉬의 내용만 바꿈으로써 처리속도를 높일 수 있다. 따라서 이 경우에는 캐쉬의 내용과 메모리의 내용이 다를 수 있는 문제점을 가진다. 이러한 메모리와 캐쉬의 내용 불일치 문제를 해결하기 위해 복잡한 회로가 필요하다.

7.9 캐쉬 성능

캐쉬의 성능은 다음과 같이 표현되어지는 평균 메모리 액세스 시간을 줄임으로써 향상된다.

평균 메모리 액세스 시간 = 적중 시간 + 미스율×미스 패널티(penalty)

따라서 캐시 성능 향상을 위해서는 적중 시간, 미스율, 그리고 미스 패널티를 줄이는 등 이 3 가지를 고려해야 하는데, 이들 3 가지 요소 각각의 향상을 위한 방법을 살펴보면 다음과 같다.

① 캐쉬 미스율을 줄인다.
- 충돌을 줄이기 위하여 캐쉬 사상방식에서의 연관성을 높인다.
- 캐쉬의 크기를 늘인다.
- 하드웨어/컴파일러에 의해 미리 인출한다.

② 미스 패널티를 줄인다.
- 쓰기버퍼(write buffers)를 사용한다.
- 비블록킹(nonblocking) 캐쉬를 사용한다.
  * 여기서 비블록킹 캐쉬란 캐쉬 실패로 인한 지연시간을 숨기고자 하는 것으로 Hit

under miss에서는 실패가 처리되는 동안에 추가적인 캐쉬 히트를 가능하게 함으로써 캐쉬 미스가 발생하였을 경우 생기는 지연을 다른 일을 함으로써 감추는 것이고, miss under miss는 여러 캐쉬 미스를 허용함으로써 두 개의 다른 실패로 인한 지연시간을 중첩시키는 것이다.

– 2차 캐쉬를 사용한다.

③ 적중 시간을 줄인다.

– 작고 간단한 캐쉬(small, simple caches)를 사용한다.
– 파이프라인 동작(pipeline operation)을 수행한다.
– 주소 변환을 피한다.

캐쉬 미스는 컴퓨터의 성능에 많은 영향을 미치는데, 캐쉬 미스의 원인은 다음과 같은 3 가지 종류로 구분할 수 있다.

1) 캐쉬 미스율 원인

① 강제 미스(compulsory miss)

강제 미스란 컴퓨터를 처음 시작하였을 때, 캐쉬에는 아무 내용이 저장되어 있지 않았기 때문에 일어나는 당연한 캐쉬 미스를 말한다. 강제 미스는 블록의 크기를 크게하면 줄어들 수 있다.

② 용량 미스(capacity miss)

용량 미스는 원래 주 메모리의 용량에 비하여 캐쉬 메모리의 크기가 상대적으로 매우 작기 때문에 주 메모리의 모든 내용이 동시에 캐쉬에 저장되지 못하기 때문에 일어나는 미스이다. 이러한 용량 미스는 캐쉬의 크기를 크게함으로 줄일 수 있다.

③ 충돌 미스(conflict miss)

충돌 미스란 직접 사상과 같이 캐쉬의 내용을 적재하거나 교체하는 경우에 일어나는 미스를 말한다. 충돌 미스는 캐쉬 사상에서의 연관성을 크게 하면 줄어들 수 있다.

그러나 위에서 열거한 캐쉬 미스 원인들을 줄이기 위한 방법을 사용할 경우 다음과 같은 문제점들이 생기는 것을 고려해야 한다.

- 캐쉬의 크기를 크게 함으로써 강제 미스나 용량 미스는 줄일 수 있으나, 히트 시간이 증가될 수 있다.
- 블록의 크기를 늘이면 공간적 국지성 때문에 강제 미스나 용량 미스는 줄일 수 있으나, 블록의 수가 줄기 때문에 충돌 미스가 늘어나며, 블록의 크기가 커짐으로써 미스패널티가 증가할 수 있다.
- 캐쉬 사상에서의 연관성을 늘이면 충돌 미스는 줄어드나, 캐쉬 액세스 시간이 증가할 수 있다.

아래의 예제를 통하여 캐쉬 미스가 컴퓨터의 성능에 미치는 영향에 대하여 살펴보기로 한다.

[예제 7.6] 캐쉬 성능에 관한 예제

어떤 프로그램을 이루고 있는 명령어의 30%가 데이터 액세스에 관한 것이다. 캐쉬 적중율은 0.95, 적중 시간은 1 클럭 사이클, 그리고 미스 패널티는 15 클럭 사이클이라고 한다. 즉, 캐쉬 히트가 항상 일어나는, 캐쉬 동작이 완벽하다면 평균 메모리 액세스 시간은 1 클럭 사이클이고 캐쉬 미스가 발생하면 원하는 데이터를 CPU로 가져오기 위하여 추가적으로 15 클럭 사이클이 필요하다. 위의 경우에서의 평균 메모리 액세스 시간은 다음과 같다.

$$\text{평균 메모리 액세스 시간} = \text{적중 시간} + \text{미스율} \times \text{미스 패널티}$$

$$= 1 \text{ 사이클} + (0.05 \times 15 \text{ 사이클})$$
$$= 1.75 \text{ 사이클}$$

즉, 5%의 캐쉬 미스로 인하여 평균 메모리 액세스 시간은 1.75 배 증가하였다.
또한 만약 이 프로그램을 구성하고 있는 명령어 수가 1000 개일 경우에 메모리 지연 시간을 구하면 다음과 같다.

$$\text{메모리 지연 시간} = \text{메모리 액세스 수} \times \text{미스율} \times \text{미스 패널티}$$
$$= (0.3 \times 1000) \times 0.05 \times 15 \text{ 사이클}$$
$$= 225 \text{ 사이클}$$

따라서 캐쉬 미스가 없을 경우에는 프로그램 실행을 위하여 1000 사이클이 필요했지만, 5%의 캐쉬 미스로 인하여 실행시간이 1.225배 증가했음을 알 수 있다.

위에서 살펴 본 캐쉬 성능 향상을 위한 방법 중에 캐쉬 미스율을 줄이는 방법은 다음과 같다.

2) 캐쉬의 미스율을 줄이는 방법

A. 주 메모리와 캐쉬 사이에 이동되는 블록의 크기를 크게 한다.

블록의 크기를 크게 하면 한꺼번에 많은 데이터가 캐쉬로 이동할 수 있으므로 강제 미스가 줄어든다. 그러나 이동되는 블록의 크기가 크게 되면, 캐쉬에서 제거되는 데이터의 크기도 증가되기 때문에 캐쉬 오염(cache pollution)을 일으킬 수가 있다. 즉, 불필요한 데이터가 캐쉬에 많이 적재될 수 있다. 또한 블록의 크기가 커지면 미스 패널티가 커질 수가 있다. 이는 더 큰 블록을 적재하기 위하여서는 더 많은 사이클이 필요하기 때문이다.

B. 캐쉬 사상 연관성(associativity)을 늘인다.

캐쉬 사상 연관성을 높이면 충돌 미스를 줄일 수 있다. 그러나 이 연관성을 늘이면 캐쉬 히트임을 비교하는 시간의 증가로 인하여 데이터 액세스 시간이 늘어나는 문제점을 가진다. 즉, 많은 캐쉬의 블록을 비교하기 위하여 더 많은 로직(logic)이 필요하고, 비교하는 시간의 증가로 인하여 액세스 시간이 증가한다.

C. 희생(Victim) 캐쉬를 사용한다.

희생 캐쉬란 가장 최근에 캐쉬에서 버려진 캐쉬 블록을 저장하는 작은 캐쉬이다. 이 희생 캐쉬는 보통 1~5 블록 크기이며, 캐쉬 미스가 일어날 경우 메모리를 액세스하는 대신에 우선적으로 희생 캐쉬를 검색한다. 만약 원하는 데이터가 희생 캐쉬에 있으면, 다시 캐쉬로 그 블록을 이동시킨다. 이러한 희생 캐쉬의 사용은 직접 사상 방식이 쓰여질 경우 매우 효과가 좋다. 왜냐하면 직접 사상 방식에서 자주 캐쉬의 내용이 바뀌는 **"핑퐁"** 현상이 일어날 경우 교체되는 블록을 희생 캐쉬에 저장시킴으로 보다 빠른 액세스를 제공할 수 있다.

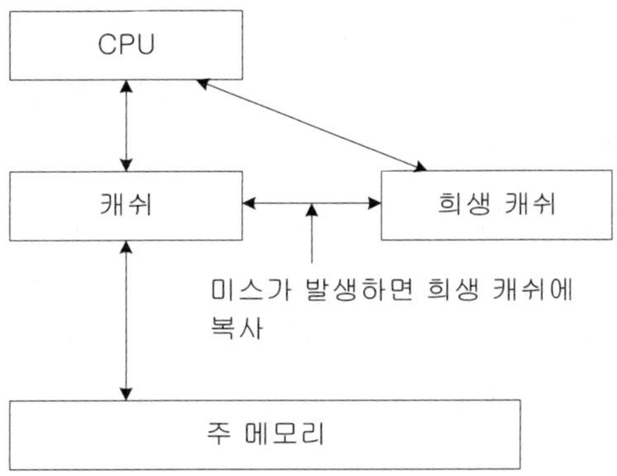

그림 7-25 희생 캐쉬의 사용 예

D. 선인출(Prefetch) 하드웨어의 사용

이 방식은 캐쉬 미스가 발생하였을 경우에, 해당 블록과 이웃한 블록을 함께 인출하는 방식이다. 이럴 경우, 선인출된 블록들은 직접 캐쉬로 적재되는 것이 아니라 선인출 버퍼(prefetch buffer)라고 불리는 별도의 저장 장소로 적재된다. 이러한 방식은 명령어 인출에서 매우 효율적이다. 실재로 알파 칩에서는 캐쉬 미스일 경우 2 개의 블록을 인출한다.

E. Early Restart와 Critical Word First 방식 사용

Early Restart 방식에서는 블록을 통하여 주메모리에서 캐쉬로 데이터가 적재될 때 원하는 단어(requested word)가 캐쉬에 도착하자마자 CPU로 보내어, CPU가 빠르게 동작하도록 하는 방식이다. 즉, 일반적으로 캐쉬 미스가 발생하면, DRAM의 주메모리로부터 요청된 단어를 캐쉬로 가져오고, 그 이 후에 CPU로 전달된다. 그러나 앞에서 살펴보았듯이 주 메모리인 DRAM으로부터 원하는 데이터 단어가 캐쉬로 전송되어질 때, 원하는 데이터만 전송되어지는 것이 아니라 그 데이터가 포함된 블록 단위로 이루어진다. 이 때 만약 하나의 블록이 4 개의 단어로 이루어졌고, 원하는 단어가 두 번째 단어라고 하면, 첫 번째 단어가 캐쉬로 전송되어진 후에 두 번째 단어가 전송된다. 이 때 3 번째 단어가 캐쉬로 전달됨과 동시에 요청되었던 두 번째 단어를 미리 CPU로 전송한다. 따라서 CPU가 기다리는 시간을 줄일 수 있기 때문에 미스 패널티(miss penalty)가 줄어들 수 있다.

Critical Word First 방식에서는 요청된 단어를 먼저 보내는 메모리 시스템을 가진다.

이 방식은 Early Start와 비슷한 개념이나 약간의 차이점을 가진다. Critical Word First 방식에서는 캐쉬 미스가 발생하였을 경우 DRAM에서 캐쉬로 블록이 전송되어질 때, 그 블록의 순서대로 캐쉬로 적재되어지는 것이 아니라, 요청된 단어를 먼저 캐쉬로 전송하고, 나머지 단어들이 캐쉬로 적재되어지는 동안, 이 단어를 CPU로 적재함으로 CPU의 기다리는 시간을 줄인다. 즉, 위의 예에서 살펴본 바와 같이 블록의 두 번째 워드를 필요로 하는 경우에 첫 번째, 두 번째, 세 번째 순서로 전송하는 것이 아니라, 필요한 두 번째 워드를 먼저 보내고 이 후에 나머지 데이터를 전송하는 방식이다.

F. 다층(Multi-lebel) 캐쉬를 사용하는 방법

캐쉬가 처음 도입되어 많은 사용이 이루어질 무렵에 미스 패널티(miss penalty)는 약 10 마이크로프로세서 사이클 정도였다. 그러나 오늘날 마이크로프로세서는 2~3 GHz 이므로 클럭 사이클은 0.33 ns ~ 0.5 ns이고, DRAM의 액세스 시간은 100 ns 정도이다. 따라서 미스 패널티(miss penalty)는 100ns 이상이 되었다. 이와 같이 미스 패널티가 급격히 증가하므로 이를 줄이는 방안에 대한 연구가 많이 이루어졌다. 미스 패널티를 줄이기 위하여 프로세서 캐쉬(1차 캐쉬)와 메모리 사이에 2차 캐쉬의 사용이 필요하다. 아래 그림 7-26에서 볼 수 있듯이 현재의 많은 마이크로프로세서들이 1차 캐쉬로 마이크로프로세서 안에 가지며, 2차 캐쉬는 SRAM으로 주 메모리인 DRAM과 1차 캐쉬 사이에 가진다.

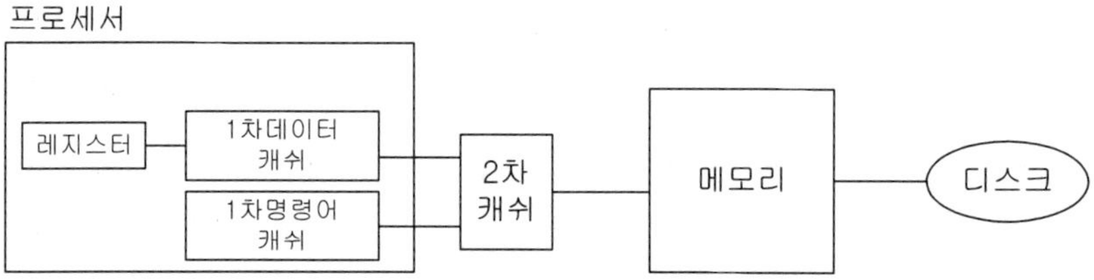

그림 7-26 1차 캐쉬와 2차 캐쉬의 사용 예

위의 그림 7-26에서 볼 수 있듯이 1차 캐쉬와 2차 캐쉬를 가지는 시스템에서의 평균 메모리 액세스 시간은 다음과 같이 구할 수 있다.

평균 메모리 액세스 시간 = (L1 적중 시간) + (L1 미스율)×(L1 미스 패널티)

위의 식에서 L1은 1차 캐쉬를 나타낸다. 그런데 L1 미스 패널티는 다음과 같이 구할 수 있다.

L1 미스 패널티 = (L2 적중 시간) + (L2 미스율)×(L2 미스 패널티)

위의 식에서 L2는 2차 캐쉬를 나타낸다. 따라서 평균 메모리 액세스 시간은 다음과 같이 구할 수 있다.

평균 메모리 액세스 시간 = (L1 적중 시간) + (L1 미스율)×((L2 적중 시간) + (L2 미스율)×(L2 미스 패널티))

다음의 예제를 통하여 다층 캐쉬를 가지는 경우의 성능에 대하여 살펴보기로 한다.

[예제 7.7]

다음과 같은 값을 가지는 2 계층 캐쉬 메모리 시스템의 평균 메모리 액세스 시간을 구하라.

L1 적중 시간 = 1 사이클
L1 미스율 = 5 %
L2 적중 시간 = 4 사이클
L2 미스율 = 20 %
L2 미스 패널티 = 100 사이클

<풀이>

L1 미스 패널티 = 4 + 0.2 * 100 = 24 (사이클)
따라서 평균 메모리 액세스 시간은 다음과 같다.
평균 메모리 액세스 시간 = 1 + 0.05*24 = 2.2 (사이클)

[예제 7.8]

위의 예제에서 2 차 캐쉬가 없을 경우에 평균 메모리 액세스 시간을 구하라.

<풀이>

평균 메모리 액세스 시간 = 1 + 0.05 * 100 = 6 (사이클)

위의 두 예제에서 볼 수 있듯이 2 차 캐쉬를 사용함으로써 6/2.2 = 2.73 배의 속도 향상을 얻을 수 있다.

2) 캐쉬의 유형

캐쉬의 유형은 앞에서 살펴 본 바와 같이 1차 캐쉬와 2 차 캐쉬로 분류할 수 있지만, 캐쉬에 저장되는 정보의 종류에 따라 명령어 캐쉬(Instruction Cache)와 데이터만을 저장하는 데이터 캐쉬(Data Cache)로 구분되어 질 수 있다. 이와 같이 데이터 캐쉬와 명령어 캐쉬가 분리되어 있는 캐쉬를 **분리 캐쉬**(split cache)라 부르고, 명령어와 데이터를 하나의 캐쉬에 저장하는 것을 **통합 캐쉬**(unified cache)라 부른다. 이처럼 정보에 따른 캐쉬의 구분은 CPU에서 명령어가 처리되어질 때, 액세스되는 패턴이 다르다는 것에 기반을 둔다. 즉, 명령어들은 실행되는 경우 쓰기 동작보다는 순서대로 액세스되어 실행된다. 다시 말해, 명령어의 액세스는 시간 지역성과 공간 지역성이 높기 때문에 이러한 지역성의 원리를 사용하여 액세스하는 장점을 살릴 수 있다.

일반적으로 통합 캐쉬는 설계가 간단하고, 분리 캐쉬는 명령어와 데이터가 동시에 액세스 되어질 수 있다는 장점을 가진다.

최근의 펜티엄 프로(Pentium Pro)와 PowerPC 프로세서들은 분리 캐쉬를 가진다. 아래의 표는 이 두 프로세서의 1차 캐쉬의 특성을 보여 준다.

표 7-5 펜티엄 프로(Pentium Pro)와 PowerPC 프로세서의 1차 캐쉬 특성

특 징	인텔 펜티움 프로	파워 피시(PowerPC)
캐쉬 구조	분리 캐쉬	분리 캐쉬
캐쉬 크기	명령어/데이터 당 각각 8KB	명령어/데이터 당 각각 16KB
캐쉬 연관정도	4-Way 집합연관	4-Way 집합연관
교체 방식	LRU 방식	LRU 방식
블록 크기	32 바이트	32 바이트
쓰기 방식	바로 쓰기	나중 쓰기 또는 바로 쓰기

7.10 자기디스크

자기 디스크는 컴퓨터 시스템의 외부 기억장치 중에서 가장 기본이 되는 메모리이다. 자기디스크는 자성 물질로 코팅된 플래스틱이나 혹은 금속으로 된 원형 평판(circular platter)으로서, 데이터는 헤드(Head)라고 불리는 전도성 코일을 통하여 디스크에 저장된다. 저장된 데이터를 읽거나 혹은 데이터를 디스크에 쓸 경우에는 평판이 헤드 밑에서 회전하고 헤드는 고정된 상태로 이루어진다. 데이터의 읽기와 쓰기 동작은 헤드에 전류가 흐름으로 발생되는 자장(magnetic field)에 의한 전기적인 성질을 이용한다.

디스크 원형 평판은 트랙(track)이라고 하는 동심원들로 이루어졌으며, 트랙 단위로 데이터가 저장된다. 하나의 트랙 안에는 전자장치의 간편성을 위하여 같은 크기의 데이터가 저장된다. 따라서 데이터가 저장되어지는 밀도는 트랙의 안쪽으로 갈수록 더 높아진다.

또한 하나의 트랙은 여러 개의 섹터(sector)들로 이루어지는데. 하나의 트랙에 보통 10~100 개의 섹터들을 가지며, 섹터 수가 고정되거나 혹은 가변일 수 있다. 아래의 그림은 디스크에서 트랙과 섹터의 배치를 보여 준다.

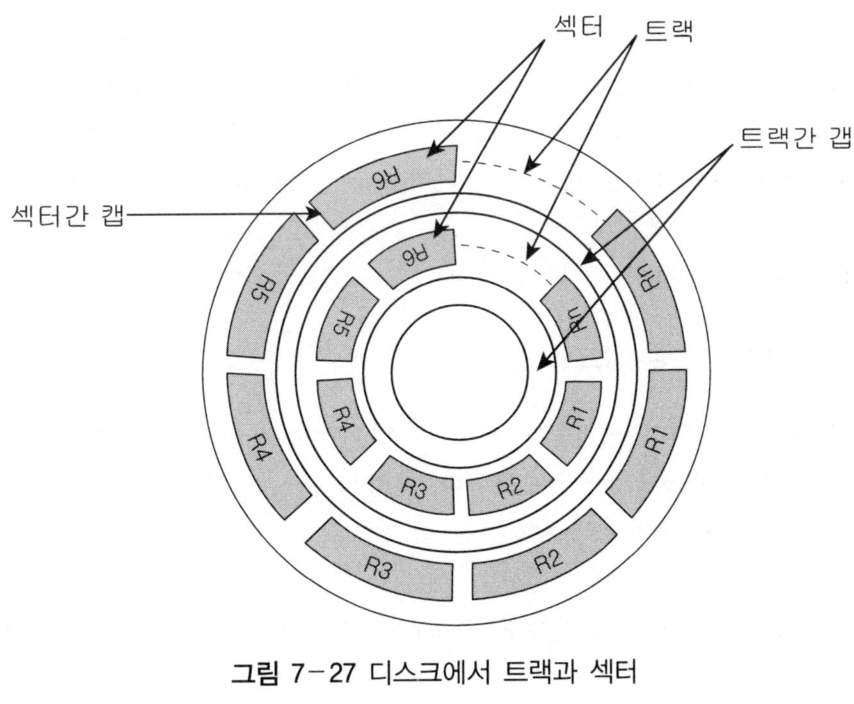

그림 7-27 디스크에서 트랙과 섹터

헤드를 통하여 트랙에 데이터를 쓰거나 읽을 때 트랙 상에서 섹터들을 구분하는 방법이 필요하다. 즉, 트랙의 시작점과 각 섹터의 시작과 끝을 구분하는 방법이 필요하다. 이러한 정보들을 포함하는 제어 데이터는 **디스크 형식화작업**(disk formatting)을 할 때 디스크상의 특정 위치에 기록된다.

3) 디스크 액세스 시간

CPU가 프로그램을 수행하면서 필요한 데이터를 디스크를 통하여 가져오는데, 이 때 디스크를 액세스하여 데이터를 읽거나 쓰는 과정에 필요한 시간을 **디스크 액세스 시간**이라 부른다. 일반적으로 디스크에서 데이터를 읽거나 저장하기 위여서는 다음과 같은 과정을 거친다.

① 헤드를 원하는 데이터가 저장되어 있는(혹은 저장하려는) 트랙으로 이동한다.
② 저장되어 있는(혹은 저장하려는) 섹터가 헤드의 아래로 오도록 회전시킨다.
③ 데이터를 이동한다.

이 때 헤드를 원하는 데이터가 저장되어 있는(혹은 저장하려는) 트랙으로 이동할 때 걸리는 시간을 **탐색시간**(seek time)이라 부르며, 저장되어 있는(혹은 저장하려는) 섹터가 헤드의 아래로 오도록 회전시키는데 걸리는 시간을 **회전 지연시간**(rotational delay)이라 부르는데, 이들 시간들은 일반적으로 전자기계적(electro－mechanic)인 시간이다. 마지막으로 데이터를 이동하는데 걸리는 시간을 **데이터 전송시간**(data transmission time)이라 부른다. 이 외에도 디스크 제어기(disk－controller)에서 소요되는 시간들도 있다.

여기서 데이터 전송시간은 다음과 같은 관계식을 갖는다.

데이터 전송시간 = (전송되어지는 데이터의 크기)/(전송속도)

전송되어지는 데이터의 크기는 비트 혹은 바이트로 표현되고, 전송속도는 비트/초(bps) 혹은 바이트/초(byte/sec)로 표현된다. 따라서 전송하려는 데이터가 클수록, 혹은 전송속도가 작을수록 데이터 전송시간은 증가한다.

회전지연시간은 디스크의 회전속도에 좌우되는데, 디스크의 회전속도는 일반적으로

rpm(rotation per minute)로 주어진다. 예를 들어, 6000 rpm으로 회전하는 디스크는 분당 6000 회전이 이루어지므로 초당 100회 회전한다. 즉, 1회전하는데 1/100 초인 10 [ms] 걸린다. 만약 원하는 데이터가 현재 헤더의 반대편 섹터에 있는 경우에는 원하는 섹터가 헤더 아래로 오기 위해서는 1/2 회전이 필요하다. 따라서 이 경우에 회전지연 시간은 5 [ms]이다.

따라서 디스크를 액세스하여 데이터를 전송하는데 걸리는 전체시간은 다음과 같이 표현된다.

디스크 액세스 시간 = 탐색시간 + 회전지연시간 + 데이터전송시간 + 기타시간

[예제 7.9]

어느 자기디스크 메모리 시스템에서 헤더가 원하는 트랙의 위치에 오는데 까지 10 ms가 걸리며, 데이터의 전송률은 10 MB/sec이며, 디스크는 6000 RPM의 속도로 움직인다고 한다. 또한 헤더가 원하는 섹터에 도달할 때까지 평균 1/2 회전을 하며, 다른 모든 오버헤드를 무시할 경우에 512 KB 데이터를 디스크의 한 섹터로부터 읽거나 쓰는데 걸리는 평균 시간을 구하라.

<풀이>

디스크 회전속도가 6000 RPM이므로 위의 예에서 살펴 본 것과 같이 디스크가 1회전하는데 10[ms]가 필요하다. 따라서 1/2 회전을 위하여 5[ms]가 소요된다.
또한 데이터 전송지연은

512 KB/10 MB/s = 0.05 [sec]

이다. 여기에서 기타 필요한 시간은 무시할 수 있으므로, 전체 디스크 액세스 시간은 다음과 같다.

디스크 액세스 시간 = 탐색시간 + 회전지연시간 + 데이터전송시간 + 기타시간
= 10 [ms] + 5 [ms] + 50 [ms]
= 65 [ms]

7.11 RAID(Redundant Array of Inexpensive Disks)

반도체의 용량과 성능의 향상에 맞추어 2차 메모리 기술인 RAID(Redundant Array of Inexpensive Disks)가 많이 사용되어지고 있는 추세이다. RAID 기술은 프로세서의 속도와 상대적으로 느린 기계장치인 디스크 드라이브 사이의 속도 차이를 좁히기 위한 목적으로 제안되었다. RAID는 간단히 말해서 여러 개의 작으면서 독립적인 커다란 디스크의 배열(array)로서 마치 하나의 논리적인 고성능의 디스크로서 동작한다. 즉, RAID를 사용함으로써 성능이 향상될 뿐 만 아니라, 신뢰성도 높일 수 있다.

데이터 블록들을 여러 개의 디스크들에 분산 저장하는 기술을 **디스크 인터리빙**(Disk Interleaving)이라 부른다. 블록들을 디스크에 저장할 때에 주로 라운드-로빈(round-robin) 방식을 사용하여 모든 디스크에 균등하게 분산시킨다. 이러한 디스크 인터리빙 방식을 사용하는 RAID는 다음과 같은 두 가지 사실에 기반을 둔다.

① 데이터의 나눔(Data Stripping)
데이터 나눔이란 데이터를 여러 디스크로 분산하여 저장함을 나타낸다. 이처럼 여러 개의 디스크로 분산 저장함으로 여러 개를 동시에 액세스할 수 있게 되어 성능을 높일 수 있다. 이 경우 데이터는 같은 크기의 여러 조각(segment)으로 나뉘어져서 여러 디스크로 분산 저장된다.

② 중복성(Redundancy)
중복성을 통하여 일부의 데이터가 손실될 경우에 복구를 할 수 있도록 한다. 데이터를 중복해서 저장하는 방법에는 다음과 같이 두 가지가 있다.

- 적은 수의 분리된 디스크에 중복된 데이터를 저장하는 방법
- 모든 디스크에 중복 데이터를 균등하게 나누어서 저장하는 방법

중복된 정보는 원래 데이터의 완전한 복사본일 수도 있거나, 패리티 구조(Parity scheme)을 사용할 수도 있다. 여기서 패리티 구조란 여러 디스크 배열(array) 중에서 하나의 디스크가 고장 날 경우, 원래의 데이터를 복구하는데 사용되어지는 부가적인 정보(additional information)를 말한다. 이러한 중복성을 이용하면 높은 입출력과 전송률을 동시에 얻을 수 있지만, 이를 위하여 여러 개의 헤드들과 구동장치들을 사용해야 한다. 그러나 다수의 장치들을 사용하면 동시에 오류 확률은 높아진다. 이러한 문제로

인한 신뢰도의 떨어짐을 줄이기 위하여 RAID는 저장된 패리티 정보를 이용하여 디스크 오류에 의해 손실된 데이터를 복구할 수 있게 해준다.

RAID는 0~6 가지의 여러 레벨로 구분되어질 수 있다. 그러나 이들 레벨 사이에는 계층적인 관계는 가지지 않으며, 서로 다른 특성을 가진다.

1) RAID 레벨 0

RAID 레벨 0의 경우에는 중복 없이 데이터를 나눈다. 즉, RAID 0에서는 저장되어질 데이터가 배열 내의 모든 디스크에 분산저장 된다. 이것은 한 개의 커다란 용량의 디스크를 사용하는 것보다 장점을 가진다. 만약 두 개의 I/O 장치에서 데이터를 요구할 때 서로 다른 데이터 블록을 요구하는 경우, 요구된 블록들이 서로 다른 디스크에 저장되어 있을 가능성이 높다. 따라서 이런 경우 두 개의 요구들이 병렬로 처리되어 I/O 처리 시간을 줄일 수 있게 된다. 아래의 그림 7-28에서 보는 바와 같이 데이터는 사용 가능한 디스크들에 스트라입(stripe)된다. 디스크는 여러 조각들(stripe)로 나누어지며, 이 조각들은 물리적 불럭, 섹터 혹은 다른 저장 단위가 될 수 있다. 이 조각들은 연속적인 배열의 디스크들에 라운드-로빈(round-robin) 방식으로 저장된다. 이 경우 모든 데이터는 하나의 논리적인 디스크 상에 저장되어 있는 것처럼 보인다. RAID 0을 사용하는 n 개의 디스크들로 구성되어진 배열에서 첫 번째 n개의 논리적 조각들은 n개의 디스크들의 첫 번째 조각에 위치하고, 두 번째 조각은 각 디스크의 두 번째 조각에 위치한다. RAID 0의 특성을 요약하면 다음과 같다.

- 가장 좋은 쓰기(write) 성능을 제공한다. - 중복된 데이터 업데이트가 없다.
- 가장 좋은 공간 사용효율(space utilization)을 제공한다.
- 읽기 성능에 있어서는 최선의 방법이 아니다.

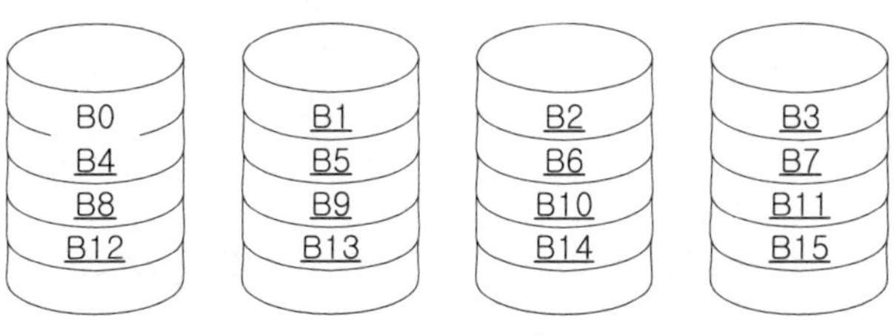

그림 7-28 RAID 레벨 0의 구조

2) RAID 레벨 1

RAID 1에서는 단순히 모든 데이터들을 복사함으로써 중복성을 구현한다. 이러한 이유로 인하여 RAID 1을 **디스크 반사**(Disk Mirroring) 방식이라고도 부른다. 모든 데이터 디스크들에 해당하는 복사본의 반사 디스크들이 존재한다. RAID 1은 RAID 0와 마찬가지로 스트라이핑이 사용되었지만, 이 경우에는 각 논리적 스트립은 두 개의 물리적 디스크로 사상되었기 때문에, 배열 내의 모든 디스크들은 동일한 데이터를 가지고 있는 반사 디스크를 가진다.

RAID 1의 특성은 다음과 같다.

- 모든 데이터 디스크는 반사 디스크를 가진다.
- 두 개의 중복된 디스크를 가지므로 가장 값비싼 방식이다.
- 병렬로 읽기가 허용된다. 이 경우 더 짧은 액세스 시간의 디스크로부터만 서비스 받을 수 있다.
- 데이터를 쓸 때에 두 개의 디스크가 사용되어지는데, 경우에 따라서 순차적으로 일어난다. 이 경우 두 개의 디스크 중에 더 느린 디스크에 의해 쓰기 동작의 성능에 제한을 받는다.
- 최대 전송률은 하나의 디스크 전송률과 같다.
- 오류에 대한 복구가 간단하다. 하나의 디스크에 오류가 발생하여도 다른 디스크로부터 데이터를 액세스할 수 있다.

RAID 1의 주요한 단점이 바로 반사 디스크를 가짐으로 발생하는 비용이다. 따라서 RAID 1은 주로 시스템 소프트웨어나 데이터 및 중요한 파일들을 저장하는 데에 사용된다.

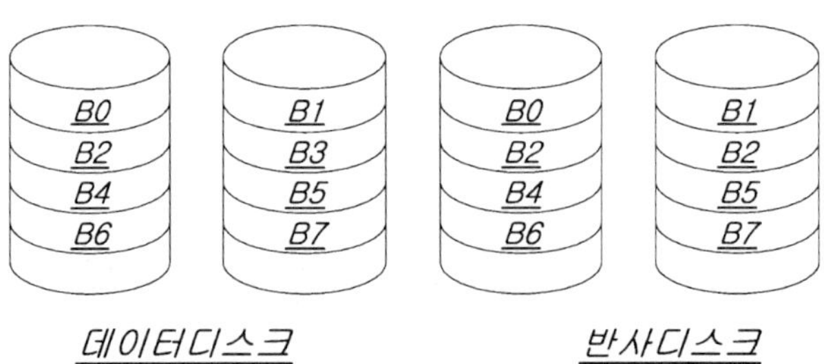

그림 7-29 RAID 레벨 1의 구조

3) RAID 레벨 2

RAID 2는 데이터 단어들의 비트를 여러 개의 데이터 디스크에 한 비트씩 분산 저장시키며 에러 정정 코드를 포함한다. 즉, 검사 디스크들은 앞에서 설명되었던 해밍 코드(Hamming Code)에 의해 구해진 검사 비트들을 저장한다. 하나의 비트 오류를 검사하기 위하여 데이터 디스크(D)와 검사 디스크(C)의 수는 다음과 같은 관계식을 가진다.

$$2^{C} - 1 \geq D + C$$

그림에서 볼 수 있듯이 RAID 2가 RAID 1에 비하여 적은 수의 디스크를 요구하지만, 여전히 비싸다는 문제점을 가진다. RAID 2의 특성은 다음과 같다.

- 데이터 디스크에 비트 단위로 저장된다.
- 중복 구조를 위하여 해밍 코드가 사용된다.
- 데이터 디스크의 수가 증가할수록 공간 사용률(space utilization)이 증가한다.
- 최대 전송률은 통합된 디스크의 대역폭과 같다. 읽기 요구가 많을 경우에 읽기 효율이 대단히 좋고, 적은 요구에서는 나쁘다.
- 많은 오류가 발생하는 환경에서 사용할 경우에 매우 효과적이다.

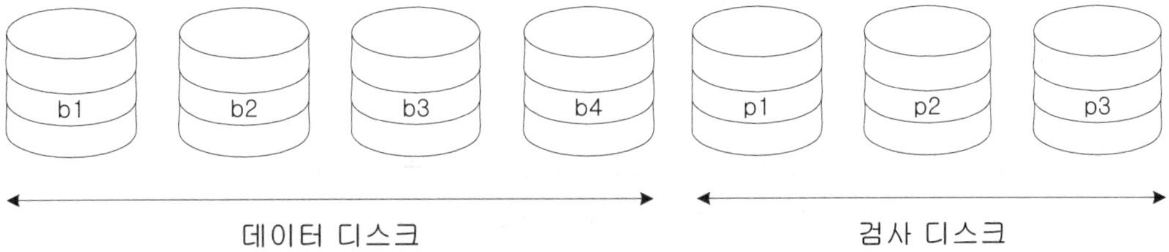

그림 7-30 RAID 레벨 2의 구조

4) RAID 레벨 3

RAID 3의 구조는 RAID 2와 매우 비슷하나, RAID 3는 하나의 중복(패리티) 디스크만을 필요로 한다. RAID 3에서는 데이터 디스크들의 동일한 위치에 있는 비트들에 대한 패리티 비트가 패리티 디스크의 동일한 위치에 저장된다. 만약 어떤 데이터 디스크에서 오류가 발생하면, 패리티 디스크와 다른 데이터 디스크에 있는 데이터들을 통하여 오류가 발생한 데이터를 복구할 수 있다. 이 경우 오류가 발생한 디스크는 교체하고, 새로운 디스크에 복구된 데이터를 저장한다. RAID 3에서 데이터 복구 과정은 다음과 같다. 먼저 아래의 그림 7－31에서 보는 바와 같이 4 개의 데이터 디스크에 저장되어 있는 비트들을 b_1, b_2, b_3, b_4 라고 하고, 패리티 디스크의 같은 위치에 있는 패리티 비트를 p 라고 하면 다음과 같은 관계식을 가진다.

$$p = b_1 \oplus b_2 \oplus b_3 \oplus b_4$$

만약 3 번째 비트가 오류가 발생하였으면, 그 비트는 다음과 같은 과정을 통하여 복구할 수 있다.

$$b_3 = p \oplus b_1 \oplus b_2 \oplus b_4$$

위의 관계식에서 만약 데이터 1110가 각각의 데이터 디스크에 한 비트씩 저장되어 있을 경우 p 의 값은 1이다. 이 경우 3 번째 비트에서 오류가 발생하였을 경우 다음과 같이 복구할 수 있다.

$$b_3 = 1 \oplus 1 \oplus 1 \oplus 0 = 1$$

RAID 3의 특성을 요약하면 다음과 같다.

- 데이터 디스크에 비트 단위로 저장된다.
- RAID 2와는 달리 검사 디스크는 하나만 필요하므로, 공간 이용률에서 RAID 2보다 좋은 성능을 가진다.
- 쓰는 과정은 읽기－ 수정하기－ 쓰기로 RAID 2와 같다.
- 읽고 쓰는 과정에서 모든 디스크들이 참여한다.
- 읽기 과정에서 병렬로 데이터 전송이 가능하다.
- 디스크 액세스에 대하여 한 번에 한 개씩만 처리할 수 있다.

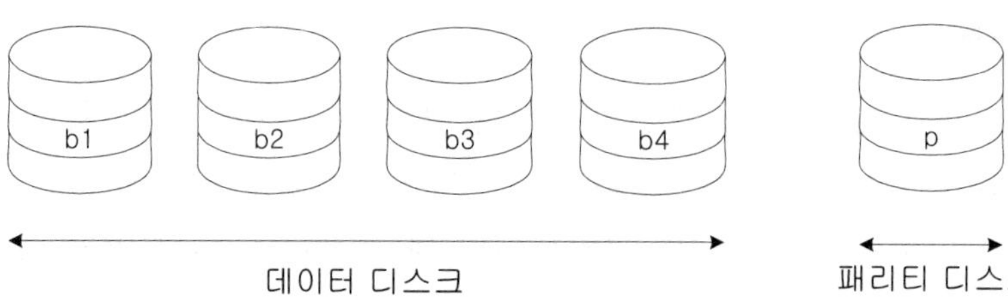

그림 7－31 RAID 레벨 3의 구조

5) RAID 레벨 4

RAID 4에서는 데이터의 저장을 비트 단위로 하지 않고 블록 단위로 한다. 저장되는 방식은 RAID 3와 마찬가지로 데이터 디스크의 블록들로부터 패리티 블록을 계산하여 패리티 디스크에 저장한다. 이렇게 블록 단위로 데이터를 저장함으로써, RAID 2나 RAID 3에서 비트 단위로 저장하기 때문에 읽기 동작이나 쓰기 동작에서 모든 디스크들이 참여해야 하는 문제점이 해결될 수 있다. 즉, RAID 4에서는 데이터가 블록 단위로 저장되기 때문에 데이터에 대한 액세스 요구가 독립적으로 처리되어 질 수 있다. 그러나 이 방식에서도 하나의 블록 내용이 변경되면, 패리티 블록의 내용도 바뀌어야 한다. 이 경우 새로운 패리티 블록을 구하기 위하여 변경된 디스크 블록 이외에도 같은 위치에 있는 다른 블록들을 사용해야 하는 문제점을 가진다. 예를 들어, 세 번째 블록 B_3의 내용이 변경이 되어 B_3'가 되었다고 가정하자. 이 경우에 새로운 패리티 블록은 다음과 같이 구해진다.

$$P' = B_1 \oplus B_2 \oplus B_3' \oplus B_4$$

위의 계산을 위하여 B_1, B_2, B_4를 각자의 디스크로부터 읽어 와야 하고, 계산되어진 새로운 패리티 블록 P'를 패리티 디스크의 같은 위치에 저장해야 한다. 따라서 하나의 블록 변화가 3 번의 읽기(위의 예에서 B_1, B_2, B_4)와 두 번의 쓰기(B_3', P')가 필요하다. 이 때문에 디스크 쓰기 동작에 걸리는 시간이 매우 길어지게 되어 성능의 저하가 일어난다.

위에서의 문제점을 해결하고 빠른 쓰기 동작을 할 수 있는 방법이 연구되었는데, 그의 동작은 다음과 같다. 이 방법은 $B_3 \oplus B_3 = 0$ 라는 관계식을 이용한다. 위의 예와 같이 P'는 다음과 같이 구해진다.

$$\begin{aligned} P' &= B_1 \oplus B_2 \oplus B_3' \oplus B_4 \oplus (B_3 \oplus B_3) \\ &= (B_1 \oplus B_2 \oplus B_3 \oplus B_4) \oplus (B_3 \oplus B_3') \\ &= P \oplus B_3 \oplus B_3' \end{aligned}$$

따라서 위의 식에서 볼 수 있듯이 어떤 블록의 내용이 변경되었을 경우에, 두 번의 블록 읽기와 두 번의 블록 쓰기만 필요하게 된다. 또한 이러한 방식을 사용하면 데이터 디스크의 수와 상관없이 항상 동일한 수의 액세스가 필요하다는 장점을 가진다.

RAID 4의 특성을 요약하면 다음과 같다.

- 디스크에 블록 단위로 저장된다.
- 모든 쓰기에 있어서 패리티 디스크의 액세스가 필요하므로 병목현상이 발생할 수 있다.
- 블록 크기의 데이터의 읽기는 오직 하나의 디스크만 액세스함으로 이루어진다.

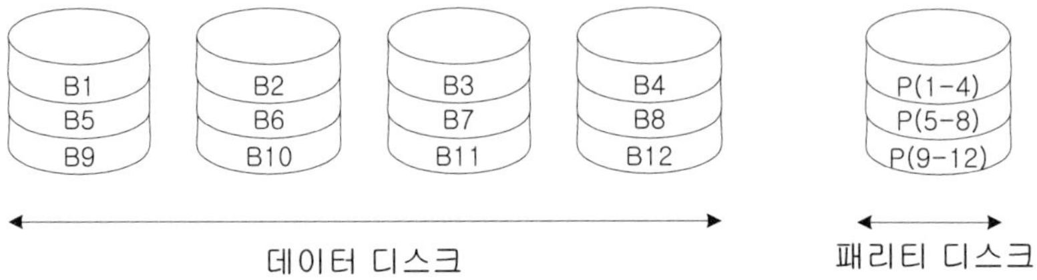

그림 7-32 RAID 레벨 4의 구조

6) RAID 레벨 5

RAID 5는 RAID 4와 비슷한 구조를 가지나, RAID 5에서는 패리티 블록들이 모든 디스크에 분산되어 저장된다. 따라서 RAID 4와 같이 블록이 변경될 때마다 항상 패리티 디스크를 액세스할 필요가 없게 된다. 아래의 그림 7-33에서 보는 바와 같이 패리티 블록의 배치는 각 데이터 디스크에 라운드 로빈 방식으로 이루어진다. 즉, 블록 B1, B2, B3, B4에 대한 패리티 블록은 다섯 번째 블록에 저장되고, 블록 B5, B6, B7, B8에 대한 패리티 블록은 네 번째 블록에 저장된다. 이와 같은 분산 저장 방식을 통하여, 패리티 갱신을 위한 디스크 액세스들이 분산되어 패리티 디스크에서의 병목 현상이 사라지고, 읽기 동작이 병렬로 이루어질 수 있다. RAID 5의 특성을 요약하면 다음과 같다.

- 패리티 블록들이 모든 디스크에 균등하게 분산된다.
- 쓰기 동작이 병렬로 이루어질 수 있다.
- 읽기 동작에서 높은 병렬처리가 이루어질 수 있다.

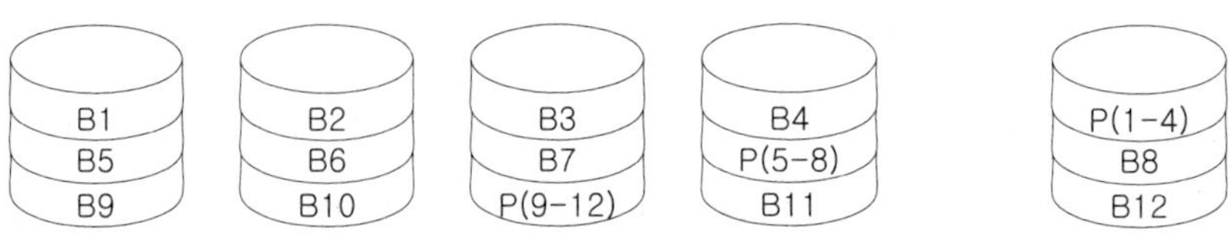

그림 7-33 RAID 레벨 5의 구조

7) RAID 레벨 6

RAID 6은 비용 때문에 잘 구현되어지지 않고 이론적인 레벨의 RAID이다. RAID 6은 데이터의 손실 없이 2 개의 디스크 실패(failures)를 유지할 수 있다. 패리티는 RAID 5처럼 분산되어지는데, 각 계층의 2 개 블록이 패리티 정보를 포함한다. 레벨 3−5에서 하나의 추가적인 디스크가 필요한 반면에, 이 RAID 6에서는 2 개의 디스크를 필요로 한다.

아래의 표 7−6은 위에서 살펴보았던 여러 RAID 레벨에 대한 비교를 보여준다.

표 7−6 각 RAID 레벨의 비교

종 류	Stripping	중복성	공 간	읽 기	쓰 기
RAID 0	비트/블록	없음	100%	병렬	가장 빠름
RAID 1	없음	반사디스크	50%	여러 읽기	한 번에 하나
RAID 2	비트	해밍 코드	57%	적은 수의 블록인 경우 나쁘나, 큰 블록일 경우 좋다	모든 디스크의 액세스 필요
RAID 3	비트	패리티	80%	RAID 2와 동일	RAID 2와 동일
RAID 4	블록	패리티	80%	여러 읽기를 overlapping	하나의 데이터, 하나의 패리티 디스크
RAID 5	블록	패리티	80%	RAID 4보다 나음	여러 쓰기를 overlapping
RAID 6	블록	Reed-Soloman	66%	RAID 5보다 나음	RAID 5와 동일

Summary Check 요약정리

1. 메모리 액세스 기술이란 메모리에 저장되어 있는 내용을 액세스 하는 방법을 말하는 것으로, 메모리의 내용이 메모리 공간의 주소에 의해 접근되어지는 주소에 의한 방식과 메모리의 내용이 그의 내용에 의해 접근되어지는 내용에 의한 방식으로 구분될 수 있다.

2. 메모리 임의 접근 방식에서 메모리의 각각의 위치는 고유의 물리적 주소를 가지며, 이들 데이터의 접근은 임의의 순서대로 이루어진다.

3. 메모리 계층화 구조의 목적은 메모리를 계층화함으로 메모리의 가장 낮은 구성요소로부터 정보 전송율과 프로세서의 속도를 맞추어 컴퓨터의 성능을 높이기 위함이다.

4. 컴퓨터의 메모리 시스템은 계층화 구조를 가지는데 액세스 시간이 줄어들수록 비트당의 가격 상승하며, 용량이 커질수록 비트당 가격 하락할 뿐 만 아니라, 용량이 커질수록 액세스 시간 증가하는 특성을 가진다.

5. CPU 안에 있는 고속의 작은 저장 장치인 레지스터는 명령어와 데이터를 일시적으로 저장하는 장소이다.

6. 메모리의 용량이 커질수록 액세스 시간 증가한다.

7. 어느 데이터가 참조되면, 그 참조되어진 데이터 근처에 있는 다른 데이터가 참조될 확률이 높음을 나타내는 것이 공간적 지역성(spacial locality)이다.

8. 어느 데이터가 참조되어지면, 머지않은 시간에 그 데이터가 다시 참조되어질 확률이 높음을 나타내는 것이 시간적 지역성(temporal locality)이다

9. 주기억장치는 컴퓨터가 동작하는 동안에 데이터와 프로그램을 저장하고 있는 비교적 크고 빠른 속도의 메모리이며, 반도체 집적회로 기술을 바탕으로 한다.

10. 메모리 칩에는 2D 조직과 2½ D 형 조직이 있는데 2D 조직은 하나의 데이터가 W 개의 기억장치에 저장되어지고, 2½ D 형 조직에서는 2D 조직과 달리 한 단어를 이루고 있는 비트들이 여러 개의 메모리 위치에 분산 저장된다.

11. RAM은 휘발성의 반도체 집적회로로서 데이터를 읽을 수도 있고 쓸 수도 있는 메모리 칩을 말한다.

12. 동기 DRAM(SDRAM)은 동기식이라는 뜻이 의미하듯 CPU가 사용하는 주 클럭을 직접 받아서 동작되는 DRAM이다.

13. ROM은 읽을 수만 있기 때문에 데이터 버스는 출력의 한 방향성이다.

14. 기억장치 모듈 설계에서 기억장소의 확장은 메모리 칩을 직렬로 연결하여 구현할 수 있다.

15. 기억장치 모듈 설계에서 기억되어지는 단어의 확장은 메모리 칩을 병렬로 연결하여 구현할 수 있다.

16. 일반적으로 데이터의 오류를 검출하거나 발생한 오류를 정정하기 위하여서는 원래의 데이터에 부가적으로 오류 검출/정정 코드를 만들어 함께 저장한다.

17. 해밍 코드를 사용하면, 에러의 검출 뿐 만 아니라 발생한 에러의 위치를 알 수 있으므로 에러 정정도 할 수 있다.

18. 캐쉬 메모리는 주기억 장치와 CPU 사이에 있는 메모리 계층으로서, CPU에서 주 기억 장치로의 오랜 접근 시간 때문에 일어나는 성능 감소를 막기 위하여 사용된다.

19. 원하는 데이터를 캐쉬에서 참조되는 경우를 캐쉬 적중(Hit)라고 하며, 캐쉬에 원하는 데이터가 없는 경우를 캐쉬 미스(Miss)라고 부른다.

20. 미스 패널티(miss penalty)란 캐쉬 미스가 발생하였을 경우, 데이터를 주 메모리에서 캐쉬로 가져오는데 걸리는 시간을 말한다.

21. 주 메모리에서 캐시로의 전송은 K 단어(words)로 이루어진 블록(block)에 의하여 이루어진다.

22. 캐쉬 슬롯의 수는 주 메모리 블록의 수보다 훨씬 적으므로, 각 슬롯은 여러 블록에 의하여 공유된다.

23. 캐쉬 슬롯이 타당한 주소를 포함하고 있는가를 표시하기 위하여 유효비트(valid bit)를 사용한다.

24. 적중률을 높이기 위하여 캐쉬 내의 어떤 블록을 교체하는가를 결정하는 캐쉬 교체 알고리즘의 결정이 중요하다.

25. 바로쓰기(write through)방식에서는 캐시의 내용이 바뀔 때 마다 메모리의 값도 같이 바꾸어 준다.

26. 바로쓰기 방식에서 CPU의 속도를 높이기 위하여 쓰기버퍼(write buffer)를 사용한다.

27. 나중쓰기(write back)방식에서 쓰기 중에는 캐쉬의 내용만을 바꾸고, 캐쉬의 전체 블록을 교체할 경우에만 주 메모리의 내용을 업데이트 한다.

28. 캐쉬의 크기를 크게 함으로써 강제 미스나 용량 미스는 줄일 수 있으나 히트 시간이 증가할 수 있다.

29. 블록의 크기를 늘이면 공간적 국지성 때문에 강제 미스나 용량 미스는 줄일 수 있으나, 블록의 수가 줄기 때문에 충돌 미스가 늘어나며, 블록의 크기가 커짐으로써 미스패널티가 증가할 수 있다.

30. 연관성을 늘이면 충돌 미스는 줄어드나, 캐쉬 액세스 시간이 증가할 수 있다.

31. 희생 캐쉬란 가장 최근에 캐쉬에서 버려진 캐쉬 블록을 저장하는 작은 캐쉬이다.

32. 데이터 캐쉬와 명령어 캐쉬가 분리되어 있는 캐쉬를 분리 캐쉬(split cache)라 부르고, 명령어와 데이터를 하나의 캐쉬에 저장하는 것을 통합 캐쉬(unified cache)라 부른다.

33. CPU가 프로그램을 수행하면서 필요한 데이터를 디스크를 통하여 가져오는데, 이 때 디스크를 액세스하여 데이터를 읽거나 쓰는 과정에 필요한 시간을 디스크 액세스 시간이라 부른다.

34. 데이터 블록들을 여러 개의 디스크들에 분산 저장하는 기술을 디스크 인터리빙(Disk Interleaving)이라 부른다.

35. RAID는 데이터의 나눔과 중복성에 기반을 둔 데이터 저장 기술이다.

Summary Check 연습문제

1. 메모리 구조 계층화의 목적과 특성에 대하여 설명하라.

2. CPU 내의 레지스터 기억장치의 장점에 대하여 설명하라.

3. 램버스 D램(RAM Bus DRAM)의 특성에 대하여 설명하라.

4. 해밍 코드는 에러의 검출 및 정정에 쓰이는 코드이다. 다음 물음에 답하라.
   1) "111100100"에 해당하는 해밍 코드를 구하라.(가장 좌측이 LSB라고 한다)
   2) 전송된 위의 데이터를 수신자가 "111110100"로 받았을 경우에, 5 번째 비트 "0"을 오류 발생으로 인하여 "1"로 받았다면, 이 때 발생된 오류를 정정하는 과정을 보여라.

5. 64 M×32 비트 RAM 칩의 첫 번째 기억장소의 주소와 마지막 주소를 16진수로 표현하라.

6. 256K×16 RAM의 블록 선도를 제어신호 및 주소, 데이터 선을 정확히 표현하여 그려라.

7. ROM이 사용되어지는 프로그램의 예를 두 가지만 들어라.

8. 64K×8 비트 조직의 RAM을 가지고 4M×32 비트 기억 장치 모듈을 구성하는데 필요한 칩의 수와 연결하는 방법에 대하여 설명하라.

9. 64K×1 비트 메모리 칩을 사용하여 256K×8 비트 메모리를 설계하라.

10. 캐쉬의 적중률은 메모리에 저장된 프로그램과 데이터의 지역성(Locality)에 크게 의존하는데, 공간적 지역성(spatial locality)과 시간적 지역성(temporal locality)에 대하여 설명하라.

11. 어떤 컴퓨터의 주 메모리(기억장치)의 용량이 256MB이고, 각 메모리 안에 적재되는 데이터는 8 비트로 구성되어 있다고 한다. 이를 용량이 256KB이고, 각 슬롯이 8 바이트(bytes)로 되어 있는 캐쉬로 직접사상(Direct Mapping) 방식으로 하려고 한다.

1) 캐쉬에는 몇 개의 슬롯들이 존재하는가?
2) 이 컴퓨터의 각 메모리를 표현하기 위하여 몇 비트가 필요한가?
3) 주 메모리(기억장치)의 블록 수는 몇 개인가?
4) 한 슬롯을 공유하는 주기억장치 블록들의 수는 몇 개 인가?
5) 이 때 캐쉬를 지정하는 3 개의 구분자의 형식(Bits)을 써라(각 필드별 Bits를 정확히 표시할 것)

12. 어느 컴퓨터의 주 메모리 시스템의 용량은 4GB, 캐쉬 용량이 256 KB이고, 메모리에서 캐쉬로 이동되는 블록의 크기는 32 바이트라고 한다. 또한 주 메모리 하나의 기억 장소에는 2 바이트의 데이터가 저장된다고 한다. 이 때 다음의 물음에 답하라.

1) 위의 주 메모리 시스템을 512M × 8 RAM 메모리칩으로 구현하는 경우에 필요한 칩의 수와 이 메모리칩들을 어떻게 연결해서 구현할 수 있는 지를 설명하라.
2) 512M × 8 RAM 메모리칩의 블록 다이어그램을 그려라(모든 신호선들을 보일 것)
3) 위의 메모리칩들의 주소 범위(메모리 MAP)를 16진법으로 표현하라.
4) 주 메모리에서 캐쉬로 4-way 세트연관사상 방식을 사용한다고 한다.
   a) 캐쉬에는 몇 개의 슬롯이 있는가?
   b) 캐쉬에는 몇 개의 세트가 있는가?
   c) 위의 메모리를 지정하는 물리 주소가 어떻게 구분되는가?
5) 만약 직접 사상 방식을 사용한다고 할 경우에 물리 주소가 어떻게 구분되는가?

13. 하나의 메모리 안에 2 바이트의 데이터가 들어 있다고 할 때 1GB 용량의 주 메모리를 액세스하기 위하여 필요한 주소선의 수를 구하라.

14. 어느 시스템이 256KB의 통합 캐쉬와 512MB의 주 메모리를 가진다. 캐쉬의 적중률은 90%이고, 캐쉬의 히트 시간은 1 클럭 사이클이 걸린다. 또한 주메모리의 액세스 시간(미스 패널티)은 10 클럭 사이클이 필요하며, CPU의 클럭 속도는 500 MHz라고 한다. 이 때 평균 메모리 액세스 시간을 구하라.

15. 어떤 CPU가 24 비트 주소를 사용한다고 한다. 모든 메모리는 바이트로 액세스되며(byte addressable) 8－way 연관세트사상 방식을 사용한다. 64 KB의 용량을 가지는 캐쉬는 하나의 슬롯이 8 바이트로 이루어진다고 한다. 이 경우에 주소의 형식(태그, 세트, 단어 필드)을 구하라. 또한 주소 A8A8A8을 위의 형식에 맞추어 각 필드를 구분하라.

16. 캐쉬의 크기가 커질수록 가지는 장점과 단점 1 가지씩만 들어라.

장점:

단점:

17. 주기억 장치의 액세스 시간이 500 ns이고 캐쉬의 액세스 시간이 50 ns일 때, 캐쉬의 적중률이 70% 일 경우 기억장치의 평균 액세스 시간을 구하라. 또한 전체 기억장치의 액세스 요구 중에 80%는 읽기 동작이고, 20%가 쓰기 동작이었다고 한다. 이 때 캐쉬 쓰기 정책이 즉시 쓰기(write－through)일 때의 평균 기억장치의 액세스 시간을 구하라.

18. 쓰기(Write) 버퍼에 대하여 다음을 설명하라.

1) 사용 목적에 대하여 설명하라.
2) 설계시 발생할 수 있는 문제점에 대하여 설명하라.
3) 위의 문제점을 해결할 수 있는 방안을 제시하라.

19. 다음 3 가지 종류의 미스에 대하여 설명하라.

1) 강제(compulsory) 미스
2) 용량(capacity) 미스
3) 충돌(conflict) 미스

20. 미스 패널티(miss penalty)를 줄이는 방안 3가지에 대하여 설명하라.

21. RAID−4 시스템에 대하여 아래의 물음에 답하라.
   1) 4 개의 데이터 디스크가 있을 때 동작원리에 대하여 그림을 그리고 설명하라.
   2) RAID−4에서는 어떤 디스크에 데이터를 쓸 때 항상 패리티 디스크가 2 번씩 액세스 되므로 패리티 디스크 액세스 집중 때문에 병목이 발생하는 문제점을 가진다. 이를 해결하는 방법에 대하여 설명하라.

22. 어느 디스크 저장 장치에서 헤더가 원하는 트랙의 위치에 오는데 까지 10 ms가 걸리며, 데이터의 전송률은 512 MB/sec이고, 디스크는 6000 RPM의 속도로 움직인다고 한다. 또한 헤더가 원하는 섹터에 도달할 때까지 평균 1/2 회전을 하며, 다른 모든 오버헤드는 무시하는 경우에 256 KB 데이터를 디스크의 한 섹터로부터 읽거나 쓰는데 걸리는 평균 시간을 구하라.

23. 다음과 같은 특성을 가지는 어떤 디스크로부터 4096 바이트의 한 섹터에 있는 데이터를 읽어 오는 평균 시간을 구하라.

- 디스크 제어기에서의 오버헤드 시간은 = 1 [ms]
- 디스크 회전 = 7200 RPM
- 평균 탐색(seek)시간 = 5 [ms]
- 전송률 = 10 Mbytes/sec

chapter

8

버스와 입출력 장치

1장에서 설명하였듯이 컴퓨터는 CPU, 메모리, 입출력 장치로 구성되며, 이들을 연결하여 서로 통신을 지원하는 경로를 필요로 한다. 이처럼 여러 구성 요소들을 연결하는 경로들의 집합을 상호연결조직(interconnection structure)라고 부른다. 상호연결조직은 다음과 같은 유형의 전송을 지원한다.

- 메모리에서 CPU로의 데이터 전송
- CPU에서 메모리로의 데이터 전송
- I/O에서 CPU로의 데이터 전송
- CPU에서 I/O로의 데이터 전송
- I/O에서 메모리로의 데이터 전송
- 메모리에서 I/O로의 데이터 전송

이러한 컴퓨터 구성 요소들 간의 전송을 위하여 여러 방식의 상호연결 조직들이 개발되었는데, 이들 조직들은 크게 다음과 같이 분류할 수 있다.

1) I/O-to-CPU 구조

I/O-to-CPU 구조에서 CPU는 모든 데이터 교환을 제어하며, 입출력 모듈에 의한 직접메모리 액세스는 이루어지지 않는다. 즉, 입출력 장치들과 기억장치 간의 데이터 전송은 반드시 CPU를 통하여 이루어진다. 이 구조는 간단하기 때문에 필요한 하드웨어의 양이 가장 적고, 상호연결조직을 구성하는 비용이 가장 적다는 장점을 가진다. 그러나 CPU가 I/O의 느린 동작 때문에 데이터 교환 명령을 전달한 후에 기다려야 하므로 처리율(throughput)이 감소하는 단점을 가진다.

2) I/O-to-Memory 구조

I/O-to-Memory 구조에서는 두 개 이상의 구성요소들이 주기억장치를 독립적으로 액세스할 수 있는 기능을 가진다. 따라서 기억장치는 충돌을 피하기 위하여 제어회로를 가진다. 이러한 구조의 장점으로는 CPU가 명령어를 처리하고 있는 동안에도 기억장치로 직접 입출력 전송이 이루어질 수 있다는 것이다. 그러나 제어 메커니즘이 복잡하고 변경이 어렵다는 단점도 가지고 있다.

3) I/O-to-Bus 구조

이 구조에서는 모든 모듈들이 공유하는 선들의 집합인 버스를 가진다. 한 번에 하나의 모듈만이 전송할 수 있고, 한 개 이상의 모듈들이 버스의 사용을 제어할 수 있어야 한다. 버스 구조는 간단하고 융통성이 높다는 장점 때문에 대부분의 마이크로컴퓨터에서 사용된다.

아래의 그림 8-1은 현재 많이 사용되어지고 있는 펜티엄 컴퓨터가 여러 인터페이스를 통하여 CPU, 메모리, 각종 입출력 장치 등의 여러 구성 요소들 간에 연결되어 있는 것을 보여 주고 있다.

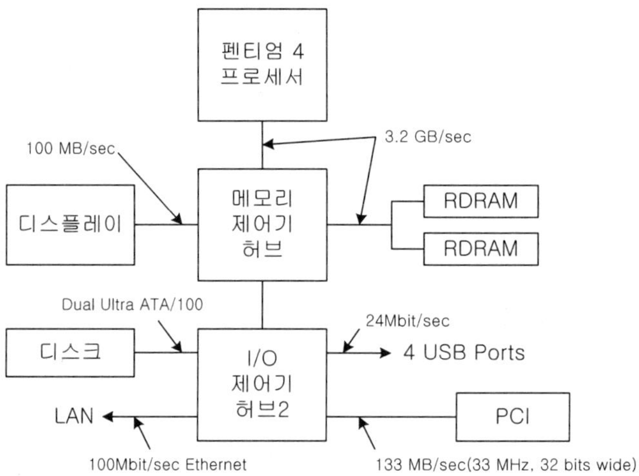

그림 8-1 펜티엄 컴퓨터의 구성

8.1 버스(Bus)

8.1.1 시스템 버스

버스란 컴퓨터 구성원들의 데이터 전송을 위한 공유 통신 링크(shared communication link)를 말한다. 다른 표현으로 버스는 "컴퓨터의 다중 장치들 간의 전기적 통로"라고 정의할 수 있다. 아래 그림 8-2에서 볼 수 있듯이 버스를 통하여 컴퓨터의 각 구성 요소인 CPU, DRAM, 디스플레이, 입출력 장치들, 그리고 네트워크 등이 연결된다. 여기서 버스의 의미는 컴퓨터 구성요소들 간의 물리적인 연결 뿐 만 아니라, 버스를 통한 신호 교환을 제어하는 모든 방법까지 포함되어 일컬어진다. 버스를 사용함으로 얻을 수 있는 장점들은 다음과 같다.

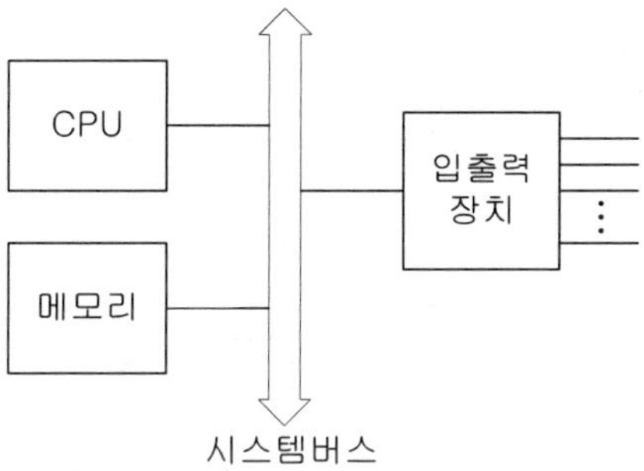

그림 8-2 버스를 통한 컴퓨터 구성 요소들 간의 상호 연결

① 새로운 장치들을 쉽게 연결할 수 있다.
② 같은 버스 표준을 가지는 컴퓨터 시스템들 간에 장치들을 옮겨서 사용할 수 있다.
③ 단일 세트의 버스 선들이 다양한 방법으로 공유되어질 수 있으므로 경비(cost)를 절약할 수 있다.
④ 복잡한 시스템을 표준을 통하여 간단히 관리할 수 있게 된다.

이와는 반대로 버스를 사용함으로써 다음과 같은 단점들을 가질 수 있다.

① 제한된 버스 대역폭으로 인하여 통신에 있어서 병목이 일어날 수 있으며, 최대 입출력 효율에 제한을 받을 수 있다.
② 최대 버스 속도가 다음의 요소들에 의해 크게 좌우된다.
  - 버스의 길이
  - 버스 상에 연결된 장치들의 수
  - 다양한 지연(delay)과 전송속도를 가지는 장치들의 연결

위의 그림 8-2 보다 자세한 형태의 기본적인 컴퓨터 버스를 구성해 보면 아래의 그림 8-3과 같다.

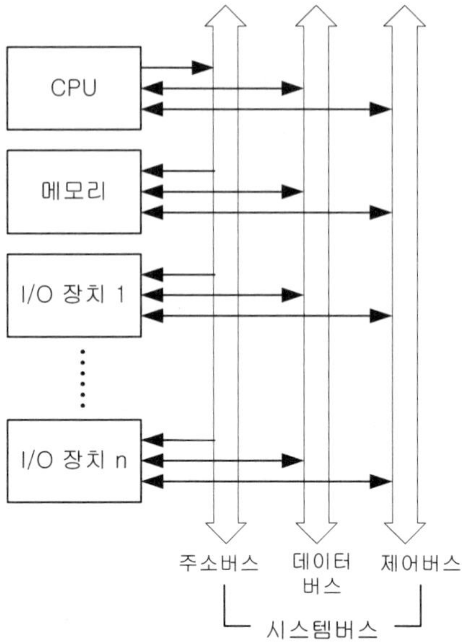

그림 8-3 시스템 버스와 컴퓨터 구성 요소들의 연결

위의 그림에서 볼 수 있듯이 시스템 버스가 시스템의 모든 통신을 담당하는데, 시스템 버스는 제어버스, 주소버스, 그리고 데이터버스로 구성되어 있다. 보통의 마이크로 컴퓨터에 있는 시스템 버스는 마더 보드 위에 새겨진 50~150 개의 병렬 구리선들로 이루어진다. 이들 각각은 여러 개의 선(lines)들로 이루어져 있고, 또한 전송 방향 등에 다양한 특성을 가진다. 시스템 버스를 구성하는 선들의 수는 그 버스를 통해 한 번에 전송되어지는 데이터의 크기와 같다. 이들 시스템 버스들에 대하여 자세히 살펴보면 다음과 같다.

1) 데이터 버스(data bus)

데이터 버스는 일반적으로 8비트, 16 비트, 32 비트 등의 데이터를 전송할 수 있도록 같은 수의 선들로 이루어져 있다. 이 선들의 수를 데이터 버스 폭(bus width)라고 부른다. 이는 이 데이터 선들의 수와 한 번에 전송되어지는 데이터 비트의 크기와 같기 때문이다. 예를 들어, 데이터 선의 폭이 16 비트이고, 각 명령어의 크기가 32 비트라면, CPU는 각 명령어를 읽어오기 위하여 기억장치를 두 번 액세스하여야 한다. 이 데이터 버스는 일반적으로 양방향성이다. 이는 데이터가 CPU로 읽혀지기도 하고, 쓰여지기도 하기 때문이다.

2) 주소 버스(address bus)

주소 버스는 데이터가 저장되어 있는 주소를 지정하기 위하여 사용된다. 즉, CPU가 어느 특정한 메모리 위치의 데이터를 읽어 오기 위하여서는 먼저 그 특정 메모리 위치에 해당하는 주소를 주소선에 실어야 한다. 이 주소버스의 버스 폭은 그 시스템 메모리의 용량을 결정한다. 예를 들어 주소 버스가 16 개의 선으로 이루어졌으면 그 주소 버스로 직접 액세스할 수 있는 시스템 메모리의 용량은 2^{16} 바이트가 된다. 또한 주소 버스는 메모리 시스템의 메모리 위치를 지정하는 것 이 외에도 입출력 포트를 지정하는데도 사용된다.

3) 제어 버스(control bus)

제어 버스는 데이터의 이동과 주소버스를 통한 주소지정의 제어를 위하여 사용되어지는 버스이다. 이것은 버스가 컴퓨터 시스템에서 여러 구성 요소들 간에 공유되어 사용되어 지기 때문에, 그들의 사용을 제어하는 수단이 필요하기 때문이다. 제어 신호는 시스템 모듈 사이에 명령과 타이밍 정보를 제공한다. 이 중에서 타이밍 신호는 데이터와 주소 정보의 유효성을 나타내는데 사용되며, 명령 신호들은 수행되어지는 동작을 결정한다. 제어 버스에 의해 제어되어지는 기능들을 살펴보면 다음과 같다.

- 기억장치 쓰기(memory write) : 데이터 버스에 있는 데이터를 지정되어진 메모리 위치에 쓰는 기능을 한다.
- 기억장치 읽기(memory read) : 지정되어진 기억장치 주소로부터 데이터를 데이터 버스로 읽어 내는데 사용된다.
- I/O 쓰기(I/O write) : 데이터 버스에 있는 데이터를 지정되어진 입출력 포트로 출력시키는 기능을 수행한다.
- I/O 읽기(I/O read) : 지정되어진 입출력 포트로부터 데이터를 읽어서 데이터 버스에 싣는 기능을 수행한다.
- 전송 확인(Transfer ACK) : 데이터가 버스로부터 받아들여졌거나 버스 상에 실렸음을 나타낸다.
- 버스 요구(Bus Request) : 컴퓨터 시스템의 어떤 구성 요소가 버스 사용을 원하는 경우 버스 사용 요청을 나타내는데 사용된다.
- 버스 승인(Bus Grant) : 버스 사용을 요구한 컴퓨터 시스템 구성요소에게 버스 사

용을 허락되었음을 나타낸다.

- 인터럽트 요구(Interrupt request) : 인터럽트가 실행을 위해 대기하고 있음을 나타낸다.
- 인터럽트 확인(Interrupt ACK) : 요청되어진 인터럽트 요구가 CPU에 의해 인식되었음을 나타낸다.
- 클럭(Clock) : 각 구성요소들의 동작을 동기화시키는데 사용된다.
- 리셋(Reset) : 구성요소들을 초기화하는데 사용된다.

그런데 컴퓨터 시스템은 다중의 버스를 가질 수 있다. 위에서 살펴 본 시스템 버스는 주로 CPU와 메모리 혹은 입출력 장치들 간의 데이터 전송에 사용되어지지만 아래의 그림 8−4에서 보는 바와 같이 CPU 내부에는 CPU 내부 버스가 있어서 CPU 내의 여러 구성 요소들, 즉, 레지스터들, ALU, 그리고 제어 유니트들을 연결한다. 뿐만 아니라 로컬 버스(local) 버스는 CPU와 코프로세서(co−processor)를 연결한다.

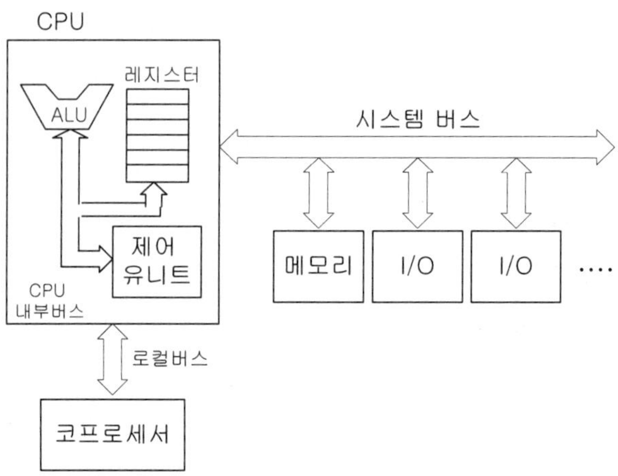

그림 8−4 컴퓨터 시스템에서의 다중 버스 사용의 예

위에서 설명되어진 시스템 버스의 동작은 다음과 같은 순서에 의해 이루어진다. 만약 어떤 구성요소가 버스에 의해 연결된 다른 구성요소에게 데이터를 보낸다고 가정하면, 다음과 같은 동작들이 수행된다.

① 먼저 데이터를 전송하고자 하는 장치는 버스의 사용권(Bus grant)을 얻는다.
② 버스를 통하여 데이터를 전송한다.

또한 읽기 동작에 대한 순서는 다음과 같다.

① 먼저 버스 사용권을 얻는다.
② 적절한 제어선과 주소 선을 통하여 데이터를 읽고자 하는 장치에게 요구 신호를 보낸 후에, 데이터를 기다린다.

버스와 연결된 장치들은 능동적(active)으로 버스 전송을 하는 것도 있지만, 그렇지 못하는 것들은 수동적(passive)으로 응답을 기다려야 한다. 능동적으로 동작하는 장치를 마스터(Master)라고 하며, 수동적인 장치를 슬래브(slave)라고 한다. 아래의 표 5-1은 대표적인 마스터-슬래브 쌍을 보여 준다.

표 5-1 버스 마스터와 슬래브의 예

마스터	슬래브	설 명
CPU	메모리	명령과 데이터의 인출
CPU	I/O	데이터 전송
CPU	코프로세서	부동소수점 명령의 교환
I/O	메모리	직접메모리 액세스

그림 8-5는 버스 마스터와 버스 슬래브 사이에 데이터 전송이 이루어지기 위하여 상호간에 주고받는 신호의 전송을 보여 준다.

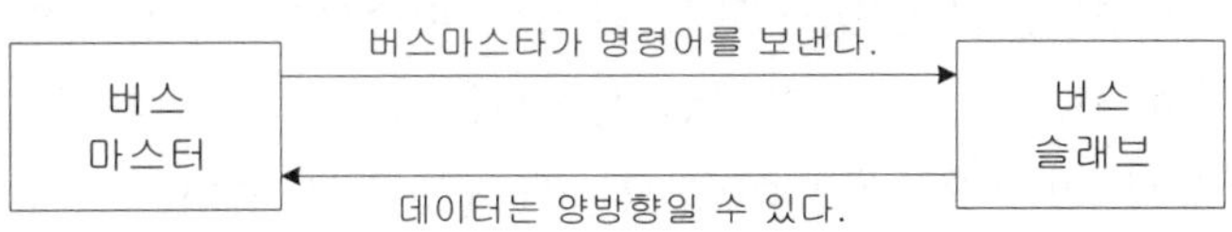

그림 8-5 버스 마스터와 버스 슬래브의 동작

8.1.2 버스의 타이밍

버스의 타이밍(timing)은 사건들(events)이 버스상에서 발생되는 순서를 보여 주는데, 동기식 타이밍(synchronous timing)과 비동기식 타이밍(asynchronous timing) 방식으로 구분된다. 동기식 타이밍 버스는 시스템 버스에서 모든 버스 동작들이 발생하는 시간에 공통의 버스 클럭(clock)에 맞추어 결정된다. 다시 말해, 데이터를 전송하는 장치와 데이터를 수신하는 장치 모두에게 알려진 시간에 전송이 이루어진다. 여기서 사용되어지는 클럭은 1과 0를 반복하는 신호이며, 클럭 선이 버스에 포함되어 있다. 클럭이 반복되어지는 기간(period)을 클럭 사이클 혹은 버스 사이클이라 부른다. 예를 들어 1 GHz로 동작하는 클럭의 버스 사이클은 다음과 같이 구해진다.

$$1/_{1\times 10^9} = 10^{-9} = 1\,[ns]$$

동기식 타이밍 버스는 데이터 전송률이 시스템에서 가장 속도가 느린 장치에 의해 결정되어지는 단점을 가지고 있다. 따라서 속도가 빠른 장치들 간의 최대속도로 전송할 수 없다. 이러한 문제점을 위해 비동기식 타이밍 버스가 사용되어지는데, 이 비동기식 방식에서는 수신자 장치에 데이터 전송을 알리는 제어신호를 수반하여 전송한다. 수신자 장치는 데이터를 수신한 후에 또 다른 제어 신호를 통하여 데이터를 수신했다는 사실을 송신자 장치에게 보낸다. 이렇게 송신자와 수신자 사이에 데이터 전송을 위하여 실행되어지는 일련의 과정을 핸드쉐이킹(handshaking)이라 부른다. 다시 말해, 핸드쉐이킹이란 송신자와 수신자가 서로 합의했을 경우에만 다음 단계로 넘어가는 일련의 처리 과정을 말하는데, 비동기식 타이밍 버스에서는 이러한 과정을 통하여 데이터 전송을 처리한다. 이 방식에서는 각 장치들마다 각각의 버스 제어신호를 발생시키기 때문에 데이터 전송속도가 장치들의 고유 속도마다 다양해질 수 있다.

동기식 버스와 비동기식 버스의 데이터 읽기동작에서의 타이밍은 다음의 그림 8-6과 같다.

그림 8-6에서 볼 수 있듯이 비동기식 타이밍 버스에서는 버스상에서 발생한 사건들이 이전에 발생한 사건에 의해 결정된다. 먼저 CPU는 주소와 읽기 신호를 버스에 싣는다. 이 신호들이 안정될 때가지 잠시 기다린 후에, CPU는 마스터 동기(Master Synchronous : MSYN) 신호를 발생하여 유효 주소와 동기 신호가 존재한다는 것을 알린다. 이 때 기억장치는 데이터와 슬래브 동기(Slave Synchronous : SSYN) 신호로 응답하게 된다.

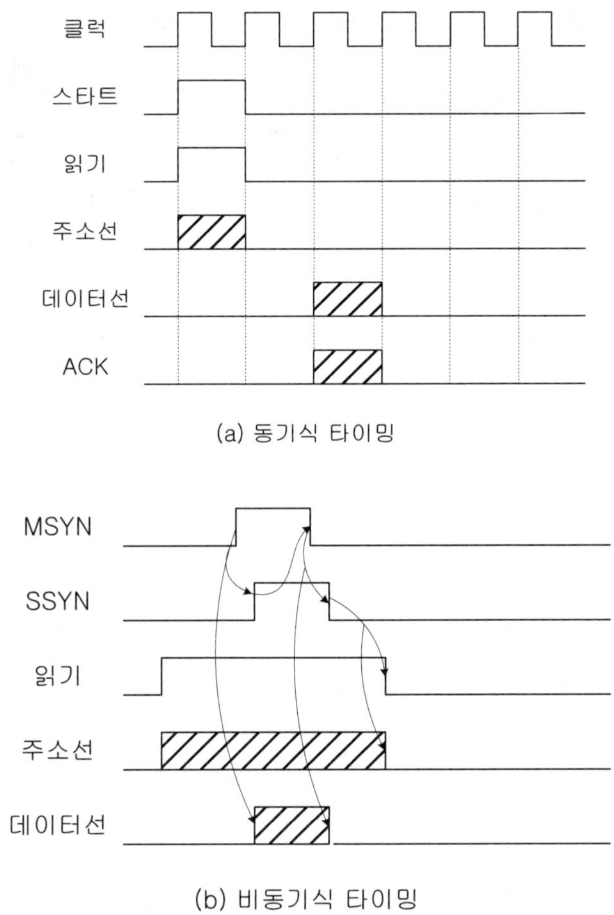

그림 8-6 동기식과 비동식 버스의 동작

일반적으로 소형인 컴퓨터 시스템에서는 비동기식 버스를 사용하고, 중형급 이상의 컴퓨터 시스템에서는 동기식 버스를 사용한다. 전형적인 비동기식 버스의 동작을 요약하면 다음과 같다.

① 전송하는 장치는 데이터 버스에 데이터를 싣고, 제어 신호를 통하여 이를 알린다.
② 수신 장치는 제어 신호를 보고 데이터를 읽은 후에, 다른 제어 신호를 통해 데이터를 읽었음을 알린다.
③ 전송 장치는 데이터 선과 제어선을 off 한다.
④ 수신 장치는 수신 ACK 제어선을 off 한다.

8.1.3 동기식 버스와 비동기식 버스의 성능 비교

동기식과 비동기식 버스의 성능 비교를 버스의 최대 대역폭을 통하여 살펴보면 다음과 같다. 아래의 예에서 동기식 버스의 클럭 사이클은 45[ns]이고, 하나의 버스 전송에는 1 클럭 사이클이 필요하다고 가정한다. 또한 비동기식 버스에서 하나의 핸드쉐이크 과정에 35[ns]가 걸린다고 가정한다. 이 경우 데이터 버스가 32 비트로 이루어져 있을 때, 230 [ns]의 액세스 속도를 가지는 메모리에서 1 워드(4 바이트)를 읽을 경우의 버스의 대역폭을 구하기로 한다.

1) 동기식 버스

동기식 버스의 동작에서 데이터를 읽을 경우에 걸리는 시간은 다음과 같다.

- 메모리에 액세스할 데이터가 있는 메모리의 주소를 보내는데 45[ns] 가 걸린다.
- 해당 주소의 메모리로부터 데이터를 읽는데 230[ns]가 걸린다.
- 출력 장치에 데이터를 보내는데 45[ns]가 걸린다.

따라서 전체 걸린 시간은 320[ns]이다. 즉, 320[ns] 마다 4 바이트씩 전송되므로, 버스의 최대 대역폭은 다음과 같다.

$$\frac{4\ \text{Bytes}}{320\ \text{ns}} = 12.5\ \text{MB/sec} \quad = 100\,\text{Mb/sec}$$

2) 비동기식 버스

비동기식 버스에서는 데이터 전송을 위하여 다음과 같은 과정이 필요하다.

① 메모리가 읽기 요청 신호를 보고, 데이터 버스의 주소를 읽는다. 주소 읽은 것을 확인하기 위하여 Ack를 1로 세트한다.

② Ack가 1인 것을 보고, 읽기 요청 신호를 0으로 만들고, 데이터 선에 신호를 더 이상 인가하지 않는다.

③ 메모리는 읽기 요청 신호가 0이 된 것을 확인하고, 확인 응답 신호로 Ack 신호를 0으로 만든다.

④ 데이터를 데이터 선에 싣고, 데이터 준비 신호를 1로 만든다.

⑤ 데이터 준비 신호를 확인하고 데이터 버스에서 데이터를 읽은 후에, Ack 신호를 1로 만들어 응답한다.

⑥ 메모리가 Ack 신호를 읽은 후에, 데이터 준비 신호를 0으로 만들고, 데이터 선에 더 이상 데이터를 인가하지 않는다.

⑦ 입출력 장치는 데이터 준비 신호가 0인 것을 확인하고, Ack 신호를 0으로 만들어서 전송이 완료되었음을 표시한다.

위의 과정이 아래의 그림 8－7에서 보여 주고 있다.

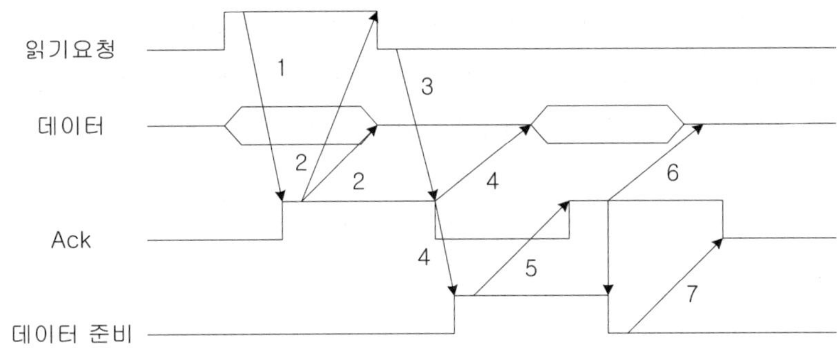

그림 8－7 비동기식 버스에서의 데이터읽기 동작

위의 그림 8－7에서 보는 바와 같이 비동기식 버스에서 데이터 전송을 위하여 7 단계를 거쳐야 한다. 각 단계에서는 35[ns]씩 걸리지만 그림에서 볼 수 있듯이 2,3,4 단계에서는 메모리 액세스 시간과 중첩되기 때문에 실재 소요 시간에서는 제외될 수 있다. 따라서 전체 걸리는 시간은 다음과 같다.

- 1단계 : 35[ns]
- 2,3,4 단계에서는 메모리 액세스 시간인 230[ns]
- 5,6,7 단계에서는 3 × 35 = 105 [ns]

따라서 전체 걸린 시간은 370[ns]이다. 따라서 버스의 최대 대역폭은 다음과 같다.

$$\frac{4\,\text{Bytes}}{370\,\text{ns}} = 10.181\,\text{MB/sec} = 86.486\,\text{Mb/sec}$$

따라서 위의 예에서는 동기식 버스가 약 13% 빠름을 알 수 있다.

8.2 버스 중재(bus arbitration)

공유 버스에 연결되어진 여러 개의 버스 마스터와 슬래브가 동시에 버스를 사용하기 위하여 버스 접근을 요구할 때가 있다. 이런 경우에는 버스 사용에 대한 경쟁이 일어나는데, 이를 해결할 수 있는 방법이 필요하다. 공유 버스에 연결되어 있는 어느 장치가 버스를 사용하려고 할 때 일어나는 버스의 동작을 요약하면 다음과 같다.

① 여러 장치들이 버스 사용을 요청한다.
② 그들 중에서 하나가 선택되는데, 이것이 버스 마스터(bus master)가 된다.
③ 버스 마스터는 주소와 읽기 혹은 쓰기 제어 신호를 버스에 싣는다.
④ 버스 마스터와 버스 슬래브(bus slave)는 읽기 혹은 쓰기 동작에 따라 데이터를 한 방향 혹은 다른 방향으로 전송한다.
⑤ 버스 사용을 끝낸 버스 마스터는 사용 완료 신호를 전송하고 위의 1~5의 과정을 반복한다.

이처럼 여러 컴퓨터 구성 요소들 간에 버스를 사용하고자 하는 경쟁이 발생하였을 경우에, 정해진 어떤 기준에 따라 버스 마스터들 중에서 한 개씩만 선택하여 순서대로 버스 사용을 허락해 주는 동작을 **버스 중재(bus arbitration)**이라고 한다. 버스 중재 방식에는 중앙집중식 방식과 분산식 방식이 있다. 중앙집중식 방식에서는 단일의 버스 중재자가 다음의 어느 구성 요소가 버스를 사용할 것인가를 결정한다. 대부분의 마이크로프로세서는 CPU 칩 속에 중재자를 가지지만, 미니 컴퓨터에서는 때로 분리된 장치로 존재하기도 한다.

대표적인 버스 중재 방식에는 다음과 같은 종류가 있다.

- 데이지 체이닝(Daisy－chaining) 방식
- 폴링(polling) 방식
- 독립요구(independent requesting) 방식

1) 데이지 체이닝(Daisy－chaining) 방식

데이지 체이닝 중재방식은 아래의 그림 8－8에서 보는 바와 같이 버스 요구(Bus

Request), 버스 승낙(Bus Grant), 그리고 버스 비지(Bus Busy) 등 3 가지 제어신호를 포함한다. 아래 그림은 데이지 체이닝을 이용한 버스 중재 방식을 보여 주고 있다.

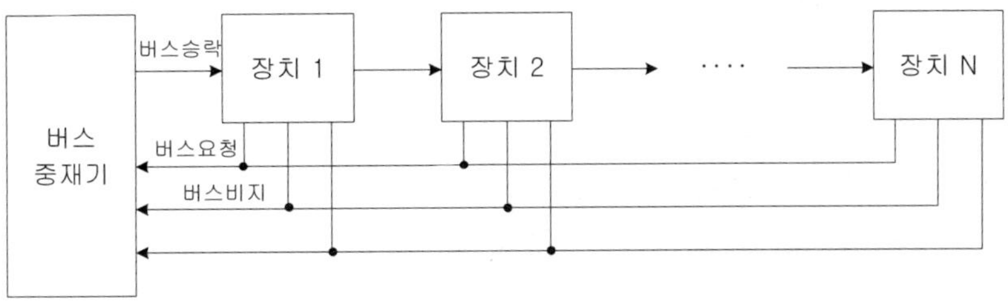

그림 8-8 데이지 체이닝을 사용하는 버스 중재 방식

그림 8-8에서 보는 바와 같이 모든 버스 장치들은 버스 요구 선에 연결되어 있다. 만약 이 버스 요구선이 활성화(active high)되면 버스에 연결된 하나 이상의 장치가 버스 사용을 요구하고 있음을 나타낸다. 이 때 버스 중재기(bus arbitrator)는 버스 비지선이 비활성화(active low)되는 경우에만 버스 요구에 응답할 수 있다. 버스 비지선이 비활성화될 때, 버스 중재기는 버스 승낙 신호를 보냄으로써 버스 사용 승낙이 이루어진다. 버스 승낙 신호를 받은 장치는 버스 사용 승낙 신호를 받는 즉시 물리적인 버스 연결을 시도하며, 버스 사용을 시작한다. 이 때 버스 비지 신호는 다시 활성화된다. 또한 데이지 체이닝 방식을 통한 버스의 사용은 모든 장치가 직렬로 연결되어 있으므로, 버스 중재기에 연결된 장치가 가장 우선적으로 버스 승낙 신호를 받게 되며, 버스 중개기와 멀어질수록 우선순위가 떨어지게 된다. 만약 버스 중재기 가장 가까이에 위치하는 첫 번째 장치가 버스 사용을 요구했으면, 버스 승낙 신호를 받은 후에 버스 비지선을 활성화시킨 후에 버스를 사용한다. 만약 버스 승낙 신호를 받았으나 버스 사용 요구를 하지 않았을 경우에는 버스 승낙 신호를 다음 장치로 보낸다. 이 신호를 받은 장치는 자신이 버스 요구를 한 경우에는 버스를 사용할 수 있지만, 요구하지 않았을 경우에는 다음 장치로 버스 승낙 신호를 전달한다. 이와 같이 버스 사용에 대한 우선순위가 버스 중재기에 가까운 순서대로 부여되므로, 우선순위가 높은 장치들을 버스 중재기 가까이에 연결하여 사용한다. 데이지 체이닝 중재방식의 특성을 요약하면 다음과 같다.

- 매우 적은 수의 제어선을 필요로 하며, 간단하다.
- 고정된 중재 방식을 사용한다.
- 무제한으로 버스 장치들을 연결하여 사용할 수 있다.

- 우선순위가 하드웨어적으로 구현되어 있으므로 우선순위의 변경이 어렵다.
- 중재기 회로의 고장이 전체 시스템의 성능에 영향을 미친다.

데이지 체이닝 방식처럼 중재자로부터의 거리에 기반을 둔 내부적인 특성을 극복하기 위하여 대부분의 버스들은 다중 우선순위(multi priority) 계층을 가진다. 이러한 다중 우선순위를 가지는 구조에서는 각각의 우선순위 계층에 대하여 버스 응답선과 버스 승낙선이 있다. 아래의 그림 8−9에서 장치1과 장치2는 우선순위 1을 사용하고, 장치3, 4, 5는 우선순위 2를 사용한다. 여러 다중 우선순위 계층들이 동시에 버스 사용 요청을 하면 중재자는 가장 높은 우선 순위계층에만 버스허가(grant)를 보낸다. 반면에 같은 우선순위를 가진 장치들 사이에서의 우선순위는 데이지 체이닝이 사용된다. 그림 8−9에서 보듯이 장치1과 장치2는 같은 우선순위를 가지지만 장치1이 중재자에 가까이 있으므로 장치1은 장치2보다 우선순위를 가진다. 같은 이유로 장치3은 장치4 혹은 장치5보다 우선순위를 가진다.

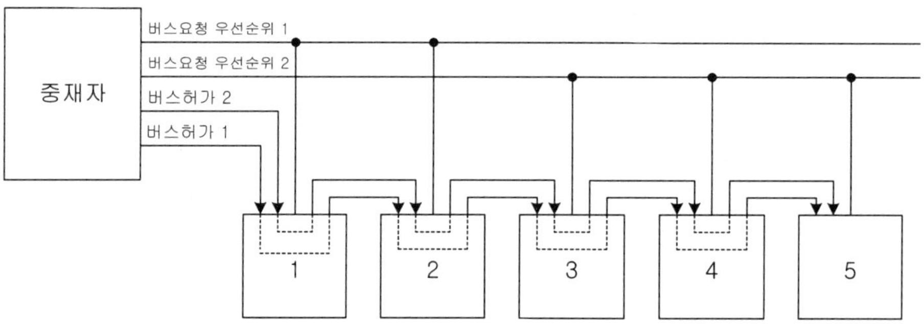

그림 8−9 데이지 체이닝을 사용하는 다중 우선순위 버스중재

2) 폴링(polling) 중재 방식

폴링 중재 방식에서는 앞의 데이지 체이닝 방식의 버스 승낙선 대신에 폴 카운트(poll count) 선들로 모든 장치를 연결한다. 버스에 연결된 모든 장치들은 공통의 버스 요구선(bus request)을 통하여 버스 사용을 요청한다. 버스 요구선이 활성화 된 경우에, 버스 중재기는 폴 카운트선을 통하여 폴링을 실시한다. 즉, 각 장치들은 자신에게 부여된 고유의 번호와 폴 카운트선에 있는 수와 비교하여, 일치하면 버스 비지선을 비활성화 시킨 후에 버스에 접근하여 데이터를 전송한다. 버스 장치에서 우선순위는 프로그램을 통하여 소프트웨어적으로 결정할 수 있다. 폴링 방식의 특성을 요약하면 다음과 같다.

- 폴링의 순서를 소프트웨어적으로 쉽게 변경할 수 있다.
- 하나의 장치에서 고장이 발생하더라도 다른 남은 장치들을 동작할 수 있다.
- 버스에 연결될 수 있는 장치의 수는 폴 카운트선에 의해 제한 받는다.

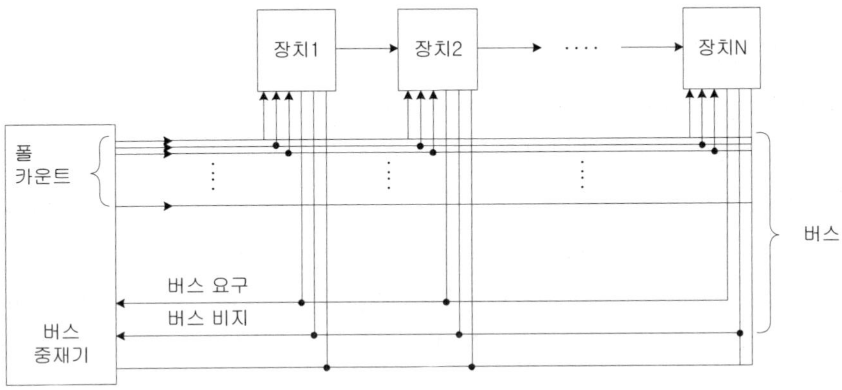

그림 8-10 폴링을 사용한 버스 중재

3) 독립요구(independent requesting) 방식

독립요구 버스 중재 방식에서는 버스를 공유하는 각 장치마다 별도의 버스 요구선과 버스 승낙선을 가진다. 이 방식은 버스 중재기에게 버스 사용을 요구하는 모든 장치들을 빨리 찾게 함으로써 버스 중재 과정을 빠르게 처리할 수 있도록 한다. 버스 중재기는 프로그램을 통하여 각 장치들의 버스 사용 우선순위를 결정한다. 그러나 이 방식에서 n 개의 장치를 연결하여 사용하기 위해서는 2n 개의 버스 요구선과 버스 승낙선들이 버스중재기에 연결되어야 한다.

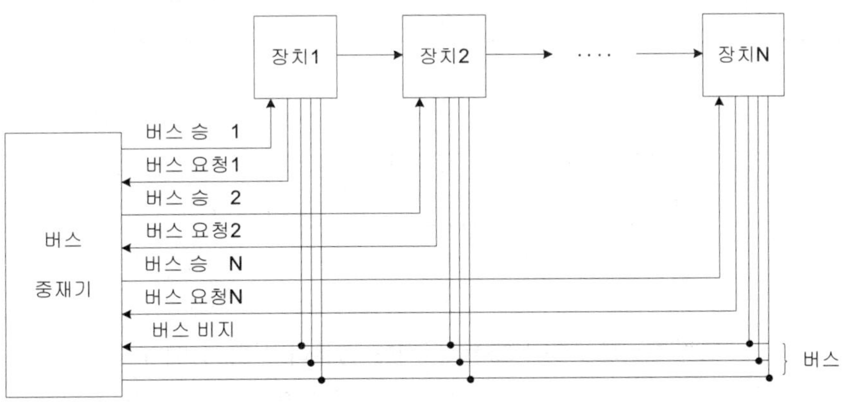

그림 8-11 독립 요구를 이용한 버스 중재 방식

8.3 PCI(Peripheral Component Interconnect) 버스

8.3.1 PCI 버스의 특성

PCI 버스는 1990년대 초에 인텔에서 개발된 고대역폭 프로세서-독립적인 버스(high-bandwidth processor-independent bus)로서, 나중에 하나의 보드로 된 마이크로컴퓨터와 같은 마이크로프로세서 기반 컴퓨터 제품에서 많이 채택되었다. 이전에 버스들과는 달리 PCI 버스는 다른 마이크로프로세서 계열과 주메모리, 그리고 다양한 특성을 가지는 여러 종류의 입출력 장치들과 연결이 용이하도록 설계되었다. PCI는 47~100 개까지의 핀들로 버스 장치에 연결될 수 있다. 뿐 만 아니라 PCI 버스는 32 비트 또는 64 비트 데이터 전송을 지원한다. PCI는 단일 및 다중 프로세서 시스템들을 포함한 여러 가지 형태의 마이크로프로세서 기반의 시스템들을 지원하기 위하여 설계되었기 때문에 일반적인 모든 기능들을 제공해 주며, 동기식 타이밍(synchronous timing)과 중앙집중식 중재 방식을 사용한다.

PCI 버스는 기본적으로 I/O 장치들을 컴퓨터에 연결하는 데 목적이 있는데, 고성능 시스템 버스의 많은 특성을 가지고 있다. 마이크로프로세서는 앞에서 살펴 본 바와 같이 시스템 버스를 통하여 메모리와 데이터를 주고받지만, PCI 버스 제어기는 PCI 버스를 거쳐 I/O 장치들과 독립적으로 데이터를 주고받는다.

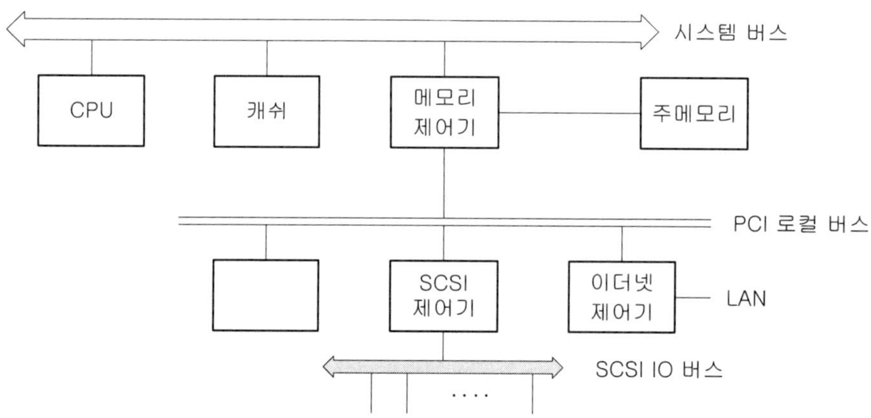

그림 8-12 PCI 버스를 가지는 컴퓨터 구조의 예

위의 그림 8-12와 같이 PCI 버스는 호스트의 주 메모리에 직접 접근할 수 있도록 하는 메모리 제어기를 거쳐 CPU의 시스템 버스에 연결되어 있다. 이렇게 함으로서 CPU와 캐쉬 그리고 I/O와 메모리간의 데이터 전송이 동시에 일어날 수 있도록 한다. SCSI나 ISA와 같은 다른 버스 표준들과 사용되는 I/O 장치들은 SCSI 제어기와 같은 적절한 I/O 제어기를 통하여 PCI 버스에 연결될 수 있다.

8.3.2 PCI 버스의 중재 방식

앞에서 언급했듯이 PCI 버스는 동기식 버스이며, 또한 중앙집중식 중재 방식을 사용한다. 이 중재 방식에서는 각 마스터가 별도의 버스 요구(Request)와 버스 허가(Bus Grant) 신호를 가진다. 아래의 그림 8-13은 PCI 버스의 중재기와 장치들의 연결을 보여 준다.

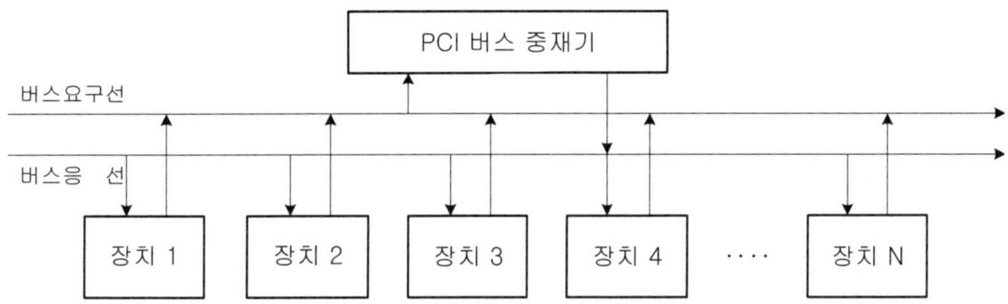

그림 8-13 PCI 버스 중재기와 장치의 연결 방식

원래의 PCI 규격에서는 특정 중재 방식을 지정하지 않기 때문에, 중재기는 라운드 로빈 방식 혹은 우선순위 방식, First-come-first-serve 방식 중에 어느 것이라도 사용할 수 있다. PCI 중재를 통하여 장치 1과 장치 2가 데이터 전송을 위하여 버스 사용을 원하는 경우에 일어나는 단계를 아래의 그림 8-14에서 보여 준다.

① 장치 1은 버스 사용을 요청하고, 클럭 사이클 1에서 중재기는 이 요청을 인식한다.
② 장치 2가 버스사용을 요청한다.
③ 버스 중재기는 버스 사용권(Bus Grant)을 장치 1에게 준다.
④ 장치 1은 버스 사용권을 인식하고 IRDY, TRDY 선을 통하여 버스가 사용 중이 아니라는 것을 알고 주소 정보를 싣는다.

⑤ 버스 중재기는 장치 2에게 버스 사용권을 준다. 그러나 장치 2는 버스가 유휴(idle)될 때까지는 버스를 사용할 수 없다.

⑥ 장치 1은 데이터를 싣는다.

⑦ 장치 2는 데이터 전송을 위해 버스를 사용한다.

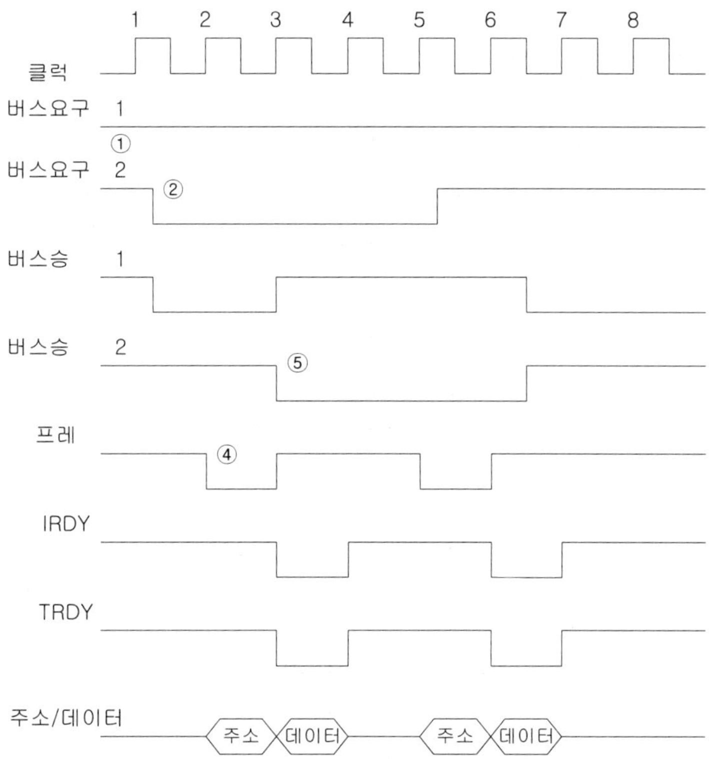

그림 8-14 PCI 버스를 사용하는 장치들 간의 버스 중재 과정

위의 그림에서 IRDY(Initiator Ready)는 데이터 전송을 시작하는 버스 마스터에 의해 활성화되며, TRDY(Target Ready)는 선택되어진 목표 장치에 의해 활성화된다.

8.4 I/O 입출력 장치와 CPU와의 데이터 전송 방식

I/O 모듈(module)은 컴퓨터에서 하나 이상의 외부 장치들에 대한 제어 뿐 만 아니라, 외부 장치들과 주 기억장치 및 CPU 레지스터들과의 데이터 교환도 담당한다. 따

라서 I/O 모듈은 CPU 및 주기억 장치들과의 접속을 위한 내부 인터페이스와 외부 장치들과의 접속을 위한 외부 인터페이스를 가지고 있어야 한다. 이와 같은 I/O 모듈의 주요 기능들은 다음과 같다.

① 제어와 타이밍 : 내부 자원들과 외부 장치들 간의 통신 흐름을 조정하기 위해 필요하다.

② CPU와의 통신 : CPU는 실행 중인 프로그램이 원하는 바에 따라 한 개 또는 그 이상의 외부 장치들과 통신을 한다. CPU와의 통신은 외부장치로부터 CPU로 데이터가 전송되어지는 다음의 예를 통하여 설명한다.

㉠ CPU는 I/O 모듈에게 그 모듈에 부착된 장치의 상태를 검사하도록 요청한다.
㉡ I/O 모듈은 자신의 상태를 CPU에게 알린다.
㉢ I/O 장치가 동작할 수 있고 전송이 가능한 상태이면, CPU는 I/O 모듈에게 명령을 보내서 데이터의 전송을 요구한다.
㉣ I/O 모듈은 외부장치로부터 데이터를 받는다.
㉤ 데이터가 I/O 모듈로부터 CPU로 전송된다.

③ 장치들 간의 통신

I/O 모듈이 CPU와 외부장치와의 통신을 위하여 가져야 할 기능들은 다음과 같다.

- 명령해석
  I/O 모듈은 CPU로부터 명령을 받는데, 이 명령은 일반적으로 제어 버스상의 신호로 보내진다.
- 데이터 전송
  CPU와 I/O 모듈 사이의 데이터 교환은 데이터 버스를 통하여 이루어진다.
- 상태보고
  I/O 모듈의 상태를 CPU에 보고하여 CPU로 하여금 동작상태를 알도록 한다.
- 주소 인식
  I/O 장치들은 주소를 가지는데, I/O 모듈은 그것이 제어하는 주변장치의 주소를 알 수 있어야 한다.

④ 데이터 버퍼링

주기억 장치와 CPU의 데이터 전송률은 매우 높지만, 반대로 I/O 주변 장치들의 전송률은 매우 낮다. 따라서 주기억장치로부터 I/O 장치로 빠르게 전송되어진 데이터는 I/O 모듈에 일시적으로 저장되어야 한다.

⑤ 오류 검출

I/O 모듈은 CPU로부터 전송되어진 데이터의 오류를 검출하여, 오류가 발생하면 CPU로 오류가 발생하였음을 알린다. 발생되어지는 오류의 종류로는 기계적 혹은 전기적 오류가 있을 수 있으며, 에러 검출 및 정정에 대한 것은 앞의 장에서 이미 설명되었다.

컴퓨터와 I/O 장치 사이의 데이터 전송은 여러 가지 모드로 이루어지는데, CPU를 중간 경로로 간주하는 방법과 데이터를 직접 메모리로 전송하는 방법도 있다. 데이터 전송모드를 크게 나누면 다음의 세 가지로 구분할 수 있다.

- 프로그램된 I/O(Programmed I/O)
- 인터럽트에 의한 I/O
- 직접 메모리 액세스(DMA)

여기서 프로그램된 I/O 방식에서는 CPU와 I/O 모듈 사이에 데이터가 교환되어 지는데, 이를 위해서 CPU는 프로그램을 수행함으로써 I/O 장치의 상태를 조사하고, 명령 전송 및 데이터 전송 등과 같은 I/O 동작들을 직접 제어한다. 또한 인터럽트에 의한 I/O 방식에서는 CPU가 I/O 명령을 보낸 다음에, I/O 모듈이 그 일을 완료할 때까지 다른 명령어들의 수행을 계속할 수 있다. 이 두 방식에서는 CPU가 출력시킬 데이터를 주기억장치로부터 가져오는 것과 입력되는 데이터를 주기억장치에 저장하는 것을 담당한다. 직접 메모리 액세스(DMA) 방식에서는 CPU의 개입 없이 I/O 모듈과 메모리 사이에 데이터를 서로 교환한다.

이들 세 가지 방식에 대하여 자세히 설명하기로 한다.

8.4.1 프로그램된 I/O(Programmed I/O)

프로그램된 I/O 방법에서는 I/O 장치가 직접 메모리에 접근하지 못한다. 따라서 I/O 장치와 메모리 사이에 데이터를 전송하기 위해서는 입력이나 저장 명령어를 포함한 명령어를 통해서 이루어진다. 이 방식에서는 프로세서가 끊임없이 I/O 장치들을 감시한다. 즉, 이 방식에서는 CPU와 I/O 모듈 사이에 데이터가 교환되어 지는데, 이를 위해서 CPU는 프로그램을 수행함으로써 I/O 장치의 상태를 조사하고, 명령 전송 및 데이터 전송 등과 같은 I/O 동작들을 직접 제어한다. 그러나 CPU가 I/O 모듈에게 명령을 보내고, I/O 동작이 완료될 때까지 기다려야 한다. 따라서 CPU가 I/O 모듈보다 빠르게 동작할 때에는 CPU 시간의 낭비를 가져오는 문제점을 가진다. 그러나 프로그램된 I/O 방식은 저속이면서 소규모인 컴퓨터나 지속적으로 외부 장치만 감시하도록 설계된 시스템에서는 매우 유용하다. 프로그램된 I/O 방식은 다음과 같이 동작한다.

① CPU가 프로그램 수행 중에 I/O 명령어를 만나면, CPU는 해당 I/O 모듈에게 명령을 보내어 명령을 수행하도록 한다.
② I/O 모듈은 CPU로부터 받은 명령에 의해 요구되어진 동작을 수행하고, I/O 상태 레지스터의 해당 비트들을 세트한다. I/O 모듈들은 CPU에 대하여 인터럽트를 걸거나 다른 어떠한 방해도 하지 않는다.
③ I/O 동작이 완료될 때까지 CPU는 주기적으로 I/O 모듈의 상태를 검사한다.

I/O 모듈의 블록도는 아래의 그림 8-15와 같다.

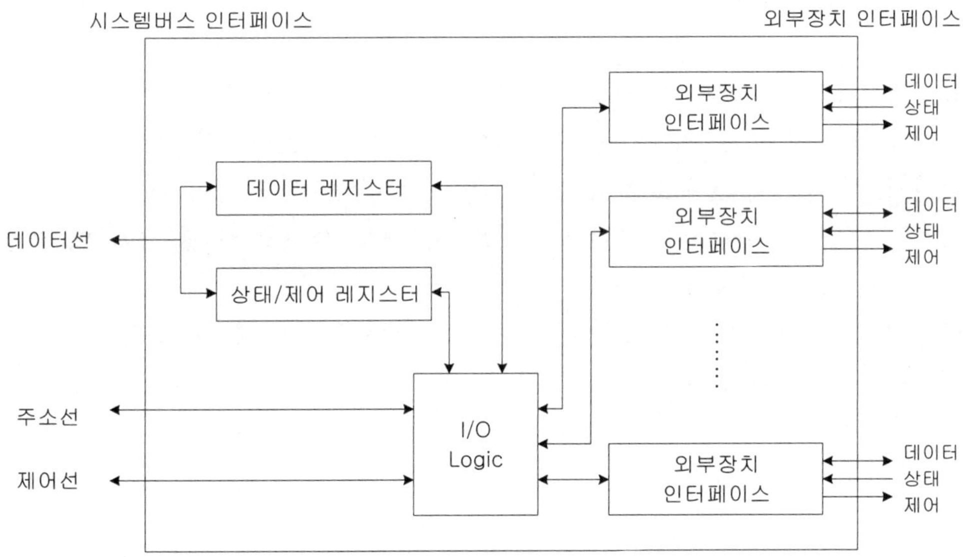

그림 8-15 I/O 모듈의 블록도

I/O 장치와 메모리 사이에 데이터를 전송하기 위해서는 입력이나 저장 명령어를 포함한 명령어를 통해서 이루어지는데 이들 명령어들은 다음과 같다.

① 제어(control) 명령

제어명령은 주변 장치들을 활성화시키고, 무엇을 해야 하는 지를 알리는데 사용된다.

예) 프린터 쓰기, 자기 테이프 되감기

② 검사(test) 명령

I/O 모듈과 주변장치들의 상태를 검사하는데 사용된다.

예) I/O 장치의 전원 연결 상태, 동작 완료 상태, 오류 발생 상태 등

③ 읽기(Read) 명령

I/O 모듈에게 I/O 장치로부터 데이터를 읽어서 내부 버퍼에 저장하도록 한다. 이 명령이 수행된 이 후에 CPU는 I/O 모듈에게 그 데이터를 데이터 버스에 싣도록 요구함으로써 데이터를 받아들인다.

④ 쓰기(Write) 명령

I/O 모듈에게 데이터 버스로부터 데이터를 받아서 주변 장치에게 보내도록 한다.

프로그램된 I/O의 동작에 대한 흐름도가 아래의 그림 8-16에서 보여 준다.

많은 수의 I/O 장치들이 I/O 모듈을 통하여 시스템과 접속되어지는데, 각 장치들은 자신만의 고유 번호 혹은 주소를 가진다. CPU가 보내는 I/O 명령어에는 원하는 장치의 주소를 포함한다. 따라서 각 I/O 모듈들은 주소를 해석하고 그 명령어들이 자신에게 오는 것인지를 판단해야 한다.

CPU에서 주기억장치 및 I/O 모듈이 한 개의 버스를 공유할 때 사용하는 두 가지 주소지정 방식은 다음과 같다.

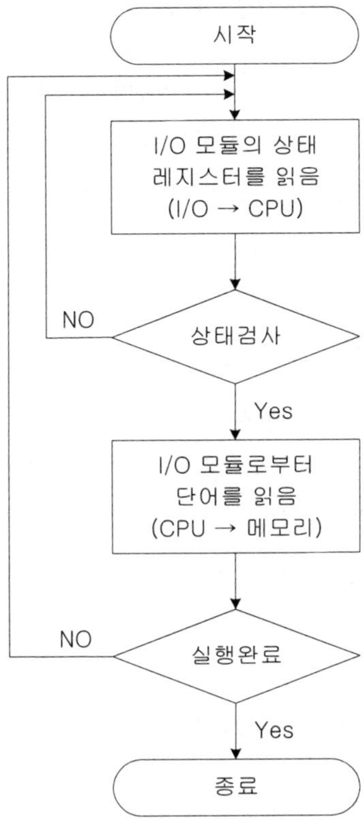

그림 8-16 프로그램된 I/O의 동작에 대한 흐름도

① 기억장치 사상 I/O (memory-mapped I/O) 방식

이 방식에서는 기억장치 주소와 I/O 장치들이 하나의 주소공간을 가진다. 따라서 CPU는 기억장치와 I/O 모듈 내의 레지스터들을 액세스하는 경우에 동일한 명령어를 사용한다. 그러나 이 방식에서는 I/O 장치들에 대한 주소로서 기억장치 주소 공간의 일부를 할당하기 때문에 기억장치를 위한 주소 공간이 그 만큼 줄어드는 단점을 가진다.

② 분리형(isolated) 방식

분리형(isolated) 방식에서는 I/O 장치들의 주소공간이 기억장치 주소공간과는 구분되어 할당된다. 이를 위하여 I/O 레지스터들을 액세스할 때에는 반드시 별도의 명령어 즉, I/O 명령어를 사용해야 한다. 또한 I/O 명령어들이 실행되어질 때에는 액세스 동작이 기억장치에 대한 것인지, 혹은 I/O 장치에 대한 것인지를 구분할 수 있도록 I/O 읽기와 I/O 쓰기 신호가 CPU로부터 발생되어야 한다.

8.4.2 인터럽트(interrupt)에 의한 I/O

인터럽트란 예외적으로 발생하는 사건에 대하여 CPU에서 처리하는 기능을 말하는데, 주로 I/O 장치들이 CPU의 서비스를 받기 위해 사용하는 중요한 수단이다. 즉, 인터럽트를 통하여 I/O 장치들이 CPU를 직접 그리고 빠르게 접근할 수 있으며, CPU가 I/O 장치들의 상태를 점검할 필요를 없게 해줌으로써 CPU의 성능을 향상시킬 수 있다.

1) 인터럽트의 세 가지 유형

① 외부 인터럽트(external interrupt)

외부 인터럽트는 I/O 장치와 상호 동작하는 CPU에 의해 사용된다. CPU가 데이터 전송을 요청하고 입력 장치가 준비 상태일 때 인터럽트 신호를 내보내는 방식이 바로 외부 인터럽트의 동작 형태이다. 외부 인터럽트는 CPU가 I/O 장치들이 요청된 데이터 전송을 수행하는 것을 기다리는 대신 명령어들을 수행할 수 있게 함으로써 시스템의 성능을 높인다. 이러한 외부 인터럽트는 일반적으로 사건의 완료 신호보다는 전송 시작을 하는데 사용된다.

② 내부 인터럽트(internal interrupt)

내부 인터럽트는 CPU 내부에서 발생하며, I/O 장치들과는 무관한 인터럽트이다. 내부 인터럽트는 CPU 내부의 타이머에 의해 발생되어지는데, 멀티태스킹 운영체제에서 CPU 시간을 나누어 여러 작업을 수행하는데 사용된다.

③ 소프트웨어 인터럽트(software interrupt)

소프트웨어 인터럽트는 CPU 명령어 집합에 있는 특정 인터럽트 명령어에 의해 발생된다. 소프트웨어 인터럽트는 항상 어떤 특정 주소로 간다는 점을 제외하고는 서브루틴 호출 문장처럼 동작한다.

2) 인터럽트의 처리 방법

인터럽트는 컴퓨터 시스템에서 발생하는 일련의 사건(event)으로, 이러한 사건이 일어나면, CPU는 인터럽트를 처리하는 데 필요한 조치들을 수행한다. 이들 사건들은 오로지 인터럽트가 인에비블(enable) 되었을 때에만 발생한다.

CPU에게 인터럽트를 호출하는 기본적인 방법은 인터럽트가 발생하는 요인을 CPU에게 연결하는 인터럽트 요구 제어선(control line)을 활성화하는 것이다. 그러면 CPU가 주기적으로 명령어의 실행 끝에서 인터럽트의 발생을 확인하게 된다. 인터럽트 발생을 확인한 CPU는 특정 인터럽트 처리 프로그램을 수행한다. 보통 각 인터럽트 발생 요인들은 다른 프로그램의 실행을 요구하기 때문에 CPU는 사용할 인터럽트 프로그램의 주소를 받거나 프로그램을 결정해야 한다. 또한 동시에 여러 개의 인터럽트가 발생하면, 우선순위를 지정하여 가장 높은 우선순위를 가지는 인터럽트를 선택하여 실행한다. 인터럽트의 실행은 다음과 같은 절차에 의해 수행된다.

① I/O 장치가 CPU로 인터럽트 신호를 보낸다. CPU는 I/O 장치들에 대해 폴링을 통하여 인터럽트 발생을 확인한다.
② CPU는 필요한 인터럽트 처리 루틴의 기억장치 주소를 얻는다. 이 주소는 인터럽트 요구와 더불어 인터럽트 장치가 제공한다.
③ 서브루틴 프로그램이 호출되는 것과 마찬가지로 프로그램 카운터(PC)와 CPU의 상태 정보를 저장한다.
④ PC는 인터럽트 처리 루틴의 주소를 새로 가진다. 이러한 새로운 주소는 인터럽트 복귀 명령어를 만날 때까지 실행을 계속하며, 복귀 명령어를 만나면 이전의 프로그램으로 되돌려 준다.

인터럽트에 의한 I/O 방식의 동작에 대한 흐름도가 아래의 그림 8-17에서 보여 준다.

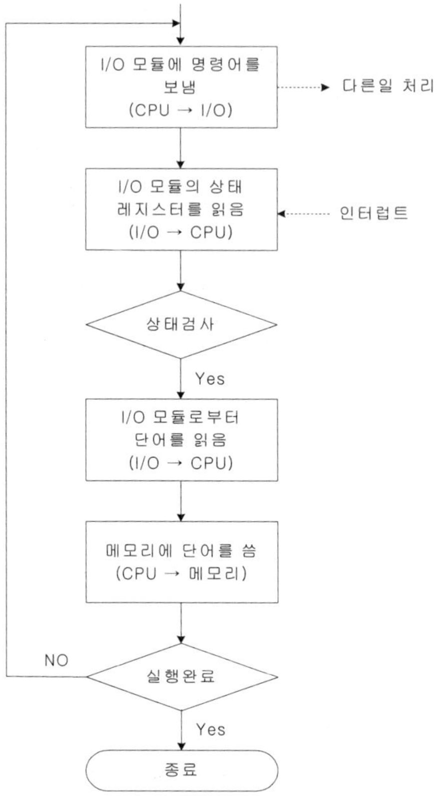

그림 8-17 인터럽트에 의한 I/O 방식의 동작에 대한 흐름도

3) 인터럽트의 선택

인터럽트를 발생시킨 여러 개의 장치들로부터 하나의 장치를 선택하여 인터럽트를 처리하는 방식은 버스 제어 방식과 유사하다. 즉, 버스 중재에 사용되었던 데이지 체이닝 방식, 폴링 방식, 그리고 독립요구방식들이 사용될 수 있다. 여기에서는 다음과 같은 여러 방식들에 대하여 설명한다.

- 단일선 인터럽트 시스템(single line interrupt system)
- 다중선 인터럽트 시스템(multiple lines interrupt system)
- 소프트웨어 폴 시스템(Software Poll System)
- 데이지 체이닝 시스템(daisy chaining system)
- 버스 중재 시스템(bus arbitration system)

A. **단일선 인터럽트 시스템**(single line interrupt system)

이 방식은 가장 적은 하드웨어를 필요로 하는 방식으로써, 모든 I/O 포트는 단일의 인터럽트 선을 공유한다. 이러한 방식은 데이지 체이닝 방식으로써 하나 이상의 장치가 인터럽트를 요구하면 인터럽트 인식선이 활성화된다. 여러 장치가 인터럽트를 요구하였을 경우에, 인터럽트의 결정은 이 선에 연결되어진 순서대로 우선순위를 가지게 된다. 단일선 인터럽트 시스템이 아래 그림 8-18에서 보여 준다.

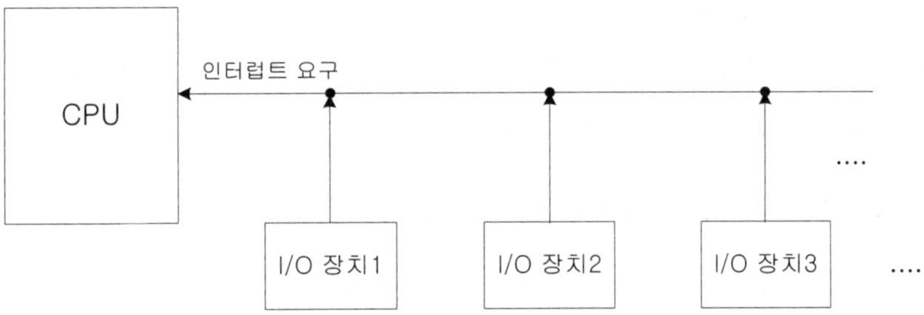

그림 8-18 단일선 인터럽트 시스템

B. **다중선 인터럽트 시스템**(multiple lines interrupt system)

다중선 인터럽트 시스템에서는 모든 I/O 장치들은 독립적인 인터럽트 요구선을 가진다. 그러나 이 방식에서는 버스선이나 CPU 핀의 제한성 때문에 인터럽트선의 수를 마음대로 늘일 수 없다는 단점을 가진다.

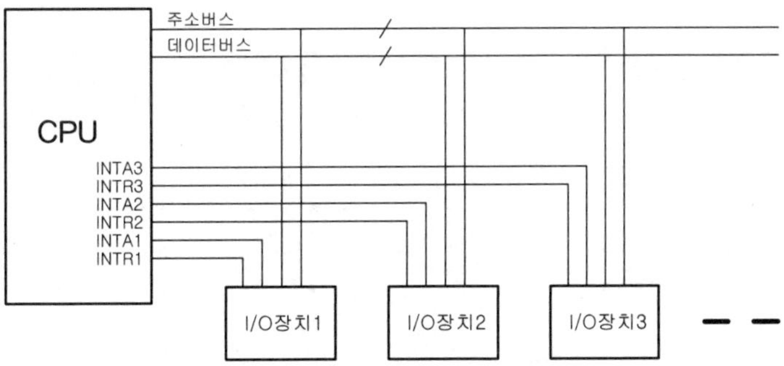

그림 8-19 다중선 인터럽트 시스템

C. 소프트웨어 폴 시스템(Software Poll System)

이 방식에서는 CPU가 인터럽트 발생을 감지했을 때, CPU는 인터럽트를 발생한 I/O 장치를 알기 위하여 인터럽트 서비스 루틴으로 분기한다. 이 경우에 CPU는 테스트 I/O 선과 같은 특정 명령선을 활성화시키고, I/O 장치들의 주소를 순서대로 주소선들로 보낸다. 만약 어떤 모듈이 인터럽트를 요구하였으면, 자신이 CPU로부터 선택되었을 때 응답한다. 다른 방식으로는 각 I/O 장치들이 주소지정이 가능한 상태 레지스터를 가지는 것이다. 이 경우에는 CPU가 각 I/O 장치의 상태 레지스터를 읽음으로써 인터럽트를 요구한 장치를 알 수 있게 된다.

이러한 방식은 시간이 많이 걸린다는 단점을 가진다. 아래의 그림 8-20은 소프트웨어 폴링 시스템의 구성을 보여준다.

D. 데이지 체이닝 시스템(daisy chaining system)

이 방식에서는 인터럽트 요구를 위하여 모든 I/O 장치들이 한 개의 인터럽트 요구선을 공유한다. 장치들은 인터럽트 확인선(interrupt ack line)을 이용하여 데이지 체이닝 형태로 연결된다. CPU는 인터럽트 요구를 확인하면, 즉시 인터럽트 확인 신호를 내보낸다. 이 신호는 인터럽트를 요구한 장치에 도달할 때까지 계속 전달된다. 인터럽트를 요구한 장치는 데이터 선을 통하여 한 개의 단어를 보냄으로써 응답하게 된다. 이 단어를 벡터(vector)라 부르며, 그 장치의 주소 또는 고유 번호로 사용된다. CPU는 해당 장치 서비스 루틴의 포인터로 사용하게 되는데, 이러한 방법을 벡터 인터럽트(vector interrupt)라고 부른다. 그림 8-21에서 데이지 체이닝 시스템의 구성을 보여준다.

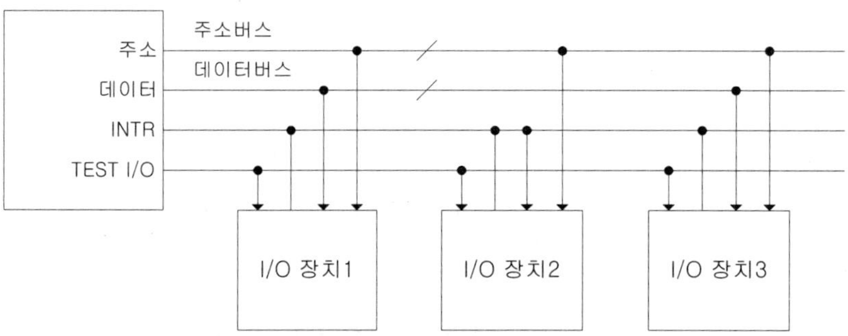

그림 8-20 소프트웨어 폴링 시스템

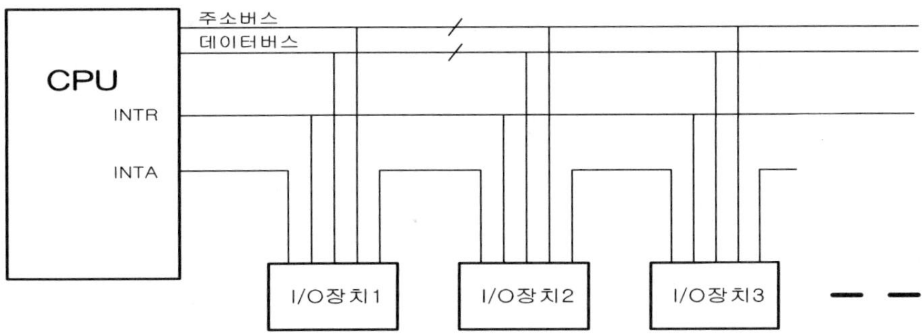

그림 8-21 데이지 체이닝 시스템

E. **버스 중재 시스템**(bus arbitration system)

이 방식에서 I/O 장치는 인터럽트를 요구하기 전에 먼저 버스 사용권을 얻어야 한다. 따라서 어느 한 순간에 한 개의 I/O 장치만이 인터럽트를 보낼 수 있다. CPU는 인터럽트를 감지하게 되면 인터럽트 확인 신호를 활성화함으로써 응답한다.

8.4.3 DMA(Direct Memory Access) 방식

프로그램된 I/O 방식은 다음과 같은 두 가지 문제점을 가짐을 앞 절에서 살펴보았다.

- CPU가 I/O 장치들을 점검하고 서비스하는 속도가 I/O 장치의 데이터 전송률에 제한을 받는다.
- CPU가 I/O 장치들의 상태를 점검하고 I/O 데이터를 전송하는데 소모하는 시간은 종종 다른 작업을 하는데 사용할 수 있다.
- CPU가 I/O 전송을 위하여 많은 시간을 소모한다. 즉, 각 I/O 전송을 위하여 많은 명령어들을 수행해야 한다.

데이터 블록을 전송할 경우, 프로그램된 I/O 방식에서는 CPU가 I/O 관련된 일만을 하기 때문에 고속으로 처리할 수 있지만, 그 대신 다른 어떤 일도 하지 못한다. 한편 인터럽트 I/O 방식에서는 CPU를 자유롭게 해 주는 대신에 I/O 전송률이 다소 떨어지는 문제점을 가진다. 따라서 대량의 데이터를 전송하는 새로운 방식이 요구되어지는데, 이를 해결하는 방식이 바로 DMA 방식이다. 아래의 그림 8-22은 전형적인 DMA의 블록도를 보여 준다.

그림 8－22에서 보듯이 DMA 모듈은 CPU의 기능 일부를 처리하는 대신에, 실재로 CPU로부터 시스템의 제어를 넘겨받는다. 예를 들어, CPU가 데이터 블록을 읽거나 쓰기를 원할 때에는 다음과 같은 정보를 포함하는 명령을 DMA 모듈로 보낸다.

- 읽기 또는 쓰기 동작 지정
- I/O 장치의 주소
- 기억장치 내에 데이터가 읽혀지거나 쓰여질 부분의 시작 주소
- 읽히거나 쓰여질 단어들의 수

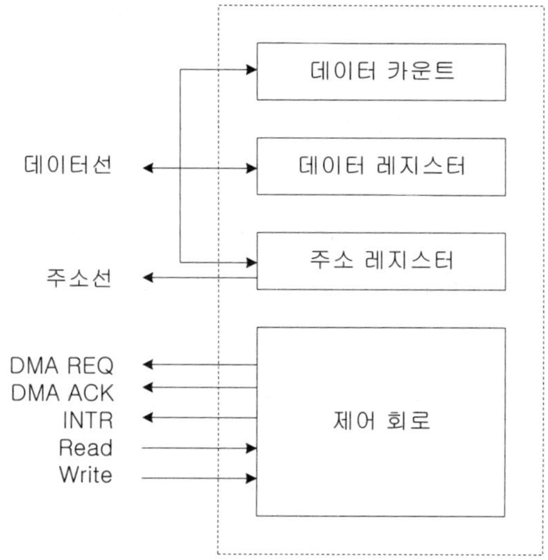

그림 8－22 전형적인 DMA 블록도

이 방식에서 명령을 보낸 CPU는 다른 일들을 계속한다. 즉, CPU는 I/O의 동작을 DMA 모듈에게 일임하고, DMA 모듈이 대신 그 일을 수행한다.

DMA 모듈은 CPU를 통하지 않고 한 번에 한 단어씩 직접 기억장치로 모든 데이터 블록을 전송한다. 모든 전송이 완료된 후에 DMA 모듈은 CPU에게 인터럽트 신호를 보냄으로써 일을 완료했음을 알린다. 따라서 CPU는 전송의 시작과 끝 부분에만 관여한다. 아래의 그림 8－23은 DMA 동작의 흐름도이다.

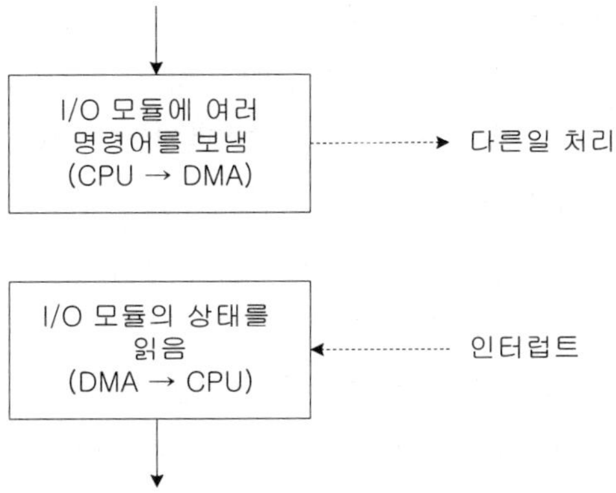

그림 8-23 DMA 동작의 흐름도

한편 DMA 모듈은 데이터를 기억장치로 전송하기 위하여 버스를 사용한다. 이를 위하여 DMA 모듈로 하여금 CPU가 버스를 사용하고 있지 않을 때만 버스를 사용하도록 하거나 혹은 CPU의 동작을 일시적으로 중단시킨다. 이처럼 CPU가 버스를 사용하고 있지 않을 때만 버스를 사용하기 때문에 이를 사이클 홈침(cycle-stealing)이라 부른다.

DMA에서의 사이클 훔침과 인터럽트의 CPU와의 관계는 4장에서 다루었던 4단계 파이프라인을 통하여 비교하면 다음과 같다.

4단계의 파이프라인에서 각 단계를 아래와 같이 표현하기로 한다.

- FI: 명령어 인출
- DI: 명령어 해석
- EX: 명령어 실행
- WR: 결과 저장

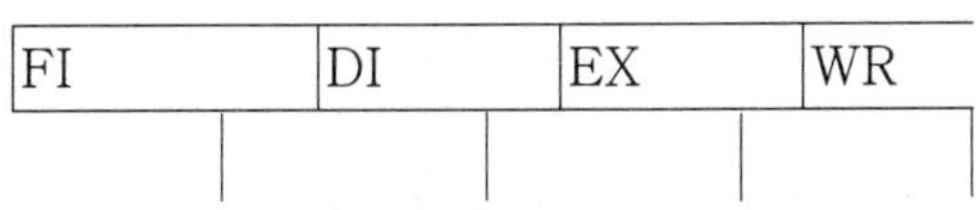

그림 8-24 4단계 파이프라인에서 DMA요구와 인터럽트 요구

위의 그림은 4단계 파이프라인을 보여 주는데, 모든 단계에서 CPU가 버스를 사용하지 않는다.

즉, 명령어의 인출 및 실행단계인 FI, WR 단계에서는 CPU가 메모리를 통한 데이터의 이동을 실행하기 때문에 버스의 사용이 필요하지만, 명령어 해석의 DI 단계에서는 CPU가 버스를 사용하지 않는다. DMA는 이처럼 CPU가 버스를 사용하지 않는 동안에 버스를 사용한다. 따라서 DMA는 위의 모든 단계의 끝에서 CPU로부터 버스 사용을 요청할 수 있다. 그러나 인터럽트는 하나의 명령어가 끝나는 WR 단계의 끝에서만 요구되어진다. 앞에서 살펴보았듯이 CPU는 하나의 명령 실행 후에 인터럽트가 있는지를 검사하게 된다. 뿐만 아니라 DMA에서는 CPU 자체의 도움을 필요로 하는 것이 아니라 단지 CPU의 버스 사용을 빌리는 것이지만, 인터럽트에서는 CPU를 통하여 일을 수행하므로 CPU의 도움을 필요로 한다.

DMA의 구성은 아래의 그림들에서 볼 수 있듯이 다양한 방법으로 이루어진다.

1) 한 개의 시스템 버스를 공유하는 방법

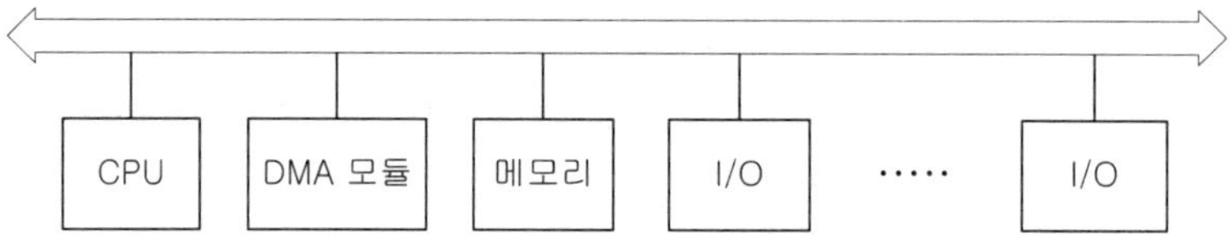

그림 8-25 한 개의 시스템 버스를 공유하는 방법

위의 구성 방식에서는 CPU의 기능을 대신하는 DMA 모듈은 기억장치와 I/O 모듈 사이의 데이터 교환을 위하여 프로그램된 I/O를 사용한다. 이 방식은 비용이 적게 든다는 장점이 있지만 비효율적인 단점도 가진다. 비효율적인 이유는 한 단어의 전송에서 두 개의 버스 사이클이 필요하기 때문이다.

2) 하나의 시스템 버스와 통합된 DMA-I/O 방식

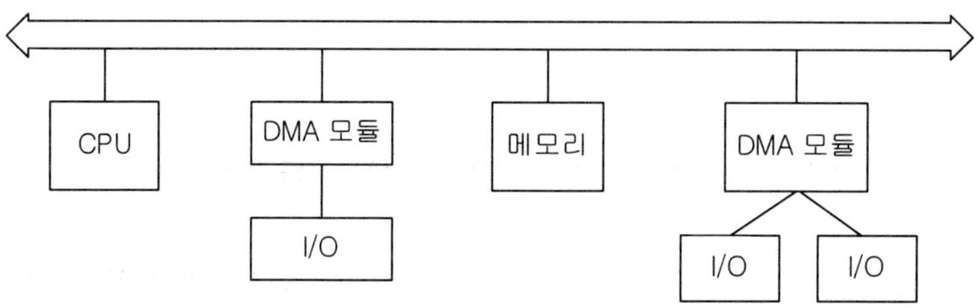

그림 8-26 하나의 시스템 버스와 통합된 DMA-I/O 방식

이 방식은 DMA 모듈과 I/O 모듈들 사이에 별도의 경로가 있어서 시스템 버스를 사용하지 않는다. DMA 회로는 I/O 모듈의 한 부분으로 포함될 수 있고, 한 개 이상의 I/O 모듈을 제어하는 하나의 독립적인 모듈로 동작할 수 있다.

3) I/O 버스를 이용하는 방법

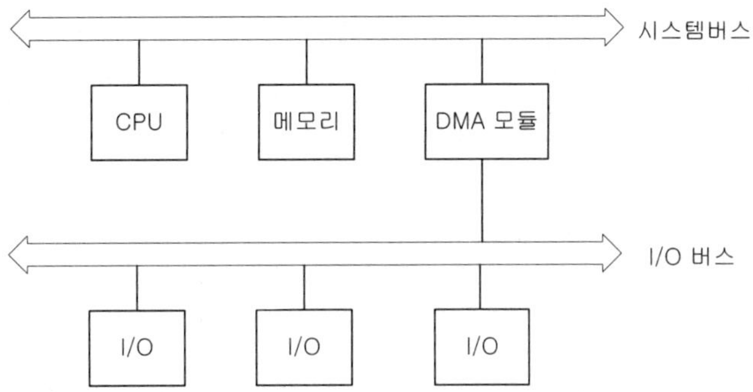

그림 8-27 I/O 버스를 이용하는 방법

이 방식에서는 I/O 모듈들을 I/O 버스를 통하여 DMA 모듈에 연결한다. 따라서 이 방법은 DMA 모듈이 가지고 있는 I/O 인터페이스의 수를 한 개로 줄여 주며, 시스템의 확장을 용이하게 해 준다. 이 방식에서는 DMA 모듈이 기억장치와 데이터를 교환할 경우에만 시스템 버스를 사용하고, DMA와 I/O 모듈 사이의 데이터 교환은 시스템 버스가 아닌 다른 통로를 통하여 이루어진다.

아래의 그림 8-28은 컴퓨터 시스템에서의 DMA의 전송에 대한 블록도를 보여 준다.

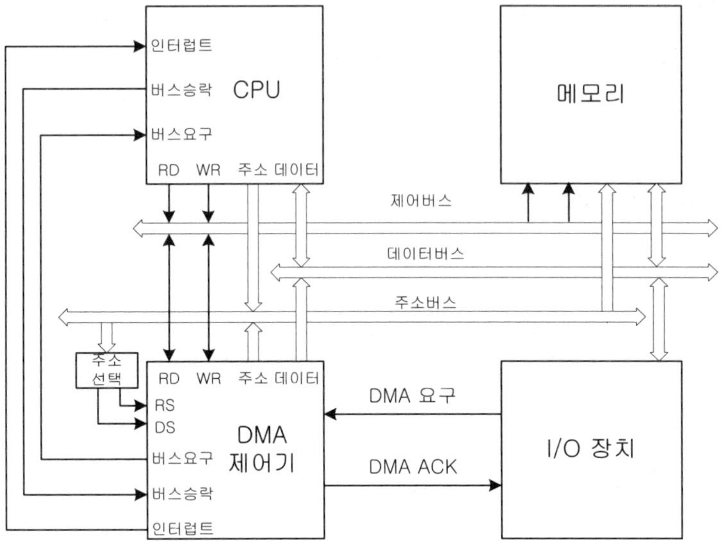

그림 8-28 컴퓨터 시스템에서의 DMA 전송 블록도

위의 그림을 통하여 DMA의 동작을 살펴보면 다음과 같다.

① CPU는 데이터 버스와 주소 버스를 통하여 DMA와 통신한다. CPU는 데이터 버스를 통하여 DMA를 초기화 한다.

② 주변 장치가 DMA에게 요구를 보낸다.

③ DMA 제어기는 버스 요구선(BR)을 활성화한다.
DMA 제어기에는 CPU와 I/O 장치 사이의 통신을 위한 인터페이스 회로와 메모리와 직접 통신을 위해 주소 레지스터와 주소 라인과, 전송될 워드의 수를 표시하는 워드 카운터 레지스터 등이 있다. 아래의 그림 8-29는 DMA 제어기의 블록도를 보여 준다.

④ CPU는 버스 승낙선(BG)을 통하여 DMA에게 버스가 디스에블 되었음을 알린다.

⑤ DMA는 현재의 주소 레지스터 값을 주소 버스에 출력하고, 읽기(RD) 혹은 쓰기(WR) 신호를 활성화 시키고, 주변 장치로 DMA 승낙 신호를 보낸다. 이 때 DMA 제어기의 읽기/쓰기 선은 다음과 같이 동작한다.

- 버스 승낙(BG) = 0 일 경우 : 입력이므로 CPU가 DMA의 내부 레지스터와 통신
- 버스 승낙(BG) = 1 일 경우 : 출력이므로 DMA 제어기와 메모리 사이에 읽기나 쓰기 동작을 지원

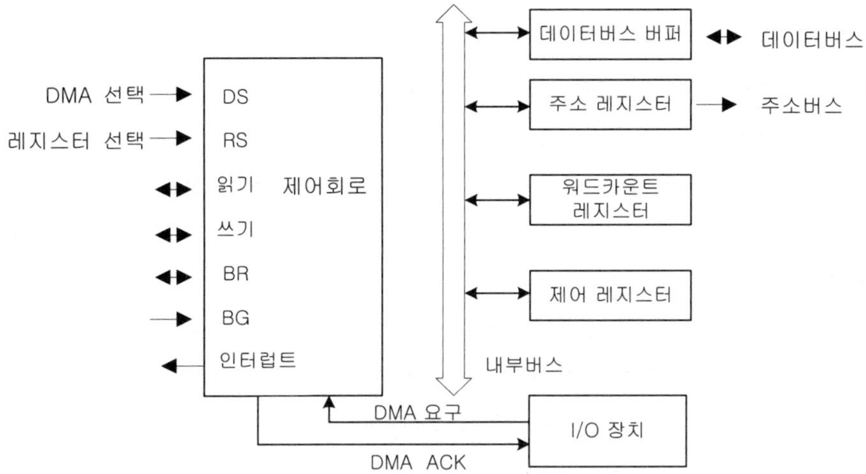

그림 8-29 DMA 제어기의 블록도

⑥ DMA의 승낙신호를 받은 주변장치는 데이터 버스를 통하여 메모리와 데이터 통신을 한다. 이 경우 CPU의 도움 없이도 DMA의 제어에 의해 메모리와 주변장치 간의 데이터 전송이 이루어질 수 있다

⑦ 매 워드가 전송될 때마다 DMA는 주소 레지스터를 하나 증가시키고, 워드 카운터 레지스터를 하나 감소시킨다.

⑧ 워드카운터 레지스터의 값이 0이 되면, DMA는 전송을 중단한 후에 버스 요구를 제거하고, 인터럽트를 이용하여 CPU에게 전송이 끝났음을 알린다.

⑨ CPU는 인터럽트에 응답하여 워드 카운터 레지스터의 내용을 읽어와 모든 워드가 성공적으로 전송되었음을 확인한다.

DMA의 사용 예는 다음과 같다.

- 자기 디스크와 메모리 사이의 고속 전송
- 대화형 단말기의 화면 재생 작업

8.5 I/O 채널과 입출력 프로세서

컴퓨터 시스템이 발전해 감에 따라 각 구성 요소들도 점점 더 복잡해지고 있다. 이러한 추세는 I/O 기능에서도 뚜렷이 나타나고 있는데, 발전 단계를 살펴보면 다음과 같다.

- CPU가 주변장치를 직접 제어하는 단계
- 제어기(controller) 혹은 I/O 모듈의 추가 단계
  ; CPU는 인터럽트가 없는 프로그램된 I/O를 사용하는데, 이 단계에서의 CPU는 외부 장치 인터페이스의 세부적인 동작에는 관여하지 않는다.
- 인터럽트 추가 단계
  ; CPU의 효율이 향상된다.
- I/O 모듈이 DMA를 통하여 기억장치를 직접 액세스 하는 단계
  ; CPU는 전송의 시작과 끝에만 관여한다.
- I/O 모듈이 입출력 동작을 위하여 명령어 세트를 가진 프로세서를 포함하는 단계
  ; CPU는 기억장치에 있는 I/O 프로그램의 수행을 입출력 프로세서에 지시하면, I/O 프로세서는 CPU의 개입 없이 이 명령어들을 인출하여 실행한다.
- I/O 모듈이 자신의 지역 기억장치를 가지는 단계
  ; 이 단계에서는 CPU의 개입이 최소화된 상태에서 많은 수의 입출력 장치들이 제어된다.

이처럼 위의 마지막 두 단계에서와 같이 I/O 모듈이 프로그램을 실행할 수 있는데, 이러한 I/O를 **I/O 채널(channel)**이라고 불리며, 또한 입출력 장치와 직접 통신하는 프로세서를 **I/O 프로세서(IOP)**라고 부른다.

I/O 채널은 I/O 명령어들을 실행할 수 있는 능력을 가지므로 I/O 동작들에 대하여 제어권을 가진다. 이러한 시스템에서는 CPU가 I/O 명령어를 실행하지 않는다. 이 명령어들은 주기억장치에 저장되며, I/O 채널 내에 있는 특수 목적용 프로세서에 의해 수행된다.

IOP는 CPU와 유사하며, IOP 고유의 명령어를 인출하고 실행시킬 수 있다. IOP는 I/O 전송 이외에도 산술 연산, 논리 연산, 분기, 그리고 코드 변환 등의 작업도 수행한다. CPU와 IOP를 가진 컴퓨터의 블록도가 아래의 그림 8−30에서 보여 준다.

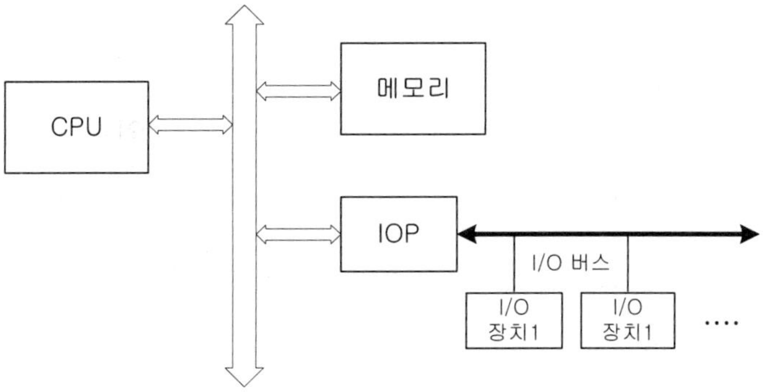

그림 8-30 IOP를 가지는 컴퓨터 시스템

CPU 명령어는 입출력 전송을 시작하거나 또는 여러 가지 입출력의 상황에 따른 결정을 내릴 경우 필요한 I/O 상태를 조사하는 동작을 제공한다. IOP는 인터럽트를 통하여 CPU와 통신한다. 또한 IOP는 CPU 명령어가 조사할 수 있는 지정된 위치에 상태 워드를 저장함으로써 CPU의 요구에 응답할 수 있다. CPU와 IOP 간의 통신은 다음과 같은 방식으로 이루어진다.

① CPU는 IOP 통로를 검사하기 위하여 IOP에게 명령어를 발송한다.
② IOP는 이 명령의 메모리 주소 필드에 규정된 위치에 상태 워드를 저장한다. 상태 워드의 각 비트는 IOP와 IOP 장치의 상태를 기록하고 있다.
③ CPU가 다른 일을 처리하고 있는 동안에 IOP는 여러 I/O 장치들과 메모리 사이의 모든 데이터 전송을 관장한다.
④ 데이터 전송을 완료한 후, IOP는 CPU에게 인터럽트 신호를 보낸다.
⑤ CPU는 IOP 상태를 요구한다.
⑥ IOP는 상태 워드를 메모리로 전송한다.
⑦ CPU는 정확한 전송을 위하여 상태 워드를 검사한다.

아래의 그림 8-31은 상용 마이크로프로세서인 인텔 8089 IOP 구조를 보여 준다.

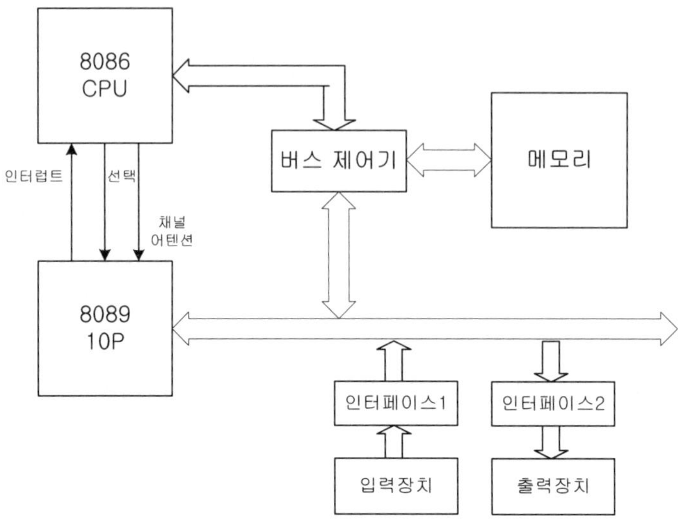

그림 8-31 인텔 8089 IOP구조

8.6 외부 인터페이스(Interface)

입출력 모듈과 주변 장치들 간의 인터페이스는 주변 장치의 특성과 동작 방식에 따라 다르게 설계되어야 한다. 이러한 주변 장치들 간의 인터페이스는 직렬(serial) 인터페이스와 병렬(parallel) 인터페이스로 크게 구분할 수 있다. 직렬 인터페이스에서는 한 개의 선을 사용하여 한 번에 한 비트씩 전송된다. 그러나 병렬 인터페이스에서는 다중의 선들을 사용하여 한 번에 여러 비트를 동시에 전송할 수 있다.

입출력 모듈과 주변장치 간의 데이터 전송은 다음과 같은 절차를 통하여 이루어진다.

① 입출력 모듈은 데이터 송신 허가를 요구하는 제어 신호를 보낸다.
② 주변 장치는 그 요구를 받는다.
③ 입출력 모듈은 데이터를 전송한다.
④ 주변 장치는 데이터가 수신되었음을 확인한다.

다음은 직렬 인터페이스와 병렬 인터페이스를 통한 데이터 전송에 대하여 설명한다.

1) 병렬 인터페이스를 통한 데이터 전송

아래 그림 8-32는 병렬 인터페이스를 통한 입출력 장치와 주변장치와의 연결을 보여 준다.

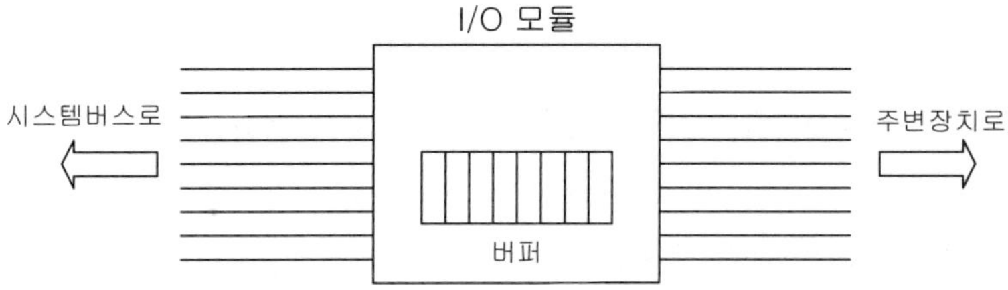

그림 8-32 병렬 인터페이스 구성

그림 8-32에서 볼 수 있듯이 시스템 버스 혹은 주변 장치로의 연결은 다중의 선들로 이루어진 인터페이스를 통하여 이루어지며, 이러한 인터페이스를 통하여 데이터가 전송된다.

2) 직렬 인터페이스를 통한 데이터 전송

다음 그림 8-33은 직렬 인터페이스를 통한 입출력 장치와 주변장치와의 연결을 보여 준다.

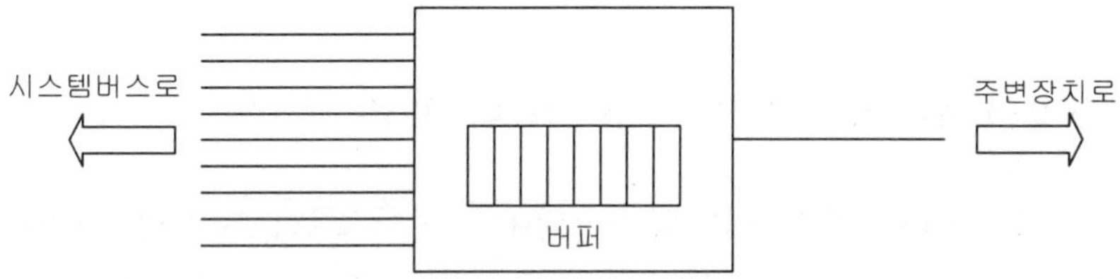

그림 8-33 병렬 인터페이스 구성

직렬 인터페이스를 통한 데이터 전송에서는 입출력 모듈과 주변 장치들 간의 모든 제어 정보와 데이터 전송이 하나의 선을 이용하여 이루어진다. 이러한 직렬 전송은 단말기의 접속과 데이터 통신에 주로 사용된다. 직렬 인터페이스의 국제적인 표준으로 다음과 같은 두 가지 표준이 있다. RS-232 표준은 PC에 주로 사용되어지고, 이보다 속도가 더 빠른 RS-422 표준은 매킨토시에 사용된다.

8.6.1. RS-232C 표준

IBM PC의 표준 직렬 포트는 RS-232C 표준을 따르고 있다. RS-232C 표준은 다음과 같은 9 개의 신호들을 정의한다. 이러한 대부분의 직렬포트들은 115,200 bps의 데이터 전송속도를 지원한다.

① 전송요청(Request to Send)과 전송해지(Clear to Send)
이 두 신호는 장치의 전원이 켜져 있는지를 규정하는데 사용된다.
② 전송 데이터(Transmission Data)
③ 데이터 터미널 준비(Data Terminal Ready)
모뎀과 같은 직렬장치에 전원이 들어왔을 때 논리 1로 설정된다.
④ 데이터 세트 준비(Data Set Ready)
컴퓨터의 전원이 들어왔을 때, 논리 1로 설정된다.
⑤ 수신된 데이터(Received Data)
⑥ 데이터 캐리어 검출(Data Carrier Detect)
전송과 수신자측의 모뎀이 접속되어 있는 동안에 이 신호는 지속된다.
⑦ 링 표시기(Ring Indicator)
전화선에서의 울림(ringing)을 탐지한 모뎀이 컴퓨터에 알리는데 사용된다.
⑧ 접지(Ground)

8.6.2 USB(Universal Serial Bus) 표준

요즘 많은 컴퓨터에서 지원하고 있는 USB는 여러 개의 장치와 연결될 수 있다. USB는 패킷 형태로 데이터를 전송한다. 이 패킷은 주소 정보를 명시할 수 있어서, USB 포트에 여러 개의 장치가 접속될 수 있도록 한다. USB 포트는 일반적으로 RS-232C 포트보다 훨씬 빠른 데이터 전송을 지원하는데, USB 버전 1.1에서는 1.5 Mbps까지 지원하고 버전 2.0에서는 480 Mbps 까지 지원한다. USB의 또 다른 장점으로는 Plug-and Play 기능을 들 수 있다. Plug-and Play 기능을 통하여 컴퓨터는 장치를 컴퓨터에 부착하게 되면 자동적으로 제품과 모델, 장치의 특성들에 대하여 검출하여 적절히 시스템을 구성하게 된다.

USB 표준에서는 다음과 같은 4 가지 종류의 패킷을 규정하고 있다.

① 토큰 패킷(Token Packet)
토큰 패킷은 전송에 대한 주소와 종점 또는 프레임 마커(frame marker)를 규정한다. 이 패킷은 데이터의 전송을 시작하는데 사용된다.

② 데이터 패킷
전송되어지는 데이터 패킷을 규정한다.

③ 핸드세이크 패킷(Handshake Packet)
ACK 패킷처럼 데이터 전송을 조정하는데 사용되는 정보를 전송한다.

④ 특수 패킷
여러 기능들을 지원하는 패킷을 규정한다.

아래의 그림 8－34는 이들 패킷들의 형식을 보여 준다.

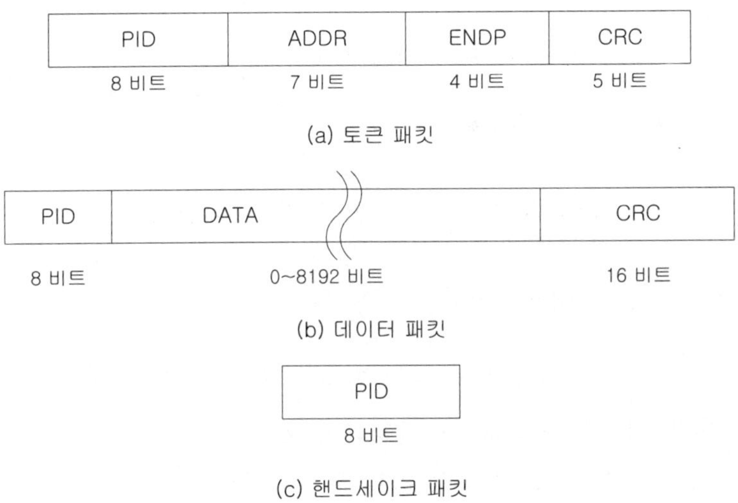

그림 8－34 USB 패킷 형식

8.6.3 SCSI 포트

SCSI 인터페이스는 1984년에 맥킨토시에 의해 소개된 이후에 맥킨토시 컴퓨터와 IBM－PC 호환기종과 많은 워크스테이션들에도 사용되어지고 있다. SCSI는 CD－ROM 드라이브, 오디오, 혹은 외부 대용량 저장장치들을 위한 표준 인터페이스가 되었다. 또한 SCSI는 8, 16, 또는 32 개의 데이터 선들을 가지는 병렬 인터페이스를 사용한다.

초기의 SCSI(small computer systems interface) 인터페이스는 비동기식이었다. 후에는 더 빠르고 동기화된 버전이 개발되었다. SCSI 버스에서는 일반적으로 버스에서 사용되는 마스터라는 용어 대신에 initiator, 슬래브 대신에 타겟(target)이란 용어를 사용한다. SCSI에서 initiator와 타겟은 주종 관계가 아니라 구분 없이 최대 8 개까지 연결되어 사용된다. 아래의 그림 8－35는 SCSI I/O 인터페이스를 보여 준다.

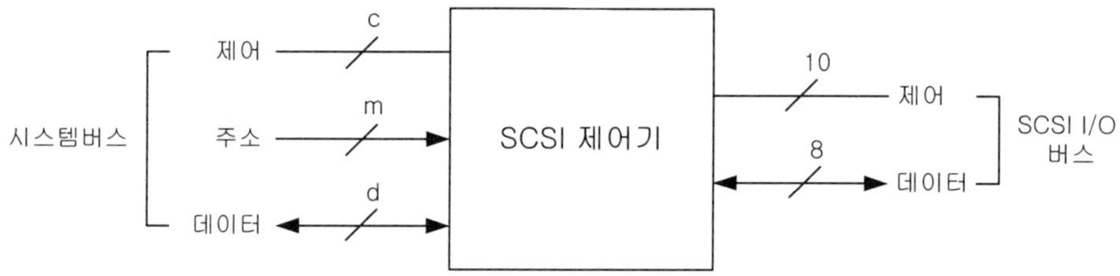

그림 8－35 SCSI I/O 버스의 인터페이스

SCSI 버스의 특성은 다음과 같다.

- 호스트 컴퓨터, 디스크, 프린터 등의 장치를 최대 8 개 까지 연결할 수 있다. 그러나 한 번에 하나의 initiator와 타겟만이 전송한다.
- 마스터와 슬래브가 주종 관계가 아닌 대등한 관계로 동작한다.
- 데이터 전송 방식으로 비동기 방식과 동기 방식이 있는데, 비동기 방식으로 1.5 MB/sec, 동기방식으로 4MB/sec의 고속 전송을 지원한다.

SCSI－1이라고 불리는 원래의 SCSI 규격은 8 개의 데이터 선과 5 MHz의 클럭 속도, 또는 5M Bytes/sec의 전송률로 동작한다.

SCSI－2의 새로운 규격은 1991년도에 제정되었는데, 데이터 선들을 16 개 또는 32 개 까지 확장하였으며, 또한 10 MHz 까지의 클럭속도를 가진다.

8.6.4 1394 포트(FireWire)

1394 포트(FireWire)는 USB와 비슷하게 63 개까지의 주변 장치를 고속으로 연결한다. 또한 매우 고속이면서도 가격이 저렴하고 구현도 용이하다는 장점도 가진다. USB와 마찬가지로 Plug and Play를 지원하는데 값이 좀 비싸다는 것과 최고 400 Mbps 정도로 디지털 비디오 카메라와 같은 고속의 주변 장치 연결에만 사용된다는 특징을 가진다. 특별히 1394 인터페이스의 장점으로는 병렬이 아닌 직렬전송을 사용한다는 것이다. 앞에서도 설명되었지만 병렬 전송은 좀 더 많은 선을 필요로 하기 때문에 더 비싼 케이블과 많은 핀을 가진 커넥터가 필요하다.

1394 포트의 목적은 단일포트를 통하여 많은 장치를 다룰 수 있도록 하기 위하여 간단한 커넥터를 가진 단일 I/O 인터페이스를 제공함으로써 마우스, 레이저 프린터, SCSI, 외부 디스크 드라이브 등이 단일 커넥터에 의하여 대치될 수 있게 하는 것이다.

Summary Check 요약정리

1. 컴퓨터의 여러 구성 요소들을 연결하는 경로들의 집합을 상호연결조직(interconnection structure)라고 부른다.
2. 버스란 컴퓨터 구성원들의 데이터 전송을 위한 공유 통신 링크(shared communication link)를 말하는데, "컴퓨터의 다중 장치들 간의 전기적 통로"라고 정의할 수 있다.
3. 시스템 버스가 시스템의 모든 통신을 담당하는데, 이들은 제어버스, 주소버스, 그리고 데이터버스로 구성되어 있다.
4. 데이터 선들의 수와 한 번에 전송되어지는 데이터 비트의 크기는 같다.
5. 주소버스의 버스 폭은 그 시스템 메모리의 용량을 결정한다.
6. 제어 신호는 시스템 모듈 사이에 명령과 타이밍 정보를 제공한다.
7. 버스를 통한 데이터 전송에서 능동적으로 동작하는 장치를 마스터(Master)라고 하며, 수동적인 장치를 슬래브(slave)라고 한다.
8. 동기식 타이밍 버스는 시스템 버스에서 모든 버스 동작들이 발생하는 시간에 공통의 버스 클럭(clock)에 맞추어 결정된다.
9. 일반적으로 소형인 컴퓨터 시스템에서는 비동기식 버스를 사용하고, 중형급 이상의 컴퓨터 시스템에서는 동기식 버스를 사용한다.
10. 버스를 사용하고자 하는 경쟁이 발생하였을 경우에, 버스 마스터들 중에서 한 개씩만 선택하여 순서대로 버스 사용을 허락하게 해주는 동작을 버스 중재(bus arbitration)라고 한다.
11. 버스 중재 방식에는 데이지 체이닝(Daisy−chaining) 방식, 폴링(polling) 방식, 그리고 독립요구(independent requesting) 방식이 있다.
12. 프로그램된 I/O 방식에서 CPU는 프로그램을 수행함으로써 I/O 장치의 상태를 조사하고, 명령 전송 및 데이터 전송 등과 같은 I/O 동작들을 직접 제어한다.

13. 인터럽트란 예외적으로 발생하는 사건에 대하여 CPU에서 처리하는 기능을 말한다.

14. 인터럽트 I/O 방식에서는 CPU를 자유롭게 해 주는 대신에 I/O 전송률이 다소 떨어진다.

15. I/O 모듈이 프로그램을 실행할 수 있는데, 이러한 I/O를 I/O 채널(channel)이라고 불리며, 또한 입출력 장치와 직접 통신하는 프로세서를 I/O 프로세서(IOP)라고 부른다.

16. 직렬 인터페이스에서는 한 개의 선을 사용하여 한 번에 한 비트씩 전송된다. 그러나 병렬 인터페이스에서는 다중의 선들을 사용하여 한 번에 여러 비트를 동시에 전송할 수 있다.

17. USB 인터페이스는 패킷 형태로 데이터를 전송한다.

Summary Check 연습문제

1. 컴퓨터 시스템에서 버스를 사용함으로 얻을 수 있는 장점과 단점에 대하여 설명하라.

2. 기억 용량이 256 MB인 메모리 각 주소를 지정하기 위하여 필요한 주소선은 몇 개인지를 구하라.

3. 다음의 용어들에 대하여 설명하라.

   1) 버스(Bus)
   2) 버스 중재
   3) 버스 마스터와 버스 슬래브
   4) 버스에서 데이터 전송을 위한 핸드쉐이킹

4. 비동기 버스의 동작에 대하여 설명하라.

5. 동기식 버스의 장점과 단점에 대하여 설명하라.

6. 동기식 버스에서 250 [ns]마다 8 바이트씩 전송되어질 경우의 최대 버스 대역폭을 구하라.

7. 데이지 체이닝을 사용하는 버스 중재 방식에 대하여 설명하고, 그 방식의 장점과 단점에 대하여 설명하라.

8. PCI 버스의 중재 방식에 대하여 설명하라.

9. I/O 모듈의 목적에 대하여 설명하라.

10. 버스 클럭이 1 GHz이고 데이터 버스 폭이 32 비트인 경우에 버스의 대역폭을 구하라.

11. 컴퓨터와 I/O 장치 사이의 데이터 전송 방식인 프로그램된 I/O(Programmed I/O) 방식, 인터럽트에 의한 I/O 방식, 그리고 직접 메모리 액세스(DMA) 방식의 장점과 단점에 대하여 설명하라.

12. 인터럽트의 3 가지 유형인 내부 인터럽트, 외부 인터럽트, 그리고 소프트웨어 인터럽트에 대하여 설명하라.

13. 데이지 체이닝 방식을 이용한 인터럽트 선택 방식에 대하여 설명하라.

14. DMA 방식에서 사이클 훔침(cycle－stealing)에 대하여 설명하라.

15. I/O 채널과 I/O 프로세서에 대하여 설명하라.

찾·아·보·기

[ㄷ]

[ㄹ]

[ㅁ]

[ㅂ]

[ㅅ]

[ㅇ]

[ㅈ]

[ㅊ]

[ㅋ]

[ㅌ]

[ㅍ]

[ㅎ]

[기타]

저자 약력

• 김 성 철

1989 ~ 1995년	뉴욕 폴리텍대(Polytechnic University) 공학박사(Ph.D)
1994 ~ 1997년	삼성전자(주) 수석연구원
1997 ~ 현재	상명대학교 소프트웨어학부 교수 재직 중

E-Mail: sckim@smu.ac.kr

도서출판
그 린

컴퓨터구조

Green Pub.

개정판 발행일 ▶	2008년 8월 25일
개정판2쇄 발행일 ▶	2014년 8월 30일
저자 ▶	김 성 철
발행처 ▶	도서출판 그린
발행인 ▶	윤 덕 우
출판등록 ▶	제8-161호(1995. 5. 3.)
주소 ▶	서울시 서대문구 연희로5길 50(연희동) (우)120-828
전화 ▶	02)333-2574, 2575
Fax ▶	02)333-2561
E-mail ▶	greenpress@greenpress.co.kr
Homepage ▶	http://www.greenpress.co.kr

정가 : 19,000원

ISBN : 978-89-5727-019-6